U0574186

"十二五"国家重点图书出版规划项目

THE DISCIPLINARY REVOLUTION

Calvinism and the Rise of the State in Early Modern Europe

加尔文主义与近代早期欧洲国家的兴起

规训革命

Philip S. Gorski

[美] 菲利普 · S. 戈尔斯基 —— 著 李钧鹏 李腾 —— 译

北京师范大学出版集团
BEIJING NORMAL UNIVERSITY PUBLISHING GROUP
北京师范大学出版社

总　序

无论依据何种判定标准，历史学都足以跻身人类最古老的知识之列，社会科学的历史则显得短了许多。虽然我们所熟知的近代欧洲思想家并没有在历史学与社会科学之间划出一条泾渭分明的界线，但在启蒙运动之后，科学主义的影响使人们开始将科学方法从道德哲学和人文关怀中剥离出来。例如，在其名著《旧制度与大革命》开篇第一段中，托克维尔（Alexis de Tocqueville）就明确宣告，他要写的不是一部法国大革命史，而是对这场革命的研究。到了19世纪末20世纪初，社会学、政治学等知识范畴逐渐成形。时至今日，在我们大多数人眼中，这些社会科学学科已然具有了不同于历史学等人文领域的内在规律。

不仅如此，学科藩篱与专业壁垒还使历史学家和社会科学家互相产生了根深蒂固的成见。历史学家往往对从历史个案中提炼出一般化理论嗤之以鼻；社会科学家则多不愿在原始材料上下苦功夫，甚至轻蔑地认为历史学家是为自己提供研究素材的“体力劳动者”。一方面，在历史学界获得普遍认可的社会科学家少之又少；对于历史学家向社会理论或社科方法的“越界”，学界同行始终抱有怀疑态度。在其名篇《理论的贫困》中，马克思主义历史学家E. P. 汤普森（E. P. Thompson）强调：“历史学既不是制造飞往全球的协和式客机般宏大理论的工厂，也不是一系列细微理论的装配线。它同样不是‘运用’‘检验’或‘证实’

外来理论的巨大实验站。这些都和它无关。它的工作是复原、'解释'和'理解'它的对象：真实的历史。"[①]另一方面，对于社会科学家是否应染指历史课题，社科阵营内部的争议始终没有平息。在1991年的一篇著名文章中，英国社会学名宿约翰·戈德索普(John Goldthorpe)断言，社会科学家应当老老实实地专注于当代议题，而把过去发生之事留给历史学家，因为社会科学无法为历史议题提供任何可靠的研究方法。[②] 不是所有人都如此不留情面，但持有这种看法的学者其实不在少数。

然而，这种学科分野远非理所当然。且不说历史学和社会科学在本质上都是对人类社会的认识和理解，更不用说过去和当下本就没有判若鸿沟的界限，越来越多的学者认识到，画地为牢给两个领域均造成了不小的伤害：缺乏历史视野与事件剖析，社会科学恐将失去鲜活的脉络与纵深的厚度；无视理论陈述与个案比较，历史学很可能错过验证个案特性与发现历史共性的契机。

值得欣喜的是，这种状况正在持续好转。从20世纪60年代开始，社会科学与历史学之间的对话逐渐多了起来。在社会科学界，尤其是社会学界，学者对基于变量的静态回归分析提出了深刻的质疑，并对如何展现历史过程提出了许多新的思路。西方社会彼时的剧烈社会动荡更是激励小巴灵顿·摩尔(Barrington Moore，Jr.)、莱因哈德·本迪克斯(Reinhard Bendix)、西摩·马丁·李普塞特(Seymour Martin Lipset)、什穆埃尔·N. 艾森施塔特(Shmuel N. Eisenstadt)、欧内斯特·盖尔纳(Ernest Gellner)、塞缪尔·亨廷顿(Samuel Huntington)、

---

① E. P. Thompson，"The Poverty of Theory or an Orrery of Errors，" in *The Poverty of Theory and Other Essays*，London，Merlin，1978，p. 238.

② John H. Goldthorpe，"The Uses of History in Sociology：Reflections on Some Recent Tendencies，" *British Journal of Sociology*，1991，42(2)，pp. 211-230.

查尔斯·蒂利(Charles Tilly)、伊曼纽尔·沃勒斯坦(Immanuel Wallerstein)、迈克尔·曼(Michael Mann)、约翰·马尔科夫(John Markoff)、兰德尔·柯林斯(Randall Collins)、西达·斯考切波(Theda Skocpol)等人写出了格局宏大的比较历史分析传世之作，历史社会学也成为热点领域。在历史学界，至少从稍早的马克·布洛赫(Marc Bloch)、乔治·勒费弗尔(Georges Lefebvre)和费尔南·布罗代尔(Fernand Braudel)算起，E. H. 卡尔(E. H. Carr)、E. P. 汤普森(尽管他对理论有过上述批评)、埃里克·霍布斯鲍姆(Eric Hobsbawm)、劳伦斯·斯通(Lawrence Stone)、雅克·勒高夫(Jacques Le Goff)、弗朗索瓦·菲雷(François Furet)、保罗·韦纳(Paul Veyne)、莫纳·奥祖夫(Mona Ozouf)、皮埃尔·诺拉(Pierre Nora)、汉斯-乌尔里希·韦勒(Hans-Ulrich Wehler)、佩里·安德森(Perry Anderson)、彼得·伯克(Peter Burke)、汉斯·梅迪克(Hans Medick)、卡洛·金茨堡(Carlo Ginzburg)、小威廉·休厄尔(William Sewell, Jr.)、海因茨·席林(Heinz Schilling)、琼·沃勒克·斯科特(Joan Wallach Scott)、林恩·亨特(Lynn Hunt)等一大批学者开始有意识地吸收社会科学的洞见，将社会史、文化史等领域的研究大大推进了一步。

除此之外，一批学者开始深入思考历史与社会科学之间的关系。在出版于1959年的《社会学的想象力》中，C. 赖特·米尔斯宣称："社会科学本身就属于历史学科……所有名副其实的社会学都是'历史社会学'。"[①]这种说法在当时应者寥寥，但20年之后，蒂利、阿瑟·斯廷奇科姆(Arthur Stinchcombe)、菲利普·艾布拉姆斯(Philip Abrams)、斯

① [美]C. 赖特·米尔斯：《社会学的想象力》，李康译，203～204页，北京，北京师范大学出版社，2017。

考切波等人开始系统探讨社会科学所固有的历史属性。① 在他们眼中，历史社会学不是研究历史的社会学，更不是社会学的分支领域，而是一切社会学研究的题中应有之义；比较历史分析也不是政治学的独立研究领域，因为对政治制度与行为的研究必然蕴含横向或纵向的历史比较维度。在这种观念影响下，蒂利、沃勒斯坦等人主张以“历史社会科学”(historical social science)一词来指代这一跨学科领域。

到了20世纪90年代，随着一大批青年学者登上舞台，历史社会科学在经验材料、理论和方法上都有了新的进步。在材料上，外语技能的提升与相关档案的开放使得一手资料的获取和研究不再是历史学家的“专利”；在理论上，罗伯特·K. 默顿(Robert K. Merton)所倡导的“中层理论”发挥了持久的影响，新生代学者致力于对历史事件进行更为细腻的基于社会机制(social mechanisms)的研究，时间性(temporality)、路径依赖(path dependence)、关键时点(critical junctures)、结构(structure)、能动(agency)、因果性(causality)、或然性(contingency)、轨迹(trajectory)等概念呈现出焕然一新的面貌，社会学、政治学、经济学、历史学、人类学甚至哲学、文学之间呈现出有益的理论互哺；在方法上，社会网络分析、过程追踪(process tracing)、反事实推理(counterfactual thinking)、模糊集合(fuzzy set)、集合论(set-theoretic methods)、质性比较分析(QCA)以及各种质性分析软件使历史社会科学早已不再是简单的线性历史叙事。在西方，历史社会科学已经

---

① Charles Tilly, *As Sociology Meets History*, New York, Academic Press, 1981. Arthur Stinchcombe, *Theoretical Methods in Social History*, New York, Academic Press, 1978. Philip Abrams, *Historical Sociology*, Ithaca, Cornell University Press, 1982. Charles Tilly, *Big Structures, Large Processes, Huge Comparisons*, New York, Russell Sage Foundation, 1984. Theda Skocpol ed., *Vision and Method in Historical Sociology*, New York, Cambridge University Press, 1984.

进入“井喷期”，成为一个振奋人心的跨学科研究领域。

“历史-社会科学译丛”正是在这种背景下应运而生，它旨在将历史社会科学的经典与前沿著作以一种系统的方式介绍给中文读者，为相关研究和教学提供有益的参考。放眼中国，无论是社会学、政治学，还是历史学、经济学，对历史社会科学的兴趣都前所未有地高涨，优秀成果层出不穷，专题会议令人应接不暇，相关课程更是吸引了最优秀的青年学子。中国社会的转型为历史社会科学提供了研究大问题的丰富素材，中国历史的悠久为中国学人提供了理论对话的难得机遇。我们坚信，假以时日，中国学者必能写出与西方经典一较长短的作品。同时我们也要看到，对于历史社会科学的重要理论和方法，中国学界仍然处在任重道远的学习阶段。照搬西方的理论和方法固然不对，但唯有以开放的心态学习、借鉴、比较和批判，我们才能在学术的道路上走得踏实，走得长远。

是为序。

李钧鹏

2020 年 7 月 27 日

献　给

爱妻赫拉(Hella)及犬子雅各布(Jacob)、埃里克(Eric)、马克(Mark)

实证主义之后：批判实在主义与历史社会学(中文版代序)[①]

这要从1993年的春天说起。我那时正要着手写博士论文，却忽然陷入了一场认识论危机。之所以陷入认识论危机，有下面几个原因：两位量化方法论权威对比较历史社会学做出了严厉的批评[②]，一些理性选择理论家对文化分析和结构分析的批判赢得了不少拥趸[③]，历史学家对跨国比较的质疑始终挥之不去。

我的困惑是：有没有可能对革命这类罕见现象进行因果论证？如果答案是肯定的，能否对其做出时间和空间上的宏观比较？文化结构和社会结构是现实中的存在，还是单纯的理论构建？这些问题引发了我的危机感。

整整一个春天，我都在寻找答案。我读了大量科学哲学方面的资

---

① 本文正文、注释和参考文献存在若干错误，译者已尽力修正。如无必要，不再特别说明。——译者注

② John H. Goldthorpe，"The Uses of History in Sociology：Reflections on Some Recent Tendencies，" *British Journal of Sociology*，1991，42(2)，pp. 211-230. Stanley Lieberson，"Small N's and Big Conclusions：An Examination of the Reasoning in Comparative Studies Based on a Small Number of Cases，" *Social Forces*，1991，70(2)，pp. 307-320.

③ James S. Coleman，*Foundations of Social Theory*，Cambridge，Harvard University Press，1990. Edgar Kiser and Michael Hechter，"The Role of General Theory in Comparative-Historical Sociology，" *American Journal of Sociology*，1991，97(1)，pp. 1-30.

料，写了一篇为历史社会学声辩的论文[①]，还投寄了一篇关于文化与国家形构的短文[②]。我最终放弃了成为历史学家的念头，重拾社会学家的认同。到夏天来临时，我已经克服了自己的危机，开始动笔写博士论文，也就是本书的前身。

但直到今天，上面这些问题始终萦绕在我的脑海中。在此期间，与批判实在主义(Critical Realism)的结缘使我对这些问题有了更深的认识。作为科学与社会科学哲学的分支，批判实在主义诞生于20世纪70年代末和80年代初的英国。[③] 在我看来，批判实在主义对历史社会学最有价值的三个部分是因果理论、涌生(emergence)和批判。这篇代序将谈谈批判实在主义何以解决我最初的认识论危机，并为比较历史社会学打下坚实的哲学基础。

步入正题之前，先容我简要回顾一下历史社会学的演变。

历史社会学的历史根源

比较历史社会学在近现代曾有过不同的学科归属。[④] 例如，在19

---

① Philip S. Gorski, "The Poverty of Deductivism: A Constructive Realist Model of Sociological Explanation," *Sociological Methodology*, 2004(34), pp. 1-33.

② Philip S. Gorski, "The Protestant Ethic and the Spirit of Bureaucracy," *American Sociological Review*, 1995, 60(5), pp. 783-786.

③ 参见 Philip S. Gorski, "What is Critical Realism? And Why Should You Care?" *Contemporary Sociology*, 2013, 42(5), pp. 658-670。更详细的介绍参见 Douglas V. Porpora, *Reconstructing Sociology: The Critical Realist Approach*, New York, Cambridge University Press, 2015; Andrew Sayer, *Realism and Social Science*, Thousand Oaks, SAGE, 2000。重要文献参见 Margaret S. Archer, Roy Bhaskar and Andrew Collier eds., *Critical Realism: Essential Readings*, New York, Routledge, 1998。

④ 参见 George Steinmetz, "The Historical Sociology of Historical Sociology: Germany and the United States in the Twentieth Century," *Sociologica*, 2007(3), doi: 10, 2383/25961。

世纪末的德国，它是“历史学派”经济学以及新兴的“比较宗教研究”的“养子”。[①] 在研究“世界宗教的经济伦理”时，马克斯·韦伯(Max Weber)将这两个学派融合在一起，在社会学内部开创了比较历史社会学。到了纳粹统治时期，历史社会学被迫流亡到英美两国。德国的大学体系在第二次世界大战后得到重建，但历史社会学并没有受到欢迎。社会学系关心的是眼下，而不是过去；它们从事的是“科学”，而不是历史。在接下来的半个世纪，历史社会学在德国高校中的历史系以“社会史”的名义存活了下来，并引发了围绕纳粹主义、资本主义、宗教改革(Reformation)等议题的一系列争论。[②] 直到不久以前，历史社会学才得以在德国高校的社会学系中重新占据本应属于它的一席之地。[③]

历史社会学在近现代法国的命运更为坎坷。在某种程度上，亚历克西·德·托克维尔(Alexis de Tocqueville)是法国第一位比较历史社

---

① 历史学派的核心人物是普鲁士社会史学家古斯塔夫·施莫勒(Gustav Schmoller)，参见 Geoffrey M. Hodgson，*How Economics Forgot History*：*The Problem of Historical Specificity in Social Science*，New York，Routledge，2001。比较宗教研究的核心人物是德裔英国历史学家弗里德里希·马克斯·缪勒(Friedrich Max Müller)，参见 Tomoko Masuzawa，*The Invention of World Religions*：*Or*，*How European Universalism Was Preserved in the Language of Pluralism*，Chicago，University of Chicago Press，2005。

② 我指的是：第一，德国历史学家汉斯-乌尔里希·韦勒(Hans-Ulrich Wehler)所引发的围绕德意志特殊道路(Sonderweg)的争论，参见 Hans-Ulrich Wehler，“‘Deutscher Sonderweg’ oder allgemeine Probleme des westlichen Kapitalismus?” *Merkur*，1981(35)，pp. 478-487；第二，围绕英格兰资本主义的“布伦纳争论”(Brenner debate)，参见 T. H. Aston and C. H. E. Philpin eds.，*The Brenner Debate*：*Agrarian Class Structure and Economic Development in Pre-Industrial Europe*，New York，Cambridge University Press，1985；第三，宗教改革的“教派化”(confessionalization)学派，参见 Heinz Schilling，“Confessionalization：Historical and Scholarly Perspectives of a Comparative and Interdisciplinary Paradigm，” pp. 21-35 in *Confessionalization in Europe*，*1555-1700*：*Essays in Honor and Memory of Bodo Nischan*，edited by John M. Headley，Hans J. Hillerbrand and Anthony J. Papalas，Burlington，Ashgate，2004。

③ 马蒂亚斯·柯尼希(Matthias Koenig)等新一代历史社会学家功不可没。

会学家，但他一辈子不曾有过教职。[①] 第一个拥有社会学教席的法国人是埃米尔·涂尔干(Émile Durkheim)，可他从未对历史抱有浓厚的兴趣。[②] 第二次世界大战后欧洲最具声望的历史社会学家当属雷蒙·阿隆(Raymond Aron)，但阿隆在政治学和政治哲学方面的影响力高于在他的本行。具有讽刺意味的是，阿隆的明星学生皮埃尔·布尔迪厄(Pierre Bourdieu)尽管在历史社会学方面著述颇丰，并和克里斯托夫·夏尔(Christophe Charle)等社会史学家屡有合作，但他更为人所知的理论贡献是社会再生产，而非社会变迁。[③] 尽管如此，如果要在当代法国社会学界为历史社会学找一个家，那就非布尔迪厄阵营莫属了。

美国的历史社会学并非内生于历史学或社会学；从严格意义上说，它是若干互有联系的外生因素的产物。第一个因素是欧洲移民。第二次世界大战期间及其后，犹太裔知识分子纷纷逃离纳粹德国，美国的第一波历史社会学正是这场横跨大西洋的人口迁移的产物。[④] 第二波历史社会学成型于20世纪70年代后期。其中包括为数不少的英国历史社会学家，他们在英国历史学界或社会学界缺乏归属感，却受到美国社会学界的欢迎。[⑤] 人口迁移与第二个因素有所重叠，也就是马克思主义。马克思主义虽然对美国20世纪后期的政治生活影响甚微，却对同时期的美国学术圈影响深远，且这种影响远超出社会学界，而这和人口迁入不无关系。第二波历史社会学的领军人物往往要么是新马

---

① 参见 Hugh Brogan，*Alexis de Tocqueville*：*A Life*，London，Profile，2006。

② 参见 Steven Lukes，*Émile Durkheim*，*His Life and Work*：*A Historical and Critical Study*，London，Allen Lane，1973。

③ 参见 Philip S. Gorski ed.，*Bourdieu and Historical Analysis*，Durham，Duke University Press，2013。

④ 代表人物为莱因哈德·本迪克斯(Reinhard Bendix)、什穆埃尔·N. 艾森施塔特(Shmuel N. Eisenstadt)、京特·罗特(Gunther Roth)以及爱德华·希尔斯(Edward Shils)。

⑤ 尤其是约翰·A. 霍尔(John A. Hall)和迈克尔·曼(Michael Mann)。

克思主义者，要么是融汇韦伯与马克思理论的“左翼韦伯主义者”。[①] 不出所料，美国的第二波历史社会学重点考察国家与阶级、革命与改革这些原本属于马克思主义领地的议题。

在第二波浪潮达到顶峰后，美国历史社会学在许多方面有所变化[②]，经历了深掘化、多元化、去国族化(denationalization)和弥散化(dissipation)过程。首先是史料方面的深入挖掘。前两波历史社会学家一般既不从事档案研究，也不分析一手史料。[③] 相反，他们阅读历史专业人士撰写的二手文献，并加以梳理辨析。时至今日，多数历史社会学家二者兼顾：他们力图熟读相关主题的历史著述，同时在档案材料中辛勤耕耘。

多元化同时体现在理论和方法上。前两波历史社会学家主要师从古典社会理论家，尤其是马克思和韦伯，有时也包括托克维尔和涂尔干。现在这一波历史社会学家的灵感则来自各种当代理论，如布尔迪厄、米歇尔·福柯(Michel Foucault)和拉图尔(Latour)的理论。[④] 就方

---

① 新马克思主义者以佩里·安德森(Perry Anderson)和伊曼纽尔·沃勒斯坦(Immanuel Wallerstein)为代表，左翼韦伯主义者以杰弗里·佩奇(Jeffery Paige)、西达·斯考切波(Theda Skocpol)和查尔斯·蒂利(Charles Tilly)为代表。

② 参见亚当斯、克莱门斯和奥洛夫的全面回顾(Julia Adams, Elisabeth S. Clemens and Ann Shola Orloff eds., *Remaking Modernity: Politics, History, and Sociology*, Durham, Duke University Press, 2005)。

③ 查尔斯·蒂利是一个重要例外。参见 Charles Tilly, *The Vendée: A Sociological Analysis of the Counterrevolution of 1793*, Cambridge, Harvard University Press, 1964; *From Mobilization to Revolution*, Reading, Addison-Wesley, 1978。

④ 本书对福柯做了大量讨论。关于受布尔迪厄启发的历史社会学，参见 Christophe Charle, *Birth of the Intellectuals: 1880-1900*, translated by David Fernbach and G. M. Goshgarian, Malden, Polity, 2015; George Steinmetz, *The Devil's Handwriting: Precoloniality and the German Colonial State in Qingdao, Samoa, and Southwest Africa*, Chicago, University of Chicago Press, 2007。关于受拉图尔影响的历史社会学，参见 Wiebe E. Bijker, Thomas P. Hughes and Trevor Pinch eds., *The Social Construction of Technological Systems: New Directions in the Sociology and History of Technology*, Anniv. ed., Cambridge, MIT Press, 2012。

法论而言，早期历史社会学多为个案研究和跨国比较，而不少当代历史社会学家同时运用网络分析和事件史分析等量化方法。①

受后殖民理论和网络分析法的影响，再加上“方法论国族主义”(methodological nationalism)近期所受到的批评，许多历史社会学家转向新的分析单位，如帝国、移民社群(diasporas)以及跨国场域(transnational fields)。②

这些动向为历史社会学带来了诸多活力，但也有人担心这一领域因此走向碎片化。尽管第二波历史社会学的理论纲领和经验主题较为狭隘，相关论争却更有的放矢，而且人们普遍认为这一领域正在稳步前进。到了今天，历史社会学家已经不再有这种强烈的自信心。

话虽如此，历史社会学已经在更深层面上取得了长足进步，并很可能在社会学内部占据更为核心的地位。

---

① 事件史分析的早期应用参见 Kim Voss，*The Making of American Exceptionalism*：*The Knights of Labor and Class Formation in the Nineteenth Century*，Ithaca，Cornell University Press，1993。网络分析法的近期应用参见 Emily Erikson，*Between Monopoly and Free Trade*：*The English East India Company*，*1600-1757*，Princeton，Princeton University Press，2014。

② 关于方法论国族主义的批判性讨论，参见 Andreas Wimmer and Nina Glick Schiller，“Methodological Nationalism and Beyond：Nation-State Building，Migration and the Social Sciences，”*Global Networks*，2002，2(4)，pp. 301-334。关于帝国研究的新动态，参见 George Steinmetz ed.，*Sociology and Empire*：*The Imperial Entanglements of a Discipline*，Durham，Duke University Press，2013。关于移民社群的历史社会学，参见 Paul Gilroy，*The Black Atlantic*：*Modernity and Double Consciousness*，Cambridge，Harvard University Press，1993。关于全球场域，参见 Larissa Buchholz，“What is a Global Field? Theorizing Fields beyond the Nation-State，”*Sociological Review*，2016，64(2-suppl)，pp. 31-60；Julian Go，*Patterns of Empire*：*The British and American Empires*，*1688 to the Present*，New York，Cambridge University Press，2011。

历史中的因和果：实证主义与现实主义

到了1993年春，第二波历史社会学的高潮已过，第三波历史社会学正在袭来。第二波浪潮发轫于对主导战后美国社会学的“实证主义”(positivist)研究取向和“功能主义”(functionalist)理论取向的反向运动。事实上，在我进入研究生院的1989年，“实证主义”和“功能主义”均已成为不太好的诨名，至少在历史社会学界是如此。但表象往往具有欺骗性：在那个时候，包括我在内的多数历史社会学家已经与实证主义达成和解。

哈佛大学社会学家西达·斯考切波(Theda Skocpol)是双方的斡旋人。在她看来，“调查研究”和“历史社会学”在“逻辑”上并不存在本质区别①，二者都是基于比较来进行因果“推论”(inferences)。这可以从几个方面入手。第一种策略是把“初始条件”高度相似但结果不同的个案放到一起。从逻辑上讲，这些个案所共有的任何初始条件不可能是这一结果的“必要条件”。斯考切波遵循英国哲学家约翰·斯图尔特·密尔(John Stuart Mill)的思路，将这一策略称为“求异法”(method of difference)，因为它以不同的结果为因果推论的基础。② 第二种策略和第一种策略相反：将其他方面有别但结果相近的个案放到一起考察。从逻辑上讲，这种结果的必要条件必须呈现在所有个案中。基于密尔

---

① 参见斯考切波 *Vision and Method in Historical Sociology*(New York, Cambridge University Press, 1984)的绪论和结语。另参见斯考切波 *States and Social Revolutions: A Comparative Analysis of France, Russia, and China*(New York, Cambridge University Press, 1979)的序言。

② 参见 John Stuart Mill, *A System of Logic, Ratiocinative and Inductive: Being a Connected View of the Principles of Evidence and the Methods of Scientific Investigation*, 8th ed., Charlottesville, Lincoln-Rembrandt, 1986。

的思路，斯考切波将这种策略称为“求同法”(method of similarity)。当然，如果个案较多，为了消除附带条件(incidental conditions)并找出必要条件，这两种方法也可以依次或同时采用，这就是密尔和斯考切波所说的“并用法”(joint method)。斯考切波正确地指出，“因果推论”的统计方法遵循同样的逻辑。如果将自变量值等同的个案放在一起，我们就能“控制”住其他变量对因变量的影响，反之亦然。斯考切波由此得出结论：调查研究和历史社会学的唯一区别是“样本规模”。

在1991年，这是历史社会学家的普遍看法。而在这一年，斯考切波的同事斯坦利·利伯森(Stanley Lieberson)发表论文《小样本和大结论》，对比较研究法提出了严厉的批评。[①] 利伯森正确地指出，斯考切波对密尔研究法的借用只能在特定条件下得出可靠的因果推论。具体而言，我们必须假设历史因果具有概率性而非决定性，具有单因果性而非多因果性，具有独立性而非互动性。在他看来，这些假设并不合理。在这一点上，和利伯森立场一致的历史社会学家可能占据多数；在他们眼中，历史发展是偶然的、复杂的、互相影响的。

有历史社会学家为斯考切波的比较研究法辩护。[②] 他们借鉴了卡尔·波普尔(Karl Popper)的观点，认为密尔的方法属于“验证的层次”(context of justification)，而非“发现的层次”(context of discovery)[③]；这一形式化方法旨在验证直觉等非形式化方法得出的结论。也有人批

---

① 参见 Stanley Lieberson, “Small N's and Big Conclusions: An Examination of the Reasoning in Comparative Studies Based on a Small Number of Cases,” *Social Forces*, 1991, 70(2), pp. 307-320。

② 参见 Jukka Savolainen, “The Rationality of Drawing Big Conclusions Based on Small Samples: In Defense of Mill's Methods,” *Social Forces*, 1994, 72(4), pp. 1217-1224。

③ 参见 Karl R. Popper, *The Logic of Scientific Discovery*, New York, Basic Books, 1959。

评利伯森误解了斯考切波的方法。他们指出，“小样本”历史个案研究其实以大量的经验观察为基础，其数量可能大于许多“大样本”量化分析。法国大革命的历史研究并不是民意调查中单选题意义上的“单一个案”，前者包含的信息比后者多得多①。还有人将注意力放在形式化上。② 他们承认密尔的研究法过于简化，主张采用更为复杂的逻辑，如贝叶斯概率理论或“模糊集合理论”(fuzzy set theory)。③ 包括我在内的一些人则对密尔方法所暗含的因果论和利伯森的批评都提出了质疑。④ 上面这些回应均有价值，但我始终觉得最后一条最为有力。唯有挑战实证主义因果论，我们才能彻底化解实证主义对比较研究法的批评，并为历史社会科学打下更为坚实的认识论基础。

*　　　　*　　　　*

实证主义因果论属于当代形而上学研究者所说的“规律理论”(regularity theory)。⑤ 在这种规律理论看来，原因一般发生在结果之前。实证主义哲学家最初主张一种严格的规律理论，认为原因**永远**发生在

---

① 原文为“少得多”，疑为笔误。——译者注

② 参见 Charles C. Ragin，“Measurement Versus Calibration：A Set-Theoretic Approach,” pp. 174-198 in *The Oxford Handbook of Political Methodology*，edited by Janet M. Box-Steffensmeier，Henry E. Brady and David Collier，New York，Oxford University Press，2008。

③ 参见 Charles C. Ragin，*Fuzzy-Set Social Science*，Chicago，University of Chicago Press，2000；Bruce Western，“Causal Heterogeneity in Comparative Research：A Bayesian Hierarchical Modelling Approach,” *American Journal of Political Science*，1998，42(4)，pp. 1233-1259。

④ 参见 Philip S. Gorski，“The Poverty of Deductivism：A Constructive Realist Model of Sociological Explanation,” *Sociological Methodology*，2004(34)，pp. 1-33。

⑤ 参见 Stephen Mumford and Rani Lill Anjum，*Causation：A Very Short Introduction*，New York，Oxford University Press，2013；Stathis Psillos，“Regularity Theories,” pp. 131-157 in *The Oxford Handbook of Causation*，edited by Helen Beebee，Christopher Hitchcock and Peter Menzies，New York，Oxford University Press，2009。

结果之前。[1] 找出任何放诸四海而皆准的类似规律对于社会科学家来说都不是易事。即便在自然科学界，这类规律其实也只能在两种情境下找到：天文学和实验室(我们很快将看到它的重要性)。实证主义哲学家最终修正了他们的理论，向历史学家和社会科学家做出妥协，承认存在“统计意义上的”(而非“放诸四海而皆准的”)规律。换言之，原因也许会在某一个频率上先于结果而发生。社会世界中的因果关系有可能在类似量子物理学的意义上具有“概率性”。

因果规律理论往往与科学哲学家所说的“通则”(nomothetic)解释理论相互呼应。[2] 依照这种观点，要解释一个结果，就必须诉诸一条法则，如“能量趋于消失”，或“人为自身利益而行动”。实证主义者最初强调，一切有效的科学解释都必须以一种特定的法则为前提，也就是“放诸四海而皆准的涵盖率”(universal covering law)。在这里，他们说的是一种可以作为演绎(deductive)论证大前提(major premise)的主张，近似于定律。小前提(minor premise)则对初始条件做出限定。将大前提和小前提结合起来，我们就得到了一种作为经验预测的逻辑演绎。实证主义者脑中想的是类似于玻意耳定律(Boyle's Law)或牛顿定律(Newton's Laws)的东西。当然，历史学或社会学中并不存在这种定律，因此实证主义者再次放宽了限定。他们承认，在这些学科中，合理的解释同样有可能以“统计学定律”为前提。这种定律能预测一个事件的精确频率或可能性，如“航空公司会丢失1%的行李”，或“儿子有五成的机会获得高于父亲的社会经济地位”。

在因果与解释上的实证主义立场导致了特有的因果分析观与理论

---

① 参见 Carl G. Hempel, *Aspects of Scientific Explanation and Other Essays in the Philosophy of Science*, New York, Free Press, 1965。

② 参见 Carl G. Hempel, *Aspects of Scientific Explanation and Other Essays in the Philosophy of Science*, New York, Free Press, 1965。

检验观。对于实证主义哲学家来说，因果分析面临的一大挑战是所谓归纳(induction)问题：如何才能从数量有限的经验观察中推论出放诸四海而皆准的定律？不得不说，单纯从逻辑的角度看，我们无法做出这种推论，至少无法对推论结果深信不疑。英国哲学家大卫·休谟(David Hume)曾举过一个著名的例子：太阳看似每天早上都会升起，但这一事实本身并不足以构成它明天仍将升起这一推论的**逻辑**依据。① 实证主义者相信，归纳问题可以通过“证伪主义”(falsificationism)这种特定的理论检验来解决。② 他们认为，我们虽然无法确知某项理论为真，但**能够确知**它为假。如何确知？我们可以借助于逻辑推理，从理论中推导出能够加以实验检验的经验预测。别忘了，爱因斯坦的相对论在过去的一个世纪里已经接受了数不清的类似检验。这并不表示相对论是对的，只能说它(尚且)没有被证明是错的。但如果几种理论互不兼容呢？实证主义者的观点是，在这种情况下，我们应该从理论中提炼出相互矛盾的预测，然后对这些预测进行“判决性实验”(crucial experiment)。

*　　*　　*

这和社会学有什么关系？答案是：实证主义哲学对美国社会学(以及全球社会学)影响深远。③ 个中原因不一而足。有些是历史原因：实证主义对哲学影响最大之时，恰恰是现代社会学的成型期，也就是第

---

① 参见 David Hume, *An Enquiry Concerning Human Understanding*, and Selections from *A Treatise of Human Nature: With Hume's Autobiography and a Letter from Adam Smith*, Chicago, Open Court, 1907。

② 参见 Karl R. Popper, *The Logic of Scientific Discovery*, New York, Basic Books, 1959。

③ 关于实证主义的历史及其对美国社会科学界的影响，参见 George Steinmetz ed., *The Politics of Method in the Human Sciences: Positivism and Its Epistemological Others*, Durham, Duke University Press, 2005。

二次世界大战之后的 15 年。[①] 第一波研究方法的教科书正是在这一时期出版的。[②] 实证主义原则因此对社会科学方法论的一整套学术语言产生了深远的影响。“因果箭头”与“因果推论”、“假设”与“预测”、“操作化”与“测量”、“经验检验”与“证伪主义”，都是逻辑实证主义给当代社会学留下的概念遗产。

实证主义在美国的影响也有政治方面的原因。第二次世界大战后的美国社会学处于派系对立状态，“宏大理论”与“经验研究”、“质性方法”与“量化方法”争得不可开交。实证主义似乎为批驳宏大理论、支持量化方法提供了论证利器。[③] 如果理论只不过是假设，那么塔尔科特·帕森斯(Talcott Parsons)的结构功能主义这种理论体系又有何用？如果“因果推论”的可靠性取决于样本规模，那么“大样本”量化研究难道不比基于少数个案的质性研究更科学吗？

当然，社会学和哲学意义上的实证主义有所不同[④]，这就要求术语的转换。例如，传统词语“原因”和“结果”让位于新词语“自变量”与“因变量”，“事件”变成了“观察”，变量之间在统计学意义上的相关代替了统驭事件的统计学定律，统计学意义上的控制替换了实验意义上的控制，对未来事件的“预测”变成了对过去事件的“预测”。“术语转

---

① 参见 George A. Reisch, *How the Cold War Transformed Philosophy of Science: To the Icy Slopes of Logic*, New York, Cambridge University Press, 2005。

② 关于实证主义对研究方法教学的持久影响，参见 Earl Babbie, *The Practice of Social Research*, 14th ed., Boston, Cengage Learning, 2015。

③ 关于实证主义在社会学界的突破性应用，参见 Paul F. Lazarsfeld and Morris Rosenberg, *The Language of Social Research: A Reader in the Methodology of Social Research*, Glencoe, Free Press, 1955。

④ 关于术语转换，参见 Paul F. Lazarsfeld and Morris Rosenberg eds., *The Language of Social Research: A Reader in the Methodology of Social Research*, Glencoe, Free Press, 1955。关于历史脉络和犀利的批判，参见 Andrew Abbott, "The Causal Devolution," *Sociological Methods and Research*, 1998, 27(2), pp. 148-181。

换”带来了一系列难题。

这就是斯考切波效仿密尔的改版“因果推论逻辑”。下面我重点探讨实在主义。

*　　*　　*

实在主义因果论被哲学家称为“生产理论”或“过程理论”。他们假定原因**生成**了自己的结果，并将因果视为一个**过程**，而非一个事件。[①] 在大多数社会学家之前，早期批判实在主义者就已经将原因描述为“机制”(mechanisms)了。[②] 机制是一种复制一个过程(如剥削雇佣劳动或维系族群边界)的结构。早期的批判实在主义者有时会加上“生成性”(generative)这个词，以强调因果机制的生成力；他们有时也会加上“深层”(underlying)的限定，强调并非所有机制都能直接观察。我们常常通过观察某个机制的效应来推论机制的存在。其基本构想是：原因是制造可观察事件的深层结构，这些事件指向其他深层结构的变动。科学对结构与事件这两个层面的因果关系都有所关注[③]，但结构与过程是它的侧重点。

包括我在内，新批判实在主义者(Neo-Critical Realists)已经对社会

---

① 关于大量涉及社会科学的生产理论，参见 Richard W. Miller, *Fact and Method: Explanation, Confirmation and Reality in the Natural and the Social Sciences*, Princeton, Princeton University Press, 1987。关于过程理论，参见 Phil Dowe, "Causal Process Theories," pp. 213-233 in *The Oxford Handbook of Causation*, edited by Helen Beebee, Christopher Hitchcock and Peter Menzies, New York, Oxford University Press, 2009。

② 参见 Roy Bhaskar, *A Realist Theory of Science*, 3rd ed., New York, Verso, 1997; *The Possibility of Naturalism: A Philosophical Critique of the Contemporary Human Sciences*, New York, Routledge, 1998。

③ 参见 George Steinmetz, "Odious Comparisons: Incommensurability, the Case Study, and 'Small N's' in Sociology," *Sociological Theory*, 2004, 22(3), pp. 371-400。

科学中的机制式语言有所警觉。[①] 它蕴含了过于强烈的语义学(semantic)色彩。“机制”概念使人想起一个内含表面相接的细小物件的、有条不紊的实体。[②] 最典型的例子是时钟。社会结构和时钟并不一样，它们的组成成分未必细小。例如，“国家”(state)比“个人”要大得多。另外，社会结构组成成分之间的连接未必是肉眼可见的；由于离不开人的关注或注意，它们或许具有哲学意义上的“意向性”(intentional)。国家之所以存在，一个原因是人们认为它存在，并据以行事。除此之外，结构的组成成分也不一定是物件。例如，国家的组成成分可能是“法律”。法律也许被记录在物体上(如动物骨骼、泥板或纸莎草卷)，但这些物体本身并不是“法律”。

基于以上考虑，我和其他新批判实在主义者更喜欢谈论**结构**、**效力**(powers)和**过程**，而非生成性机制或深层机制。我们认为，结构是效力的持有者。[③] 国家可能拥有“执法”的权力。大部分人有言语表达

---

① 参见 Philip S. Gorski，“Causal Mechanisms：Lessons from the Life Sciences，” pp. 27-48 in *Generative Mechanisms Transforming the Social Order*，edited by Margaret S. Archer，Cham，Springer，2015。

② 分析社会学(analytical sociology)中的理性选择分支就是这样看待机制的，参见 Peter Hedström and Peter Bearman，“What is Analytical Sociology All About? An Introductory Essay，” pp. 3-24 in *The Oxford Handbook of Analytical Sociology*，edited by Peter Hedström and Peter Bearman，New York，Oxford University Press，2009。关于时钟比喻及其缺陷，参见 Philip S. Gorski，“Social ‘Mechanisms’ and Comparative-Historical Sociology：A Critical Realist Proposal，” pp. 147-194 in *Frontiers of Sociology*，edited by Peter Hedström and Bjorn Wittrock，Leiden，Brill，2009。

③ 效力观源于亚里士多德的哲学，参见 Ruth Groff ed.，*Revitalizing Causality：Realism about Causality in Philosophy and Social Science*，New York，Routledge，2008。效力观在当代形而上学领域的复兴很大程度上要归功于莫尔纳(George Molnar，*Powers：A Study in Metaphysics*，edited by Stephen Mumford，New York，Oxford University Press，2003)。关于它在分析哲学领域的概述，参见 Stephen Mumford and Rani Lill Anjum，*Getting Causes from Powers*，New York，Oxford University Press，2011。

的能力。在这两种情况中，效力均来自结构——这些结构具有以特定方式连接起来的特定的组成成分。例如，国家有警察、法院和监狱，而个人有肺、喉咙和舌头。如果少了这些组成成分中的任何一个，结构将失去效力，也就是执法的权力或言语表达的能力。

从新批判实在主义的角度看，原因并不发生在结果之前，而是和结果同时发生。换言之，因果关系是一个过程。"执法"或"发言"并非发生在孤立时间点上的"事件"。相反，它们是在一个时间段内持续发生的过程。一个嫌疑犯可能被"拘捕""起诉""审判"，最后得到"惩罚"或"赦免"。一个发言者在一个连续的时间段内"呼气""吟诵"和"演讲"。在这两种情况下，原因和结果均以一种连续的方式同时发生。

实在主义因果论通常与我所说的解释重构论(reconstructive theories of explanation)互为补充。在后者看来，解释就是尽可能完整、准确地重现引发某件事的结构、效力和过程。[①] 批判实在主义者将这种解释性重构称为"逆推法"(retroduction)。逆推法描述的是一场变化的"如何"与"什么"：它如何发生(过程)？它的诱因是什么(结构与效力)？我们可以据此理解斯考切波的革命理论。从实在主义的视角看，它指出且追溯了一个被长期忽视的过程("国家政权的崩溃")，并对诱发国家政权崩溃的某些结构与效力(如国家体系和军事力量)做出描述和解析。斯考切波的理论以叙述为形式(过程)。

需要强调的是，逆推法的分析起点是某一个特定的结果，由此向前追溯。这正是"**逆**推法"这个称谓的由来。逆推法的第一步永远是尽可能清晰地界定结果。唯有如此，我们才能找出相关的原因。这里的

---

① 关于批判实在主义的方法，尤其是解释，参见 Berth Danermark et al.，*Explaining Society*：*Critical Realism in the Social Sciences*，New York，Routledge，2002；Andrew Sayer，*Method in Social Science*：*A Realist Approach*，Rev. 2nd ed.，New York，Routledge，1992。

结果既可以是具体的结果(如“什么引发了美国革命?”),也可以是“外行”人士所理解的一组结果(如“革命”),还可以是分析者通过理论构建出来的一类结果(如“集体动员”)。

新批判实在主义的因果与解释观导致了独特的因果分析与理论检验观。按照新批判实在主义的观点,因果分析有两个核心议题:如何观察结构与效力?如何对二者做出描述?观察结构往往要求有特定的工具或方法。在不借助外力的情况下,许多结构至少可以用肉眼部分观察,如中等大小的物件(我的计算机)或生物体(我的猫)。然而,只有借助于额外的工具(如听筒和X射线机)和方法(如触诊和放射),我们才能对多数客体(包括我的计算机和猫)有更完整的理解。还有一些客体(如夸克)只能通过工具间接观察。

社会结构甚至比物理结构和生物结构更为复杂和多元。一般来说,社会结构至少包含三个基本要素:人、文化符号与物质器物(material artifacts)。[①] 不仅如此,这些要素之间的关联可能也具有不同的属性:物理性关联、意图性关联或话语性(discursive)关联。因此,社会科学中的因果分析必然涉及不同工具(如内容分析法和民意调查)和多种方法(如民族志和回归)。值得强调的是,社会科学不可避免地具有解读(interpretive)色彩,它永远无法还原为对“行为”的观察或对“系统”的分析。[②] 社会结构在本体上的异质性(ontological heterogeneity)还告诉我们,社会科学家需要借助于不同形式的符号表征(symbolic represen-

① 参见 Philip S. Gorski, “The Matter of Emergence: Material Artifacts and Social Structure,” *Qualitative Sociology*, 2016, 39(2), pp. 211-215。

② 对行为主义的经典批判参见 Charles Taylor, “Interpretation and the Sciences of Man,” *The Review of Metaphysics*, 1971, 25(1), pp. 3-51。对系统理论的经典批判参见 Jürgen Habermas, “Excursus on Luhmann's Appropriation of the Philosophy of the Subject through Systems Theory,” translated by Frederick G. Lawrence, pp. 368-385 in *The Philosophical Discourse of Modernity: Twelve Lectures*, 1987。

tation)。例如，在描述一个国家政权或国家政权体系时，我们可能需要用上地图、组织结构图、家谱、历史年表、现场图以及流程图。

实在主义者认为，科学理论是对外部世界的符号表征。新批判实在主义者认为，科学理论是社会结构、效力和过程的分析性表征。有些理论侧重于过程。过程理论对引发某个结果（“法国大革命”）、某组结果（“社会主义革命”）或某类结果（“社会革命”）的因果关系的复杂组合做出表征。在美国社会学界，过程理论通常被称为“社会学解释”或“中层理论”(middle-range theories)。

还有一些理论主要是结构和效力的表征。这些理论试图找出塑造了某种结构（如法国旧制度、君主专制或科层场域）并赋予其特定效力（如对合法暴力手段的垄断、对一块疆域的控制、制定法律的能力）的必要内部关系。结构理论一般被称为“宏大理论”(grand theories)或“高位理论”(high theory)。马克思的革命理论、韦伯的科层理论、布尔迪厄的场域(fields)理论和拉图尔的行动者网络(actor-networks)理论均属此类。

当然，两种理论都不可或缺。结构理论奠定了过程理论的基础。我们可以说，斯考切波的社会革命理论借鉴了马克思的阶级革命理论、韦伯的国家权力理论以及奥托·欣策(Otto Hintze)的地缘政治理论。过程理论是结构理论的检验田。社会结构的存在一般只能通过观察其因果效力（稍后将讨论这一点）来加以推论，而结构效力只能在因果过程中得到体现。正因如此，任何社会学研究都必须考察随时间推移而展开的过程。

在实在主义者看来，理论检验并不必然是（且很少是）“证伪主义”所主张的“非真即假”，因为理论可以是（且经常是）半真半伪的。① 如

① 当然，如果过程理论缺乏某种结构和效力，或这种结构和效力无法发挥作用，这种理论就可能是错的。从而，某些法国大革命研究者认为马克思的“资产阶级革命”理论是错的，因为法国资产阶级并不存在，或在大革命中的角色无足轻重。然而，过程理论的全面证伪相对少见，大部分理论至少部分成立。

果一种过程理论正确地指出并描述了导致特定结果的某些结构与效力，但忽略或错误地描述了其他结构与效力，我们就可以说它部分错误。例如，斯考切波指出，马克思主义社会革命理论忽略了国家政权与地缘政治，所以有所欠缺。斯考切波的某些批评者则说，她的社会革命理论忽略了文化，误解了能动性（agency），从而既不完整，也不准确。社会科学的进步往往建立在过程的进一步明细化上。

如果一种结构理论准确地指出和描述了一种结构的某些要件以及内部关系，却忽略或错误地描述了其他要件和内部关系，它同样是半真半伪的。试举一例，在考察近代早期欧洲国家政权时，如果研究者说，这些政权完全由征税者和士兵组成，他就忽略了救济部门和教牧人员的重要性，或族长和王朝的重要性。这正是我在国家形构方面的一个核心论点。[①]

由于理论往往是半真半伪的，我们并不总是需要（或有可能）在理论之间做出选择。过程理论尤其如此，因为它们通常要博采不同的结构理论。从实在主义的角度看，因果分析的一大核心问题就是不同结构和效力在特定过程中的相对重要性。这往往也是最棘手的问题。解决方案无他，唯有对多个个案加以擘肌分理的剖析。这正是社会学必然具有比较性质的原因。例如，只有考察多场社会革命，我们才能就"农民动员"和"国家政权崩溃"的相对重要性得出结论。

因果分析还有一个重要问题：一种结构的效力必须以哪些要素和关系为前提？更为复杂的是，因果效力永远是相对于外在之物来说的。以汽车为例，它的动力取决于具有特定关系的特定零件，也就是以正确序列组装的引擎、曲轴、轮轴和轮胎。它并不依赖于底盘的形状或

---

① 另参见 Philip S. Gorski，*The Protestant Ethic Revisited*，Philadelphia，Temple University Press，2011。

颜色。但如果这辆车要展示某种身份或风格，底盘形状或颜色的重要性就会大大提升。国家政权等社会结构同样如此。一个国家政权离不开哪些组成机构和关系，取决于我们对哪些类型的国家权力感兴趣，如征税权、管辖权或教育权。

* * *

如何评价这两种不同的科学哲学？更重要的是，为什么实在主义社会学优于实证主义社会学？批判实在主义者认为，答案要从社会学史以及更宽泛的科学史中寻找。实证主义将因果关系视为观察到的事件之间的逻辑关系，认为科学知识就是普遍定律或统计规律，强调科学进步离不开理论证伪以及基于判决性实验的理论裁定。这种观点和自然科学(物理学和天文学可能不在此列)的实际历史有不小的偏差；它和社会科学的实际历史出入更大，因为社会科学中的常量、定律、证伪和判决性实验寥寥无几。

再看批判实在主义的历史意涵：因果关系意味着变动，科学知识包含对引发变动的结构、效力和过程的理论描述，科学进步要求对结构与过程做出更全面、更准确的阐述。这种哲学可以更好地解释杂乱无章的社会史。社会科学是什么、做什么，批判实在主义给出了更令人信服的说法。

还原和涌生：方法论个人主义与历史社会学

20 世纪 90 年代，理性选择理论(短暂地)主导了美国政治学界。①

---

① 理性选择理论在政治学界的重镇是华盛顿大学、芝加哥大学和纽约大学。代表人物包括布鲁斯·布尔诺·德梅斯奎塔(Bruce Bueno de Mesquita)、罗素·哈丁(Russell Hardin)、道格拉斯·诺思(Douglass North)和亚当·普热沃尔斯基(Adam Przeworski)。关于历史脉络和犀利的批判，参见 Donald P. Green and Ian Shapiro，*Pathologies of Rational Choice Theory：A Critique of Applications in Political Science*，New Haven，Yale University Press，1994。

博弈论成为许多系所的必修科目，形式模型屡屡出现在比较政治和国际关系领域的论文和专著中，政治学博士的就业前景有时取决于是否掌握这些新方法。理性选择理论的拥趸们希望政治学能重现新古典经济学的学术"成功"。(具有讽刺意味的是，新古典经济学关于个人理性的基本假设当时正遭到经济学"行为主义革命"的颠覆。)①

理性选择理论有何优点？首先，它似乎符合实证主义对科学的定义。它宣称自身建立在放诸四海而皆准的人类行为定律上，也就是个人效用的最大化。从这条基本"定律"出发，可以通过逻辑推演或数理运算来推导出其他"定律"(如供求定律或国际关系定律)。其次，它具有本体论上的简洁性(ontologically parsimonious)。这一理论所假定的实体仅仅是个人及其偏好与信念。它不要求对无法直接观察的制度、群体、文化或其他"神秘"实体的实际存在做出假定。最后，它和美国文化中的个人主义与反国家主义高度契合。② 它的隐含之意是，每个人的命运都是其自身偏好、信念和选择的产物，而且人与人之间的互动所达成的"均衡"是一种"最优"状态；人的境遇无法改善，至少无法通过政府干预来改善。

理性选择运动同样渗透进了美国社会学界。1990 年，芝加哥大学

---

① 这场革命的关键人物是丹尼尔·卡尼曼(Daniel Kahneman)和阿莫斯·特韦尔斯基(Amos Tversky)，参见 Daniel Kahneman，"Maps of Bounded Rationality：Psychology for Behavioral Economics，" *American Economic Review*，2003；Daniel Kahneman and Amos Tversky，"Prospect Theory：An Analysis of Decision under Risk，" *Econometrica*，1979，47(2)，pp. 263-292。阿马蒂亚·库马尔·森(Amartya Kumar Sen)扮演了重要的辅助角色，参见 Amartya Kumar Sen，"Rational Fools：A Critique of the Behavioral Foundations of Economic Theory，" *Philosophy and Public Affairs*，1977，6(4)，pp. 317-344。

② 一些新古典经济学家因此宣称自己在政治上的自由至上主义(political libertarianism)具有科学性。最广为人知、影响力最大的例子是芝加哥大学经济学家米尔顿·弗里德曼(Milton Friedman)，参见 Milton Friedman and Rose Friedman，*Free to Choose：A Personal Statement*，New York，Harcourt Brace Jovanovich，1979。

社会学家詹姆斯·科尔曼(James Coleman)的理论代表作《社会理论的基础》问世。① 此书成型于科尔曼同加里·贝克尔(Gary Becker)等新古典经济学领军人物共同开设了十余年的理性选择理论研讨班。在这本书中,科尔曼试图以理性选择这一"微观基础"来彻底重建社会理论,其终极目标是理解"社会系统",尽管他没有明说自己是在现实意义还是在抽象意义上谈论社会。理性选择理论甚至在历史社会学界赢得了若干信徒。1991年,在利伯森批判斯考切波之时,华盛顿大学(University of Washington)的埃德加·凯泽(Edgar Kiser)和迈克尔·赫克特(Michael Hechter)宣称,历史社会学需要能够"推导"出"可检验假设"的"通则性理论"(general theory)。他们所说的通则性理论就是理性选择理论。

理性选择理论在社会学界信徒寥寥,但他们对社会结构存在与否的质疑并不局限于理性选择理论。其他领域同样有此质疑,尤其是侧重于人际互动的社会学分支,如民族学和社会心理学。② 当然,许多社会学家(或许大多数社会学家)默认,群体、制度或文化这种社会结构在某种意义上确实存在,它们不是简单的人际互动的汇总。然而,能为这种假设做出明确辩护的人少之又少。在这方面,哲学中的"涌生"理论大有可为。

* * *

在哲学中,"涌生"一词表示整体可能大于部分之和。③ 以心灵哲

---

① James S. Coleman, *Foundations of Social Theory*, Cambridge, Harvard University Press, 1990.

② 这一观察来自我这些年在研讨班以及大小学术会议上的私人交流。

③ 关于这一概念,参见芒福德 *Metaphysics: A Very Short Introduction* (New York, Oxford University Press, 2012)的第三章。关于涌生哲学的历史回顾以及不同观点,参见 Mark A. Bedau and Paul Humphreys eds., *Emergence: Contemporary Readings in Philosophy and Science*, Cambridge, MIT Press, 2008。关于以质疑为主的回应,参见 Antonella Corradini and Timothy O'Connor eds., *Emergence in Science and Philosophy*, New York, Routledge, 2010。

学为例，涌生论者认为，作为一个整体，人的大脑或心灵具有局部器官(如神经元、血管等)所缺乏的特性(如意识)和效力(如思想)。[①] 另一个例子是水。[②] 在常温下，一桶水具有某些等量的氢气和氧气所不具备的特性(如流动性和湿度)与效力(如表面张力和扑灭火灾)。氧气引燃火苗，火苗引爆氢气，但二者皆无法扑灭火灾。

涌生论者主张各异。有人只认可新特性的涌生[③]，也就是哲学家通常说的“弱涌生”(weak emergence)或“认知涌生”(epistemological emergence)。鸟类群飞是一个经典案例。鸟群具有人眼可感知的特有形状，但没有任何一只鸟所不具备的效力。这种涌生特性一般可以用还原的方法解释。它们存在于观察者的头脑中，但对外部世界没有显著影响。这正是限定词“弱”和“认知”的由来。

还有一些理论家认为，涌生结构或效力同样是一种实在(reality)，这一般被哲学家称为“强涌生”(strong emergence)或“本体涌生”(onto-

① 心灵哲学在这方面的权威是金在权(Jaegwon Kim)。金在权最初是挑战被称为“随附性”(supervenience)的一种弱涌生，但后来转向一种被称为“物理论”(physicalism)的还原论立场。他的早期立场的近期表述参见 Jaegwon Kim ed.，*Supervenience*，Aldershot，Dartmouth；Brookfield，Ashgate，2002；他的后期立场的先期表述参见 Jaegwon Kim，*Physicalism*，*or Something Near Enough*，Princeton，Princeton University Press，2005。

② 关于水的透彻分析，参见 Hasok Chang，*Is Water* H_2O? *Evidence*，*Realism and Pluralism*，Dordrecht，Springer，2012。

③ 彼得·赫德斯特伦(Peter Hedström)等分析社会学家可能持这种立场，参见 Peter Hedström，*Dissecting the Social*：*On the Principles of Analytical Sociology*，New York，Cambridge University Press，2005。基思·索耶(Keith Sawyer)可能也持类似立场，参见 R. Keith Sawyer，“Emergence in Sociology：Contemporary Philosophy of Mind and Some Implications for Sociological Theory,” *American Journal of Sociology*，2001，107(3)，pp. 551-585。对这种立场的哲学批判参见 Paul Humphreys，“Emergence，Not Supervenience,” *Philosophy of Science*，1997(64)，S. 337-345；William C. Wimsatt，“Aggregativity：Reductive Heuristics for Finding Emergence,” *Philosophy of Science*，1997(64)，S. 372-384。

logical emergence)。[①] 水和心灵均为经典案例，尽管可能都有所争议。强涌生的主要检验标准是新的效力。在强涌生论者看来，水和心灵都具有单一成分所缺乏的效力。我们通过观察这些结构的效力来获知结构的存在；这些结构独立于观察者而存在，并有可能深刻影响外部世界。这正是限定词"强"和"本体"的由来。

与之相关的第二对概念是"历时性涌生"(diachronic emergence)和"共时性涌生"(synchronic emergence)。历时性涌生指的是随时间推移而出现新的形式或物质。[②] 例如，恒星生成碳原子，一部分碳原子随后成为蛋白质分子的成分，一部分蛋白质分子再成为生命形态的构成要素。一个涌生物成为下一个涌生物的前提条件，其结果独特新奇、出乎意料。应该指出的是，历时性涌生并不以本体涌生为前提。一种可能的说法是(而且确实有科学家和哲学家这样说)，碳原子和生命形态的效力可以(并且终将)由其核心成分的效力来解释，无论这些成分是什么(夸克、弦线等)。换言之，还原论是终极解释，因为一切终将归结到物理上。

共时性涌生指的是在一种形态或物质内部涌现出新的特性或效力。刚才提到的水和生命形式就是两个例子。从而，共时性涌生概念意味着接受强形式或弱形式的涌生。强共时性涌生还暗含了"下向因果"

---

① 对这种涌生论的哲学辩护参见 Hong Yu Wong，"Emergents from Fusion，" *Philosophy of Science*，2006，73(3)，pp. 345-367；William C. Wimsatt，"The Ontology of Complex Systems：Levels of Organization，Perspectives，and Causal Thickets，" *Canadian Journal of Philosophy*，1994，24(sup 1)，pp. 204-274。

② 关于历时性涌生的广泛谈论与大量案例，参见 Philip Clayton and Paul Davies，*The Re-Emergence of Emergence：The Emergentist Hypothesis from Science to Religion*，New York，Oxford University Press，2006；Harold J. Morowitz，*The Emergence of Everything：How the World Became Complex*，New York，Oxford University Press，2002。

(downward causation)的可能，也就是整体结构影响局部行为。[①] 例如，水分子将其成分聚合在一起，限制它们的空间流动，并将其电子限定在特定轨道上。

至少存在两种强共时性涌生：整体论(holist)强共时性涌生和构成论(compositionalist)强共时性涌生。整体论者认为，涌生出来的效力是完全无法预料或解释的。[②] 在他们看来，水分子的性质完全是神秘一团，仔细研究水的内部结构对我们了解水分子的性质没有任何帮助。从而，还原或解析(analytic)方法无助于加深我们对涌生效力和特性的了解。呜呼，至少就水来说，这种整体论已经被证明是错的。构成论更容易解释这些结果。构成论者相信，一个实体的涌生效力和特性与其内部构成和组织有关[③]；即使本体论方面有隙可乘，还原和解析仍是有益的方法。

构成论涌生至少也有两种类型：本质性(essentialist)构成论涌生和关系性(relationalist)构成论涌生。本质论者认为世界可以划分为泾渭分明的不同类属，每一类属都有独特的效力。[④] 他们持柏拉图式的理念，认为“现实可以在关节处切割”成不同的“自然类属”。元素周期表就是最典型的自然类属。而对于关系论者来说，唯有考察相互关系，

---

① 文献综述和相关争论参见 Peter Bøgh Andersen et al.，*Downward Causation：Minds，Bodies and Matter*，Aarhus，Aarhus University Press，2000。

② 这是一些 20 世纪早期涌生论者的看法，他们将不可预测性和不可知性(而非效力或构成)视为涌生的关键判定标准。英国哲学家查尔斯·D. 布罗德(Charles D. Broad)似乎持这一立场，参见 Charles D. Broad，*The Mind and Its Place in Nature*，New York，Harcourt，Brace & Company，1925。

③ 关于这一立场的详细阐述，参见 Dave Elder-Vass，*The Causal Power of Social Structures*，New York，Cambridge University Press，2010。

④ 澳大利亚哲学家布赖恩·埃利斯(Brian Ellis)是本质论的积极捍卫者，参见 Brian Ellis，*Scientific Essentialism*，New York，Cambridge University Press，2001；*The Philosophy of Nature：A Guide to the New Essentialism*，Chesham，Acumen，2002。

我们才能界定类属。这意味着同一个事物可以有不同的范畴。[①] 我们可以借助于其他化学元素(如碳和氮)来界定氢和氧，也可以借助于其他可饮用液体(如"葡萄酒""汽水"和"果汁")来界定水。关系论者还认为，一个类属的效力唯有通过其他类属才能凸显，而且未来有可能涌现出新的关系或类属。水通过火呈现出来的效力和水通过人呈现出来的效力(如止渴、洁肤、漂浮)并不是一回事。由此推论，从原则上讲，我们无法完整罗列一个类属的效力。在关系论者眼中，既没有自然类属，也没有本质效力，只有关系脉络中的类属和关系脉络中的效力。

批判实在主义者偏向哪一种涌生论？通常而言，他们反对整体论涌生论和本质性涌生论，而对其他涌生论均抱以开放态度，无论是认知涌生(弱涌生)、本体涌生(强涌生)、历时性涌生、共时性涌生，还是构成论涌生或关系性涌生。与之相对应，他们对"下向因果"也持开放态度，认为一个涌生出来的整体以不同方式限定或促成了它的组成部分。如果放到更宽泛的哲学探讨中，新批判实在主义者可以说是"超强涌生论者"(very strong emergentists)。在此意义上，多数当代社会学家都可以归结为此类。

*　　　　*　　　　*

多数！但不是所有人！强社会涌生论从来不乏反对之声。有些反对意见是出于认识论的考虑。"我能看见人与人互动，但我看不见'社会结构'，"怀疑者这样说，"如果我看不见，它就不是科学。"[②]但这种基于常理的经验主义和当代科学理论歧见甚多。当代科学理论经常假定夸克、基因、引力等"不可观察物"的存在。不可观察物无法由肉眼直接观察，但这并不表明它们**没有任何办法**观察。通过观察它们对可

① 蒂姆·鲁楚(Tim Rutzou)和我本人持这一立场。

② 我尚未在正式出版物中见过这种说法，但在和对涌生论持怀疑态度的社会学家交谈时多次听见类似的观点。

见事物的因果效应，或借助于科学方法，我们仍然可以对不可观察物进行间接观察。许多社会科学家所假定的实体都是这种不可观察物。人类学家与社会学家对公共话语(public discourse)和社会仪式进行细致分析，从中推论出文化“代码”(codes)和“神圣”价值的存在。政治学家通过调查方法来了解“选民偏好”。连理性选择理论也假定了不可观察物：以个人选择来“揭示”(即推断)个人“偏好”。基于可观察效应或科学方法对不可观察物进行间接观察是现代科学的一大特征。

对强涌生论的第二种反对意见是基于本体论的考虑。科学实在主义的一个流行论点是“独立于心灵”(mind-independence)。“独立于心灵”这一标准在自然世界相当有说服力，我们也很容易想象一个没有心灵的自然世界。事实上，纵观历史，自然世界在大部分时间里都不曾有过心灵。说自然世界“独立于心灵”就是强调它不仅仅是一种“社会建构”。

社会世界是否同样如此？这一点似乎更难成立。显而易见，我们无法设想一个没有心灵的社会世界。“证明完毕!”社会建构论者如是说。“且慢!”批判实在主义者这样回复，因为社会世界确实具有类型有限的几种“独立于心灵”。第一种源于我所说的社会结构的器物维度，第二种源于社会世界的主体间性(intersubjective dimension)。[①]

我这里是在哲学意义上使用“器物”(artifact)一词。它指的是人类所塑造的客体，如服装和工具。许多社会理论家以互动性本体论来理解社会结构，也就是将其默认为“行动者以及他们之间的互动”。这样一来，这些理论家经常将物质器物描述为“资源”或“手段”，从而将其简化为人与人之间的关系。但在新批判实在主义者看来，器物是社会

---

① 参见Philip S. Gorski，“The Matter of Emergence：Material Artifacts and Social Structure，” *Qualitative Sociology*，2016，39(2)，pp. 211-215。

结构的重要元素，它具有不同于个人与关系的本体性。和其他要素一起，器物赋予特定结构以特性与效力。例如，军装与武器使军队成为军队，办公室与教室使大学成为大学。一个没有人类思想的社会世界将无法自我复制，但它并不必然停止存在。它有可能留下不同的物质器物。其他人也有可能对孕育了他们的社会做出大量推论。正因为社会世界具有器物维度，考古学才得以成为一门学科。因此，器物维度给社会结构带来了程度有限的"独立于心灵"。

社会结构同样具有主体间性，最常见的例子是人类的语言。为什么是主体**间性**，而不是简单的主体性？为什么没有人能自创私人语言？在 20 世纪中叶的英语国家，哲学家们曾对此有过深入的讨论。一反哲学界的惯例，这场争论基本达成了共识：私人语言不可能存在。① 原因何在？假设一个孤岛上有一个孤零零的人，我们不妨说他是没有"星期五"的鲁滨孙·克鲁索(Robinson Crusoe)。克鲁索也许会一边指着身旁之物一边发出声响。他也许会指着一朵灰蓝色的花说："蓝色！"但什么可以阻止他在第二天指着同一朵花说"红色！"呢？什么也不能。一个稳定的语言指涉系统以一个订立了词语意义与使用规则的人类群体为前提。它要求有一群"星期五"说："鲁滨孙，那是蓝色的，不是红色！"当然，语言不像器物那样独立于思维。尽管如此，它却独立于任何一个人的思维。一个人的死不会导致一种语言的灭亡。没有任何人对一种语言是全知全能的，他免不了有不熟悉的词汇、地方习语或语法规则。因此，某个事物具有主体间性不等于它"独立于所有思维"，而只是说它独立于"某个特定的思维"。换言之，语言和其他类型的主体间性一样，是涌生的产物。

---

① 关于对私人语言的细致考察和有力批判，参见 Saul A. Kripke，*Wittgenstein on Rules and Private Language*，Cambridge，Harvard University Press，1982。

我有必要重申一点：承认涌生的实在性并不表示否认还原的可能。有时候，表面上的本体涌生其实是特性涌生。在观察到鸟类群飞现象后，有人宣称存在一种主导个人行为的“集体意识”。但人们后来发现，如果假定每一只鸟都遵循若干简单的规则(如与其他鸟保持最优距离)，那么得出鸟类群飞的仿真结果并非难事。

承认涌生的实在性不代表偏好社会系统理论，否认微观社会学的重要性。正如社会学中的“宏观”层面可以相对独立于“微观”层面，微观社会学同样可以相对独立于心理学、神经学或遗传学。例如，小群体动态(small group dynamics)或社会仪式可能具有必须加以分析的强涌生性或涌生力。[①] 正如社会结构有可能对作为其组成部分的个人产生“下向因果”作用，个人同样有可能对结构产生“上向因果”(upward causation)作用。[②] 结构与能动性之间持续相互影响，而因果力可以在任何一个方向发挥作用。批判实在主义理论家玛格丽特·阿彻(Margaret Archer)将这种相互影响描述为“形态创生的循环”(morphogenetic cycle)。[③]

承认涌生的实在性也不意味着否认解析的用途。恰恰相反，批判实在主义者所主张的社会涌生构成论说明分解(decomposition)有可能发挥重要作用。要找出给某种结构带来涌生特性和效力所不可或缺的内在成分和关系，分解是关键手段，上文提到的汽车即为一例。

最后，承认涌生的实在性不等于对个人有任何类似于社会达尔文

---

① 参见 Randall Collins, *Interaction Ritual Chains*, Princeton, Princeton University Press, 2004。

② 关于这种“上向因果”的精彩历史个案分析，参见 William H. Sewell, Jr., “Historical Events as Transformations of Structures: Inventing Revolution at the Bastille,” *Theory and Society*, 1996, 25(6), pp. 841-881。

③ 参见 Margaret S. Archer, *Realist Social Theory: The Morphogenetic Approach*, New York, Cambridge University Press, 1995。

主义或其他“有机”(organicist)社会理论的不敬。整体具有部分所没有的效力，并不意味着整体的价值高于部分。事实上，它有可能引发对整体(相对于部分)的批评。这正是批判实在主义者强调社会理论必须考虑个人行动者的一个原因。①

*　　　　*　　　　*

实证主义者通常对比较历史社会科学持怀疑态度。② 他们担心这种研究过于“特定化”(particularistic)，不够“通则化”(generalizable)。批判实在主义者并没有这种担忧。从批判实在主义的角度看，通则化不是科学的唯一目标，甚至不是最重要的目标。科学的首要目标是揭示表面现象背后的结构、效力和过程，而这些并不一定具有通则性。它们可以是特定的事件(如法国大革命)、结构(如法国旧制度)、效力[如征收土地税(*taille*)的权力]或过程(如七年战争)。当然，细致考察特定事项有助于我们理解革命、国家形构、征税或帝国冲突等普遍事项。但普遍(general)并不等于放诸四海而皆准(universal)。这类研究不会得出任何适用于一切时空的“定律”。例如，我们不可能基于斯考切波的社会革命理论预测古代中国的朝代转换(如从明朝到清朝)。然而，它有可能帮助我们做出有助于逆推过程的类比。这正是社会科学必须将特定化与通则化这两种研究策略融为一体的原因。基于这种考虑，实在主义者主张将“深入”的个案研究与“广泛”的类型研究(type-

① 阿彻对这种个人关注做了犀利的经验与理论辩护，参见 Margaret S. Archer, *Being Human: The Problem of Agency*, New York, Cambridge University Press, 2000; *Structure, Agency and the Internal Conversation*, New York, Cambridge University Press, 2003。

② 参见 John H. Goldthorpe, “The Uses of History in Sociology: Reflections on Some Recent Tendencies,” *British Journal of Sociology*, 1991, 42(2), pp. 211-230; “Current Issues in Comparative Macrosociology: A Debate on Methodological Issues,” *Comparative Social Research*, 1997(16), pp. 1-26。

based research)结合起来。[①]

还原论者对历史社会学的质疑往往出于另一个原因：它有时无法提供“微观基础”。批判实在主义者认为这种担忧没有必要。当非还原分析法无用武之地时，还原法也许能派上用场。例如，对于马克思主义阶级意识理论来说，西方民主社会缺乏社会主义革命是一种“经验上的异常”(empirical anomaly)。[②] 在分析基于阶级利益的社会运动“搭便车问题”以及革命政党的“阈值效应”(threshold effects)时，理性选择理论大有助益。[③] 但方法论还原在这些研究上得心应手，并不说明所有研究都需要“微观基础”。在许多情况下，宏观社会学足以提供完备的解释。涌生理论可以帮助我们理解个中缘由：社会结构往往具有作为结构一分子的个人所不具备的效力和特性。从而，结构分析合情合理，结构性解释同样能令人信服。如果宏观解释无法成立，我们就需要关注微观层面；反之亦然。

* * *

批判实在主义对强社会涌生论的认可为比较历史社会学奠定了坚实的哲学基础。首先，本体涌生论的言外之意是，只要大规模历史事件(如革命)和社会结构(如国家政权)具有无法还原为人际互动的涌生特性或效力，我们就有充分的理由对它们进行重点考察。批判实在主义为反驳方法论个人主义者的“微观基础论”提供了坚实的依据。它事实上表明，既然强涌生已足够普遍，举证责任往往就落在坚持认为某

---

① 关于这一区分的详细讨论，参见 Berth Danermark et al.，*Explaining Society: Critical Realism in the Social Sciences*，New York，Routledge，2002。

② 关于马克思主义内部的“理性选择”和“功能主义”之争，参见 Alex Callinicos ed.，*Marxist Theory*，New York，Oxford University Press，1989。

③ 参见 Adam Przeworski，*Capitalism and Social Democracy*，New York，Cambridge University Press，1985。

一现象能由纯粹个人维度充分解释的还原论者身上。

其次，历时性涌生论的言外之意是，任何社会科学都必须以解释新社会结构的涌生为重要任务。这要求我们关注全球范围内的长期现象。马克斯·韦伯曾说过，历史社会学是一个永远年轻的领域，因为当下始终会对过去提出新的问题。批判实在主义者可能会进一步说，历史社会学之所以能永葆青春，原因正在于新结构的不断涌现和持续发现。

再次，下向因果论的言外之意是，放诸四海而皆准的方法论个人主义有其局限性。人永远离不开他们作为一分子的社会与文化结构(家庭、宗教、政体等)的塑造和影响，所以社会或历史分析不能以先于社会的个人或不受文化影响的人性为出发点。因此，在批判实在主义者看来，理性选择理论或其他类型的方法论个人主义有将特定历史背景下的意识形态向全球推广的政治嫌疑。

最后，构成涌生论为比较分析提供了依据。如果涌生效力和特性确实受组成成分内部关系的影响，那就有必要搞清楚哪些关系和成分是必要的，哪些则是偶然的。一个解决办法是基于反事实推理(counterfactual reasoning)的实验。① 例如，我们可以问：如果法国的旧制度有一个更高效的税收体系，或者它未曾向美国革命党人提供资金，从而未曾债台高筑，法国大革命是否仍会发生？但反事实论证能否用于历史社会学，在很大程度上取决于分析者的背景知识，也就是他们关于其他事件的知识储备。另一个解决办法是相似个案的明确比较。例如，有人可能会认为，18世纪的英格兰之所以没有爆发社会革命，是因为它有一套高效的税收体系，从而无须负债累累就可以为海外殖民

① 关于反事实推理在社会科学中的应用的详尽讨论，参见 Stephen L. Morgan and Christopher Winship，*Counterfactuals and Causal Inference：Methods and Principles for Social Research*，New York，Cambridge University Press，2007。

地的军事部署提供资金。

然而，关系涌生论同样为系统比较分析提供了依据。效力永远是相对于某个事物而言的。我们无法抽象地谈论法国和英国国家政权的权力，而只能把它们放到相对于其他结构的具体关系中加以讨论。虽然英国政府在向本国国民征税方面权力大于法国政府，但由于法国王室在欧洲贵族中的势力，法国政府对欧洲外交的影响要远大于英国政府。① 因此，我们永远只能从相对于某一个社会系统（如“国家财政系统”或“欧洲大陆外交系统”）的外部关系角度来考量社会结构的效力。

结语：“价值中立”与历史社会学

在美国，社会学专业的学生通常要上一学期的“古典社会学理论”必修课。一般情况下，这门课的主要内容是现代社会学的“奠基人”，也就是马克思、涂尔干和韦伯的文本。学生有时也会读到这门学科“次要奠基人”的文本，如亚历克西·德·托克维尔和格奥尔格·西美尔(Georg Simmel)。如果不了解西方国家的历史，这些奠基人的许多文本都不好懂。这和他们所分析的社会变迁发生在19世纪有关，但还有一个原因：他们往往从比较历史的角度解释这些变迁。马克思、韦伯和托克维尔尤其如此。马克思和韦伯都对近代西方资本主义的发展感兴趣，都相信近代资本主义发轫于英格兰，但他们对此的解释大不相同。马克思重视公有地圈占对近代早期英格兰的作用，认为它促成了“资本的原始积累”；韦伯则强调“新教伦理”对“资本主义精神”获得成功以及“近代资产阶级”的性格塑造的重要性。托克维尔对近代社会平

① 这是加州大学伯克利分校社会学系的乔纳·斯图尔特·布伦戴奇(Jonah Stuart Brundage)正在写作的博士论文的一个结论。

等观的成因和结果更感兴趣。他对这一问题采取了明确的比较视角，认为“对平等的过度热爱”在他的故土法国侵蚀了源远流长的“对自由的热爱”。他将法国与美国进行对比，指出地方政府的高效运转为平等与自由在美国的平衡提供了便利。古典理论的这些例子告诉我们，比较历史分析从现代社会学诞生之日起就是其核心要素。

现代社会学以“价值中立”而自居，但这门学科的多数奠基者恐怕不会同意这种看法。马克思显然持反对态度。在他看来，社会科学从本质上就具有“批判性”。试举一例，马克思对“原始积累”的分析在一定程度上是对政治经济的历史批判。他认为，近代资本主义并不像政治经济学家说的那样源于法律意义上的平等者之间的自由交换；相反，它以强者对弱者的暴力掠夺为前提。托克维尔同样不会同意。以他对法国大革命的分析为例，在他看来，这场革命也许打出了“自由、平等、博爱”的旗帜，但它导致以平等为名压制自由，而这是一种重大的损失。在这三位注重历史分析的奠基者中，只有韦伯赞同一种**“价值中立”**(*wertfrei*)的社会科学。

韦伯所说的**“价值中立性”**(*Wertfreiheit*)是什么意思?① 他并不是说价值对研究没有影响。准确说来，他认为这种影响可以被限定在研究问题的选择上，而不应该在实际研究过程中扮演角色。因此，他坦然承认，自己对近代西方资本主义诞生(以及更宽泛意义上的西方理性)的关注源于欧洲在世界上的经济霸权以及他对某些西方文化成就(如实验科学与和声音乐)的“普世意义”的个人信念。② 但他否认这种

① 参见 Max Weber，*The Methodology of the Social Sciences*，translated and edited by Edward A. Shils and Henry A. Finch，Glencoe，Free Press，1949。

② 参见《新教伦理与资本主义精神》修订版序。英译本参见 Max Weber，*The Protestant Ethic and the Spirit of Capitalism*，translated by Talcott Parsons，New York，Scribner，1930。

"文化价值"对自己的科学研究过程造成了任何影响，并主张，对西方资本主义令人信服的解释应该能说服那些价值观不同的人。他进一步否认科学研究的结论在本质上有任何政策意涵。

要注意的是，韦伯的"价值中立"概念建立在对人类"价值"的特定理解上。在韦伯眼里，价值是"终极的""非理性的""主观的"。[①] 在思想意义上，它们本身即为与其他目标截然不同的目标，从而具有"终极性"。它们的"终极性"还具有存在(existential)意义，因为我们愿意为之付出生命。韦伯指出，近代西方文化产生出七种终极价值：核心家庭、宗教救赎、经济成功、政治权力、艺术审美、科学真理以及情欲之爱。[②] 将一种价值置于所有其他价值之上，并愿意为之牺牲，这并不难想象。在韦伯眼里，一切坚守的价值最终都是"非理性的"。他否认任何"实质上理性"(substantively rational)的价值判定理由，认为每个人的价值都是个人选择的结果。韦伯由此假定价值完全是主观的，它们在这个彻底**"祛魅"**(*entzaubert*)的世界上没有客观基础，真正将价值投射(或试图投射)到世界上的是我们自己。

总体而言，至少出于四个原因，批判实在主义者对韦伯的观点持怀疑态度。首先，价值不是道德的全部。借用加拿大哲学家查尔斯·泰勒(Charles Taylor)的话说，我们有许多至为重要的道德抉择无关乎做什么，而关乎是什么。[③] 换言之，它们考虑的不是某一时刻在不同行动之间做出具体选择，而是关于成为某种人(而不是另一种人)的志

---

① 关于这些问题更详尽的讨论以及对韦伯著述的相关征引，参见戈尔斯基 *The Protestant Ethic Revisited* (Philadelphia，Temple University Press，2011)的最后一章。

② 参见 Max Weber，"Religious Rejections of the World and Their Directions，" pp. 323-359 in *From Max Weber*：*Essays in Sociology*，edited by H. H. Gerth and C. Wright Mills，New York，Oxford University Press，1946。

③ 参见泰勒 *Sources of the Self*：*The Making of the Modern Identity* (Cambridge，Harvard University Press，1989)的序言。

向，这种志向有时并不明确，往往隐居幕后，但主导了我们的许多行动。

其次，我们的价值往往不是“终极目标”。相反，它们是美国实用主义哲学家约翰·杜威(John Dewey)所说的“视野所及的目标”(ends-in-view)，也就是作为长远计划一部分的短期目标。[①] 这些目标和计划可能出于实际考虑，而不关乎存在。例如，我们可能为了让父母开心而希望学钢琴，或为了让领导满意而尽力减少拖延。这些都是未必关乎“终极价值”的“视野所及的目标”。

再次，我们在伦理和道德方面的选择并不总是纯粹非理性的。一方面，它们受到人类进化过程赋予我们所有人的特性的制约：高度社会化、高度智慧化和高度脆弱化的哺乳动物，寻求互动与意义，需要大量关照，尤其在年幼和年迈时。[②] 另一方面，这些选择受个人与集体经历的影响。有时候，我们是从自身的贫困或迷失经历中学会了伦理与道德。

最后，批判实在主义者否认价值是我们投射到一个无意义的“祛魅”世界的“主观”之物；相反，价值源于我们与这个世界和他人之间实实在在的互动。[③] 它们既具有主体间性，也具有**客体**间性(inter*objective*)。这些关系有时会生成社会理论家汉斯·约阿斯(Hans Joas)所说的有望形成持久二阶(second-order)坚守价值(如“和平”“忠诚”或“热

---

① 参见 John Dewey，“The Continuum of Ends-Means，” pp. 97-107 in *On Education*：*Selected Writings*，edited by Reginald D. Archambault，Chicago，University of Chicago Press，1964。

② 参见 Alasdair MacIntyre，*Dependent Rational Animals*：*Why Human Beings Need the Virtues*，Chicago，Open Court，1999。

③ 参见 Webb Keane，*Ethical Life*：*Its Natural and Social Histories*，Princeton，Princeton University Press，2016；Andrew Sayer，*Why Things Matter to People*：*Social Science*，*Values and Ethical Life*，New York，Cambridge University Press，2011。

情”)的“自我超越体验”。[①] 哲学家阿奎尔·比尔格拉米(Akeel Bilgrami)最近说，价值甚至有可能内在于这个世界本身；世界召唤我们与其发生价值关系，而不是相反。[②] 按照这种观点，我们从未“祛魅”过。

参考文献

Abbott，Andrew，“The Causal Devolution，” *Sociological Methods and Research*，1998，27(2)：148-181.

Adams，Julia，Elisabeth S. Clemens，and Ann Shola Orloff，eds.，*Remaking Modernity*：*Politics*，*History*，*and Sociology*，Durham，Duke University Press，2005.

Andersen，Peter Bøgh，Claus Emmeche，Niels Ole Finnemann，and Peder Voetmann Christiansen，*Downward Causation*：*Minds*，*Bodies and Matter*，Aarhus，Aarhus University Press，2000.

Archer，Margaret S.，*Realist Social Theory*：*The Morphogenetic Approach*，New York，Cambridge University Press，1995.

Archer，Margaret S.，*Being Human*：*The Problem of Agency*，New York，Cambridge University Press，2000.

Archer，Margaret S.，*Structure*，*Agency and the Internal Conversation*，New York，Cambridge University Press，2003.

Archer，Margaret S.，Roy Bhaskar，Andrew Collier，Tony Lawson，and Alan Norrie，eds.，*Critical Realism*：*Essential Readings*，New York，Routledge，1998.

---

① 参见 Hans Joas，*The Genesis of Values*，Chicago，University of Chicago Press，2000。

② 参见 Akeel Bilgrami，*Secularism*，*Identity*，*and Enchantment*，Cambridge，Harvard University Press，2014。

Aston, T. H., and C. H. E. Philpin, eds., *The Brenner Debate: Agrarian Class Structure and Economic Development in Pre-Industrial Europe*, New York, Cambridge University Press, 1985.

Babbie, Earl, *The Practice of Social Research*, 14th ed., Boston, Cengage Learning, 2016.

Bedau, Mark A., and Paul Humphreys, eds., *Emergence: Contemporary Readings in Philosophy and Science*, Cambridge, MIT Press, 2008.

Bhaskar, Roy, *A Realist Theory of Science*, 3rd ed., New York, Verso, 1997.

Bhaskar, Roy, *The Possibility of Naturalism: A Philosophical Critique of the Contemporary Human Sciences*, New York, Routledge, 1998.

Bijker, Wiebe E., Thomas P. Hughes, and Trevor Pinch, eds., *The Social Construction of Technological Systems: New Directions in the Sociology and History of Technology*, Anniv. ed., Cambridge, MIT Press, 2012.

Bilgrami, Akeel, *Secularism, Identity, and Enchantment*, Cambridge, Harvard University Press, 2014.

Broad, C. D., *The Mind and Its Place in Nature*, New York, Harcourt, Brace & Company, 1925.

Brogan, Hugh, *Alexis de Tocqueville: A Life*, London, Profile, 2006.

Buchholz, Larissa, "What is a Global Field? Theorizing Fields beyond the Nation-State," *Sociological Review*, 2016, 64(2-suppl): 31-60.

Callinicos, Alex, ed., *Marxist Theory*, New York, Oxford University Press, 1989.

Chang, Hasok, *Is Water H_2O? Evidence, Realism and Pluralism*, Dordrecht, Springer, 2012.

Charle, Christophe, *Birth of the Intellectuals: 1880-1900*, translated by David Fernbach and G. M. Goshgarian, Malden, Polity, 2015.

Clayton，Philip，and Paul Davies，*The Re-Emergence of Emergence*：*The Emergentist Hypothesis from Science to Religion*，New York，Oxford University Press，2006.

Coleman，James S.，*Foundations of Social Theory*，Cambridge，Harvard University Press，1990.

Collins，Randall，*Interaction Ritual Chains*，Princeton，Princeton University Press，2004.

Corradini，Antonella，and Timothy O'Connor，eds.，*Emergence in Science and Philosophy*，New York，Routledge，2010.

Danermark，Berth，Mats Ekström，Liselotte Jakobsen，and Jan Ch. Karlsson，*Explaining Society*：*Critical Realism in the Social Sciences*，New York，Routledge，2002.

Dewey，John，"The Continuum of Ends-Means，" pp. 97-107 in *On Education*：*Selected Writings*，edited by Reginald D. Archambault，Chicago，University of Chicago Press，1964.

Dowe，Phil，"Causal Process Theories，" pp. 213-233 in *The Oxford Handbook of Causation*，edited by Helen Beebee，Christopher Hitchcock and Peter Menzies，New York，Oxford University Press，2009.

Elder-Vass，Dave，*The Causal Power of Social Structures*，New York，Cambridge University Press，2010.

Ellis，Brian，*Scientific Essentialism*，New York，Cambridge University Press，2001.

Ellis，Brian，*The Philosophy of Nature*：*A Guide to the New Essentialism*，Chesham，Acumen，2002.

Erikson，Emily，*Between Monopoly and Free Trade*：*The English East India Company*，*1600-1757*，Princeton，Princeton University Press，2014.

Friedman，Milton，and Rose Friedman，*Free to Choose*：*A Personal*

Statement, New York, Harcourt Brace Jovanovich, 1979.

Gilroy, Paul, *The Black Atlantic*: *Modernity and Double Consciousness*, Cambridge, Harvard University Press, 1993.

Go, Julian, *Patterns of Empire*: *The British and American Empires, 1688 to the Present*, New York, Cambridge University Press, 2011.

Goldthorpe, John H., "The Uses of History in Sociology: Reflections on Some Recent Tendencies," *British Journal of Sociology*, 1991, 42(2): 211-230.

Goldthorpe, John H., "Current Issues in Comparative Macrosociology: A Debate on Methodological Issues," *Comparative Social Research*, 1997(16): 1-26.

Gorski, Philip S., "The Protestant Ethic and the Spirit of Bureaucracy," *American Sociological Review*, 1995, 60(5): 783-786.

Gorski, Philip S., "The Poverty of Deductivism: A Constructive Realist Model of Sociological Explanation," *Sociological Methodology*, 2004(34): 1-33.

Gorski, Philip S., "Social 'Mechanisms' and Comparative-Historical Sociology: A Critical Realist Proposal," pp. 147-194 in *Frontiers of Sociology*, edited by Peter Hedström and Bjorn Wittrock, Leiden, Brill, 2009.

Gorski, Philip S., *The Protestant Ethic Revisited*, Philadelphia, Temple University Press, 2011.

Gorski, Philip S., ed., *Bourdieu and Historical Analysis*, Durham, Duke University Press, 2013.

Gorski, Philip S., "What is Critical Realism? And Why Should You Care?" *Contemporary Sociology*, 2013, 42(5): 658-670.

Gorski, Philip S., "Causal Mechanisms: Lessons from the Life Sciences," pp. 27-48 in *Generative Mechanisms Transforming the Social Order*, edited by

Margaret S. Archer, Cham, Springer, 2015.

Gorski, Philip S., "The Matter of Emergence: Material Artifacts and Social Structure," *Qualitative Sociology*, 2016, 39(2): 211-215.

Green, Donald P., and Ian Shapiro, *Pathologies of Rational Choice Theory: A Critique of Applications in Political Science*, New Haven, Yale University Press, 1994.

Groff, Ruth, ed., *Revitalizing Causality: Realism about Causality in Philosophy and Social Science*, New York, Routledge, 2008.

Habermas, Jürgen, "Excursus on Luhmann's Appropriation of the Philosophy of the Subject through Systems Theory," translated by Frederick G. Lawrence, pp. 368-385 in *The Philosophical Discourse of Modernity: Twelve Lectures*, 1987.

Hedström, Peter, *Dissecting the Social: On the Principles of Analytical Sociology*, New York, Cambridge University Press, 2005.

Hedström, Peter, and Peter Bearman, "What is Analytical Sociology All About? An Introductory Essay," pp. 3-24 in *The Oxford Handbook of Analytical Sociology*, edited by Peter Hedström and Peter Bearman, New York, Oxford University Press, 2009.

Hempel, Carl G., *Aspects of Scientific Explanation and Other Essays in the Philosophy of Science*, New York, Free Press, 1965.

Hodgson, Geoffrey M., *How Economics Forgot History: The Problem of Historical Specificity in Social Science*, New York, Routledge, 2001.

Hume, David, *An Enquiry Concerning Human Understanding*, and Selections From *A Treatise of Human Nature: With Hume's Autobiography and a Letter from Adam Smith*, Chicago, Open Court, 1907.

Humphreys, Paul, "Emergence, Not Supervenience," *Philosophy of Science*, 1997(64): S337-S345.

Joas, Hans, *The Genesis of Values*, Chicago, University of Chicago Press, 2000.

Kahneman, Daniel, "Maps of Bounded Rationality: Psychology for Behavioral Economics," *American Economic Review*, 2003, 93(5): 1449-1475.

Kahneman, Daniel, and Amos Tversky, "Prospect Theory: An Analysis of Decision under Risk," *Econometrica*, 1979, 47(2): 263-292.

Keane, Webb, *Ethical Life: Its Natural and Social Histories*, Princeton, Princeton University Press, 2016.

Kim, Jaegwon, ed., *Supervenience*, Aldershot, Dartmouth; Brookfield, Ashgate, 2002.

Kim, Jaegwon, *Physicalism, or Something Near Enough*, Princeton, Princeton University Press, 2005.

Kiser, Edgar, and Michael Hechter, "The Role of General Theory in Comparative-Historical Sociology," *American Journal of Sociology*, 1991, 97(1): 1-30.

Kripke, Saul A., *Wittgenstein on Rules and Private Language*, Cambridge, Harvard University Press, 1982.

Lazarsfeld, Paul F., and Morris Rosenberg, eds., *The Language of Social Research: A Reader in the Methodology of Social Research*, Glencoe, Free Press, 1955.

Lieberson, Stanley, "Small N's and Big Conclusions: An Examination of the Reasoning in Comparative Studies Based on a Small Number of Cases," *Social Forces*, 1991, 70(2): 307-320.

Lukes, Steven, *Émile Durkheim, His Life and Work: A Historical and Critical Study*, London, Allen Lane, 1973.

MacIntyre, Alasdair, *Dependent Rational Animals: Why Human Beings Need the Virtues*, Chicago, Open Court, 1999.

Masuzawa, Tomoko, *The Invention of World Religions: Or, How European Universalism Was Preserved in the Language of Pluralism*, Chicago, University of Chicago Press, 2005.

Mill, John Stuart, *A System of Logic, Ratiocinative and Inductive: Being a Connected View of the Principles of Evidence and the Methods of Scientific Investigation*, 8th ed., Charlottesville, Lincoln-Rembrandt, 1986.

Miller, Richard W., *Fact and Method: Explanation, Confirmation and Reality in the Natural and the Social Sciences*, Princeton, Princeton University Press, 1987.

Molnar, George, *Powers: A Study in Metaphysics*, edited by Stephen Mumford, New York, Oxford University Press, 2003.

Morgan, Stephen L., and Christopher Winship, *Counterfactuals and Causal Inference: Methods and Principles for Social Research*, New York, Cambridge University Press, 2007.

Morowitz, Harold J., *The Emergence of Everything: How the World Became Complex*, New York, Oxford University Press, 2002.

Mumford, Stephen, *Metaphysics: A Very Short Introduction*, New York, Oxford University Press, 2012.

Mumford, Stephen, and Rani Lill Anjum, *Getting Causes from Powers*, New York, Oxford University Press, 2011.

Mumford, Stephen, and Rani Lill Anjum, *Causation: A Very Short Introduction*, New York, Oxford University Press, 2013.

Popper, Karl R., *The Logic of Scientific Discovery*, New York, Basic Books, 1959.

Porpora, Douglas V., *Reconstructing Sociology: The Critical Realist Approach*, New York, Cambridge University Press, 2015.

Przeworski, Adam, *Capitalism and Social Democracy*, New York,

Cambridge University Press, 1985.

Psillos, Stathis, "Regularity Theories," pp. 131-157 in *The Oxford Handbook of Causation*, edited by Helen Beebee, Christopher Hitchcock and Peter Menzies, New York, Oxford University Press, 2009.

Ragin, Charles C., *Fuzzy-Set Social Science*, Chicago, University of Chicago Press, 2000.

Ragin, Charles C., "Measurement Versus Calibration: A Set-Theoretic Approach," pp. 174-198 in *The Oxford Handbook of Political Methodology*, edited by Janet M. Box-Steffensmeier, Henry E. Brady and David Collier, New York, Oxford University Press, 2008.

Reisch, George A., *How the Cold War Transformed Philosophy of Science: To the Icy Slopes of Logic*, New York, Cambridge University Press, 2005.

Savolainen, Jukka, "The Rationality of Drawing Big Conclusions Based on Small Samples: In Defense of Mill's Methods," *Social Forces*, 1994, 72(4): 1217-1224.

Sawyer, R. Keith, "Emergence in Sociology: Contemporary Philosophy of Mind and Some Implications for Sociological Theory," *American Journal of Sociology*, 2001, 107(3): 551-585.

Sayer, Andrew, *Method in Social Science: A Realist Approach*, Rev. 2nd ed., New York, Routledge, 1992.

Sayer, Andrew, *Realism and Social Science*, Thousand Oaks, SAGE, 2000.

Sayer, Andrew, *Why Things Matter to People: Social Science, Values and Ethical Life*, New York, Cambridge University Press, 2011.

Schilling, Heinz, "Confessionalization: Historical and Scholarly Perspectives of a Comparative and Interdisciplinary Paradigm," pp. 21-35 in *Confession-*

alization in Europe, *1555-1700*: *Essays in Honor and Memory of Bodo Nischan*, edited by John M. Headley, Hans J. Hillerbrand and Anthony J. Papalas, Burlington, Ashgate, 2004.

Sen, Amartya Kumar, "Rational Fools: A Critique of the Behavioral Foundations of Economic Theory," *Philosophy and Public Affairs*, 1977, 6(4): 317-344.

Sewell, William H., Jr., "Historical Events as Transformations of Structures: Inventing Revolution at the Bastille," *Theory and Society*, 1996, 25(6): 841-881.

Skocpol, Theda, *States and Social Revolutions*: *A Comparative Analysis of France*, *Russia*, *and China*, New York, Cambridge University Press, 1979.

Skocpol, Theda, ed., *Vision and Method in Historical Sociology*, New York, Cambridge University Press, 1984.

Steinmetz, George, "Odious Comparisons: Incommensurability, the Case Study, and 'Small N's' in Sociology," *Sociological Theory*, 2004, 22(3): 371-400.

Steinmetz, George, ed., *The Politics of Method in the Human Sciences*: *Positivism and Its Epistemological Others*, Durham, Duke University Press, 2005.

Steinmetz, George, *The Devil's Handwriting*: *Precoloniality and the German Colonial State in Qingdao*, *Samoa*, *and Southwest Africa*, Chicago, University of Chicago Press, 2007.

Steinmetz, George, "The Historical Sociology of Historical Sociology: Germany and the United States in the Twentieth Century," *Sociologica*, 2007(3), doi: 10, 2383/25961.

Steinmetz, George, ed., *Sociology and Empire*: *The Imperial Entan-*

glements of a Discipline, Durham, Duke University Press, 2013.

Taylor, Charles, "Interpretation and the Sciences of Man," *The Review of Metaphysics*, 1971, 25(1): 3-51.

Taylor, Charles, *Sources of the Self: The Making of the Modern Identity*, Cambridge, Harvard University Press, 1989.

Tilly, Charles, *The Vendée: A Sociological Analysis of the Counterrevolution of 1793*, Cambridge, Harvard University Press, 1964.

Tilly, Charles, *From Mobilization to Revolution*, Reading, Addison-Wesley, 1978.

Voss, Kim, *The Making of American Exceptionalism: The Knights of Labor and Class Formation in the Nineteenth Century*, Ithaca, Cornell University Press, 1993.

Weber, Max, *The Protestant Ethic and the Spirit of Capitalism*, translated by Talcott Parsons, New York, Scribner, 1930.

Weber, Max, "Religious Rejections of the World and Their Directions," pp. 323-359 in *From Max Weber: Essays in Sociology*, edited by H. H. Gerth and C. Wright Mills, New York, Oxford University Press, 1946.

Weber, Max, *The Methodology of the Social Sciences*, translated and edited by Edward A. Shils and Henry A. Finch, Glencoe, Free Press, 1949.

Wehler, H.-U., "'Deutscher Sonderweg' oder allgemeine Probleme des westlichen Kapitalismus?" *Merkur*, 1981(35): 478-487.

Western, Bruce, "Causal Heterogeneity in Comparative Research: A Bayesian Hierarchical Modelling Approach," *American Journal of Political Science*, 1998, 42(4): 1233-1259.

Wimmer, Andreas, and Nina Glick Schiller, "Methodological Nationalism and Beyond: Nation-State Building, Migration and the Social Sciences," *Global Networks*, 2002, 2(4): 301-334.

Wimsatt, William C., "The Ontology of Complex Systems: Levels of Organization, Perspectives, and Causal Thickets," *Canadian Journal of Philosophy*, 1994, 24(sup1): 207-274.

Wimsatt, William C., "Aggregativity: Reductive Heuristics for Finding Emergence," *Philosophy of Science*, 1997(64): S372-S384.

Wong, Hong Yu, "Emergents from Fusion," *Philosophy of Science*, 2006, 73(3): 345-367.

菲利普·S. 戈尔斯基

前言暨致谢

ix

本书萌芽于我在哈佛大学西蒙·沙玛(Simon Schama)教授的"荷兰黄金时代的艺术与文明"本科课程上所写的学期论文。在那篇论文中，我讨论了米歇尔·福柯(Michael Foucault)的规训权力(disciplinary power)理论、马克斯·韦伯(Max Weber)的新教伦理研究及其对荷兰资本主义的启示。我当时并没有意识到这篇论文最终会扩展成一本书。17世纪的荷兰①并非我那时候的首要兴趣，甚至连第二或第三都排不上。我的关注点是第二次世界大战后的欧洲政治，而我选这门课只是为了学分，以及听说沙玛是位好老师。(他确实是位好老师。)大学毕业后，我到德国从事绿党研究，并以其为主题撰写了我的第一部著作。

我在两年后回到美国，并在加州大学伯克利分校(University of California-Berkeley)社会学系开始研究生阶段的学习，压根没打算研究荷兰共和国。但在金姆·沃斯(Kim Voss)的"比较历史方法"博士一年级研讨课上，这一主题再度出现。教学大纲包括了一些关于近代早期

---

① 严格说来，英文Netherlands(尼德兰)和Holland(荷兰)有不同的含义。前者一般指存在于1581年至1795年的尼德兰七省共和国以及延续至今的荷兰(尼德兰)王国；后者则特指该国本土西海岸的一个区域，此区域在七省共和国时期成为该国最强盛的地区，并因此常被用来代指尼德兰整体。考虑到中文"荷兰"作为国名早已约定俗成，且为荷兰政府所采用，中译本将这两个单词统一译为"荷兰"，但读者当能从上下文判断出具体所指。——译者注

欧洲的著作，其中有佩里·安德森(Perry Anderson)的《绝对主义国家的系谱》和伊曼纽尔·沃勒斯坦(Immanuel Wallerstein)的《现代世界体系》。安德森对荷兰共和国的避而不谈让我困惑不已，因为我知道它是17世纪一大强国。我也对沃勒斯坦在讨论荷兰资本主义发展时忽略了加尔文主义(Calvinism)而感到不满，因为它是韦伯和其他学者的研究重心。在宗教改革(Reformation)和近代早期国家创建之间是否存在一
x 些联系？我心生疑问。如果没有选修安·斯威德勒(Ann Swidler)的“宗教社会学”和莱茵哈德·本迪克斯(Reinhard Bendix)的“变动的共同体观”这两门研讨课，我多半不会继续关注这一问题。斯威德勒最先启发我思考宗教组织和社会权力的关系。本迪克斯引导我阅读了格哈德·厄斯特赖希(Gerhard Oestreich)和奥托·欣策(Otto Hintze)的著述，尤其是他们关于规训和加尔文主义对于勃兰登堡-普鲁士(Brandenburg-Prussia)之重要性的研究。我由此认识到形成本书主题的若干历史和理论联系，包括日内瓦、荷兰和普鲁士的关系，加尔文主义、规训和国家权力的关系，以及韦伯、福柯和诺伯特·埃利亚斯(Norbert Elias)的关系。这最终形成了一篇冗长的课程论文。但我当时仍旧难以割舍第二次世界大战后的欧洲政治；如果没有几位老师[尤其是沃斯、斯威德勒和罗伯特·贝拉(Robert Bellah)]的鼓励，我可能会将那篇课程论文束之高阁，转而写一篇完全不同的博士论文。相反，在其后数年，我坚持学习荷兰语，苦读近代早期历史，并将那篇课程论文加以修订和发表。接下来的几年，我在德国与荷兰的多家图书馆和档案馆中进行研究。写作、研究和修订又花费了好几年的时间。对于这本小书而言，写作的时间确实漫长无比。

所有这些心血的结晶便是这项比较历史社会学研究。它将历史个案并置比较，以阐明和提炼关于宏观社会变化的理论观点。大多数比较历史社会学研究以国家为个案。但在本书中，具有理论意义的个案

实际上是“教派”(confessions)：加尔文宗、信义宗(Lutheranism)①以及天主教。简言之，我的观点是，宗教改革引发了一场波及广泛的深刻的规训，我们可以称之为规训革命(disciplinary revolution)；这场变革大大增强了近代早期国家的权力，它的影响在信奉加尔文主义的欧洲若干地区最为深远和彻底。这一观点兼具福柯与韦伯的色彩。

我希望这本书不仅能引起历史社会学家的兴趣，也能得到社会理论家、政治学家、近代早期史专家和宗教学家的关注。鉴于这些读者兴趣不一，我不妨以一个简明的“地图”来帮助他们找到最需要的部分。社会理论家的兴趣可能在导论的最后一节，因为我从概念和历史角度回顾了福柯、韦伯、埃利亚斯和厄斯特赖希关于社会规训、国家权力以及二者与宗教关系的讨论，并做了相应的批判。另外，我对现实主义国家权力理论(结语)和科层化的理性选择理论(第四章)做了批判， *xi*
政治学家可能对相关内容更感兴趣。我估计，荷兰史专家会对荷兰共和国是一个强大的国家这一说法(第二章)感到惊讶，我希望本书呈现的证据足以说服他们。普鲁士史专家可能会惊讶于我的两个观点：普鲁士绝对主义(absolutism)在根本上源于教派冲突；在普鲁士民族精神的发展过程中，加尔文主义实则比信义宗虔信主义(Pietism)更为重要(第三章)。其他近代早期历史专家可能会对第四章最感兴趣，因为它指出，欧洲信奉加尔文主义的地区有相较于信奉信义宗和天主教地区远为严格的社会规训。对于宗教学家而言，本书最重要的内容可能是对监禁和科层制等不同社会与政治技术之宗教根源的探讨。

我当然渴望每一类读者都能在本书中找到他们喜欢的东西；但我也深知，每一类读者都难免看到他们不喜欢的内容。社会理论家可能会认为我的分析过于小心翼翼。他们会觉得我在许多地方应当走得更

---

① 也称“路德宗”或“路德教派”。——译者注

远，如我对主体化（subjectification）和常态化（normalization）的讨论。相反，许多历史学家可能会认为我的分析过于大胆。他们会针对我的分析找出许多反例，并认为我忽略了诸多细微之处。在宗教学家眼中，我可能在宗教组织上着墨过多，而对宗教思想少有触及。

这些学科标准上的差异和矛盾造成了权衡和取舍上的困难，尤其是理论上的雄心勃勃和解读上的通幽洞微，地理上的广度和历史上的深度，以及制度分析和文本阐述之间的两难。在不得不取舍时，我通常会倾向于前者，也就是选择雄心、广度和制度，尽管我力图避免不着边际。作为成品，这本书篇幅相对短小，却覆盖了宏大时空；凸显了结构因素，却对思潮与理念有所忽略。因此，这本书对细节着力不多，在解读学方面（hermeneutical）更无突破。换言之，本书只是一个起点，大量空白留待将来填补。

在经济、学术和个人方面，我在本书写作过程中受惠于许多人，
在此向他们表示衷心的感谢。我的研究曾在不同阶段获得外国语言与
区域研究项目（Foreign Language Area Studies Program）、哥伦比亚欧
洲研究委员会（Columbia Council on European Studies）、社会科学研究
委员会（Social Science Research Council）、美国学术团体理事会（Ameri-
xii can Council of Learned Societies）、柏林议会（*Berliner Senat*）、加州大
学伯克利分校、威斯康星大学麦迪逊分校（University of Wisconsin-
Madison）研究生院等机构的支持。我还得到了许多档案馆和图书馆工
作人员的帮助，包括福音派中心档案馆（*Evangelisches Zentralarchiv*，
柏林）、普鲁士国家机密档案馆（*Geheimes Staatsarchiv-Preußischer
Kulturbesitz*，柏林）、柏林国家图书馆（*Staatsbibliothek-Preußischer
Kulturbesitz*）、弗兰克基金会档案馆[*Archiv der Franckeschen Stiftun-
gen*，哈雷（萨勒河畔，Halle-S）]、勃兰登堡州图书馆[*Brandenburgis-
ches Landeshauptarchiv*，波茨坦（Potsdam）]、莱顿大学图书馆（*Uni-*

versiteitsbibliotheek，*Leiden*）、弗里斯兰省档案馆（*Rijksarchief van Friesland*）、吕伐登市档案馆（*Gemeentearchief van Leeuwarden*）和阿姆斯特丹市档案馆（*Gemeentearchief van Amsterdam*）的工作人员。

我在学术上所受的恩惠更多，尽管难以一一尽录。我要感谢本书以及相关论文的匿名审稿人，也要感谢我在加州大学洛杉矶分校（两次）、芝加哥大学（两次）、加州大学伯克利分校、康奈尔大学、威斯康星大学麦迪逊分校、密歇根大学、西北大学、纽约大学、斯坦福大学和耶鲁大学做报告时的听众。他们的反馈意见使我受益匪浅。我还得到了加州大学伯克利分校和威斯康星大学麦迪逊分校社会学系师生的帮助。他们是我写作此书时的温馨大家庭，并提供了超出我所能描述（甚至知道）的帮助。我要感谢伯克利分校的杰里·卡拉贝尔（Jerry Karabel）、金姆·沃斯，尤其是安·斯维德勒和鲍勃·贝拉（Bob Bellah）对我的指导和教育。我还要感谢伯克利分校的其他三组师友：约翰·马丁（John L. Martin）、里卡多·萨缪尔（Ricardo Samuel）、里奇·伍德（Rich Wood）、劳拉·施米特（Laura Schmitt）和其他宗教读书小组成员教会了我如何思考宗教，马克·加尔瑟隆（Marc Garcelon）、林恩·斯皮尔曼（Lyn Spilman）、查克·斯蒂芬斯（Chuck Stephens）、吉姆·斯托金格（Jim Stockinger）、约翰·托毕（John Torpey）和其他洛温塔尔（Lowenthal）研讨课的成员（有时）促使我思考其他议题。我还要感谢克莱姆·布鲁克斯（Clem Brooks）、克劳德·费舍尔（Claude Fischer）、迈克·豪特（Mike Hout）、杰夫·曼扎（Jeff Manza）和社会学系垒球队的其他队友给了我学术之外的生活。在威斯康星大学麦迪逊分校，我要感谢八楼的同伴们：斯蒂文·邦克（Steven Bunker）、查斯·卡米克（Chas Camic）、穆斯塔法·埃米尔巴耶尔（Mustafa Emirbayer）、查德·戈德堡（Chad Goldberg）、查克·哈拉比（Chuck Halaby）、杰里·马韦尔（Jerry Marwell）、盖伊·塞德曼（Gay Seidman）以及埃里克·奥林·赖特(Erik Olin Wright)。他们有意或无意的帮助使我得以完成这本书，获得终身教职，并自始至终保持(部分)理智(这一点可能最为重要)。最后，我要对三位为人慷慨且思想开明的历史学家表示特别的谢意，他们使我在他们的学科中如鱼得水，并在这项研究的各个阶段提供了难以估量的指导和帮助：小汤姆·布雷迪(Tom Brady, Jr.，加州大学伯克利分校)、海因茨·席林(Heinz Schilling，柏林洪堡大学)以及鲁伯特·M. 金登(Robert M. Kingdon，威斯康星大学麦迪逊分校)。

但最为劳苦功高的是我的妻子赫拉·海多恩(Hella Heydorn)和三
xiii 个儿子。这些年来，赫拉不仅付出了无私的爱与支持，还提供了生活的平衡与事理，这是我心无旁骛和痴迷工作的解毒剂。雅各布(Jacob)、埃里克(Eric)和马克(Mark)一次次地教育我，学术远非生活的全部。谨以此书献给他们。

目　录

绪　论

xv

本书的研究对象是近代早期(early modern)[①]国家，尤其是它的形态和形成过程。过去20年已有大量研究以此为主题；事实上，国家创建(state-formation)不仅是历史社会学的核心关注点，也是比较政治与社会史的研究热点。这一领域的所有研究几乎都以两个过程来解释国家的建设：16世纪的军事革命和17、18世纪的资产阶级革命。[②] 本书侧重于第三场革命的影响：宗教改革(Protestant Reformation)所引发的规训革命(disciplinary revolution)。具体来说，本书重点研究加尔文主义(Calvinism)在这场革命中的角色。我认为，通过打造和传播一整套规训技术与策略，加尔文(Calvin)及其追随者促成了宗教治理与社会

① early modern一词在中国学界有多种译法，包括"近世""近代""近代早期""早期近代""早期现代"和"现代早期"。译法的混乱主要源于传统中国史学界和西方(以及日本)史学界对历史阶段的不同划分以及中西方历史发展轨迹的差异(因此有西方中心论一说)。此处不详细讨论这一问题，只简要说明：early modern在西方学术界一般指中世纪结束(15世纪后期或1500年)至工业革命发生(18世纪后期或1800年)的三个世纪，我们统一译为"近代早期"；modern在西方学术界一般指工业革命发生(或法国大革命爆发)至今的这段时间，我们依据具体语境译为"近代""现代"或"近现代"，但保留约定俗成的表述(如"现代化")和已有书名的翻译(如沃勒斯坦的《现代世界体系》)。——译者注

② 重要例外包括Philip Corrigan and Derek Sayer，*The Great Arch*：*English State Formation as Cultural Revolution*，New York，Blackwell，1985；Eiko Ikegami，*The Taming of the Samurai*：*Honorific Individualism and the Making of Modern Japan*，Cambridge，Harvard University Press，1995；Chandra Mukerji，*Territorial Ambitions and the Gardens of Versailles*，Cambridge，Cambridge University Press，1997。

控制的基本架构的建立，而这又成为欧洲其他地区乃至全世界的效仿对象。

要阐明这一点，也许最好以规训革命和工业革命做类比。多数历史学家和社会学家都会同意，如果没有工业革命，近代资本主义将不可想象，或至少会大不相同，因为工业革命奠定了近代资本主义的物质和技术基础。不仅如此，多数学者也会同意，如果没有蒸汽机，工业革命同样无法想象，因为蒸汽机开发了煤炭这一广为人知但少为人用的资源，并将其用于制造业和运输业，从而极大地提高了工业生产
xvi 力。因此，蒸汽机是首先释放了近代工业经济前所未有的生产力，使人们以较少劳动量获得较多产出的功臣。

我认为，规训革命和近代国家之间也是一种类似的关系。和工业革命一样，规训革命改造了生产的物质和技术基础；它为社会和政治秩序的开创提供了新的机制。而且，同工业革命一样，规训革命也有一项核心技术推动力——监视技术，包括自我监视(self-observation)、相互监视(mutual observation)和上下级监视(hierarchical observation)。监视即为监督(surveillance)，它为释放人类灵魂(另一种广为人知但少为人用的资源)的能量并以之服务于政治权力和统治提供了可能性。我认为，规训在近代政体中的作用同蒸汽机在近代经济中的作用是一样的：规训以较少的强制力和暴力塑造了较为顺从和勤勉的民众，从而不仅大大加强了国家的管制力，也极大地强化了国家的榨取和强制能力。

在上面的简要概述之后，容我以更具分析性的语言重申我的观点。我希望解释的是一种新的治理架构(infrastructure of governance)在近代早期欧洲的出现，以及它逐渐为近代早期国家所吸纳和采用的过程。我认为，要解释这种治理的骤然强化，突破口就在于宗教改革所引发的规训革命。我所说的“治理架构”是一个行为和制度的网络；用福柯

的话说，其目标是“管制品行”(the conduct of conduct)，也就是控制行为，塑造主体性。我所说的“规训革命”指的是一场变革性斗争；它既可自下而上，也可自上而下；它的一个主要目的就是打造一种更为顺服的政体。从这个角度说，国家可以被界定为一个在特定领土范围内优先支配合法社会化手段(如果不是完全垄断的话)的“教牧”(pastoral)组织。

从这个角度考察国家，我们就必须从根本上反思国家创建的动态过程。它迫使我们将视角从上转到下；换言之，我们不再将缔造国家政权的王侯视为主要行动者，也不再将权力的集中作为故事的主线，而是将地方改革者视为核心人物，将规训行为的扩散作为核心主题。事实上，近代治理架构并非位高权重的王侯们的设想。至少在初期，规训革命的主要推行者是新教神职人员和改革派地方官员。只是到了后来，这场革命才渗入并重塑了王室官僚与军队。

从这一角度考察国家，我们也可以更好地理解近代早期政治史上 *xvii*
不少复杂的异常现象。例如，它有助于解释为什么在近代早期，荷兰和英格兰这两个集权程度最低、君主力量最弱的国家同时跻身最有秩序、最强大的国家之列。它还有助于我们解释为什么勃兰登堡-普鲁士这个四分五裂的落后的欧洲君主国最终实现了国家统一，更成为一大强国。不同于大多数竞争者，上述国家都经受了加尔文主义规训革命的洗礼。

当然，社会规训并非加尔文主义所独有。天主教和信义宗也存在类似进程。这就引出了一个重要问题：不同教派的规训过程是否存在差异？我想，多数研究近代早期的历史学家可能会持否定看法。他们倾向于强调宗教改革运动和天主教改革运动的相似点，这并非没有根据。比如，日内瓦堂会(Genevan consistory)和西班牙宗教裁判所(Spanish Inquisition)**确实**存在相似之处；我们在下面会看到，它们都以相互监视来施加宗教规训。但**相似**有别于**等同**；我将在本书的比较研究章节指出，不同教派存在一些细微但重要的差别。具体说来，加尔文派政体的社会规训过程更为彻底、更为猛烈，信义宗和天主教的改革往往受到加尔文派改革的启发；这有助于我们解释荷兰、英格兰、普鲁士等加尔文派国家的迅速强盛。我最后还要指出，这些差异有其宗教根源；加尔文主义在思想（自我规训）和教会论（ecclesiology，不难注意到的圣徒群体）上都与竞争者存在差别。

本书结构如下：第一章将本研究置于国家创建的既有研究、近来关于宗教改革时期的史学史以及马克斯·韦伯和米歇尔·福柯等人的理论的背景之下。第二章考察荷兰个案。我指出，荷兰比既有国家理论所推导（或允许）的更为强大，而这种强大的部分原因是建立在宗教基础上的规训。第三章转向勃兰登堡-普鲁士，详细描述加尔文主义的规训行为如何被军队、官僚体系和公共学校所采用。第四章将这些过程纳入一个比较框架，指出社会规训在加尔文主义国家表现得更为迅速和激烈，而这在很大程度上源于它们的信条与教会论。最后的结语部分讨论这一分析更宽泛的史学史和理论意义。

托马斯・霍布斯 1651 年版《利维坦》的卷首插图。此图展现了国家权力在世俗和精神上的双重维度及其不同层次(原书 xviii 页)

1 第一章　灵与肉：近代早期欧洲的加尔文主义、规训与国家权力

人并非生来适应社会，而是被规训如此。(Man is not fitted for society by nature，but by discipline.)

——托马斯·霍布斯(Thomas Hobbes)：《论公民》(*De Cive*)

本书理论视角与国家创建领域多数研究之间的不同，不妨以一个常见的比喻加以概括，那就是身体政治，更具体地说，就是关于身体政治的那幅著名画像：霍布斯的《利维坦》初版卷首插图(见上页)。在图的上方，国家这个利维坦巍然耸立，双臂外揽，右手持一柄象征世俗权力的剑，左手拄一把象征教会权威的主教权杖，头戴王冠象征君王，身体则由君王的臣民所合成。画像的底部有两列小图，左边一列代表不同层次的世俗权力，包括士兵、军械、火炮、王冠和城堡，右边一列代表各种层次的精神权威，包括教会法庭、逻辑和论证的工具、表示神的介入的闪电、枢机主教的冠冕和一座教堂。

这幅图有许多不同的解读方法。一种可能是从上往下看。[①] 这种解读源于利维坦的庞大体积以及在整个构图中的突出位置。由此，这

① 马丁尼奇(Martinich)做出了这种解读，参见 A. P. Martinich，*The Two Gods of Leviathan：Thomas Hobbes on Religion and Politics*，Cambridge，Cambridge University Press，1992，appendix C。

幅图似乎是比喻王室权威源于顶层的特性。[1] 张开的双臂属于世俗的法官，他凌驾于文官政府与教会之上，随时推行上主的律法，并以手中的剑来确保律法的执行。这可能是对这幅图最为流行的当代解读。

这幅图同样也可以从下往上看。[2] 这种解读源于方向朝上的战争 *2*
与修辞武器，左右两列自下而上越来越轻灵、越来越超脱世俗的图案内容，臣民们向上仰望的眼神，以及剑与权杖向上的指向。如此，这幅图比喻脱胎于公民社会组织的文官政府的打造。张开的双臂这时可以被看作欢迎子民扑向他坚强和安全的怀抱与基督似的双臂，手里的剑则代表基督权威的世俗之臂。我们还可以在霍布斯的文本中找到类似的解读。

另一个问题是，这幅图应当从左向右看，还是从右向左看？这事关如何理解《利维坦》中宗教权威和世俗权威的相对重要性，以及这些权威在国家机构中的适当关系。利维坦以较强的右手持剑，较弱的左手持杖，这似乎暗示世俗权力更为重要。但也有将教会之臂视为主导之臂的理由。例如，在世俗权威的代表物旁写有**"质料"**(*matter*)，在精神权威的象征物旁则写着**"形式"**(*form*)，这暗示了剑和权杖的关系是质料与形式，或强制力与律法的关系，从而，精神权威在根本上高于世俗权威。[3]

上述解读究竟谁对谁错？我不打算在这里做出评判，而且也不确信存在正确答案。和大多数文本一样，这幅卷首插图在诱使我们找寻

---

① 关于王室权威的上源理论(descending theory)，参见 Walter Ullmann, *Principles of Government and Politics in the Middle Ages*, London, Methuen, 1966。

② 这是布朗(Brown)所推荐的解读，参见 Keith Brown, "The Artist of the Leviathan Title-Page," *British Library Journal*, 1978(4), pp. 24-36。

③ 参见 A. P. Martinich, *The Two Gods of Leviathan*: *Thomas Hobbes on Religion and Politics*。

核心主题的同时，似乎包含了多重的、相互矛盾的含义，并未遵守逻辑规则。我在这里只想说，大部分人只是以一种方式解读这幅卷首插图，也就是自上而下、自右向左，而关于国家的社会科学研究也是如此一边倒。本书尝试从相反方向重读国家的历史，也就是自下而上、自左向右。

本章旨在为这种新的解读奠定基础。它分为相互关联的三个部分。首先，我对近代早期国家领域的社会科学研究进行回顾，并评论其不足之处。具体来说，我认为，既有理论未能对荷兰和普鲁士的崛起给出令人信服且言简意赅的解释，至少部分原因在于忽略了宗教改革的影响。其次，在第二部分，我对“教派化范式”(confessionalization paradigm)加以考察，这一范式近年来已成为近代早期研究的主流。教派化
3 研究者并未忽视宗教改革对国家发展的影响；事实上，他们对宗教、社会规训和国家创建之间的关系投入了相当多的关注(虽然以社会学的标准来说还不够系统)。但他们往往将这种关系视为一种常量(constant)。与此相反，我认为它其实是一种变量(variable)；尤其在加尔文主义的语境中，社会规训对国家权力的影响最为显著。最后，我在第三部分讨论韦伯、福柯和其他社会理论家对宗教、规训与国家权力之间的关系的研究。简而言之，我认为韦伯把握住了宗教与规训之间的关系，福柯将规训与国家的关联加以理论表述，但他们都没有把这三者放在一起考察。在此意义上，本书可以被视为韦伯与福柯研究的综合，甚至完成。

国家创建的社会学理论：回顾与批判

托马斯·曼(Thomas Mann)在史诗体小说《约瑟夫和他的兄弟们》(*Joseph und seine Bruder*)中警告我们：“若把宗教和政治截然分开，

我们将看不到世界的统一性。”[①]托马斯·曼说的是古代埃及，但他的警告同样适用于近代早期欧洲。因为在欧洲历史上，可能没有哪一个时期像宗教改革之后的两个世纪那样，宗教与政治如此密不可分。但令人困惑的是，大多数历史社会学家忽视了托马斯·曼的告诫。他们只将近代早期的政治轨迹归结为两场进程的产物：资本主义发展和军事竞争。[②] 从而，他们完全忽略了第三个因素的影响：俗称“宗教改革”的宗教革命。

马克思主义模型：阶级关系或交换关系？

在过去的20年中，国家创建领域的社会学分析主要由两种理路所主导：侧重于物质因素的新马克思主义和强调地缘政治的战争中心论。在新马克思主义关于近代早期国家的文献中，最具影响力的两部著作当属佩里·安德森的《绝对主义国家的系谱》(*Lineages of the Absolutist State*)和伊曼纽尔·沃勒斯坦的《现代世界体系》(*The Modern World-System*)。

安德森在《绝对主义国家的系谱》中指出，近代早期是一个“绝对主义时代”。在他看来，绝对主义起源于14世纪席卷西欧的“封建主义危机”；当时，人口的拥挤和过剩使贵族阶级对土地的掌控逐渐减弱。与

---

① Thomas Mann, *Werke*, vol. 5/2, p. 1377，转引自 Heinz Schilling, “Luther, Loyola, Calvin und die europäische Neuzeit,” in *Inaugural Lecture*, Humboldt University, 1991.

② 这方面最重要的马克思主义研究是佩里·安德森的《绝对主义国家的系谱》和伊曼努尔·沃勒斯坦的《现代世界体系》。战争中心论的代表作为查尔斯·蒂利(Charles Tilly)主编的《西欧民族国家的缔造》(*The Formation of National-States in Western Europe*)及其独著的《强制、资本和欧洲国家(990—1990年)》(*Coercion, Capital, and European States, A. D. 990-1990*)、詹弗兰科·波吉(G. Poggi)的《近代国家的发展》(*The Development of the Modern State*)以及布赖恩·唐宁(Brian Downing)的《军事革命与政治变迁》(*The Military Revolution and Political Change*)。

此同时，商贸发展促成了城市商人这一新阶级的出现，他们向贵族阶
4 级的政治权力垄断提出了挑战。[①] 面对乡村农民骚乱和城市商人霸权的双重威胁，西欧贵族阶级投向了王室的怀抱。在西班牙、法国、英格兰和奥地利，一系列"新的君主"与贵族阶级联合，合力对抗农民和商人，从而壮大了自身的实力。安德森认为，这种联盟提供了绝对主义的社会基础。用他的话说，绝对主义国家是"一种重新部署、恢复元气的封建统治机制"[②]。东欧的社会经济状况则与西欧大相径庭。那里仍然有大量未开垦的荒地，人烟稀少且城镇衰败。导致那里的封建秩序摇摇欲坠的并非内部危机，而是外部威胁，也就是西欧绝对主义所带来的军事威胁。为了应对这种威胁，东欧统治者被迫建立起常备军，并通过集权化掠夺机制来供养军队。由于农民和商人阶级实力较弱，无力抵御集权化的冲击，绝对主义在东欧显得尤其严酷和残暴。在西欧，绝对主义仅仅阻止了贵族阶级社会权力的下滑；而在东欧，绝对主义实际上借"第二次农奴制"(second serfdom)提升了贵族阶级的社会地位。因此，尽管将国际军事竞争视为中介因素，安德森对近代早期国家创建的解释主要还是着眼于社会经济方面。例如，他坚持认为，国家结构取决于生产模式及其所引发的阶级关系类型。

在伊曼纽尔·沃勒斯坦看来，关键在于交换关系，而非阶级关系。他认为，一个国家的结构与它在全球生产体系中的位置相对应；这一体系就是发轫于近代早期的"资本主义世界体系"。这一交换关系体系分为三大区域：核心、边缘与半边缘。经济发达的核心区域掌控着"贸

---

① 参见 Perry Anderson, *Passages from Antiquity to Feudalism*, London, Verso, 1974。

② Perry Anderson, *Lineages of the Absolutist State*, London, Verso, 1979, p. 18. 从而，安德森否定了恩格斯最先提出的视绝对主义为资产阶级和贵族阶级之调和的传统马克思主义解读。

易条件”；“强国”由此产生，拥有“伴以民族文化的强大国家机器”，并服务于占统治地位的商人阶级的利益。[①] 经济落后区域则为核心区域输送原材料和徭役。在这些区域，国家实力孱弱，缺乏组织与自主性，连统治阶级也要臣服于其帝国主义霸主。处在核心和边缘之间的是半边缘，这是一个新兴国家和衰落国家共同占据的交界区域，由式微的社会阶级或成长中的国家建设精英控制。总而言之，沃勒斯坦以下面这个因果链来解释国家发展：在世界经济中的不同角色“导致了不同的阶级结构，后者又导致了不同的政体”[②]。

战争中心论解释：“财政—军事模型” 5

不同于马克思主义者，在战争中心论者看来，国际军事竞争才是国家创建的推动力。战争中心论者从两个方面对马克思主义者做出批评。首先，他们反对马克思主义的阶段论，后者认为经济发展与国家发展步调一致；他们批评后者忽视了“欧洲历史上的不同阶段存在许多不同类型的国家”这一事实，这一批评可能特别针对安德森。[③] 其次，他们认为马克思主义单方面强调国家内部的社会经济发展，却忽略了

---

① Immanuel Wallerstein, *The Modern World-System*, vol. 1, New York, Academic Press, 1976, p. 349.

② Immanuel Wallerstein, *The Modern World-System*, vol. 1, p. 157.

③ Charles Tilly, *Coercion, Capital, and European States, A. D. 990-1990*, Oxford, Blackwell, 1990, p. 7. 安德森忽略了一个简单的事实：瑞士、荷兰、苏格兰、英格兰、波兰等近代早期国家并非一开始就是绝对君主制国家。在这些国家中，君主权威被代议机构所取代，或受到后者的极大限制。安德森对这些个案的解释(甚至回避解释)并不具备一般性，且不能令人满意。例如，安德森指出，英格兰的绝对主义之所以胎死腹中，是因为“贵族的特殊待遇(aristocratic particularism)和边缘化氏族的绝望(clannic desperation)所引发的……早期资产阶级革命”(Perry Anderson, *Lineages of the Absolutist State*, p. 142)。对于波兰个案，安德森避而不谈，只待更好的研究，并直接跳过其他立宪政权。

国家间军事竞争的重要性，这一疏漏在沃勒斯坦的著作中体现得尤为明显。[①] 因此，新一代战争中心论研究试图对近代早期国家结构和实力的此消彼长做出全面的解释，并强调经济发展和军事动员的互动，从而将社会经济与地缘政治变量均纳入其模型。有学者将这一理论贴切地称为“财政—军事模型”。[②] 我在这一部分回顾这一模型的两个版本：查尔斯·蒂利的《强制、资本和欧洲国家(990—1990 年)》(*Coercion, Capital, and European States, A. D. 990-1990*, 1990 年)和布赖恩·唐宁的《军事革命与政治变迁》(*The Military Revolution and Political Change*, 1992 年)，然后考察托马斯·埃特曼(Thomas Ertman)试图超越二者的《利维坦的诞生》(*Birth of the Leviathan*, 1997 年)。

蒂利的目标很明确，就是将国家发展理论的战争中心论模型和马克思主义模型加以整合。他在一开始就重申了战争中心论的核心观点，即“战争推动了国家的建设和转型”，但同时指出，经济发展水平对军事动员战略影响深远。[③] 从而，他主张以军事竞争和经济发展的**互动**来解释国家结构的差异。在资源匮乏的地区，也就是经济落后区域，必须通过具有集权色彩的攫取性行政手段从人口中直接汲取资源。而在资源丰富的地区，也就是经济发达区域，统治者可以通过“与资产阶

---

① 为公平起见，我必须指出，沃勒斯坦并未就国家建设本身提出解释框架。他只是提出了资本主义发展的一般化模型，而后者的一个目的是解释国家结构的基本差异。从而，单单从这一点推翻他的整个世界体系理论框架在逻辑上是行不通的。我们最多只能说，战争中心论者对世界体系的批评点出了沃勒斯坦模型的局限性。参见 Theda Skocpol, “Wallerstein's World Capitalist System: A Theoretical and Historical Critique,” *American Journal of Sociology*, 1977(82), pp. 1075-1090。

② 参见 Thomas Ertman, “Rethinking Political Development in Europe,” in *Annual Meeting of the American Political Science Association*, New York, September 1994。

③ 参见 Charles Tilly, *Coercion, Capital, and European States, A. D. 990-1990*, p. 20。

级订立契约"来获取资源。① 其中最强大的国家得以将经济发展(富饶的资源)与行政集权(有效汲取)这两项优势结合在一起。由此，蒂利指出了国家创建的三条主要路径——强制密集型(coercion-intensive)、资本密集型(capital-intensive)与资本化强制型(capitalized-coercion)，它们对应于历史上的三种不同的国家类型，即宗主帝国(tribute-taking empires)、领土碎裂国家(territorially fragmented states)和民族国家(national-states)。他认为，只有民族国家才能最终在军事竞争中脱颖而出。从而，蒂利意在为近代民族国家的兴起做出一般性解释。

布赖恩·唐宁的解释对象有所不同，尽管他同样雄心勃勃。他追 6
随巴林顿·摩尔(Barrington Moore)的足迹，力图探寻"专制与民主的起源"。唐宁将"近代自由民主"的根源追溯到"中世纪立宪主义"(medieval constitutionalism)，也就是欧洲普遍存在的"地方政府……议会机构和法治"传统。② 他认为，立宪主义在一些国家保存了下来，为民主化奠定了基础。但这一传统在其他国家消亡了，从而为独裁统治扫清了道路。在唐宁看来，关键转折点在于催生了常备雇佣军的16世纪的军事革命。打造和维持这些军队给近代早期统治者造成了巨大的财政压力。当他们试图调用必要的国内资源时(如法国和勃兰登堡-普鲁士)，法团主义国家(*Ständestaat*)的代表制度遭到摧毁，取而代之的是王室控制下的集权官僚体系，由此产生了"军事—科层绝对主义"(military-bureaucratic absolutism)。如果由于地理原因，统治者免于遭受军事革命的冲击(如英格兰)或找到了其他的资源调用方式(如荷兰的资本市场或瑞典的军事征服)，立宪制度就安然无恙，为19世纪的民主化

① 参见Charles Tilly，*Coercion*，*Capital*，*and European States*，*A. D. 990-1990*，p. 30。

② Brian M. Downing，*The Military Revolution and Political Change*，Princeton，Princeton University Press，1992，p. 27.

提供了制度基础。波兰等国未能意识到国际军事竞争的重要性，从而经历了外敌入侵、山河破碎的命运。唐宁因此得出结论：专制与民主的起源主要在于政治因素，而非社会因素。其根源不是商业化农业对阶级结构的影响，而在于不同国家对军事革命的不同反应。

财政—军事模型由此区分了两种基本结局——强制密集型/资本密集型(蒂利)或军事官僚主义/立宪主义(唐宁)，或者更简单地说，绝对主义/非绝对主义。这种分类体系的问题在于，它不足以涵盖国家和政体结构的所有类型。例如，在蒂利的分析中，许多非绝对主义政治体都被放到资本密集型的范畴中，如城市国家[威尼斯(Venice)]、城市联盟[汉萨同盟(Hansa)]和邦联国家(荷兰共和国)。唐宁同样将以中世纪立宪主义为基本要素的国家混为一谈，这些国家以代表大会、地方政府和法治来抗衡君主集权。这一范畴包含了在结构和实力上大相径庭的国家，如波兰的新封建"贵族共和国"、瑞典的征服型军事帝国以及北荷兰共和政权。因此，虽然蒂利和唐宁在解释绝对主义和非绝
7 对主义的结果方面贡献良多，但他们并没有对非绝对主义国家(资本密集型、立宪主义)的各种类型进行区分，遑论解释。总而言之，财政—军事模型留下了许多亟待解释(或没有指明)的现象。

但以上批评不适用于托马斯·埃特曼对"中世纪与近代早期欧洲的国家与政权"的研究。[①] 事实上，埃特曼批评蒂利和唐宁"过于急切地将一种政体和唯一一种国家体制联系起来：绝对主义和'科层制'的联系以及立宪主义/议会制和缺乏'科层制'的联系"[②]。他指出，其他排列组合其实同样有可能，如绝对主义和世袭制的组合，或者立宪主义

---

① 参见 Thomas Ertman，*Birth of the Leviathan：Building States and Regimes in Medieval and Early Modern Europe*，Cambridge，Cambridge University Press，1997。

② Thomas Ertman，*Birth of the Leviathan：Building States and Regimes in Medieval and Early Modern Europe*，p. 5.

和科层制的组合；因此，必须将国家结构(绝对主义/立宪主义)和政体结构(科层制/世袭制)区分开来。从而，以这种分类体系为基础，埃特曼区分了国家创建过程的四种不同结果：科层制绝对主义、世袭制绝对主义、科层制立宪主义以及世袭制立宪主义。①

但我们又该如何解释这些迥然不同的结果呢？埃特曼提出了三个“自变量”：地方政府类型、军事革命的时机以及议会机构的独立影响。地方政府的类型之所以重要，在于它对所产生的代议制机构的类型有影响，这反过来影响了政治精英抵抗绝对君主的能力。这要从帝国的黑暗时代(Dark Age)说起。埃特曼认为，在帝国统治下的欧洲地区[拉丁欧洲(Latin Europe)和德意志]，地方政府机构遭到铲除，无法充当代议制机构的基础。此时，议会由三院组成，也就是三个分开议事和投票的独立实体(教士、贵族和平民)。由于三院分开议事和投票，它们就更容易受到绝对君主分而治之政策的威胁。在免于帝国统治的欧洲地区(不列颠诸岛、斯堪的纳维亚半岛、波兰和匈牙利)，相关制度则呈现出大相径庭的动态。在这些地区，地方政府的原有制度保存完好。从而，代表大会一般分为两院，也就是两个独立的议院：按照规定，上院由上层贵族和神职领袖组成，下院由下层贵族组成(有时也包括城镇代表)，后者一般由郡县或城市居民选出议员。埃特曼认为，两院制立法机构倾向于推进跨阶级的联盟，并维持中央政府和地方政府之间的联系，因此更能够抵抗绝对君主花言巧语的诱惑。基于上述原 8

① 埃特曼正确地强调，这一分类体系的优点在于呈现出财政—军事模型这面大旗下不同个案的关键差异，如不列颠和波兰(科层制立宪主义/世袭制立宪主义)或普鲁士和法兰西(科层制绝对主义/世袭制绝对主义)。埃特曼尤其强调一个事实：一个国家在国际体系中的地位(实力)更大程度上与其(行政)架构有关，而不是(宪政)结构。这有助于我们理解为什么不列颠这样的立宪主义(但属于科层制)国家最终能够胜过法兰西这样的绝对主义(但属于世袭制)国家。前者拥有一个任人唯贤的公务员体系和市场导向的公共财政制度，后者则受到贪赃枉法和世袭官职的掣肘，不得不受私人财阀的操控。

因，他得出结论，在旧帝国的核心区域比在欧洲边缘的不发达地区更容易建立起绝对主义政体。

埃特曼列出的第二个自变量是持续的地缘政治竞争。和蒂利、唐宁及其他战争中心论者一样，埃特曼也认为战争是集权化行政架构的核心诱因。但与他们不同的是，埃特曼主张，战争在不同时期和地域有不同的后果。他更具体地区分了在1450年之前面临持续的地缘政治竞争的国家（法国、英格兰、苏格兰、西班牙以及意大利的大公国与城市国家）与在1450年之后才开始面临地缘政治竞争的国家（德意志、斯堪的纳维亚、波兰和匈牙利）。在埃特曼看来，这个时间点的重要性体现在这两个时期的行政人员类型以及行政与财政组织模式上。在1450年之前建立起基本架构的建国者不得不同位高权重（且治国无方）的诸侯们合作，而且只能采用封建或教会的官员任命模式，官职成为一种可以买卖、继承和转让的财产形式。此外，由于在此之前不存在全国性或国际性的货币市场或银行体系，为了满足短期信贷需求，统治者不得不求助于私人出资方——考虑到战争期间的财政需求和征税的困难，这种需求很可能非常强烈。而在1450年后建立起基本国家架构的建国者们所面临的形势要有利得多。欧洲大学体系在此期间的迅速扩张意味着将有越来越多训练有素的法律专家，他们可以担任高级行政职务；它还意味着基于特设委员会（*ad hoc commissions*）原则的新公职模式，为公职人员的举贤任能提供了便利。一言以蔽之，那些在1450年之前即开始持续地缘政治竞争的地区，结果是世袭制架构，且腐败丛生；而地缘政治竞争出现较晚的地区，世袭制色彩较淡，基础架构更具有科层制特性。

基于这两个变量，我们可以预测出下列结果：(1)拉丁欧洲（法国、伊比利亚半岛、意大利半岛）的世袭制绝对主义；(2)日耳曼国家的科层制绝对主义；(3)不列颠的世袭制立宪主义；(4)波兰、匈牙利、瑞典和丹麦的科层制立宪主义。前两条预测与历史事实相符，第三条和第四条则并不属实。不列颠的实际结果是科层制立宪主义，波兰和匈牙利是世袭制立宪主义，瑞典和丹麦则是科层制绝对主义。为了解释这些异常现象，埃特曼引入了第三个变量：“议会机构的独立影响”。埃特曼认为，这五个异常个案[①]的共同点在于它们都处于欧洲边缘地带，因而具有强大的两院制代议政府，后者“将它们从时点效应本身所引入的道路上岔开”[②]。在英格兰，议会在1641—1642年的内战中涤清国家架构中的世袭元素，并在王政复辟（1660年）后将一系列原有的科层制改革措施强加给心有不甘的国王及其腐败的政府。匈牙利和波兰则有所不同，强势的代议制机构使地主贵族得以抵制统治者打造科层制架构的企图，而科层制架构最终成型于德意志等其他后发国家。 9

但瑞典和丹麦的发展轨迹仍未得到解释。埃特曼认为，这两个个案的意外结果源于那些削弱了代议制机构的“偶发事件”：瑞典的偶发事件是古斯塔夫·瓦萨（Gustav Vasa）当选国王（1523年），这“使他得以用新的四院制议会（the *Riksdag*）取代原先按照领土划分的代表大会”；丹麦的偶发事件则是“在封建保有制下获得土地的日耳曼骑士的迁入，这对中世纪流传下来的地方政府参与形式造成了严重破坏”。[③]埃特曼得出结论，这第三个变量和两个偶发事件解释了我们在欧洲国家创建过程中“所观察到的大部分异常现象”。

值得一提的是，埃特曼跳过了一个个案：荷兰。为什么？我怀疑是因为荷兰并不十分契合埃特曼的模型。同英格兰和法国一样，荷兰也在1450年之前经历了长期的地缘政治竞争。一个原因是它地处英格

---

① 原文为“六个异常个案”，似为笔误。——译者注

② Thomas Ertman, *Birth of the Leviathan: Building States and Regimes in Medieval and Early Modern Europe*, p. 30.

③ Thomas Ertman, *Birth of the Leviathan: Building States and Regimes in Medieval and Early Modern Europe*, p. 33.

兰和法国**之间**，因此被卷入百年战争；另一个原因是它分裂为一系列公国和亲王国，相互之间领土争端不断。基于以上这些事实，如果推导下去，埃特曼的模型将得出一个贪腐的世袭制体系的结论。至少在地方层面上，荷兰共和国也确实存在一定程度的贪腐。但荷兰共和国从未出现法国那种体制化贪腐。事实上，荷兰的省级议会和全国议会明令禁止贪腐！在这个意义上，荷兰与英格兰更为相近。这也许是议会机构的独立影响的又一例证。因为荷兰共和国**确实**拥有非常强势的议会。但这一事实给埃特曼带来了一个严重的问题。不同于英格兰和其他边缘国家，荷兰的部分领土**曾经**被查理大帝(Charlemagne)占领。然而，荷兰**仍旧**保持了极为强大的地方政府体系。虽然如此，它并**没有**发展出两院制立法机构。但尽管事实**如此**，荷兰仍成功抵制了绝对君主西班牙菲利普二世(Philip II)的糖衣炮弹。从而，埃特曼的预言几乎在各个方面都不适用于荷兰。

马克思主义与战争中心论：若干异常历史现象

当然，如果仅仅因为马克思主义和战争中心论忽略了某些具有因果关联的因素或未能充分解释某些个案，就对其全盘否定，那是不公平的，甚至在方法论上也难以成立。① 同样的批评可以指向大多数社会科学研究，包括本书。某种模型不够全面，并不表示它是错的。在我看来，要验证一种模型在经验层次上适当与否，唯一公平的标准是它能否就对它来说最重要的结果(无论原因如何)提出全面而简洁的解释。②

① 对社会科学中的证伪主义的批评，参见 Philip S. Gorski，“The Poverty of Deductivism：A Constructive-Realist Model of Sociological Explanation，” Paper presented to the annual meeting of the American Sociological Association，Los Angeles，1994。

② 关于这里所说的“公平因果比较”(fair causal comparison)，更详尽的表述参见 Richard W. Miller，*Fact and Method*，Princeton，Princeton University Press，1997，尤其见第五章。

在这一部分，我将对近代早期国家创建的马克思主义模型和战争中心论模型做出这种检验。我试图表明，即使是这些模型最为精致、最为明晰的版本(沃勒斯坦、唐宁和埃特曼)，也存在自身的不足；即使是它们声称已圆满解释的个案，其实也未能给出全面或令人信服的解释。

沃勒斯坦的关键个案是近代早期世界的强大核心国家，即荷兰和英格兰。这些个案是对原有马克思主义模型(如安德森的模型)的最大挑战。值得称道的是，沃勒斯坦丝毫没有回避这种异常的实证现象。他正确地坚持认为，这些国家强大的表现是它们能够维持国内秩序，并向外扩张力量。但他同时指出，这两个国家均有相对自由的政体；换言之，它们没有典型绝对主义君主政体中的集权化行政架构。[1] 显然，这产生了一个谜，但沃勒斯坦在此取了一个巧：他给出了有悖于自己原有观点的(有些令人困惑的)论断，指出核心国家都拥有“强大的国家机器”和“统一的国民文化”。这种说法也许适用于英格兰(虽然有违背其自由主义色彩之嫌)，却明显不符合荷兰共和国的实情，后者毕竟在 16 世纪和 17 世纪的大部分时间里是世界经济中心。从而，沃勒斯坦的世界体系理论无法解释最重要的两个个案中的一个——荷兰。

对于唐宁而言，关键个案(或者整个财政—军事模型的经典个案) 11
并非荷兰共和国，而是勃兰登堡-普鲁士。[2] 因为就我们所知，近代早期欧洲没有哪个国家像勃兰登堡-普鲁士那样，王室权力的宪法制衡被

① 在其新作《权力的正弦》(*The Sinews of Power*)中，约翰·布鲁尔(John Brewer)追溯了 1689 年光荣革命(Glorious Revolution)以来的英格兰公职制度，驳斥了英格兰国家政权不具备官僚性的通行观点。重点见《权力的正弦》第三章。

② 战争中心论传统源于奥托·欣策和普鲁士学派历史学家的研究，勃兰登堡-普鲁士始终是国家建设的战争中心论的核心个案。例如，蒂利认为“普鲁士后期的历史阐明了民族国家的缔造过程”(Charles Tilly, *Coercion*, *Capital*, *and European States*, *A. D. 990-1990*, p. 22)。唐宁也在其著作的实证研究部分首先探讨了普鲁士绝对主义这一个案，参见 Brian M. Downing, *The Military Revolution and Political Change*, chap. 3。

彻底铲除，整个王权体系又是如此彻底地科层化。唐宁遵循战争中心论对普鲁士国家创建的既有解释[①]，凸显腓特烈·威廉(Frederick William)的统治(1640—1688年)，普鲁士在此期间被卷入了一连串激烈而持久的军事冲突。事实上，正是这位后人所说的选帝侯(Great Elector)组建了普鲁士的第一支常备军，并创建了全面战争委员会(*General Kriegskommissariat*)，日后的普鲁士中央政府即在这一组织中枢的基础上建立。[②]

但多数历史学家都会同意，普鲁士国家创建的关键阶段其实是后来的腓特烈·威廉一世(Frederick William I，腓特烈·威廉的孙子)统治时期(1713—1740年)。[③] 是这位军曹国王(*Soldatenkönig*)将普鲁士摇摇欲坠的雇佣兵力量转化为欧洲规模最大、纪律最严明的军队之一。[④]

---

① 这一命题的经典陈述参见 Francis Carsten，*The Origins of Prussia*，Oxford，Clarendon，1954；Hans Rosenberg，*Bureaucracy*，*Aristocracy*，*and Autocracy*：*The Prussian Experience*，*1660-1815*，Cambridge，Harvard University Press，1958。

② 结构主义者往往夸大这些事件的历史重要性。当时的军队规模仍旧很小(5000人)，官僚机构的规模也很小(曾经只有一名官员)。理查德·高思罗普(Richard Gawthrop)在《敬虔主义与18世纪普鲁士的缔造》(*Pietism and the Making of Eighteenth-Century Prussia*)中令人信服地阐明，此时的普鲁士和其他德意志公国几无不同。另可参见我在《德意志政治与社会》(*German Politics and Society*)中对高思罗普的评论。

③ 对这一主题简明扼要的综述，参见 Wolfgang Neugebauer，"Zur neueren Deutung der preußischen Verwaltung im 17. und 18. Jahrhundert. Eine Studie in vergleichender Sicht，" *Jahrbuch für die Geschichte Mittel-und Ostdeutschlands*，1977(26)，pp. 86-128。关于18世纪普鲁士政治发展的经典研究，参见 Otto Hintze，*Die Behördenorganisation und die allgemeine Verwaltung in Preußen um 1740*，*Acta Borussica*，*Behördenorganisation*，Berlin，Paul Parey，1901；Conrad Bornhak，*Geschichte des preußischen Verwaltungsrechts*，Berlin，Julius Springer，1884-1886。关于腓特烈·威廉一世的行政改革，参见 Kurt Breysig，"Die Organisation der brandenburgischen Kommissariate in der Zeit von 1660-1697，" *Forschungen zur brandenburgischen und preußischen Geschichte*，1892(5)，pp. 135-156。

④ 关于普鲁士军队发展的开创性研究，参见 Otto Büsch，*Militärsystem und Sozialleben im alten Preußen*，Berlin，De Gruyter，1962。

同样是他，将普鲁士的公职体系扩充为一个单一的财政与行政部门，即财政、战争与国土事务最高委员会（*General Ober-Finanz-Kriegs-und Domänenrat*）。在其统治末期，普鲁士拥有欧洲规模最大的常备军（相对于人口而言）以及可能是最集权化、最高效的行政体系。但具有讽刺意味的是，这种前所未有的战争动员却发生在相对和平时期。从而，普鲁士国家创建的**时点**就给战争中心论模型提出了一个难题。①

唐宁考察的下一个个案（论地位可能在其研究中位居第二）是法国。② 他认为，法国发展的轨迹和结果与普鲁士基本相同；在这两个个案中，战争（即三十年战争）的财政需求导致了国内资源（即税收）的集结和军事—科层制绝对主义的建立。

这种解读有两个问题。首先是前面提到的时点问题。虽然学者们就这一点并无共识，但至少有一些历史学家指出，法国的绝对主义并非始于三十年战争，而是始于宗教战争（1562—1598 年）：毋庸置疑，亨利四世（Henry IV）和萨利（Sully）在解散代议制机构、组建中央行政体系方面与路易十三（Louis XIII）和马萨林（Mazarin）并无二致。③ 与之类似，一项关于 16 世纪末期王室军队的新研究表明，宗教战争在军事

---

① 尽管如此，18 世纪的普鲁士看似符合战争中心论的另一个核心命题，即国家实力首先来自行政与政治集权、强大的中央官僚体系的建立以及对代议制机构的破坏，但如果我们将目光东移，这一命题就变得疑点丛生。彼得大帝时代的俄罗斯（Petrine Russia）在行政集权化程度上与普鲁士不相上下；事实上，它的行政体系就是仿照普鲁士模式建立起来的。不仅如此，俄罗斯在政治上甚至比普鲁士更加集权化，在村以上没有任何代议制政府传统。但没有人会说，彼得大帝的俄罗斯同腓特烈大帝的普鲁士一样强大。恰恰相反，彼得政府的腐败和低效同腓特烈政府的廉洁和勤勉一样闻名于世。

② 参见 Brian M. Downing，*The Military Revolution and Political Change*，chap. 5。

③ 关于这一点，参见 J. H. M Salmon，*Society in Crisis*：*France in the Sixteenth Century*，London，Methuen，1975。另参见 David Parker，*The Making of French Absolutism*，London，Edward Arnold，1983；Mack P. Holt，*The French Wars of Religion*，*1562-1629*，Cambridge，Cambridge University Press，1995。

12 训练、战术、后勤和行政方面影响深远，而这些变化在一定程度上导致了后来的冲突。但这并不足以削弱唐宁在战争和国家创建方面的核心论点。第二种批评意见更为严厉，它涉及唐宁对法国绝对主义的刻画。虽然穷兵黩武，法国的科层化程度却颇为有限。事实上，除了最高阶层之外，法国的王室行政体系并未展现出韦伯所列举的科层制理想类型的任何特性；普通法国官员（*officier*）自行决定管理手段，可以买官卖官，没有固定薪俸，在自己家中办公，等等。即使是国王直接任命的专员（*commissaires*），情况也好不了多少；贪污受贿现象屡见不鲜。简而言之，法国的“科层制”根本不是科层制，而是一种极端形式的世袭制，甚至可以说是一种病态的世袭制。因此，唐宁的模型无法解释其两个核心个案（普鲁士和法国）的关键差异（科层化程度）。

乍看上去，埃特曼的模型似乎避开了这一（严重的）缺陷。他对不列颠国家（如果不是荷兰共和国的话）的实力有自己的一套解释，而且显然看到了法国和普鲁士的绝对主义的差异。此外，他给出了在逻辑上足以解释大多数（如果不是全部的话）近代早期国家创建的三个自变量。

然而，埃特曼的模型并非初看上去那样逻辑一致、理论简洁。换句话说，埃特曼理论的问题在于，他所讨论的某些结果的某些方面至少存在更为连贯、更具说服力的解释。

我们不妨扼要回顾一下他的模型。读者们可能还记得，这一模型包含三个变量：第一个变量（地方政府）解释政权类型（绝对主义/立宪主义），第二个变量（地缘政治竞争）解释政体结构[①]（世袭制/科层制），第三个变量（议会机构的影响）解释某些异常结果（如不列颠、匈牙利和波兰）。它还以一个误差项（偶发历史事件）涵盖两个其他的异常结果

① 原文为 state structure，应为 regime structure 之误。——译者注

(瑞典和丹麦)，很可能还涵盖第三个结果(荷兰)。质疑和批评前两个变量并非难事。[①] 但这一模型的阿喀琉斯之踵(Achilles heel)，也就是最大缺陷，在于第三个变量。只要第三个变量和第一个变量不存在实质性差异，这些缺陷就是概念表述方面的不足；无论如何，这两个变量最终都与议会机构的结果有关。只要议会机构的影响不仅具有独立性，而且恰恰相反(!)，这些缺陷就是合乎逻辑的。在英格兰，议会推 13
动了科层化；在波兰和匈牙利，议会却起到了相反的作用。为何如此？埃特曼并没有做出回答。从而，埃特曼的模型并非初看上去那么无懈可击。事实上，其中有大量实证疏漏，因为它不仅难以解释荷兰的情况，也无法解释不列颠、匈牙利和波兰的情况。

难道不能有一个更简单、更连贯的解释吗？能否以另一个变量来解释上述所有异常结果？我的答案是肯定的。埃特曼没有指出的是，上述个案中对绝对主义的反抗都和宗教改革的探求密切相关，如荷兰人对西班牙的反抗、波兰士绅对法律实施的诉求、匈牙利贵族反抗天主教哈布斯堡家族(Habsburgs)的起义以及反抗查理一世(Charles I)的新教革命。事实上，在所有四个个案中，加尔文主义都和立宪主义齐头并进。法国当然也是如此：加尔文主义者和立宪主义者在宗教战争期间与天主教教徒和君主主义者交锋将近 30 年；但加尔文派先在政治

① 关于第一个变量，有一个质疑是：尽管低地国家国会(States General of the Low Countries)由一定意义上的三院组成，却仍反抗西班牙的绝对主义；东普鲁士的地方统治者虽然在一定程度上按照两院制组织，却屈服于绝对主义。对第二个变量的一个疑问是，为什么是 1450 年？我们得知，从这一年开始，欧洲大学开始源源不断地培训能够被委任高级行政职务的法学人才，而较少封建色彩、较多官僚特性的行政模式也同时首先出现在德意志。然而，埃特曼并没有提供大学毕业生数量或成为公职人员的毕业生比率的证据。我们也没有看到任何对新的行政模式在特定时间和地点出现的解释。虽然这些问题至少有纠正的可能，但它们给人以挥之不去的印象：这个日期的选取具有武断性，它同百年战争(1338—1453 年)和西班牙收复失地运动(*reconquista*，约 1492 年)的关系比同法律教育史和大学治理史的关系更为密切。

上受到削弱(被亨利四世削弱)，后又逐渐遭到镇压[被路易十三和路易十四(Louis XIV)镇压]。这种对政权结局的解释比埃特曼的理论要简洁得多：在加尔文派起义者可以借用代议制政府的强大传统的地区，立宪主义得以保留；在缺乏这种运动或传统的地区，绝对主义最终获胜。[①] 换言之，关键并不在于代议制机构的结构本身，而在于反对君主制起义的(相对)成败。

事实表明，教派政治也是理解瑞典个案(埃特曼以偶发历史事件来解释的异常现象)的关键。如果读者有印象，这里所说的偶发事件就是古斯塔夫·瓦萨在 1523 年被选为国王。古斯塔夫·瓦萨是 1517 年斯腾·斯图雷(Sten Sture)领导的反抗丹麦起义的主要贵族成员，也是 1520 年斯德哥尔摩惨案(Stockholm Bloodbath)的少数幸存者之一。[②] 他从一开始就与天主教教会摩擦不断。罗马宗座(Apostolic See)在 1517 年站在了丹麦人一边，瑞典大主教古斯塔夫·特罗勒(Gustav Trolle)同样如此。古斯塔夫·瓦萨成为摄政者后便迅即废黜并放逐了特罗勒。古斯塔夫·瓦萨曾为了反抗丹麦人而被迫大举借债，尤其是从吕贝克市(Lübeck)那里借债，其时则盯上了瑞典教会的财产。但在正面进攻神权政治之前，他首先试图从内部击破，将奥拉乌斯·彼得

---

① 对此观点更详尽的阐述参见 Philip S. Gorski，"Calvinism and Revolution：The Walzer Thesis Reconsidered，" in Richard Madsen，William M. Sullivan and Ann Swieller eds.，*Meaning and Modernity*，Berkeley，University of California Press，2001。类似观点参见 Wayne Te Brake，*Shaping History*：*Ordinary People in European Politics*，*1500-1700*，Berkeley and Los Angeles，University of California Press，1998，chap. 3。

② 关于这些事件以及这一时期的政治史，参见 Michael Roberts，*The Early Vasas*：*A History of Sweden*，*1523-1611*，Cambridge，Cambridge University Press，1968。简要的概述可参见 Stewart Oakley，*A Short History of Sweden*，New York and Washington，D. C.，Praeger，1966，chaps. 5-7。

里(Olavus Petri)等改革派教士任命到重要的教会岗位上。[①] 1527 年，他终于采取行动：他在南雪平(Söderköping)召集议会，哀叹王室入不 14
敷出的财政，并威胁说如果没有解决方法自己就宣布退位。他心仪的解决方案是教会财产的完全世俗化。此时，信义宗已经在贵族和平民中具有重要影响，议会批准了国王的提议。有了这个独立的税仓，古斯塔夫·瓦萨得以在不求助于议会的情况下偿还吕贝克的借债，打造国防体系，并建立起一支小型常备军。换言之，他将瑞典推上了通往绝对主义君主国家的道路。

古斯塔夫二世·阿道夫[Gustav II Adolf，本名为古斯塔夫斯·阿道夫斯(Gustavus Adolphus)]在位期间(1611—1632 年)，教派政治也在瑞典回归更具立宪主义色彩的君主制的过程中扮演了一定的角色。[②] 像许多德意志王侯一样，古斯塔夫二世·阿道夫的父亲卡尔九世(Charles IX，1604—1611 年在位)对信义宗的墨守成规感到不满，并对天主教和罗马帝国在特伦托会议(Council of Trent)和《奥格斯堡和约》(*Peace of Augsburg*)之后的复兴加以警惕。因此，他越来越倒向加尔文主义，欣赏其战斗精神和非专职管理体系。尽管从未像勃兰登堡、普法尔茨(Palatinate)的选侯和其他德意志统治者那样发起“第二次”或加尔文主义改革，但他任命了一位改革派宫廷教士[约翰内斯·À. 拉斯科(Johannes À Lasco)的原助手马丁·米克罗恩(Martin Micron)]，以涤清瑞典礼仪中的“教宗式残余”(popish remnants)，并在瑞典教会

---

① 关于彼得里在这些事件以及瑞典宗教改革中的角色，参见 Conrad J. I. Bergendoff, *Olavus Petri and the Ecclesiastical Transformation in Sweden*, *1521-1552*: *A Study in the Swedish Reformation*, New York, Macmillan, 1928; John Wordsworth, *The National Church of Sweden*, London, A. R. Mowbray, 1911, chap. 5。

② 对此阶段瑞典政治与社会的权威英文研究是 Michael Roberts, *Gustavus Adolphus*: *A History of Sweden*, *1611-1632*, London, Longmans, Green and Co., 1953。

的信仰中植入了隐秘的加尔文主义内容（这当然引起了瑞典教士的不满）。他还采取了一种比前任统治者更专断、更冷漠的统治风格，于是没过多久就出现了一个由正统派教士和立宪派贵族组成的反君主阵线。古斯塔夫二世·阿道夫在1611年登上王位后就试图缓和与这两方的关系。他在当年与教会领袖签订了一个和约，同意确认未经修改的《奥格斯堡信纲》[*Augsburg Confession*，而不是非正统的梅兰希通的（Melanchthonian）①版本]，在所有瑞典臣民中（外国居民除外）强制推行信义宗，并承认瑞典教会自行选举主教的权利。之后的一年，他签署了皇家特许状，准予贵族阶级垄断国家最高职位和更宽泛意义上的财产，以此恢复他们的政治权力；所有新的立法都必须先同议会协商并得到其批准。通过这种方式，他避免了具有宗教色彩的反绝对王权运动。因此，对教派政治的关注有助于我们理解瑞典王权何以在16世纪变得
15 更为强大，以及代议制机构何以在17世纪东山再起。

我们会在后面看到，这种视角对于理解普鲁士的结局也非常关键，虽然普鲁士与瑞典的情况千差万别。统治普鲁士的霍亨索伦王朝（House of Hohenzollern）的确曾试图强行推动第二次宗教改革，但未能与贵族阶级和解，最终彻底放弃宪政。考虑到霍亨索伦王朝人口最多的东普鲁士省（East Prussia）拥有强大的两院制立法机构，这一结果尤为惊人。至少在这个例子中，教派似乎比机构更为重要。

上述批评的含义现在应该已经很清楚了：一旦将教派的动态演变纳入考量，埃特曼模型中的许多令人困惑、难以解释的异常和畸变现象都迎刃而解。事实上，关于近代早期国家创建的文献对宗教关注之少实在令人困惑。毕竟，书写不涉及教派政治的16—17世纪政治史如同书写不涉及阶级政治的19—20世纪政治史，其结果必然是片面而失真的。

---

① 原文为Melancthonian，应为笔误。——译者注

令人欣慰的是，历史学家没有犯这个错。我们下面就要转向关于宗教改革的近期研究，尤其是对我们的解释颇有帮助的理论框架：恩斯特·沃尔特·策登(Ernst Walter Zeeden)和海因茨·席林(Heinz Schilling)提出来的教派化范式。

重思宗教改革：教派时代的宗教与政治

在过去几十年间，近代早期领域的史学研究发生了实实在在的巨变：兰克(Ranke)在近150年前提出的宗教改革研究的传统框架被侧重于教派化的新框架所取代。① 读者可能最为熟悉的宗教改革的传统文献始于路德(Luther)的《九十五条论纲》(1517年)，止于《奥格斯堡和约》(1555年)，且主要集中在教义的传播方面。近年来的文献研究采取了极为不同的分期法，将宗教改革划分为三个互有重叠但各有独特的历史政治动态的阶段：(1)弥散的福音运动(约1517—1525年)，倡导基于福音的宗教改革，往往伴有强烈的社会和共融生活的弦外之音；(2)自上而下的宗教改革(*obrigkeitliche Reformation*)(约1520—1545

---

① 传统研究框架最早见于 Leopold von Ranke, *Deutsche Geschichte im Zeitalter der Reformation*, Berlin, Duncker & Humblot, 1852, 以及某些关于宗教改革的优秀主流研究，如 Roland Bainton, *The Age of the Reformation*, Princeton, Van Nostrand, 1956。"教派时代"(confessional age)一词最早由恩斯特·特勒尔奇(Ernst Troeltsch)提出。关于新范式的述评，参见 Harm Klueting, *Das konfessionelle Zeitalter*, Stuttgart, Ulmer, 1989; H. J. Goertz, *Pfaffenhaß und groß Geschrei*, Munich, C. H. Beck, 1987。关于分期问题，参见 Ernst Walter Zeeden, "Gegenreformation als Modernisierung," *Archip für Reformationsgeschichte*, 1977(68), pp. 226-252; Ernst Walter Zeeden, "Zwang zur Konfessionalisierung? Prologomena zu einer Theorie des konfessionellen Zeitalters," *Zeitschrift für historische Forschung*, 1983(10), pp. 257-277; 尤其是 Heinz Schilling, "Die Konfessionalisierung im Reich: Religiöser und gesellschaftlicher Wandel in Deutschland zwischen 1555 und 1620," *Historische Zeitschrift*, 1988(246), pp. 1-45。

16 年)，世俗权威对诸多礼拜仪式和教会方面的改革产生影响；(3)教派时代(约 1540—1648 年)，国族(national)或属地(territorial)教会的建立和不同信仰之间的战争相互强化，相互驱动。

教派化范式：分期与动态

我们不妨先对这几个阶段做一番更细致的考察。

历史学家一般将**福音运动**的起源追溯到始于 15 世纪晚期的人文主义思潮下的宗教改革，尤其表现在伊拉斯谟(Erasmus)的著作中。路德和其他改革派教士坚持传道事工以及福音的权威性，且深植于这一传统。但他们利用民众的反教权心理和精英的伊拉斯谟式的国家全能主义心理的影响，从而在人文主义思想中凸显了社会与政治诉求。结果就是，福音运动很快超出他们的控制，成为心怀怨懑的贵族实现政治野心以及普通民众发泄社会不满的工具，最终引发了乌尔里希·冯·胡滕(Ulrich von Hutten)领导的帝国骑士暴动(Rebellion of the Imperial Knights，1522/1523 年)和德意志农民战争(German Peasants War，1525 年，现在也有历史学家喜欢称其为“德意志农民革命”)。一般认为，这些反叛的失败标志着福音运动的终结。

然而，它并没有缓解围绕宗教的争端。相反，改革的民间呼声持续发酵，连帝国的镇压也无法遏制。其时主动权转到了诸侯和城市领袖手中。面对上上下下的巨大压力，政治领袖们别无选择，只能对宗教问题明确立场。最终，大多数领袖选择了**自上而下的改革**，由此开启了教派化进程的第二阶段。借用“改革的权利”(*ius reformandi*)，意即地方统治者对教会施加改革的权利，他们遵循改革派强调的宗教事务以福音为唯一权威的原则，对仪式、教会和教义都做了变动。值得指出的是，通过这些变动，他们大大扩张了自己相对于教会的权力。尽管不是唯一原因，但这无疑是诸多领袖选择和改革派站在一起的一个原因。与此同时，查理五世(Charles V)仍然决意重建帝国的宗教合一，并在一系列军事大捷之后击败了施马尔卡尔登联盟(Schmalkaldian League，1547 年)，使新教王侯和邦国蒙受了一连串战败的耻辱。但他没能将军事大捷转化为政治胜利。在奥格斯堡的和平谈判中，他被迫接受了“教随国定”(*cuius regio*，*eius religio*)原则，给了地方诸侯几乎不受限制地将自己的信仰强加给臣民的权利，由此掀开了教派化进 17
程的第三阶段，也就是属地教会的建立。

然而，德意志之外的宗教斗争才刚刚开始。慈运理(Zwingli)、布策尔(Bucer)和加尔文等瑞士和德意志南部的改革者从未与萨克森(Saxony)和黑森(Hessia)的改革者达成一致；随着 1559 年日内瓦布道团的成立，他们的新教教义迅速传播到德意志北部。与此同时，四年后特伦托会议(1563 年)的决议标志着天主教教会的复振，后者现在决心收复被新教夺走的权力。因此，这一阶段就存在天主教、信义宗、加尔文主义三派在宗教信仰和政治边界上的冲突。从爱丁堡到布拉格，高举加尔文主义和天主教旗号的一波又一波革命性对抗席卷欧洲，如苏格兰的契约派(Covenanter)起义、法国的宗教战争、荷兰人对西班牙的反抗、波兰的士绅运动、匈牙利反哈布斯堡起义、波希米亚诸侯国叛乱。而正是最后一场冲突引发了波及整个欧洲的三十年战争(1618—1648 年)。直到最后，各国经济和军事力量消耗殆尽，教派化时代才宣告结束。

因此，教派化范式不仅仅是对宗教改革的重新分期，还是对近代早期历史本身的重新解读。它尝试将宗教改革与社会和政治发展的动态过程结合起来。传统理论框架往往将宗教改革割裂开来，以严格的宗教术语加以描述，将它的爆发追溯至天主教教会的腐败以及路德教义在大众中的传播。近期研究则试图将宗教改革放到更广阔的背景下，强调社会因素对其扩散的重要性以及政治因素在其宣扬过程中扮演的角色。简而言之，教派化范式的学者试图理解宗教改革如何引发其他历史过程，并与之相互影响，如商业资本主义的扩张和近代早期国家的缔造。后一种联系是我们关注的焦点。

教派化、社会规训与国家创建

在“教派化范式”中，教会建设和国家创建是齐头并进的两个过程。[①] 这些学者指出，如果没有国家的支持，教会领袖不可能镇压宗
18 派运动，也无法强行推广一套统一的宗教信仰和实践。总体而言，世俗权威乐于合作。在他们看来，宗教合一是政治稳定的最佳基础。在这一阶段，“宗教是将社会凝聚在一起的纽带”(*religio vincula societatis*)。当然，他们的动因并不完全单纯。属地教会的建立也强化了国家的权力。其最直接的途径是大幅增强国家相对于教会的权威。在信奉信义宗的地区，教会实际上为政治领袖所控制，他们在非常时期承担主教的职责。在信奉加尔文宗的地区，教会有更大的自主权，但政府代表往往在堂会(实际掌权的教会长老委员会)兼职。即使在保留了罗马教廷权威的天主教地区，政治领袖也加强了在神职人员任命方面的控制，甚至建立了监督教会管理的王室机构。不要忘了，新教国家王室库房的一部分收入来自被没收的教会财产。

通过建立新的道德规范与社会控制机制，教会建设也间接增强了国家的权力。对国民施加社会规训当然并不罕见；从穷人的食物配给到富人的衣物控制，在长达几十年乃至几个世纪的时间里，城市长官和诸侯首领一直试图以事无巨细的法规改变臣民的言行。[②] 但他们往

---

① 这方面的权威非席林莫属，尤其参见 Heinz Schilling，*Konfessionskonflikt und Staatsbildung*，Gütersloh，Gütersloher Verlagsanstalt，1981。

② 参见 Marc Raeff，*The Welt-Ordered Police State*：*Social and Institutional Change through Law in the Germanies and Russia*，*1600-1800*，New Haven，Yale University Press，1983。

往缺乏足够的行政能力来落实这些法规。正是在这里，教会发挥了关键作用。海因茨·席林曾有妙言：

> 信义宗的牧师、特伦托派神职人员的灵修辅导者以及加尔文宗的长老和牧师们被一种教派的激情所驱使，成为……新的道德伦理和政治法律规范体系最重要的中间人。通过入户探访、教会纪律和教会法庭(*Episkopalgerichtsbarkeit*)，他们监视和规训人们的日常举止，甚至深入最偏远的小村庄的最后一户。①

宗教改革还帮助打破了社会改革的长期壁垒。天主教教会长期反对济贫工作的合理化和集中化，尤以诸多托钵修会(mendicant orders)为甚。② 在信奉新教和天主教的地区，通过将贫困去神圣化和解散修道院，宗教改革为不公且低效的传统社会福利体系的彻底重组扫清了
障碍。从16世纪20年代开始，欧洲各城市相继发布了新的济贫法案， 19
使城市管理者对救济金的分配有了更大的控制权，也能更有效地区分真正值得救助的穷人(年轻人、老年人、体弱多病者)和有劳动能力的穷人，为前者提供帮助，让后者从事劳动。③

宗教改革还促成了教育改革。在信奉新教的地区，出现了为穷人

---

① Heinz Schilling, *Aufbruch und Krise: Deutschland, 1517-1648*, Berlin, Siecller, 1988, p. 369.

② 当然，他们并非总能得偿所愿。在天主教教会内部的改革呼声特别强烈的地区，尤其是西班牙和意大利，早在15世纪就已经引入重要的济贫改革举措。对意大利的经典研究参见Brian Pullan, *Rich and Poor in Renaissance Venice: The Social Institutions of a Catholic State*, Oxford, Blackwell, 1971。

③ 总体概述参见R. Po-Chia Hsia, *Social Discipline in the Reformation: Central Europe, 1550-1750*, New York, Routledge, 1989。城市方面的概述参见Robert Jütte, *Obrigkeitliche Armenfürsorge in deutschen Reichsstädten der frühen Neuzeit*, Cologne, W. Kohlhammer, 1984。

建立的小学，包括讲授如何阅读《圣经》的课程。[①] 在信奉天主教的地区，出现了旨在教育上层阶级的特殊学校，尤其是耶稣会(Jesuits)的学校。为了提高教士们的素质，整个的欧洲高等教育也得到了扩展。[②]

最后，天主教会和新教教会都试图加强和执行在性与婚姻方面的规定。他们在公众面前颁布婚姻管理条例，教会和堂区也首次对洗礼和婚姻进行登记。[③]

在所有这些领域(济贫、教育、对性和婚姻的管制)，宗教与世俗权威之间的合作一般都颇为密切。事实上，对于大多数近代早期政体来说，我们很难在教会和国家之间划出明确的边界。在一个王侯担任主教、主教身为王侯、地方官员出任教会长老、教会长老身为地方官员的世界里，这样的区分必定不合时宜。中世纪的双剑合璧不仅保留了下来，而且变得更为密切。但原先的两大核心(教宗和帝国)现在变为多元体制。然而从长远来看，这种并存关系最终对其中一方更为有利；最后的结果是，国家独霸新的权力架构，包括监狱和感化院、学校和大学、法律和法庭。

---

① 参见 Friedrich Paulsen, *Geschichte des gelehrten Unterrichts*, vol. 1, Berlin, Walter de Gruyter, 1919; Lawrence Stone, "The Educational Revolution in England, 1560-1640," *Past and Present*, 1964(28), pp. 41-81。

② 参见 Lewis W. Spitz, "The Importance of the Reformation for Universities: Culture and Confession in the Critical Years," in James E. Kittelson and Pamela Transue eds., *Rebirth, Reform, and Resilience: Universities in Transition 1300-1700*, Columbus, Ohio State University Press, 1984, pp. 42-67。

③ 这一领域近期的重要研究包括 Martin Ingram, *Church Courts, Sex and Marriage in England, 1570-1640*, Cambridge, Cambridge University Press, 1987; Lyndal Roper, *The Holy Household: Women and Morals in Reformation Augsburg*, Oxford, Clarendon, 1989。

加尔文主义与社会规训

从而，教派化范式凸显了本书所探讨的国家创建的资源和维度：规训和管理的新策略、新机制自下而上的生成，以及它们逐渐被政治精英工具化和吸收采用的过程。但不幸的是，这一范式对这一动态过程在不同教派之间的不同表现关注甚少。事实上，席林和这一新范式的其他倡导者长期主张，由信义宗、加尔文宗和天主教改革所激发的“现代化动态过程……在功能上是等同的”，直到最近才开始探讨不同教派的特点和特性(*propria*)。

毫无疑问，这一视角有其优点。传统理论的支持者往往夸大了天
主教和新教之间的差异，而上文描述的社会规训过程在教派时期的欧 *20*
洲贯穿始终。在这种意义上，淡化教派差异起到了重要的矫正作用。

然而，这也可能造成矫枉过正。毕竟，三种教派的教义、结构和政治之间**确实**存在真正的差异，而这些差异往往随着时间的流逝日益凸显。我认为，其中一个差异就在社会规训过程的强度上。尽管三种教派都同时倡导宗教和社会方面的规训，但加尔文主义者的热情最高，成效最显。

造成这一现象的原因有很多。第一个原因在于加尔文主义者对于规训(*disciplina*)这种基督教群体外在形式的理解。尽管加尔文主义者和信义宗信徒、天主教教徒一样，都注重教会在教义和礼拜仪式上的统一性，但他们对教会(实则包括整个政治共同体)必须遵循圣经律法这一点给予了特别的强调。

这种强调绝非偶然。事实上，其根源可以在加尔文的神学中找到。众所周知，加尔文最为人所熟知的神学信条是预定论(predestination)。首先对这种由教义所引发的强大的信徒个人的“心理逻辑”(psychologic)做出解读的是韦伯。他认为，加尔文的呼召(calling)教义将信徒的

理念利益(ideal interest)转到世俗工作和财富积累上。[1] 但是，加尔文及其追随者对另一个得救的“迹象”给予了同等的重视，那就是“称义”(justification)。[2] 加尔文将称义理解为“在(神的)圣灵指引下，我们得以重生，获得新的属灵本质”，完全按照神的旨意生活的过程。[3] 加尔文相信，属灵的成长体现在“自愿”和“内在”的服从上，是一种德性和欲望的自然和谐。[4] 因此可以说，加尔文主义不仅包含了工作伦理，还蕴含了一种自我规训的伦理。对于信徒个人来说，规训不只是一个神学问题，还是一个实践问题；为了实现这一点，加尔文主义者发明了大量的技巧：定期阅读《圣经》，每天记日记、功过簿以及严格控制时间。[5] 由此，加尔文主义宣扬了新的自我规训伦理和实践。

应当强调的是，规训不仅是加尔文主义灵修的核心，也是加尔文主义教会观的核心。事实上，当加尔文使用“规训”一词时，他指的是教会，而非信徒个人。在他看来，一个自律的教会(*église dressée*)是一
21 个要求会众遵从神的律法的集合。在充当整个欧洲归正宗教会(Reformed churches)[6]组织蓝图的《教会律例》(*Ordonnances ecclésiastiques*)

---

① 参见 Max Weber，“Die protestantische Ethik und der Geist des Kapitalismus，” in *Gesammelte Aufsätze zur Religionssoziologie*，vol. 1，Tübingen，J. C. B. Mohr，1988 [1920]。

② 参见 John Calvin，*Selections from His Writings*，Missoula，Scholars Press，1975，p. 386。

③ 源自《日内瓦信条》(Geneva Confession)，转引自 Lewis W. Spitz，*The Protestant Reformation，1517-1559*，New York，Harper & Row，1985，p. 116。

④ 参见 David Little，*Religion，Order，and Law*，Chicago，University of Chicago Press，1984，pp. 41，46。

⑤ 参见 Christopher Hill，*Society and Puritanism in Pre-Revolutionary England*，New York，Schocken，1967；Charles L. Cohen，*God's Caress：The Psychology of Puritan Religious Experience*，New York and Oxford，Oxford University Press，1986。

⑥ 归正宗也称“加尔文宗”或“改革宗”。——译者注

中，加尔文勾勒了维护教会纪律的一整套制度化机制。[1] 他要求每个教区都建立由牧师和选举的长老组成的堂会。堂会的首要职能是监督信众的道德操守。在接纳新慕道者之前，堂会与他们进行面谈。它每年还要与教会信众进行数次面谈，以确认他们是否适于领受圣餐。酗酒者、通奸者、虐妻者、偷漏税者等行为偏失的教徒被禁止领受圣餐，直到改邪归正为止。违抗堂会的顽劣分子将面临被逐出教会的处罚。然而，这种规训的主要目的并不是惩罚犯罪的个人，而是涤清基督徒群体中的罪恶。加尔文将教会纪律视为一种神的旨意和荣耀彰显于世的见证。因此，他对教会的纯度比对教徒的操守本身更为关注。正由于此，相比不致影响教会声誉的个人罪行，他对可能给教会抹黑的公开场合的过失更为严厉。事实上，他甚至强调，教会成员连罪的表象都应当避免。只有确保天衣无缝、无可指摘，教会才能履行为主做证的职能。由此，每个人不仅要对自己的行为负责，还有责任监督其他会众，劝谏那些偏离正道的人。总而言之，归正宗教会要求每个人不仅对自己的行为负责，也要为整个教会的纯洁性负责。人们互相监督，所有人监督所有人。

如果说，加尔文对教会的理解具有（严格字面意义上的）精英主义色彩，那么这种理解严格说来并非教派主义，而加尔文主义规训的第三个根源正在于此。加尔文将教会看作一个只应包括被拣选者的聚合群体，但不将其视为纯粹的属灵共同体，否则教会就应该退隐尘世。

---

① 转引自 John Calvin，*Selections from His Writings*，pp. 229-244。关于教会规训，参见 Robert M. Kingdon，“The Control of Morals in Calvin's Geneva，” in Lawrence P. Buch and Jonathan W. Zophy eds.，*The Social History of the Reformation*，Columbus，Ohio State University Press，1972，pp. 3-16，以及更宽泛的“Calvinist Discipline in the Old World and the New，” in Hans R. Guggisberg and Gottfried G. Krodel eds.，*The Reformation in Germany and Europe*，Gütersloh，Gütersloher Verlagsanstalt，1993，pp. 521-532。

相反，他将教会视为基督徒群体的灵性臂膀，视为基督共和国(*res publica christiana*)或基督政体的一部分。① 世俗权威内化于地方管理中。加尔文认为，一个属灵的管理者应该去保护纯正的宗教，并在整个信众群体中推行基督教的规训。他指出，如果不敬神者无法得到拯救，他们至少可以被要求遵守神的律法。教会和地方官员应协力建成一个
22 “基督政体”(基督共和国)，以促成社会生活的彻底基督化。受到这种观点的激励，许多加尔文主义者成为社会进步的热情推动者，贯彻落实最早由文艺复兴时期的人文主义者[伊拉斯谟、比韦斯(Vives)]所构想的改革方案，尤其关注大众教育和贫困救济。自然而然，新的学校和感化院采取了与加尔文宗堂会相同的道德监督与社会控制机制。②事实上，它们可以被视为将归正宗教会的纪律推广至全民的一种努力。简单说来，加尔文主义者的目的不亚于建立起涵盖一切的道德和社会纪律体系，也就是一场规训革命。

当然，其他教派在许多方面也有与加尔文主义规训近似的影子。但我相信，加尔文宗规训过程的广度和强度都是无与伦比的，我将在第四章针对这一点给出对比证据。另外，本书所提出的许多理论观点可能不乏先例，至少米歇尔·福柯和马克斯·韦伯曾有涉及。

---

① 尤其参见 Hajo Höpfl，*The Christian Polity of John Calvin*，Cambridge，Cambridge University Press，1982。加尔文关于教会和国家关系的理念在《基督教要义》(*The Institutes of the Christian Religion*)的结尾部分和贯穿其整个生涯的《圣经》评注中得到了发展，尤其体现在对《摩西五经》(*Pentateuch*)的解读中。另参见 William Bouwsma，*John Calvin：A Sixteenth-Century Portrait*，Oxford，Oxford University Press，1988。

② 参见 Robert M. Kingdon，“Social Welfare in Calvin's Geneva，” *American Historical Review*，1972(76)，pp. 50-69。

再探国家理论：福柯、韦伯和近代早期治理的谱系

福柯曾经讽刺道，在政治理论中，我们尚未砍掉国王的“脑袋”。[①]国家理论同样如此。尽管对国家“神经中枢”(财政和管理架构)的研究不在少数，“四肢”和“躯干”(国家用以统辖和指导人口的实践与制度网络)却几乎无人问津。[②]

但国家理论不仅仅忽略了国王的“身体”，他的“灵魂”同样遭到忽略。尽管这些理论家对国家机构的组织和国家行动者的物质利益进行了深入研究，但他们却令人惊讶地忽视了活生生的“灵魂”，也就是国家领袖的“理念利益”和“行政人员”的主导意识，同时忽略了这种精神对国家领袖眼中的相关改革和规划的影响以及它对改革和规划执行力度和效率的影响。

因此，国家理论所面临的一个关键挑战就是分析国王的“躯体”和“灵魂”，也就是近代国家的架构和意图。当然，许多理论家已经接受了这种挑战。事实上，福柯本人对毛细血管式权力的分析可以看成是对国家架构的理论尝试。韦伯对社会与政治伦理的分析则可视为对国 23
家精神的理论尝试。尽管在美国社会科学界影响较小，格哈德·厄斯特赖希和诺伯特·埃利亚斯的研究也可视为对这一挑战的回应。

这一部分讨论的是国家的“躯体”和“灵魂”的理论表述，并试图指出它们的局限性。上文曾提到，.福柯的问题在于他忽略了(或毋宁说压

---

① 转述自 Michel Foucault，*Power/Knowledge*，New York，Pantheon，1981，p. 21。

② 统辖权力(embracing power)这一概念源于 John Torpey，*The Invention of the Passport：Surveillance，Citizenship，and the State*，Cambridge，Cambridge University Press，1999。

制了)宗教与规训的关系。韦伯的问题正好相反：他忽略了规训与国家的关系。尽管厄斯特赖希和埃利亚斯看到了宗教、规训和国家权力三者之间的关系，但他们倾向于将它视为一种自上而下(而非自下而上)的关系。我认为，只有将他们的思路结合起来，才能理解近代早期规训革命的多样性和复杂性。

米歇尔·福柯与国王的“身体”：浅谈近代早期治理理论

福柯从未就国家这一主题写过专著。他的相关论述散见于 20 世纪 70 年代后的讲演、访谈和论文中。例如，在 1972 年的一次访谈中，福柯指出：“18 世纪出现了……一种突触的权力体制(synaptic regime of power)，一种运行于社会肌体**内部**的体制，而非来自肌体**之上**。”[①]在问世于 1975 年的《规训与惩罚》(*Discipline and Punish*)中，他打了一个略有不同的比喻，认为“古典时代”产生了一种新的“微观权力物理学”(micro-physics of power)，它的极端表现形式是杰里米·边沁(Jeremy Bentham)笔下著名的(或者说臭名昭著的)圆形监狱，其使一个人足以监视和控制大量的囚犯。在 1977 年的一次访谈中，福柯将毛细血管式的权力和国家权力的关系比喻为“基础”和“上层建筑”的关系。[②]因此，在福柯看来，国家的存在和扩张少不了规训与控制的弥散策略和机制，如全景敞视(panopticism)和监狱，虽然只是不完全地借用和采纳这些策略和机制。[③] 它是一个核心(化)节点或宏大策略，更多是连接和整合弥散的权力和支配网络，而不是开创或控制后者。

---

① 重印版参见 Michel Foucault，“Prison Talk,” in *Power/Knowledge*，p. 39。

② 参见福柯 1977 年的访谈《真理与权力》(“Truth and Power”)，in Michel Foucault，*Power/Knowledge*，p. 122。

③ 关于这一点，参见福柯 1976 年的访谈《地理学问题》(“Questions on Geography”)，in Michael Foucault，*Power/Knowledge*，尤其见第 71～72 页。

福柯本人认识到，这种国家观在方法论上意味深长。如果我们接受福柯的预设，认为国家权力的运作既是自上而下的，也是自下而上的，那么，对国家创建作为自上而下过程的传统上源式分析(descending analysis，即对疆域和臣民的集中化控制)，必须辅以国家创建作为自下而上过程的下源式分析(ascending analysis)；我们必须认识到，内在于社会肢体的权力的“毛细血管”和“突触”逐渐触及并连接到国家的 24
中枢循环和神经系统。[①] 这种下源式分析意味着重构特定权力策略和制度的系谱或发展，以及这些策略和制度被各种国家行动者和机构借用或采纳的方式与程度。

无论原因如何，福柯从未在这一领域深耕。但在 20 世纪 70 年代后期之后的一些著述中，他曾经试图勾勒出一部自下而上的国家历史，如他在 1978 年的演讲《治理术》(“Governmentality”)。福柯笔下的“治理术”指的是“全体个人的行为日益卷入国家权力运作的方式”[②]。他认为，治理术的发展可以追溯到 15—16 世纪，追溯至封建主义的衰落和宗教改革的发轫；更具体地说，它一方面源于“领土、行政和殖民意义上的庞大国家的建立”，另一方面源于对“要获得救赎，一个人必须在这个世上得到什么样的精神统治和指引”这一主题的日渐关注。[③] 基于这种表述和福柯的早期言论，读者会期待福柯对新教和天主教改革者发明的各种规训方法以及地方统治者将其纳入统治策略的方式加以扼要回顾。但福柯反其道而行之，对马基雅维利(Machiavelli)的《君主

① 关于这一点，参见福柯发表于 1976 年的《两场演讲》(“Two Lectures”)，重印于 Michael Foucault，*Power/Knowledge*，尤其见第 99～100 页。

② Michael Foucault，“1977-78：Sécurité，territoire et population，” in *Resumé des cours*，*1970-1982*，Paris，Julliard，1989，p. 101.

③ 转引自 Michael Foucault，“Governmentality，” in Graham Burchell，Colin Gordon and Peter Miller eds.，*The Foucault Effect*：*Studies in Governmentality*，Chicago，University of Chicago Press，1991，p. 87。

论》和16世纪晚期以来对这部著作的回应做了不厌其烦的讨论。由此，福柯辨识出了“治理艺术”(art of governance)话语逐渐浮出水面的过程，并将其与《君主论》所隐含的君主主权(monarchical sovereignty)加以对比。[①] 这种权力是福柯诸多著述的核心关注点，但令人不解的是，对于它背后的具体社会机制，福柯却选择了沉默。

一年之后，在一次题为《政治与理性》的演讲中，福柯重提宗教话语和国家发展的关系。[②] 他首先在国家的“集中化权力”和牧羊人的“个人化权力”之间做出了明确区分。为了阐明这种区别，福柯在君主和牧羊人以及他们所从事的不同类型的管理之间做了一系列对比：君主力图控制一块领土以及正好位于这块土地上的人，他主要关注国家繁荣和成就辉煌；牧羊人则照料自己的羊群，关注每只羊的福祉，出于责任感和自我否定来进行管理。他将牧羊人这一比喻追溯至古希伯来人，然后讲到它在西方教会牧灵工作中的延续和发展，强调后者对信徒个人属灵的健康以及自我反省与自我认知的日益关注。

说到这里，读者可能以为福柯接下来会集中考察宗教改革时期君主权力和牧灵权力之间的嫁接。但他并没有这样做。相反，他全身心投入一项新的研究计划，也就是“性的历史”。[③] 这部作品分为四个部分。福柯首先讨论性的压制始于维多利亚时代这一传统看法，批判了

---

① 主权话语集中在君主的利益以及他所拥有的巩固自己对领土和臣民的统治的手段，治理话语则侧重于公共利益以及推动共同利益不可缺少的知识与制度的类型。福柯认为，治理术在某种程度上遭到绝对主义强制命令的阻碍，直到18世纪末才随着政治经济的发展达到完善。政治经济学家首先认识到，国家对市场(也就是社会)的干预是如何弄巧成拙的，因为它扼杀了自己力图培育的生产力。从而，政治经济学代表了治理术在新层面上的自反性(reflexivity)。

② 最早的版本是 *The Tanner Lectures on Human Values*，后重印于 Michael Foucault，*Politics*，*Philosophy*，*Culture*：*Interviews and Other Writings*，*1977-1984*，London，Routledge，1988。此处引文对应后一版本。

③ 参见 Michael Foucault，*Histore de la sexualité*，Paris，Gallmiard，1976-1982。

性史即为压迫史这一观点(第一卷)，然后论证古人首先将性塑造为道德问题(第二卷)，而这种性的问题化(problematization)促成了各种“自我关照”(caring for the self)技术(第三卷)，这反过来成为基督教苦行主义(尤其是中世纪隐修制度)的前身(未完成的第四卷)。倘若最后一卷得以完成，它可能会将福柯(再次)带回此前几十年他一直小心翼翼地回避的历史节点，也就是宗教改革时期。实际上，我们甚至可以把福柯的思想轨迹看成一种长期的迂回：他反复从不同角度触碰宗教改革的时间边界，却从来没有越过这些边界。

为什么会这样？可能有几个原因。纵观福柯的学术生涯，他一直坚持，自己更感兴趣的是权力和统治的运作，而非掌权者和统治者是谁。[①] 与之相对应，他始终力图书写“没有主体的历史”和“没有面孔的著作”。[②] 当然，写一本有关国家却无涉任何(行动的)主体的书并非易事，尤其是有关宗教和国家的书，除非作者决定只关注围绕国家的话语，而这正是福柯在这一领域所选择的研究道路。福柯的这种回避可能还有一个原因：任何对宗教改革和近代早期国家的严肃研究都会使福柯早年的论断站不住脚——古典时代的规训制度首先在 18 世纪中叶成型于绝对君权下的法国。[③] 我们将在下面看到，福柯所提到的多数规训策略(相互监视、空间区隔、成文律法的使用，等等)和他所讨论

---

① 事实上，直到临近生涯终点，福柯才开始重构自己的权力理论，将统治纳入考量。参见 Michael Foucault, “The Subject and Power”(《主体与权力》), Afterword, in Hubert L. Dreyfus and Paul Rabinow eds., *Michel Foucault*: *Beyond Structuralism and Hermeneutics*, Chicago, University of Chicago Press, 1983, pp. 208-228。

② 相关方法论信条最清晰的表述参见 Michael Foucault, *Language*, *Counter-Memory*, *Practice*, Ithaca, Cornell University Press, 1977, 尤其见其中的《尼采、系谱学与历史》(“Nietzsche, Genealogy, and History”)。

③ 参见 Michael Foucault, *Surveiller et punir*: *Naissance de la prison*, Paris, Gallimard, 1975。

的所有规训机构(监狱、感化院、学校、军营)最晚在 17 世纪末就得到
26 了或多或少的充分发展。此外，我们将看到，这些规训策略和机构往往源于宗教教义，并由宗教精英所推行。换言之，我们将看到，规训的历史**确实**有其主体，而且**确实**涉及主体化。

这一主体是谁？主体化是何性质？韦伯在这方面做出了比福柯更好的论述。

马克斯·韦伯：新教伦理与国家精神

韦伯从未写过以此为题的书。当然，他确实著有一系列探讨新教苦行主义与近代资本主义之间的关系(以及更宽泛的宗教与理性的关系)的文章。然而，国家问题虽非重点，却也从未远离他的思想视野。例如，在《新教伦理与资本主义精神》一书的前言中，韦伯将近代国家界定为西方理性主义独具特色的产物；而在全书最后一段，他敦促读者去探究"苦行理性主义对**社会政治**伦理的重要性，也就是对从非国教教徒秘密集会(conventicle)到国家的社会机构组织形式和职能的重要性"。[1] 韦伯看似主张一种侧重于新教苦行主义结果的下源式国家分析；如果细读他在宗教社会学方面的著述，并报以更加开放的态度，读者不难发现构成这种分析的基本元素。但韦伯本人并没有将这些不同元素串接起来。尤其要指出的是，他未能在新教伦理和科层制精神之间建立起任何关联。

当然，韦伯在《新教伦理与资本主义精神》(1905 年)中着重探讨了资本主义精神。在他眼中，占有欲和勤俭节约这种奇特而矛盾的组合是资本积累的文化根基。韦伯指出，资本主义与新教伦理之间具有一

---

① Max Weber, *Die Protestantische Ethik I*, Gütersloh, Gerd Mohn, 1984 [1920], pp. 12, 189.

种选择性亲和关系(*Wahlverwandtschaft*)，而新教伦理植根于加尔文的神学中，尤其是加尔文主义的双重预定论(double predestination)教义中。然而，这种说法存在一个问题：一些教派也有“入世苦行”(innerworldly ascetisicm)伦理，却反对预定论教义。韦伯当然意识到了这一问题，因此反复强调“相似的道德戒律”可以从“不相似的教义基础”中产生。[①] 这一点非常重要。但它又引出了一个问题：“道德戒律”的相似性何以形成？在《新教伦理与资本主义精神》的结尾部分，韦伯给出了一个答案：在他看来，各种新教苦行主义的共有要素并非特定的 27
教义(预定论)，而是某种教会制度(*Kirchenverfassung*)。[②]

在《新教教派与资本主义精神》一文(1919—1920年)中，韦伯进一步阐述了这一观点。他指出，苦行主义教会和教派在教会制度上的与众不同之处在于，它们都具有一种教会规训(*Gemeindezucht*)制度，这与天主教和其他教士政治(hierocratic)教派[如信义宗和圣公宗(Anglicanism)]的教会规训体系大相径庭。[③] 韦伯认为，对于前者而言，规训的执行者是平信徒(laity)[④]，规训具有集体性，并侧重于信徒个人的道德品质。它是公开的，而且由同类人共同执行。与之相反，后者的规训是由教士执行的，具有威权性，是对特定冒犯行为的回应。它是私人的，为教士阶级所利用。基于上述理由，韦伯得出结论：群聚场合的规训往往比教士政治的规训强度更高。因此，为了理解入世苦行的发展，我们不能只关注神学教义，而必须考察教会的规训。

但教会规训和国家权力有什么关系？新教伦理如何影响近代早期国家？韦伯同样没有给出直接答案，但在《经济与社会》的不同段落指

---

① Max Weber, *Die Protestantische Ethik I*, p. 116.

② 参见 Max Weber, *Die Protestantische Ethik I*, p. 143。

③ 信义宗的虔敬主义其实并非如此。

④ “平信徒”指未担任圣职的教会成员。——译者注

出了新教伦理和国家精神的某些重要关联。第一是新教苦行主义和社会改革的关系。在韦伯看来，加尔文主义者并不满足于一个受到规训的教会；他们还期冀一个受到规训的社会。他们试图打造这种新社会的一个机制就是济贫。韦伯认为，是加尔文主义者首先取消了“通常的慈善形式”，代之以理性的济贫制度（*sachlicher Armenpflegebetrieb*）；首先将济贫法作为劳动纪律手段的同样是他们。[①]

韦伯所说的第二种联系是新教苦行主义和政治革命的关系。[②] 这并不是一种崭新的关系。韦伯认为，至少在伦理性宗教（ethical religions）中，一直存在为了承担先知的活动家角色而否弃了修道院式彼世世界的宗教苦行者，这些人想要一种与他们自己所践行的“自我规训的系统化、理性化形式”更为一致的“在伦理上符合理性原则的世界秩序和规训”。[③] 但激进的加尔文主义者比这走得更远。他们期冀“隶属
28 于教会的宗教贤能（religious virtuosos）”的政治“统治地位”，以及“在此世推行神的律法”。[④] 当这种趋势得到了完整表现时，如荷兰起义或英国资产阶级革命，加尔文主义者的热情和纪律帮助他们达成了这一目标，至少短期内看是如此。[⑤]

---

① 这些观点参见 Max Weber，*Die Protestantische Ethik I*，p. 347；*Wirtschaft und Gesellschaft*，Tübingen，Mohn，1985[1922]，p. 355。同样，韦伯的解读稍显简化。近来的研究令人信服地表明，济贫的理性化不能仅仅归因于加尔文主义。它发端于文艺复兴时期，并扩散至不同的教派。但我们仍可以说（我也确实这样认为），加尔文主义的社会改革走得更远、更快。

② 关于加尔文主义与革命的密切关系，参见 Michael Walzer，*The Revolution of the Saints*，New York，Athenaeum，1970。对沃尔泽观点的批判性讨论参见 Philip S. Gorski，“Calvinism and Revolution：The Walzer Thesis Reconsidered，” in Richard Madsen，William M. Sullivan and Ann Swieller eds.，*Meaning and Modernity*。

③ Max Weber，*Wirtschaft und Gesellschaft*，p. 333.

④ Max Weber，*Wirtschaft und Gesellschaft*，p. 358.

⑤ 参见 Max Weber，*Die Protestantische Ethik I*，p. 334；*Wirtschaft und Gesellschaft*，p. 683。

第三是新教伦理和科层制精神的关联。韦伯指出，大体而言，“科层制度往往表现为对一切非理性的宗教热忱的极度蔑视”[①]。由此，科层制应该和理性的宗教热忱具有选择性亲和关系。韦伯认为，这在中国如此，在普鲁士同样如此：后者的科层制思想更多来自信义宗的敬虔主义。[②]

在《新教教派与资本主义精神》中，韦伯还指出了第四种关联。他认为，美国的民主并非很多人料想的“一盘散沙的个体群集”，而是“盘绕在一起的高度排他的自愿组织”，这些组织严密监管其成员的操守，控制他们与各种社会资源和物质资源（如声望、业务联系）的接触。[③]在他看来，这些举措源于教会规训传统，他还含蓄地表示，这是美国民主政府和政治稳定的真正基础。在这里，韦伯对社会规训和政治秩序的分析极为类似福柯对毛细血管式权力和自由主义政权的讨论，或对社会资本和民主治理的新托克维尔式的讨论。[④] 简言之，韦伯认为，新教伦理倾向于推动济贫法改革、政治革命、科层制以及更一般意义上的社会秩序的建立。

---

① Max Weber, *Wirtschaft und Gesellschaft*, p. 290.

② 我们将看到，韦伯并不是这一观点的鼻祖；许多普鲁士历史学家曾提出过类似看法，包括韦伯的导师(*Doktorvater*)古斯塔夫·施莫勒和施莫勒的门徒奥托·欣策，而韦伯可能借鉴了他们的观点。具有讽刺意味的是，普鲁士历史学家往往夸大了敬虔主义的重要性，同时低估了加尔文主义的重要性。但这里的关键之处在于，新教伦理和科层制精神首先在勃兰登堡-普鲁士组成了长期的联盟。

③ Max Weber, *Die Protestantische Ethik I*, p. 286.

④ 任何熟悉近代早期史学史发展的人在此都会注意到，韦伯屡屡夸大了新教苦行主义和其他教派之间的差异。专业历史研究告诉我们，加尔文宗的规训体系比他所说的更为私密，天主教的规训体系比他所说的更为公开；济贫活动的理性化发生在新教改革之前，并跨越了教派的边界；加尔文主义革命的意识形态根源可以在信义宗和天主教神学家的著述中找到；天主教改革运动催生的平信徒组织可与新教改革催生的平信徒组织相比肩。然而，这些差异小于韦伯的描述，并不意味着它们不存在或不重要。第四章将详细讨论这一点。

然而，尽管这种分析极富启发性，韦伯从未明确地在规训和国家之间建立联系。事实上，他的国家理论侧重于暴力与强制的威胁，而非规训和控制的能力，从而在一定程度上掩盖了这种关联的重要性。如果说韦伯提出了一种国家创建的理论，那么它显然属于战争中心论。[①] 因此，韦伯的宗教社会学研究所暗含的下源式国家创建分析与其支配社会学中的上源式国家分析存在着深刻的矛盾。欲勾勒出新教伦理和绝对主义精神之间的文化亲缘关系与历史关联，就必须对国家及其发展采取一种更具福柯色彩的理解，必须强调国家权力的牧灵性或涵盖性，而非压迫性和司法性，必须凸显小于国家的范畴内的新治理项目和技术，以及国家对它们的移用与集中实施；换言之，必须将韦伯的宗教社会学与福柯的微观政治理论结合起来。

29 “绝对主义的非绝对主义层面”：厄斯特赖希和埃利亚斯论社会规训与国家创建

当然，并非只有韦伯和福柯分析了宗教、规训和国家权力之间的关系。许多近代早期历史研究者在社会规训(*Sozialdisziplinierung*)方

---

① 韦伯的原话是：“所有近代国家的发展都来自两个推动力——君主对战争、行政和财政手段的收归，以及对具有政治价值的一切资源的征用，收归和征用的对象则是作为君主助手的独立的、‘私人’的行政权力持有者。”(Max Weber，*Wirtschaft und Gesellschaft*，p. 824.)韦伯从未在关于国家的著述中详细阐述这一主题，他在这方面的研究其实视野颇窄。但韦伯的编辑和助手约翰内斯·温克尔曼(Johannes Winckelmann)曾对他这方面的观点写过综述，并指出，韦伯的国家社会学与19、20世纪之交的古斯塔夫·施莫勒、奥托·欣策和其他普鲁士学派(Borussican school)成员对国家发展的分析非常相似，因为他们都极为重视绝对主义时期，将其视为近代国家的特征(专业官僚和统一法规)初次成型的关键时期。参见 Johannes Winckelmann，*Gesellschaft und Staat in der verstehenden Soziologie Max Webers*，Berlin，Duncker & Humblot，1957. 另参见 Andreas Anter，*Max Webers Theorie des modernen Staates. Herkunft，Struktur，Bedeutung*，Berlin，Duncker & Humblot，1995，尤其见第163～174页。

面的著述受到了另一位学者的启发：宪法史学家格哈德·厄斯特赖希。厄斯特赖希在《欧洲绝对主义的结构问题》一文中首次引入了社会规训概念。[①] 在这篇文章中，厄斯特赖希将绝对主义领域的传统文献和新文献进行了对比：前者重点考察军队、科层制等中央机构的创立和扩展；后者侧重于绝对主义国家鞭长莫及的社会生活领域，厄斯特赖希具有挑衅性地称之为"绝对主义的非绝对主义层面"[②]。他强调，绝对主义国家有三个不同的发展维度，即集权化、制度化和社会规训化，而社会规训化是最为重要的过程。鉴于厄斯特赖希所考察的时代（16—17 世纪）以及他对社会层面的关注，读者自然期待他会对宗教和规训的关系做出讨论，而厄斯特赖希也确实提到了加尔文的日内瓦教会条例，并将它视为社会规训的例子。[③]但稍加留心即可发现，厄斯特赖希所指的社会规训是文艺复兴之后地方统治者通过的大量"治安立法"（police legislation）。[④] 从地方小酒馆的营业时间到婚礼嘉宾的人数，这些律法无所不管。[⑤] 厄斯特赖希指出，这种君主强加型规训的主要灵

---

① 重印于 Gerhard Oestreich，*Geist und Gestalt des frühmodernen Staates*，Berlin，Duncker & Humblot，1969，pp. 179-197。英译本参见 Gerhard Oestreich，*Neostoicism and the Early Modern State*，Cambridge，Cambridge University Press，1982。本书引文均来自 1969 年德文版。

② Gerhard Oestreich，"Strukturprobleme，" in *Geist und Gestalt des frühmodernen Staates*，p. 183.

③ 参见 Gerhard Oestreich，"Strukturprobleme，" in *Geist und Gestalt des frühmodernen Staates*，p. 192。

④ 参见 Gerhard Oestreich，"Strukturprobleme，" in *Geist und Gestalt des frühmodernen Staates*，pp. 193ff.。

⑤ 对这一立法详尽然肤浅的分析参见 Marc Raeff，*The Well-Ordered Police State: Social and Institutional Change through Law in the Germanies and Russia，1600-1800*. New Haven，Yale University Press，1983。

感是“后期人文主义”(late humanism)和新斯多亚主义(Neostoicism)。[①]他认为，就角色而言，宗教在此期间主要起负面作用；厄斯特赖希强调，宗教改革时期的教派争斗导致硝烟弥漫、血雨腥风，从而激起了“对强大国家的呼求”，并开启了政治上的“去教派化”和“去教义化”(*Enttheologisierung*)，这强化了国家的权力。[②] 厄斯特赖希得出结论：“在16世纪的司法和警察国家(*Polizei-und Ordnungsstaat*)中，一般民众，尤其是平民百姓，都受过规训化生活的训练。”[③]对于强调绝对国家之相对弱势的作者来说，这确实是一个奇特的结论！不出意料的是，到了文章结尾，厄斯特赖希的立场似乎有所缓和，宣称社会规训“不只是一个政治(*staatlicher*)、宗教(*kirchlicher*)、军事或经济过程”，而在这之后发表的几篇论文中，尤其是在关于勃兰登堡-普鲁士的论文中，
30 他对宗教的重要性有了更多的强调，尤其是强调了加尔文主义的重要性。但即便在这些文章中，他仍将社会规训看成是一个主要由国家发动的自上而下的过程。

上述评论也基本适用于研究社会规训和国家权力关系的另一个领域，即诺伯特·埃利亚斯对文明进程的研究。厄斯特赖希从未对“社会规训化”给出一个正式定义，埃利亚斯则对他笔下的“文明化”有明确的界定：外在规范与控制强加于行为和情感，并逐渐内化于个人的心智。对于新规范的主要体现是什么，厄斯特赖希和埃利亚斯也有不同的看

---

① 参见 Gerhard Oestreich, “Strukturprobleme,” in *Geist und Gestalt des frühmodernen Staates*, p. 190。这一观点后来得到了进一步阐述，参见 Gerhard Oestreich, *Antiker Geist und moderner Staat bei Justus Lipsius*(*1547-1606*)：*Der Neustoizismus als politische Bewegung*, Göttingen, Vandenhoeck & Ruprecht, 1989。

② Gerhard Oestreich, “Strukturprobleme,” in *Geist und Gestalt des frühmodernen Staates*, pp. 189-190.

③ Gerhard Oestreich, “Strukturprobleme,” in *Geist und Gestalt des frühmodernen Staates*, p. 194.

法：厄斯特赖希认为关键在于律法，埃利亚斯则强调行为举止。但和厄斯特赖希一样，埃利亚斯也认为，礼仪的扩散和绝对主义的建立有千丝万缕的联系。[①] 当然，埃利亚斯并没有说，首先阐明和界定礼仪规范的是专制统治者；事实上，他将这些规范的前身追溯到中世纪。但他确实坚持认为，是绝对主义国家的宫廷首先在真正意义上践行了这些规范。在他看来，只有在文艺复兴时期的宫廷建立之后，尤其是位于凡尔赛的法国宫廷建立后，一种社会"形态"(figuration)才得以成型，得以将礼仪的烙印刻在宫廷人员身上，并通过他们影响到更广泛的群体。换言之，宫廷是礼仪推行和扩散的关键机制或渠道。统领宫廷日常生活的行为和礼节的复杂准则迫使王室成员控制他们的情绪与情感，并将野心和嫉妒心理投入受到高度控制的仪式竞争；贵族的举止被极力向上攀升且在意社会地位的上层资产阶级和专业技术阶级所效仿，并在之后被中间阶层效仿。[②] 从而，在埃利亚斯眼里，宫廷，尤其是凡尔赛宫，构成了文明进程的发动机，整个文明进程的动力和方向都来自这个中心。[③] 埃利亚斯还指出，国家创建和规训之间存在反馈效应，贵族气派的逐渐传播有助于打造更易被高度集权化的国家机器治理和控制的顺民。下文将深入讨论这一洞见。[④] 但除了对教会作为新的行为模式的传送纽带角色一带而过之外[⑤]，他对宗教只字不

---

① 参见 Norbert Elias，*Über den Prozess der Zivilisation*，vol. 2，Frankfurt am Main，Suhrkamp，1997。对这一点更清晰的讨论参见 Norbert Elias，*Die höfische Gesellschaft. Untersuchungen zur Soziologie des Königtums und der höfischen Aristokratie*，Neuwied，Luchterhand，1969。

② 参见 Norbert Elias，*Über den Prozess der Zivilisation*，vol. 1，Frankfurt am Main，Suhrkamp，1997，p. 136。

③ 埃利亚斯在《宫廷社会》(*Die höfische Gesellschaft*)第二章、第三章开头几段毫不含糊地指出了这一点。

④ 参见 Norbert Elias，*Über den Prozess der Zivilisation*，vol. 1，p. 106。

⑤ 参见 Norbert Elias，*Über den Prozess der Zivilisation*，vol. 1，p. 136。

提，比厄斯特赖希更看低宗教的作用。对他来说，中世纪之后是文艺复兴，文艺复兴之后就进入了近代；在他的时间段划分或理论中没有宗教改革的位置。①

31 从而，厄斯特赖希的社会规训理论和埃利亚斯的文明进程理论在目标和局限性上都极为类似。他们都力图拓宽传统国家理论的视野，尽管方式有所不同。厄斯特赖希侧重于近代早期统治者向臣民推行新的、更具理性色彩的社会操守标准的举措，埃利亚斯则关注宫廷形构(configuration)对贵族的影响，以及通过贵族对中间阶层的影响。他们都强调这些文化变革(纪律和礼仪的扩散)如何促成绝对统治的建立和运行。显然，这将只关注中央政府和军事方面发展的原有解释向前推进了一步。然而，厄斯特赖希和埃利亚斯都没有向国家创建作为政治与行政集权化过程的传统观点提出真正挑战。厄斯特赖希将绝对主义视为地方统治者和代议制组织权力斗争的产物，而埃利亚斯将它看作所有社会构成(social formations)达致垄断(*Monopolbildung*)的自然趋势的结果。换句话说，他们仍将国家创建描绘成外在压力驱动的自上而下的过程。我的推测是，正是这种框架或知识体系(*épistème*)使厄斯特赖希和埃利亚斯看轻了宗教改革的重要意义，将注意力集中于绝对主义国家。我力图在后面的讨论中提出一个概念框架；在我看来，它更好地展现了近代早期规训这一动态过程的多样性和复杂性。

概要与综述：教派化、社会规训与国家权力

规训与规训革命：定义与区分

在清教徒诗人约翰·弥尔顿(John Milton)笔下，规训是历史的“轮

① 这种时间段的划分已经暗含在《文明的进程》(*Über den Prozess der Zivilisation*)第一卷的开场段落中，并明确体现在两卷书的体系中。

轴”，“所有民间社会的兴衰，人类互动的所有片刻和转折都以它为核心”。[1] 由于规训同样是本书核心论点的轮轴，我们有必要在展开论证之前对其加以更为明确的界定。

完整的社会规训理论的基本元素可以在福柯、厄斯特赖希、埃利亚斯和韦伯的作品中找到。如上所述，他们每个人都对规训有自己的独特理解。在福柯的概念体系中，规训是自外而内、自下而上发挥作
用的。作为一系列技术与策略（如监视和常态化）的集合，它表现为特 32
定的范畴或机构（如监狱和精神病院），并强加于特定的群体（如罪犯和疯子）。厄斯特赖希所描绘的社会规训同样沿着由外而内的方向，但主要是自上而下运行。它由特定的理念和原则构成，具体表现在各种规则和规章中，国家政权确保其实施。埃利亚斯所分析的文明进程也是自上而下的，但发轫于内部，至少在其最发达阶段如此；礼仪的准则首先被写在纸上，但在社会效仿和身份竞争过程中逐渐被灌输和内化于个人主体。韦伯的规训理论相对最为粗糙。《经济与社会》中给出的正式定义主要指军事规训，也就是命令被遵守的可能性。但在宗教社会学研究中，他指出了一种根植于苦行精神，并由宗教团体（修道院、教派、教会，等等）所强化的规训形式，也就是一种由内而外、自下而上的规训。

在我看来，关于社会规训的一般性理论应当涵盖所有规训方向：自上而下和自下而上，由内而外和由外而内。基于此，我建议区分规训的两个不同层面和模式：个人层面与社会层面，以及规范模式与强制模式。将这两种区分结合起来，我们可以划分出四种不同类型的规训：(1)自我规训（个人层面，规范模式）；(2)惩治规训（个人层面，强制模式）；(3)集体规训（社会层面，规范模式）；(4)司法或制度规训

[1] John Milton, *The Reason of Church Government*, bk. I, chap. 1.

(社会层面，强制模式)。当然，和所有理想类型一样，这四种规训极少以纯粹的形式出现。它们在大多数情况下都混杂在一起，有时并行，有时对立。因此，修道院的集体规训强化了僧侣的自我规训，囚犯的集体规训(如对出卖狱友者的惩罚)弱化了监狱的社会规训，等等。

通过这种划分，我们就可以辨识不同类型的规训过程，并对其可能的结果提出一般性假设。例如，我在下文多次区分宗教规训和社会规训，前者主要体现在规范方面(尽管并非总是如此)，后者主要体现在强制方面(尽管并非总是如此)。同样，我还多次区分自下而上的规训和自上而下的规训，前者是在国家(尤其是**领土**国家)管辖范围之外
33 推行的规训，后者是国家(尤其是中央政府)机构和行动者强制施行的规训。当然，在大多数情况下，这些不同类型的规训总是互有体现。之所以加以区分，只是为了强调特定的组合以哪一种类型**为主**。关于不同类型规训的结果，我们可以总结出若干整体原则。第一，作为一种规则，规范型规训和个人性规训比强制型规训和社会性规训的**强度更高**，因为自愿接受的规训比强行施加的规训更有可能得到遵守，一个人比一大群人更容易监督。我们可以由此推断，强度最高的规训形式是自我规训，因为规则为对象本人所内化和监视。第二，大体而言，强制型规训和社会性规训比规范型规训和个体性规训更**稳定**，因为规则更有可能得到正式表述，且更有可能不顾个人意愿而施行。这表明最稳定的规训形式是社会性规训。第三，标准型规训和社会性规训可能具有最深远、**最持久的影响**：它们给社会习俗(如育儿、教学、恋爱等)带来了往往比道德评判更为长久的根本性改变，并将社会生活的某些方面转化为规范性问题(如性、卫生、工作)，而这些问题在正式规则和法规早已失去司法效力后仍是持久的道德关注点。这说明，最深刻、最持久的规训是集体规训。第四，也是最后一点，总体而言，个人性规训与强制型规训往往是最严厉、肉体上最严酷的规训；经肉体

塑造灵魂比经灵魂塑造肉体更难，惩罚外人比惩罚自己的兄弟更易。基于上述原则，我们可以推导出，惩治规训是四种规训类型中效果最差的。就我们这里的分析而言，关键在于：如果我们关注的是社会的发展，而不是个人的命运，自下而上的规训（尤其是规范角度的规训）的影响几乎总是大于自上而下的规训的影响。但必须指出，强度最高的规训发生在各种规训形式都得到强烈体现之时：此时，社会规训强化了集体规训，惩治规训强化了自我规训，等等。

上面说的是规训的特点，现在应该对“规训革命”这个词做一下解释。我在相互有别但存在关联的两个含义上使用这个词。一方面，我会提到“近代早期规训革命”，这里的意思是规训技术和策略（无论新 34
旧）的引入、传播及其社会与政治影响。在这里，“革命”指的是迅猛的创新与变化过程，和“工业革命”或“科技革命”中的“革命”是一个意思。另一方面，我也会采用“荷兰规训革命”“普鲁士规训革命”或更宽泛的“加尔文主义规训革命”的表述，这里的“革命”指促成了激烈迅猛的规训过程的一场或一连串政治变革。我在这里所说的“规训革命”基本上和马克思主义者笔下的“资产阶级革命”属于同一个层面。

下文还将区分自下而上的规训革命和自上而下的规训革命。前者是主要由包括平信徒和神职人员在内的教会代表发动和领导的规训革命。后者是主要由国家政府人员策划的规训革命。应当强调的是，这并不是一种泾渭分明的区分。自下而上的规训革命往往涉及自上而下的规训，反之亦然。“上”和“下”只表示（我眼中的）一场规训革命背后的首要动力。

最后要提一下注意事项和免责声明。在行文中，我经常在“规训革命”前加定冠词 the 或修饰语“加尔文主义”。这么表述并不是说近代早期的规训革命是唯一的（广义上的）规训革命，或加尔文主义规训革命是唯一的（狭义上的）规训革命。读者可以振振有词地说，中世纪的修道院改革运动是一场规训革命（至少就天主教教会内部而言）。也可能会有读者说，伊朗革命是一场规训革命。甚至还会有人说，法国革命和俄国革命也是规训革命。因此，当我在“规训革命”前加上定冠词时，并非出于学术信念，而只是为了行文方便。

教派化、社会规训、国家权力：关联与机制

本书指出，教派化、社会规训和国家权力之间存在紧密关联。在以大量历史细节描述这些关联之前，我们不妨先做一番宽泛的理论分析。

虽然本章已对其他学者关于国家和国家权力的观点做了大量探讨，
35 却甚少谈到我自己的理解。我会在结语部分更详细地讨论这些主题。但为了此处的分析起见，我们不妨暂时采用查尔斯·蒂利的定义，将国家视为“不同于家户和血缘群体的强制手段组织；在某些方面，在相当规模的领土内，它们凌驾于其他一切组织之上”[1]。相应地，我们可以将国家权力定义为捍卫和扩张主权领土，并统治领土上的人和自然资源的能力。如同这个定义所体现的，国家权力具有复杂性和多面性。为了便于比较分析，我们可以将它进一步细化，对不同**类型**的国家权力进行界定。我们可以首先区分两种不同的国家权力模式和范围：行政权力/强制权力以及内部权力/外部权力。行政权力借助于规则和规章，它的典型工具是官僚。强制权力借助于武力的威胁或使用，它的典型工具是士兵。内部范围是本地人口或全国人口。外部范围是殖民地或其他民族。[2]

---

① Charles Tilly，*Coercion，Capital，and European States，A. D. 990-1990*，p. 1. 本书结论部分将详细讨论现实主义国家定义的不足之处。

② 这里提到民族，一些读者可能会觉得落伍，因为民族和民族主义常常被视为发轫于 18 世纪晚期的近现代社会的独有现象。许多当代历史学家对这一假设提出了挑战，我本人也认为它站不住脚。我在这一问题上的立场和对相关文献的批判性讨论参见 Philip S. Gorski，“The Mosaic Moment：An Early Modernist Critique of the Modernist Theory of Nationalism，” *American Journal of Sociology*，2000(105)，pp. 1428-1470。

将上述区分结合起来，我们就得到了四种不同类型的国家权力：管制权力、强迫权力、殖民权力与军事权力。当然，这些类型在实际情况中存在大量交叉。例如，一个国家的强大的管制能力可以弥补薄弱的强迫能力。只要以士兵来对付国内人口，军事权力可以轻易地转化为强迫权力。同样，殖民权力提供了可以用来建立军事权力的人力资源和自然资源。因此，在评估一个国家的权力时，必须考察上述**所有**类型的国家权力**以及**不同权力之间的协同作用。

为什么某些国家强于其他国家？显然，这个问题不存在一个简单的答案。但为了便于这里的分析，我们不妨区分权力的**内生**资源和权力的**外生**资源，前者内嵌于作为组织的国家，后者源于权力的社会环境。关键的内生资源包括行政机构和人员的规模与质量；其他条件相同时，清廉的科层制国家机器往往比腐败的世袭制国家机器更有力、更高效。关键的外生资源可能是一个国家人口和领土的规模和质量；其他条件相同时，人口和领土规模较大、开化程度较高的国家往往强于人口和领土规模较小、开化程度较低(或难以开化)的国家。国家权
力至少部分取决于外生资源，这说明有必要在**比较**权力和**相对**权力之 36
间做出区分。比较权力是相较于其他国家的权力。相对权力是相对于外生资源的权力。在比较内生资源和外生资源对特定国家权力的贡献时，我们不可忘记这种区分。

上文界定了国家权力，并讨论了它的根基，现在该转向规训和国家权力的关系这一核心议题了。我认为，这种关系既是直接的，也是间接的。它是一种直接关系，因为规训影响到了作为机构的国家，意即体现为组织和工作人员的国家。在其他条件相同时，我们可以期待，一个拥有正直勤勉的行政人员和强大有效的监督机制的国家比缺少这一条件的国家更有效率。只要规训影响到国家的当下环境，也就是社会，它的影响就是间接的。在其他条件相同的情况下，我们可以期待，

一个拥有勤劳顺从的被统治者和强大有效的社会控制机制的国家比缺少这一条件的国家更为强大。一言以蔽之，**有序的社会较易治理，有效的政府较易管理，所以规训提升了整体行政效率，稳定了社会秩序，从而规训强化了国家权力。**

我们由此进入因果链的最后一环（或者说最初一环）：教派化。我们已经看到，教派化涉及两个并非总是完全独立的过程：教派边界的固化和教派内部的统一化。显而易见，我们这里最感兴趣的是后一个过程，因为正是它将教派化和规训化串到了一起。和规训化与国家权力的关联一样，这种关联兼具直接性与间接性。它是一种直接关联，因为推动教派内部的统一与推行教会纪律和倡导自我规训是齐头并进的过程。它是一种间接关联，因为它促进或加速了已经启动的规训过程。后一种关联需要稍加解释。我们必须认识到，宗教改革之前即已存在推行更严苛的宗教与社会规训的努力，而其背后的动因从来不只是宗教。从而，在宗教改革之前的几个世纪里，早就存在规训穷人的大量尝试，它们主要出于对城市卫生与财政状况的考量：穷人传播疾病，并拖城市财政的后腿。第四章将对这些尝试进行更为详尽的考察。这里只需指出，它们遇到了来自天主教神职人员的巨大阻力。在某些
37 神学家看来，对乞讨和施舍的限制违犯了基督教的戒律。而对于托钵修会而言，这种限制对他们的物质和精神生活造成了威胁。在诸多领域，宗教改革都引发了重大的变革。它冲破了社会改革的樊篱，并为其开创了新的动力。正是在这种意义上，它间接促成并加速了规训过程。但切记，宗教改革既不是规训过程的起点，也不是其唯一推动力。它既是原因，也是催化剂。

读者至今被迫跟着我穿越了林林总总、无边无际的区分和分类，一些人可能已经手足无措、见树不见林了。因此，可能有必要在本章结尾对主要论点做一番简要的重申，并扼要介绍下面几章的内容。

小　结

在本章伊始，我用身体政治的比喻和霍布斯《利维坦》的卷首插图来阐述既有国家研究的不足之处，并给出了修正建议。我指出，大多数关于国家的研究都集中在国王的“脑袋”上，而我们应该更关注他的“身体”和“灵魂”。下面我以更明确、更具分析性的语言来重申这一观点。

当我说国家的理论研究者只关注国王的“脑袋”时，我的意思是他们侧重于研究国家行政的内部组织以及国家行动者的工具性动机。在我看来，他们认为二者互为解释；从这一视角出发，国家政权的发展源于(且只源于)统治者的权力扩张欲望。我的另一个意思是，他们往往将国家权力视为国家组织(尤其是行政理性化程度)的结果。

这种观点看到了许多方面；统治者**确实**想扩张权力，国家组织也**确实**对国家权力有影响。但它也忽略了不少方面，包括(a)政治行动者的非工具性动机以及(b)国家权力的社会决定因素。关于国家的近期理论陈述存在一个问题，它们对社会政治伦理(马克斯·韦伯)及社会架构(迈克尔·曼)如何影响国家权力关注过少。笼统说来，我的命题是，**国家能力不仅仅是行政理性化的结果，也受社会架构强度和社会政治** 38
伦理理性程度的影响。[①] 架构的涵盖面越宽，伦理的理性程度越高，国家就越强大。

当然，本书并不打算“证明”这种说法，也做不到这一点。本书试图展现的是，宗教改革导致了国家架构的全面扩张和社会政治伦理的

---

① 我们将在对普鲁士和法国的讨论中看到，从某种程度上说，行政理性化程度本身其实就是国家风气的结果。

逐步理性化，从而引发了国家能力的持续增强。与此同时，本书试图表明，这些过程在欧洲信奉加尔文教的地区体现得最为明显，而这有助于解释若干加尔文教国家不同寻常的能力，尤以荷兰和普鲁士为甚。

*　　　　*　　　　*

本书实证研究部分的主干由三章组成：一章关于荷兰(约 1550—1700 年)，一章关于勃兰登堡-普鲁士(约 1640—1750 年)，还有一章关于不同的信义宗和天主教政体(如黑森/萨克森和威尼斯/法国)。这些个案显然在许多方面(如社会结构、政治组织、教派效忠、历史时段)存在差异，而且可以以不同的方式加以组合，每一种组合都会生成一系列不同的比较。

一种可能是将前两个个案(荷兰和普鲁士)视为同一个过程(即加尔文主义规训革命)的不同个案。个案若如此并置，我们的注意力就会转向社会结构和政治组织对加尔文主义规训的接受和实施的影响。最显而易见的比较是资产阶级和共和主义的荷兰与贵族阶级和绝对主义的勃兰登堡-普鲁士之间的对比。

另一种可能是将二者视为同一个个案，也就是加尔文主义规训革命的两个连续阶段。这种组合将关注点转移到个案之间的历史关联以及规训革命的扩散方式上。我们将看到，这些关联是实实在在的。

还有一种可能是在加尔文主义政体与非加尔文主义政体之间进行比较。这种分类的关注点在于教派间的差异对规训过程的影响。这有助于我们考察教派间的组织与教义差异对每个教派内部规训过程的广度和强度的影响。

毋庸置疑，还存在其他组合与比较方式。但上面三种方式与我构想中的论证关系最密切，因此将是下文讨论的重点。

第二章　自下而上的规训革命：低地国家 39

“荷兰共和国在整个欧洲显得如此引人注目和重要，”威廉·阿格利昂比(William Aglionby)在1669年写道，“这个弹丸之国令人侧目的崛起已成为见多识广者最常见的谈资。”他指出，考虑到荷兰在崛起过程中“一直和西方世界的霸主(即西班牙国王)作战”，其壮大更加令人惊叹。在他看来，这场战争(荷兰起义)事实上“使这个国家的体质(Constitution)……更加强健和壮硕”。[①] 这个“弹丸之国”缘何强盛？它的“体质”为何如此“强健和壮硕”？

在战争中心论者看来，这些问题的答案应当从制度和组织层面中寻找；换言之，关键在于国家政权的集中化、科层化以及它们对国家能力的影响。但现有的材料并不支持这种回答。下文将指出，尽管从建国伊始就陷入持续的战乱中，但荷兰的国家政权既非特别集中化，也非高度科层化。因此，荷兰共和国并非战争中心论者笔下的强国家政权的典范。那么，它是一个弱政权吗？上面这位英格兰作者是不是弄错了？

历史证据告诉我们，事实并非如此。尽管地狭人稀，荷兰共和国

---

① William Aglionby, *The Present State of the United Provinces of the Low-Countries as to the Government, Laws, Forces, Riches, Manners, Customs, Revenue, and Territory of the Dutch in Three Books*, vol. 1, London, Printed for John Starkey, 1669, pp. A3-A5.

40 却拥有强大的陆军和海军，管理着一个广袤的殖民帝国，并在同比自己地域更广、人口更多的邻国(西班牙、法国和英格兰)斗争时丝毫不落下风。这种外部实力也体现为内在的秩序；尽管行政系统孱弱，且维系了世袭制政权，荷兰共和国仍然跻身最安全、最稳定、治理水平最高的国家之列。

这给我们带来了一个难题。按照国家创建的标准理论(战争中心论模型)，荷兰应该是一个孱弱的政权。但从通行指标(即战争中心论者最热衷的指标：外部实力和内在秩序)来看，荷兰又是一个强大的政权。[①] 这是为什么呢?

一个候选答案是财富。这种回答来自世界体系理论和某些历史制度主义者，且不无道理。[②] 毕竟，多数经济史学家可能都会承认，北荷兰是 17 世纪最发达的欧洲国家；即使后来将世界经济霸主地位拱手让于英国，它在整个 18 世纪仍然位于欧洲之巅。[③] 多数历史社会学家也认为，物质资源是国家力量的关键因素。如果战争是国家力量的终极试金石，金钱是战争的命脉，那么，国家能力至少在一定程度上取决于财政资源。但这种回答远远不够。最关键的是，它无法解释荷兰

---

① 荷兰政权并非处处强大。它有时无法达成快速、统一的决策，也无法轻易将其意志强加给顽抗的精英。国家实力体现为许多不同的维度，并非所有维度都囊括在上述概念界定中。

② 尤其参见 Charles Tilly，*Coercion，Capital，and European States，A. D. 990-1990*；Brian Downing，*The Military Revolution and Political Change*；Bruce Carruthers，*City of Capital：Politics and Markets in the English Financial Revolution*，Princeton，Princeton University Press，1996，chap. 4。

③ 尤其参见 Fernand Braudel，*Civilization and Capitalism，Fifteenth-Eighteenth Century*，vol. III：*The Perspective of the World*，New York，Harper & Row，1986，chap. 3；Jonathan I. Israel，*Dutch Primacy in World Trade*，Oxford and New York，Clarendon and Oxford University Press，1989；Jan de Vries and Ad van der Woude，*The First Modern Economy：Success，Failure，and Perseverance of the Dutch Economy，1500-1815*，Cambridge，Cambridge University Press，1997。

社会何以井井有条，甚至无法解释荷兰何以能够榨取如此多的物质资源。强大的经济可能是国力强盛的潜在原因，但绝非唯一原因。

在我看来，要透彻理解荷兰的强盛，我们不能忽略另一个因素：宗教。更具体地说，我们要考察宗教规训对社会秩序的影响，特别是对地方秩序的影响。我认为，荷兰共和国的真正权力是在地方层面展开的；这一政权的力量源泉实则隐藏于地方层面。一旦我们考察与黄金时代的日常生活交织在一起的道德训诫和社会控制网络，荷兰政权的资源调用与秩序维护能力就会更为清晰地展现在我们面前。

但在探究荷兰政权是否强大以及为何强大之前，我们不妨先考察它是如何建立以及何时建立的。这个问题的简单答案就是西班牙和低地国家之间的八十年战争(1568—1648 年)，尤其是通常被称为荷兰起义的前半阶段(1565—1589 年)。正是这场反抗西班牙的起义导致低地 41
国家分裂为两个政治体：一个是作为西班牙封地的南部地区，大体与今天的比利时接壤；另一个是北部的立宪共和国，也就是近代荷兰的前身。我将指出，更深刻的回答是荷兰加尔文主义的兴起以及随之而来的教派冲突。围绕宗教问题以及天主教教会和归正宗教会未来问题的持续纷争使西班牙王室和荷兰诸侯之间的激烈政治争端升级为全面的革命冲突。

本章剩余部分内容如下。我首先对荷兰起义以及荷兰加尔文主义在其中的催化作用做一番简要回顾；然后对荷兰国家政权的结构和运转做出描述，呈现其外在力量和内部实力的质化与量化证据。接下来，我将讨论加尔文主义所引发的规训如何增强了国家力量。在结论部分，我会将分析结果重新置于更宽泛的历史和理论视角中。

荷兰起义：教派冲突与社会革命[1]

在16世纪上半叶，低地国家由17个省组成，地理位置相当于今天的比利时与荷兰。在此阶段，西班牙的哈布斯堡家族一直试图强化对低地国家的控制。[2] 查理五世(Charles V)统治期间(1506—1555年)，布鲁塞尔的中央行政体系经历了重组，全国议会(States General)和省级议会的权力均逐渐减弱。查理五世之子腓力二世(Philip II，1555—1598年在位)试图进一步改变势力版图；在急需融资以对法开战的情况下，他未经全国议会批准就征收新税。1559年，腓力二世宣布重组教会，增设多个新主教辖区[3]，这进一步激化了矛盾，使上层贵族愤怒不已，因为这些贵族向来将教会职务视为自己的管辖范围。简单来说，哈布斯堡家族试图强制推行绝对主义统治。

这些冲突并不稀奇。文艺复兴时期的君主和代议机构往往关系紧张。但在这里(以及其他几个例子中)，长期的宪法冲突和新教的急剧膨胀交织在了一起。在16世纪50年代初，巡回布道的加尔文宗传教
42 士开始从法国进入低地国家[4]；到了60年代初，加尔文主义已成为全

---

① 本节的历史叙述基于下列重要的荷兰起义研究：Pieter Geyl，*The Revolt of the Netherlands*，*1555-1609*，London，Cassell，1988［1932］；S. Groenveld et al.，*De tachtigjarige oorlog*，3rd ed.，Zutphen，De Walburg Pers，1991；Geoffrey Parker，*The Dutch Revolt*，London，Peregrine，1988；Iwo Schaffer，*De Lage Landen*，*1500-1780*，Amsterdam，Elsevier，1983，pp. 132-268。文中注释将征引更细领域的文献。

② 参见 James D. Tracy，*Holland under Habsburg Rule*，*1506-1566*：*The Formation of a Body Politic*，Berkeley，University of California Press，1990。

③ 参见 Michiel Dierickx，*L'Erection des nouveaux diocèses aux Pays-Bas*，*1559-1570*，Bruxelles，La Renaissance du livre，1967。

④ 参见 Phyllis Mack Crew，*Calvinist Preaching and Iconoclasm in the Netherlands*，*1544-1569*，Cambridge，Cambridge University Press，1973。

国性运动，并积极倡导信仰自由。作为回应，腓力二世重申了原有的反新教法令，并扩大了宗教裁判所的活动范围。

1566 年春天，一众贵族强行闯入西班牙女总督帕尔马公爵夫人玛格丽特(Margaret of Parma)的官邸，递交了要求撤销反新教法令的请愿书。[①] 玛格丽特克制的回应被众多加尔文主义者解读为宗教自由的声明。到了夏天，荷兰的城镇涌现了众多露天的宗教礼拜或秘密布道，信徒数以千计。时至 8 月，整个荷兰陷入加尔文主义者领导的圣像破坏运动的怒潮中。[②] 到了秋天，在布雷德罗德公爵(Duke of Brederode)的领导下，一群贵族开始对国王进行武装反抗，但未能获得广泛支持，最终被阿尔瓦公爵(Duke of Alva)率领的皇家军队轻松击败。阿尔瓦公爵随之取代了玛格丽特，成为新的总督。

来自西班牙的惩罚迅速而残酷。他们建立了一个特别法庭，用来审判异端和起义者。[③] 数千人被处决，更多的人遭到流放，包括奥兰治的威廉(William of Orange)这位反抗运动未来的领袖。[④] 与此同时，当地贵族在布鲁塞尔的高层行政职位纷纷遭到解除，转而由西班牙人接手；新主教辖区计划得到恢复；一系列备受诟病的税收政策也被强制执行。[⑤]

在这一时期，加尔文宗流亡者开始在低地国家内外组织对西班牙

---

① 参见 E. H. Kossmann and A. F. Mellink eds.，*Texts Concerning the Revolt of the Netherlands*，document 4，London，Cambridge University Press，1974，pp. 62-66。

② 参见 Solange Deyon，*Les "Casseurs" de l'été 1566：L'Iconoclasme dans le nord*，Paris，Hachette，1981。

③ 参见 A. L. E. Verheyden，*Le Conseil des troubles*，Flavion-Florennes，Editions le Phare，1981。

④ 参见 A. A. van Schelven，*De nederduitsche vluchtelingskerken der XVI eeuw in Engeland en Duitschland*，The Hague，Martinus Nijhoff，1909。

⑤ 参见 H. M. Grapperhaus，*Alva en de tiende pennig*，Deventer，Kluwer，1982。

人的反抗，奥兰治的威廉则拼命争取国外的军事干预。下一波冲突始于1572年，未设防的海边小镇布里尔(Brill)被1100多名加尔文宗亡命徒组成的“海上乞丐”(Sea Beggars)洗劫。[①] 在当地同情者的支持下，他们很快“解放”了北荷兰的大部分地区，“开放”教堂供加尔文主义者礼拜，并以更愿合作的行政官员取代不合作的官员。[②] 之后，奥兰治的威廉匆匆集结军队，攻入南部。但由于势单力薄，他很快就被迫率队撤至北方。在那里，荷兰(Holland)和泽兰(Zeeland)两省议会已经建立起由加尔文主义者把持的共和政权。[③]

但没过多久，由于卡斯提尔(Castile)的财政危机，西班牙军队止步不前，腓力二世被迫和谈。和谈很快因宗教问题不欢而散。腓力二世拒绝对“异端”做出任何让步，奥兰治的威廉同样拒绝妥协。随着和
43 谈的失败，西班牙人再次进攻北方。皇家军队在新总督唐路易斯·雷克森斯(Don Louis Requesens)将军的率领下攻城拔寨。但这次进攻再次因为西班牙王室的财政问题而被迫中止。

雷克森斯在次年春天去世，这为渴望宗教和解的温和派与政治精英(*politiques*)提供了机会。原因在于，随着雷克森斯的去世，权力重新回到以身为天主教教徒的亚斯科特公爵(Duke of Aerschot)为主的温和派掌控的国务委员会(Council of State，地区行政中枢)手中。在他的领导下，委员会费尽心力地设计出一份与荷兰和泽兰的协议，通过提交到省议会来“解决”(或毋宁说推诿)宗教问题，这就是所谓《根特协

---

① 参见 J. C. A. de Meij，*De Watergeuzen in de Nederlanden，1568-1572*，Amsterdam，Noord-Hollandsche Uitgevers Maatschappij，1972。

② 参见 H. A. E. Enno van Gelder，*Revolutionnaire reformatie*，Amsterdam，P. N. van Kampen & Zoon，1943。

③ 参见 J. W. Koopmans，*De Staten van Holland en de Opstand. De ontwikkeling van hun functies en organisatie in de periode 1544-1588*，The Hague，Stichting Hollandse Historische Reeks，1990。

定》(*Pacification of Gent*)。当奥地利的唐胡安(Don Juan of Austria,雷克森斯的继任者)最终于 1577 年抵达低地国家时,全国议会要求他接受《根特协定》,否则便拒绝承认其总督身份。在《永久谕令》(*Perpetual Edict*)面前,他不情愿地接受了这一条件。

但主和派不久即失去控制,反叛演变为革命。这次的领导者成了城市民众(*popoli*),他们要求享有敬拜的自由,并号召结束寡头统治。部分南方城镇,尤其是根特(Gent)和布鲁日(Bruges),也公开支持加尔文主义者主导的共和政体。[①] 南方各省开始公开反抗西班牙。[②]

在此期间,奥兰治的威廉稳步巩固了对北部城市的控制。1579 年,北方七省签订了共同防御条约,组成乌得勒支同盟(Union of Utrecht)。1581 年,在另一轮无果的和谈之后,北方各省正式宣布实际已成事实的决定:废除腓力二世的君主和统治者身份。历史进入了七省联盟和西班牙国王交战的阶段。

1578 年 10 月,唐胡安患瘟疫去世。继任者是帕尔马公爵(Duke of Parma)亚历山大·法尔内塞(Alexander Farnese)。他是一位精明的外交家、出色的军事策略家和虔诚的天主教教徒。法尔内塞决心要镇压这场他眼中的异教叛乱。经过长期围攻,法尔内塞重新占领了荷兰南部的大部分土地。[③] 到了 1585 年,叛军仅控制荷兰、泽兰和周边部分省份。

为了力挽狂澜,全国议会开始寻求一个强大的庇护者,以提供急

---

① 参见 André Despretz,"De Instauratie der Gentse Calvinistische Republiek(1577-79),"*Handelingen der maatschappij voor geschiedenis en oudheidskonde te Gent*,1963(17),pp. 119-229;J. Decavele ed.,*Het eind van een rebelse droom*;*Brugge in de geuzentijd*,Gent,Stadsbestuur,1984。

② 参见 H. Q. Janssen,*De kerkhervorming in Vlaanderen*,Arnhem,J. W. & C. F. Swaan,1866-1868。

③ 参见 Geoffrey Parker,*The Army of Flanders and the Spanish Road, 1567-1659*,Cambridge,Cambridge University Press,1972。

需的军事领导和境外援助。他们首先求助于法国国王亨利三世的弟弟
安茹公爵(Duke of Anjou)弗朗索瓦·埃居尔(Francis Hercules)，但在
44 一场流产的政变后放弃了这一选择。他们随后转向英格兰女王伊丽莎
白的廷臣、莱斯特伯爵(Earl of Leicester)罗伯特·达德利(Robert Dud-
ley)。[①] 但他也遭遇政变危机，全国议会再次被迫放弃。自此，全国议
会静悄悄地放弃了继任者提名。北方诸省虽然尚未更名，但已成为实
际上的共和国。

在这些年，联省的军事状况日趋绝望。但西班牙舰队在 1588 年 8 月的覆灭给荷兰人带来了喘息之机，使其在政治和军事上恢复了实力。荷兰执政(Grand Pensionary of Holland)兼全国议会实际领袖约翰·范·奥尔登巴内费尔特(Johan van Oldenbarnevelt)巩固了财政和行政体系。[②] 与此同时，在才华横溢的数学家和工程师西蒙·斯特芬(Simon Stevin)的协助下，沉默者威廉(William the Silent)之子拿骚的莫里斯(Maurice of Nassau)整顿了军队纪律。[③] 虽然与西班牙的战争直至 1609 年方告终结，但联省的独立地位在 1600 年已成为既定事实(*fait accompli*)。

这场战争催生了一个新的国家：荷兰共和国(Dutch Republic)。在地理上，这个共和国由低地地区的北方七省[荷兰、泽兰、乌得勒支(Utrecht)、弗里斯兰(Friesland)、德伦特(Drente)和上艾瑟尔(Overijssel)][④]以及

---

① 参见 F. G. Oosterhoff，*Leicester and the Netherlands，1586-1587*，Utrecht，Hes Publishers，1988。

② 参见 Jan den Tex，*Oldenbarnevelt*，Cambridge，Cambridge University Press，1973。

③ 参见 Werner Hahlweg，*Die Heeresreform der Oranier und die Antike*，Osnabrück，Biblio Verlag，1987[1941]；J. M. Wijn，*Het Krijgswezen in de tijd van Prins Maurits*，Utrecht，n. p.，1934。

④ 此处似有笔误。荷兰共和国成立时的七个省为海尔德兰(Gelderland)、荷兰、泽兰、乌得勒支、上艾瑟尔、弗里斯兰和格罗宁根(Groningen)，第八个省德伦特没有投票权。——译者注

佛兰德(Flanders)和林堡(Limburg)的零碎地区组成。在政治上，它遵从联邦宪法，全国议会为最高权力机构，但在法律和运作中受省督(*stadtholder*)、省级议会以及城市行政官员的制约。① 在宗教上，它是一个多元教派的社会，归正宗教会享有法律和财政特权，并最终获得了多数人口的效忠；但包括天主教在内的其他教派最终也被勉强接受。② 简而言之，在这个国家政权中，作为反哈布斯堡联盟核心的共和派与加尔文主义者基本得偿所愿，但未事事如愿。

这场叛乱并没有唯一原因或根本原因。一部分深层根源在于怨愤，在于荷兰贵族对西班牙王室的怨恨，次级贵族对高级贵族的怨恨，以及城市民众对寡头统治者的怨恨。更直接的催化剂是腓力二世的早期绝对主义(proto-absolutist)政策：他试图将权力集中至布鲁塞尔，不经全国议会的同意就征税，并精简教会管理层。加尔文主义者的好斗性和天主教教徒的拒不妥协引发了宗教暴力和以暴制暴，这更为革命形势火上浇油。然而，将叛变转化为革命的并不是这三种不满情绪来源的简单结合，而是它们之间相互作用并最终交织到一起的方式。社会、
政治和宗教上的不满情绪相互激化，矛头逐渐指向国王，使共和派与 45
加尔文派、保守派与革命派、商人与工匠等各种反西班牙力量的不同利益得以整合(并掩盖了纠纷)。这最终体现为反西班牙情绪的井喷式

---

① 参见 S. J. Fockema Andreae，*De Nederlandse staat onder de Republiek*，Amsterdam，Noord-Hollandsche Uitg. Mij.，1961；Robert Fruin，*Geschiedenis der staatsinstellingen in Nederland tot den val der Republiek*，The Hague，Martinus Nijhoff，1922；Marjolein 't Hart，*The Making of a Bourgeois State*：*War*，*Politics*，*and Finance during the Dutch Revolt*，Manchester，Manchester University Press，1993。

② 参见 Willem Pieter Comelis Knuttel，*De toestand der nederlandsche katholieken ten tijde der republiek*，The Hague，Martinus Nijhoff，1892-1894；A. Th. Van Deursen，*Bavianen en slijkgeuzen*：*Kerk en kerkvolk ten tijde van Maurits en Oldenbarnevelt*，Franeker，Van Wijnen，1991。

爆发，催生了奥兰治的威廉所领导的宗教“政党”，并在最后出现了全国议会主导的共和政体。当然，如果西班牙的财政状况不那么糟糕，这场叛乱能否成功还未可知。但如果没有宗教问题，它很难升级为一场革命。简言之，即使不是充分条件，教派冲突也是荷兰起义的必要条件，是北荷兰形成独立国家的关键因素。下面我将讨论这个新政权的结构和实力。

荷兰政权：结构与实力

结　构

荷兰政权的集权程度并不高。事实上，它的权力结构相当分散，其运作可以说是一种自下而上的过程。① 在地方层面，基本的治理单位是城镇和辖区(*baljuwen*)。尽管各地千差万别，城镇管理的基本模式却并不复杂。一般情况下，城市议会(*vroedschap*)负责立法，市长(burgomasters)负责执法，执政官(*schout*)和地方法官(*schepen*)负责司法。地方法官和市议员从城镇的显赫家族中选出，市长和执政官则从市议会中选出。这种城镇治理方式颇具寡头色彩，而且寡头色彩日渐浓厚。②

① 对荷兰旧政权的经典研究参见 Robert Fruin，*Geschiedenis der staatsinstellingen in Nederland tot den val den Republiek*；S. J. Fockema Andreae，*De Nederlandse staat onder de Republiek*。两部较新的英文概述参见 Marjolein't Hart，*The Making of a Bourgeois State：War，Politics，and Finance during the Dutch Revolt*；Jonathan I. Israel，*The Dutch Republic：Its Rise，Greatness，and Fall，1477-1806*，Oxford，Clarendon Press，1995。

② 对这一过程的详细描述参见 E. A. M. E. Jansen，*De opkomst van de vroedschap in enkele hollandsche steden*，Haarlem，Amicitia，1927；Johan E. Elias，*De vroedschap van Amsterdam，1378-1795*，Amsterdam，N. Israel，1963；P. W. de Lange，“De ontwikkeling van een oligarchische regeringsvorm in een Westfriese stad. Medemblik 1289-1699，” *Hollandse Studiën*，1972(3)，pp. 119-146。

在地区层面，最为重要的治理单位是省议会或“州议会”。[①] 这一层面同样存在大量差异。一些地区的省议会依照传统的三院制组建，每个阶层(教士、贵族和市民)各掌一院，各有一票。而在其他一些地区，州议会权力基于领土划分。省被划分为若干区域，每个区域各有一票。然而，在多数情况下，各州采取社会阶层和领土区域代议制相结合的方式。例如，荷兰省的贵族(*Ridderschap*)代表握有一票，具有投票权的城市则占十八席。在弗里斯兰省，省级三级各掌一票，城市则集体握有一票。在其他方面，各个省政权极为类似。他们经常自行会晤。休会期间的权力由通常被称为执行委员会(*Gedeputeerden Stat-* 46
en)的小型代表议会掌管。其他重要省级机关包括执政、总督和法院。从原则上来说，执政由各州的职员主导，提供法律咨询，并监督议会审议。在实践中，他们往往是控制州议会决议的实际领导者，并在对外谈判中代表本州的利益(最直接的体现是他们与全国议会的协商)。在叛乱之前，总督由君主任命，法院则主要为他们提供咨询。但在叛乱之后，总督转由州议会任命，法院主要作为司法机构。总督永远是奥兰治-拿骚家族(House of Orange-Nassau)成员。

---

① 以省议会为对象的研究为数不少，包括：J. W. Koopmans，*De Staten van Holland en de Opstand. De ontwikkeling van hun functies en organisatie in de periode 1544-1588*，The Hague，Stichting Hollandse Historische Reeks，1990；Caspar van Heel ed.，*Vierhonderd jaar gedeputeerde staten van Overijssel*，Zwolle，Provincie Overijssel，1993；F. H. J. Lemmink，*Het ontstaan van de staten van Zeeland en hun geschiedenis tot het jaar 1555*，Roosendaal，n. p.，1951；Wiebe J. Formsma，*De wording van de Staten van Stad en lande tot 1536*，Assen，Van Gorcum，1930；R. Reitsma，*Centrifugal and Centripetal Forces in the Early Dutch Republic：The States of Overijssel，1566-1600*，Amsterdam，Rodopi，1982；Wybe Jappe Alberts，*De staten van Gelre en Zutphen tot 1459*，Groningen，J. B. Wolters，1950-1956；Wybe Jappe Alberts，*Van standen tot staten：600 jaar Staten van Utrecht 1375-1975*，Utrecht，Stichting Stichtse Historische Reeks，1975；C. A. van Kalveen，*Het bestuur van bisschop en Staten in het Nedersticht，Oversticht，en Drenthe，1483-1520*，Groningen，H. D. Tjeenk Willink，1974。

因为荷兰共和国不再设立君主，所以国家层面上的最重要机构同样是一个代议体，也就是全国议会。[①] 全国议会由海尔德兰(Gelderland)、荷兰、泽兰、弗里斯兰、乌得勒支、格罗宁根(Groningen)和上艾瑟尔这七个省的代表团组成，德伦特省和荷兰南部的收复地区[即分子邦(Generality Lands)]都没有投票权。代表团由省议会选举，二者组成颇为类似。代表团的规模没有正式限定，但每个代表团只有一票。代表团从省议会得到详细指示，并且通常在投票前与省议会进行磋商。这有可能大大延缓决策制定的进程。同省议会一样，全国议会也任命若干州执行代表(Deputy States)以及各种常务委员会；这些机构承担了大多数真正的行政和立法工作。[②] 其他重要的国家机构包括国务委员会(Council of State)和总司令。在叛乱之前，国务委员会是君主的咨询委员会，权力极大。但到了后来，其正式与非正式权力均被削弱，基本成为全国议会的执行机关。[③] 总司令一职设立于叛乱时期。任职者对全国议会直接负责，且一直出自奥兰治家族。

在原则上，荷兰宪法[④]赋予全国议会广泛的权力，包括征收税赋、调集军队以及对外谈判。但在实际运作中，只有先和省议会协商，全

---

① 关于全国议会，参见 S. J. Fockema Andreae and Herman Hardenberg eds.，*500 jaren Statengeneraal in de Nederlanden*，Assen，Van Gorcum，1964；John H. Grever，"The Structure of Decision-Making in the States General of the Dutch Republic 1660-68，" *Parliaments*，*Estates and Representation*，1982(2)，pp. 125-151。

② 参见 John H. Grever，"Committees and Deputations in the Assemblies of the Dutch Republic，1660-1668，" *Parliaments*，*Estates and Representation*，1981(1)，pp. 13-33。

③ 参见 A. Th. Van Deursen，"De Raad van State en de Generaliteit(1590-1606)，" *Bladeren voor vaderlandsche geschiedenis en oudheidkunde*，1964(19)，pp. 1-48。

④ 这里指的显然是乌得勒支同盟的共同防御条约(1579 年，原文误为 1576 年——译者注)。这一条约锁定了北方诸省联合反对西班牙的同盟，并在后来承担了一定程度上的共和国宪法的职能。

国议会才能行使这些权力。以征税为例[①]，全国议会对若干税种拥有直接征收权，包括关税以及分子邦的税收。但这些税收不到全国预算的 20%，剩余的 80%则由省级政府和地方政府征收。过程如下：国务 47
委员会每年都会起草一份经过讨论并由全国议会修正过的预算草案，即战备(*Staat van Oorlog*)预算；之后依据定额原则来分配各省的税收负担，经济较发达、人口较多的省份比经济较落后、人口较少的省份承担更高的税额。[②] 从而，荷兰省这个最大、最富裕的省通常要负担整个预算的约 60%，而德伦特省这个最小、最贫穷的地区只负担 1%。从理论上说，省议会有权征收各种名目的税。但在实际运作中，省议会多会采用消费税(即对消费品征税)和地税(如 *verponding* 这种不动产税)的组合。市政府也经常征收各种财产和房产税。大体而言，城镇和乡村、穷人和富人之间的税收摊派似乎颇为公平。

鉴于各省牢牢掌握了钱袋子，它们对军事的影响力也就不足为奇了。[③] 事实上，它们普遍要求，"它们的"钱所供养的军队必须驻扎在"它们的"领土上，反之亦然。(结果是许多收上来的税从未离开征税地区，而是直接从省财库转到了省军团。)对海军的控制也颇为分散，尽

---

① 关于这一主题的最佳研究参见 Marjolein't Hart, *The Making of a Bourgeois State: War, Politics, and Finance during the Dutch Revolt*。

② 参见 H. L. Zwitzer, "Het quotenstelsel onder de Republiek der Verenigde Nederlanden alsmede enkele beschouwingen over de generale petitie, de staat van oorlog en de repartitie," *Mededelingen van de Sectie Militaire Geschiedenis—Landmachtstaf*, 1982(5), pp. 5-47。

③ 关于荷兰军队的行政管理，参见 H. L. Zwitzer, "*De militie van den staat*": *Het leger van de Republiek der Verenigde Nederlanden*, Amsterdam, Van Soeren, 1991; F. J. G. ten Raa and F. de Bas, *Het Staatsche leger, 1568-1795*, Breda, De Koninklijke Militaire Academie, 1911; C. M. Schulten and J. W. M. Schulten, *Het Ieger in de zeventiende eeuw*, Bussum, Fibula van Dishoeck, 1969; J. M. Wijn, *Het Krijgswezen in de tijd van Prins Maurits*。

管并不以省为界。国家议会同样享有名义上的指挥权。但日常管理掌握在五个海军区域委员会手中，这五个委员会由周边省份数量不一的代表(即省议会和城镇议会代表)组成。①

宗教事务也由省议会管辖。每个省都有各自的教会管理条例和大会(synod)。在实践中，地方政府分享了教会管理权，因为它们负责执行(或忽略)省级法规，并批准(甚至控制)教会领袖(即牧师、长老和执事)的任命。

社会政策方面同样大体如此。省议会发布关于婚姻、性关系、犯罪、流浪、贫困、失业、教育和其他相关事务的管理条例。但其实施在很大程度上掌控在地方官员手中，这些官员有自己的利益和算盘。负责登记婚姻、惩罚罪犯、赈济贫民、修建学校等事务的正是这些人。

48 荷兰共和国并不只是在政治上分权化，在行政方面亦然。在 18 世纪早期，国家议会雇用了约 200 人。与之相比，荷兰省议会雇用了约 300 人，阿姆斯特丹市的雇员则高达 3000 人!② 这些数据清晰地表明，行政权力集中在底部，而非上层。

如果说荷兰共和国在政治和行政上相对分权化，那么它的科层化程度也并不是特别高，至少没有达到韦伯对科层化的经典定义的程度。

---

① 关于海军和海军部，参见 Gustaaf Asaert et al.，*Maritieme geschiedenis der Nederlanden*，vols. 2 and 3，Bussum，De Boer，1976-1978；Jaap R. Bruijn，*The Dutch Navy of the Seventeenth and Eighteenth Centuries*，Columbia，University of South Carolina Press，1993；Jaap R. Bruijn，*De admiraliteit van Amsterdam in rustige jaren 1713-51. Regenten en financiën，schepen en zeevarende*，Amsterdam，Scheltema & Holkema，1970；C. T. F. Thurkow，*De Westfriese admiraliteit*，Enkhuizen，Fas Frisiae，1946。

② 关于全国议会，参见 Marjolein't Hart，*The Making of a Bourgeois State：War，Politics，and Finance during the Dutch Revolt*，p. 197。关于荷兰省议会与阿姆斯特丹市议会，参见 O. Vries，"Geschappen tot een ieders nut. Een verkennend onderzoek naar de Noordnederlandse ambtenaar in de tijd van het Ancien Regime，" *Tijdschrift voor Geschiedenis*，1977(90)，p. 337。

一般而言，荷兰行政官员的任命并非基于技能特长，他们也没有固定薪酬。这些官员既非全职从事行政工作，也没有明确的晋升通道；他们既不脱离"行政手段"，也不受制于正式的纪律或控制。相反，官员任命在很大程度上取决于亲缘关系或政治忠诚；薪酬极少固定，并常以实物形式支付；官员们兼职或在家工作；其职位经常传给自己的儿子和侄子。多数真正的行政工作并不经这些公务员之手，而是由当地要人、委托人和各种私营业主完成。

实　力

在战争中心论看来，低度集权化和科层制会导致国家力量薄弱，效率低下。但事实并非如此。事实上，按照通常标准，也就是施展力量和维持秩序的能力来看，荷兰共和国都颇为强大。

外部实力的最基本指标是军事力量。在实力最盛的 17 世纪末和 18 世纪初，荷兰共和国在和平时期维持了约 5 万人的军队规模。到了战争时期，这个数字暴增至 12 万。与此同时，荷兰还拥有 70～80 艘战列舰。在绝对意义上，这些数字并非特别显眼。例如，英格兰海军的战列舰超过 120 艘，军队规模高达 9 万人。至少在 18 世纪初，法国也拥有超过 100 艘战列舰；且根据纸面记载，其军队规模曾一度超过 40 万人(尽管它肯定大大超出了实际数字)。[①] 但相对于人口而言，荷兰

① 关于海军实力的对比，参见 G. Modelski and W. R. Thompson，*Seapower in Global Politics，1494-1993*，Seattle，University of Washington Press，1988，pp. 68-70。关于军队实力的对比，参见 Geoffrey Parker，"The 'Military Revolution，' 1550-1600—A Myth?" *Journal of Modern History*，1976(48)，pp. 195-214，尤其见第 206 页。更详尽的各国数据可参见 Jaap. R Bruijn，*The Dutch Navy of the Seventeenth and Eighteenth Centuries*；F. J. G. ten Raa and F. de Bas，*Het Staatsche leger，1568-1795*；Anne Blanchard et al.，*Histoire militaire de la France*，Paris，Presses Universitaires de la France，1992-1994；D. W. Jones，*War and Economy in the Age of William III and Marlborough*，Oxford and New York，Blackwell，1988。

的军事力量就令人侧目了。因为荷兰这一时期的人口从未超过200万，而英格兰则有550万左右的居民，法国人口更是超过2000万。① 这意味着，每17个荷兰平民就对应着1个军人，每25000个人就拥有1艘战列舰。与之相比，每61个英格兰平民对应着1个军人，每45000个人拥有1艘战列舰；（至少）每50个法国人才对应着1个军人，每
49 166000个人才拥有1艘战列舰。因此，荷兰军事动员强度非常高，可以说与当代以色列不相上下。

* * *

问题随之产生：如此少的人口何以支撑如此庞大的军队？最简单的答案可能是高税收，而外国游历者也确实经常提及荷兰地方政府和省政府征收消费税的额度和广度。数据证实了这一印象。例如，在17世纪末，荷兰共和国的人均军事投入为3镑。与之相比，英格兰的人均军事投入仅仅略高于1.5镑，法国的人均军事投入则低于0.75镑。其他欧洲国家的人均军事投入甚至更少。②

当然，荷兰的军费开支高于对手这一简单事实并不必然表示荷兰人比英格兰人和法国人缴纳**相对**更高的税收。毕竟，荷兰人比英格兰人或法国人更富足，工资更高；事实上，荷兰共和国是公认的全欧洲工资最高的国家。③ 所以，荷兰共和国的高税收收入有可能只是更高个人工资和更多社会财富的产物，而与强度更高的物质榨取无关。但实际情况并非如此。从表1可以看出，荷兰共和国的人均收入确实高

---

① 人口数据源自 Jan de Vries，*European Urbanization*，*1500-1800*，Cambridge，Harvard University Press，1984，table 3.6。

② 数据源自 D. W. Jones，*War and Economy in the Age of William III and Marlborough*，table 2.1。

③ 参见 Jan de Vries and Ad van der Woude，*The First Modern Economy*：*Success*，*Failure*，*and Perseverance of the Dutch Economy*，*1500-1815*，table 12.3。

于英格兰和法国，但荷兰人从收入中缴纳的税收比重也高得多。因此，即使收入“恒定”，荷兰的征税强度仍然高于英格兰和法国。 50

在比较政府税收和支出水平时，我们还应该将另一个因素纳入考量：公共借贷。荷兰共和国是公共财政的先驱①，并累积了数额不菲的国家债务，尤其是在1672年之后。因此，荷兰政府的高税收在很大

表1 人均消费、税负与储蓄估算(1688年和1695年)

	英格兰						法国						荷兰					
	1688			1695			1688			1695			1688			1695		
	镑	先令	便士	镑	先令	便士	镑	先令	便士	镑	先令	便士	镑	先令	便士	镑	先令	便士
消费	7	4	0	7	3	0	5	0	9	4	18	2	5	0	0	4	13	9
税负		7	3	1	4	0		15	0	1	5	0	2	3	2	3	1	7
储蓄		6	8		−11	0		7	0		−8	10		18	4		7	7
	7	18	0	7	16	0	6	3	0	5	18	0	8	1	4	8	2	9

资料来源：Phyllis Deane，“The Implications of Early National Income Estimates for the Measurement of Long-Term Economic Growth in the United Kingdom,” *Economic Development and Cultural Change*，1955-1956(4)，p. 12. 原始数据出自 Gregory King，*Natural and Political Observations and Conclusions upon the State and Condition of England*，*1696*，London：J. Stockdale，1804，p. 55.

a. 包括地方政府税收在内，英格兰的年均值约为10先令。

b. 在估算人均净储蓄额时，金(King)将济贫支出从私人总储蓄额中抵消掉了。他估算的英格兰总储蓄额(即用于济贫之前的数额)为8先令9便士。

---

① 关于这一主题，参见 James D. Tracy，*A Financial Revolution in the Habsburg Netherlands*：*Renten and Renteniers in the County of Holland*，*1515-1565*，Berkeley，University of California Press，1985；Marjolein't Hart，*The Making of a Bourgeois State*：*War*，*Politics*，*and Finance during the Dutch Revolt*，chap. 6。

程度上可能是高债务的产物。如果确实如此，那么这一点将非常重要。因为战争中心论者经常指出，荷兰政权的财政活力来源于它和资本市场的紧密联系，大量可供贷款使其无须求助于集权化的榨取机制，从而防止了绝对主义统治体制在荷兰的兴起。[①] 在这里我先更仔细地考察一下相关证据。西班牙王位继承战争(1701—1713 年)代价高昂，许多国家在这场冲突结束时陷入财政赤字，荷兰共和国的人均公共债务更是高达 12.8 英镑。法国和英格兰的人均公共债务仅仅为 7 英镑和 6.8 英镑。[②] 荷兰的人均公共债务几乎是法国和英格兰的两倍。从而，政府开支上的部分差异至少可以由公共负债上的差异来解释。还有一部分差异来自债务还本付息的差异。荷兰的利息率远远低于英格兰的利息率，更低于法国。在 18 世纪初，荷兰的公共债务利息率曾低至 1.25%，即使在战时也没有超过 3.5%，一般都在 2.5%上下浮动。[③] 而法国同时期的利息率一般在 4%和 5%之间，战时则超过 8%。[④] 因

---

① 对这一观点的明确论证参见 Charles Tilly，*Coercion，Capital and European States，A. D. 990-1990*；Brian M. Downing，*The Military Revolution and Political Change*。类似观点参见 Bruce Carruthers，*City of Capital：Politics and Markets in the English Financial Revolution*。

② 我将所有国家的债务总额换算成英镑，再除以总人口数，从而得出这些数据。国家债务的数据源自 E. H. M. Dormans，*Het tekort. Staatsschuld in de tijd der Republiek*，Amsterdam，NEHA，1991；James C. Riley，*The Seven Years' War and the Old Regime in France：The Economic and Financial Toll*，Princeton，Princeton University Press，1986，p. 178；B. R. Mitchell and Phyllis Deane，*Abstract of British Historical Statistics*，Cambridge，Cambridge University Press，1962，pp. 401-402。汇率数据源自 John J. McCusker，*Money and Exchange in Europe and America，1600-1775：A Handbook*，Chapel Hill，University of North Carolina Press，1977，table 5.1。人口数据源自 Jan de Vries，*European Urbanization，1500-1800*，table 3.6。

③ 参见 Sidney Homer，*A History of Interest Rates*，New Brunswick，Rutgers University Press，1977，table 16。

④ 参见 Sidney Homer，*A History of Interest Rates*，table 15。

此，虽然荷兰人承担的国家债务远高于法国人，两国人均本息偿还总额实则相差无几。这也就意味着，荷兰政府能够将更大份额的贷款投入民用和军事开支。虽然荷兰人能够以同样的本息还款总额借到几乎是法国人所能借到的两倍的钱(人均额度)，但这一点仍无法解释荷兰的预算(人均额度)为何是法国的四倍。这一差异在很大程度上与荷兰的税率(无论是真实税率还是相对税率)远高于法国有关。因此，荷兰政权的财政实力仅仅源于它与资本市场的密切联系这一战争中心论主张明显言过其实，荷兰政权缺乏榨取机制这种说法更是大错特错。战 51
争中心论者的问题在于他们找错了地方：关键机制并不在行政中心海牙，而在省会和城市政府。

* * *

在讨论了荷兰政权施展力量与榨取资源的能力之后，下面我要考察一个往往被忽略的国家实力指标：维护国内秩序和稳定的能力。这一点可谓知之非难，行之不易。度量社会秩序并不容易，尤其在三个世纪之后。但还是有一些大致的指标可以用来度量，犯罪率即为一例。至少从这方面看，荷兰共和国可谓井井有条。当时的观察者一致认为，北荷兰的犯罪率格外低。在提到阿姆斯特丹时，一位英格兰旅客说："很少听说这里有夜间犯罪事件，虽然这里有数量众多的各色居民和外来人口。"①一位德意志旅行者也对拥有荷兰最知名大学的第二大城市莱顿(Leiden)做过类似的评价："在莱顿，即使外出多日，你也可以不

① William Montague, *The Delights of Holland: Or, A Three Months Travel about that and the Other Provinces with Observations and Reflections on Their Trade, Wealth, Strength, Beauty, Policy, with a Catalogue of the Rarities in the Anatomical School at Leyden*, London, Printed for John Sturton, 1696, p. 138.

带枪，不锁门。”[①]言下之意是，德意志的大学城并非如此。其他国家的情况明显不同。例如，法国神父夏尔·勒迈特(Charles Lemaitre)在途经西属尼德兰(Spanish Netherlands)时，被强烈建议(实为强迫)雇用一个护送卫队，从而成为近代早期黑社会的牺牲品。[②] 一个英国贵妇在法国小城加来(Calais)也有类似经历。[③] 约翰·洛克(John Locke)对自己在法国南部所看到的暴力犯罪之猖獗震惊不已。[④] 法国北部的情况也好不到哪里去。[⑤] 一位英国旅客如此描写巴黎学生匪帮：“佩内洛普(Penelope)的追求者在尤利西斯(Ulysses)家中从不表现得那么无礼，完全不同于巴黎的大学生在家中和街头的所作所为。”[⑥]对伊比利亚(Iberian)半岛的描述也大致如此。“对于一个晚间走在街头的陌生人来说，”阿格利昂比写道，“马德里和里斯本一样危险。荷兰的情况正好相反，人们白天或夜间都可以外出，而无须担心抢劫或骚扰。”[⑦]德意志的情况也好不了多少。事实上，在地理、文化与社会习俗上与荷兰都非常接近的北莱茵兰(Reineland)地区通常被视为整个西欧最危险的地

---

① Ludwig Herzel ed., *Albrecht Hallers Tagebücher seiner Reisen nach Deutschland, Holland und England 1723-1727*, Leipzig, S. Hirzel, 1883, p. 33.

② 参见 Charles Lemaitre, *Voyage anonyme et inédit d'un janseniste en Hollande et en Flandre en 1681*, Paris, Champion Libraire, 1889, p. 67。

③ 参见 John Lough, *France Observed in the Seventeenth Century by British Travellers*, Stocksfield, Oriel Press, 1985, pp. 167-168。

④ 参见 John Locke, *Travels in France, 1675-1679, as Related in His Journals, Correspondence and Other Papers*, Cambridge, Cambridge University Press, 1953, pp. 30-31, 58, 67。

⑤ 参见 John Lough, *France Observed in the Seventeenth Century by British Travellers*, p. 105。

⑥ John Lough, *France Observed in the Seventeenth Century by British Travellers*, p. 103.

⑦ William Agliongy, *The Present State of the United Provinces of the Low-Countries as to the Government, Laws, Forces, Riches, Manners, Customs, Revenue, and Territory of the Dutch in Three Books*, p. 61.

区。[①] 从而，在这些旅客和日记作者的眼中，荷兰共和国仿佛暴力海 52
洋中一座秩序井然的孤岛。

当然，这类个人印象未必准确。它们通常都基于有限的体验，也可能受到成见的误导。因此我们不妨将其同犯罪率这种更客观的证据加以比较。幸运的是，这类证据为数不少。在过去几十年里，社会史学家和历史犯罪学家收集了大量近代早期犯罪活动和行为的信息。[②] 虽然这些信息并不完整，但仍然表明荷兰的犯罪率低于欧洲大部分地区。多数专家认为，谋杀率是真实或隐藏犯罪率的最可靠指标。因为谋杀案比其他罪行更易侦破、记载或惩罚，也因为谋杀率通常与总体犯罪率紧密相关。有许多荷兰城市的谋杀率数据供我们考察。例如，在 17 世纪的头 25 年，被定罪的杀人犯在莱顿不到 100 人；而在其后的 25 年，这一数字降至 70 以下；在第三个 25 年，这一数字降至 20 以下；到了 18 世纪中叶，这个数字更是降至个位。[③] 阿姆斯特丹也呈现出类似趋势。在整个近代早期，阿姆斯特丹因谋杀罪受审的人数一

---

① 参见 Antoni Maczak，*Travel in Early Modern Europe*，Cambridge and Oxford，Blackwell，1995。

② 近代早期犯罪领域的二手文献可谓浩如烟海。对英格兰研究的近期综述参见 James A. Sharpe，"Quantification and the History of Crime in Early Modern England，" *Historical Social Research*，1990(56)，pp. 17-32。对法国研究的综述参见 Benoit Garnot，"Pour une histoire nouvelle de la criminalité au XVIIIe siècle，" *Revue historique*，1992(288)，pp. 289-303。对德意志研究的综述参见 Joachim Eibach，"Kriminalitätsgeschichte zwischen Sozialgeschichte und historischer Kulturforschung，" *Historische Zeitschrift*，1996(263)，pp. 681-715。对意大利研究的综述参见 Oscar di Simplicio，"La criminalità a Siena(1561-1808). Problemi di ricerca，" *Quaderni storici*，1982(17)，pp. 242-264。

③ 数据源自 Herman Diederiks，"Quality and Quantity in Historical Research in Criminality and Criminal Justice：The Case of Leiden in the Seventeenth and Eighteenth Centuries，" *Historical Social Research*，1990(56)，graph 5。关于莱顿的犯罪行为，参见 Els Kloek，"Criminality and Gender in Leiden's *Confessieboeken*，1678-1794，" *Criminal Justice History*，1990(11)，pp. 1-29。

直稳定在每年一个。但这座城市的同期人口却迅速扩张，从1500年的1.5万人左右增至1670年的20万人；之后人口增长趋于稳定，逐渐增至1795年的21.7万人。由此可以推出，在1500年，每10万阿姆斯特丹居民中有6.6人因谋杀案受审，而1670年的数据则降至0.5人——说是大幅下降并不为过。① 尽管这些数据令人有些难以置信，却和荷兰其他地区的数据并不抵触。在18世纪中叶，哈勒姆(Haarlem)市的凶杀案起诉率为0.7(每10万人)。在基思韦耶特-霍夫斯特拉(Gijswijt-Hofstra)对六个小城镇和乡村的研究中，这些地区的凶杀案起诉率更低。② 当然，并不是所有谋杀案都会被起诉，真实的凶杀率必定高出这些数字不少。③ 彼得·斯皮伦贝格(Pieter Spierenburg)分析了不同的资料(即死因研讯)，估计阿姆斯特丹的真实凶杀率从17世纪末的3.5左右(每10万人)降至18世纪中的2.5左右(每10万人)，并在1800年降至1.5(每10万人)。④ 这些数据表明，不仅凶杀率确实在降低，破案率也有所提升。

53 值得指出的是，另一个深受加尔文主义影响的国家也呈现出类似

---

① 参见 Pieter Spierenburg, "Long-Term Trends in Homicide: Theoretical Reflections and Dutch Evidence, Fifteenth to Twentieth Centuries," in Eric A. Johnson and Eric H. Monkkonen eds., *The Civilization of Crime*, Urbana, University of Illinois Press, 1996, p. 78。

② 参见 Marijke Gijswijt-Hofstra, *Wijkplaatsen voor vervolgden: Asielverlening in Culemborg, Vianen, Buren, Leerdam en Ijsselstein van de 16de tot eind 18de eeuw*, Dieren, Bataafsche Leeuw, 1984。

③ 关于这类局限的精彩且全面的讨论参见 James A. Sharpe, "Quantification and the History of Crime in Early Modern England: Problems and Results," *Historical Social Research*, 1990(56), pp. 17-32; J. S. Cockburn, "Early Modern Assize Records as Historical Evidence," *Journal of the Society of Archivists*, 1975(5), pp. 215-232。

④ 参见 Pieter Spierenburg, "Long-Term Trends in Homicide: Theoretical Reflections and Dutch Evidence, Fifteenth to Twentieth Centuries," in Eric A. Johnson and Eric H. Monkkonen eds., *The Civilization of Crime*, table 3.1。

趋势，那就是英格兰。以埃塞克斯(Essex)为例，在 1559—1603 年，每 10 万人中约有 5.5 人因谋杀案被起诉，1647—1679 年的数字则降为 4.8 人。[①] 这些数据来自法庭记录，因此肯定大大低于实际数字。根据对死因研讯的分析，J. S. 科伯恩(J. S. Cockburn)估计肯特郡(Kent County)在 16 世纪后期的凶杀率在(每 10 万人每年)3.8 人和 6.0 人之间，17 世纪降至 2.5～5.3 人，18 世纪进一步降至 1.6～3.6 人。[②] 这和荷兰的数据颇为类似。

欧洲其他地区的谋杀率远高于此。例如，根据伊娃·奥斯特伯格(Eva Österberg)的估算，斯德哥尔摩在 16 世纪中叶的谋杀率是 20 人(每 10 万人)，16 世纪末是 36 人(每 10 万人)，17 世纪 20 年代为 32 人(每 10 万人)。[③] 这一数字此后缓慢下降，但即使到了 19 世纪中叶，仍维持在 3 人(每 10 万人)左右。这些数据来自法院记录，所以真实数据要高得多。虽然数据有限，但现有数据表明，巴黎甚至比斯德哥尔摩更加危险。以 1643 年为例，巴黎的谋杀率几近 75 人(每 10 万人)；

---

① 从 1559 年到 1603 年，有 129 人被指控谋杀。假定人口规模为 52000 人，谋杀案起诉率即为(每 10 万人每年)5.5 人。从 1645 年到 1679 年，有 185 人被指控谋杀。因为当时的人口大约为 11 万，所以谋杀案起诉率即为(每 10 万人每年)4.8 人，降幅不大。这一时期被正式定罪的人数更少，只有 48 人——判罪率平均为(每 10 万人每年)1.25 人。数据源自 J. S. Cockburn，"The Nature and Incidence of Crime in England 1559-1625：A Preliminary Survey，" in J. S. Cockburn ed.，*Crime in England 1550-1800*，Princeton，Princeton University Press，1977，table 1；James A. Sharpe，*Crime in Seventeenth-Century England：A County Study*，Cambridge，Cambridge University Press，1983，table 14。

② 参见 J. S. Cockburn，"Patterns of Violence in English Society：Homicide in Kent，1560-1985，" *Past and Present*，1991(130)，table 1。

③ 数据源自 Eva Österberg，"Criminality，Social Control，and the Early Modern State：Evidence and Interpretations in Scandinavian Historiography，" in Eric A. Johnson and Eric H. Monkkonen eds.，*The Civilization of Crime*，table 2-1。更详尽的数据和讨论参见 Eva Österberg and Dag Lindström，*Crime and Social Control in Medieval and Early Modern Swedish Towns*，Stockholm，Almqvist & Wiksell，1988。遗憾的是，我们不清楚这些数据究竟是定罪率，还是起诉率。

1644 年 6 月，一天之内就发生了 14 起谋杀案。[①] 当然，对这些数据的解读必须慎之又慎。但它们都验证了旅客的记述：荷兰(以及英格兰)比欧洲其他地区远为安全。其他种类的犯罪(如盗窃和袭击)的数据同样支持这一结论。[②]

这些差异的原因何在？一个符合战争中心论的解释是镇压机器的规模和结构。从而，英格兰和荷兰的低犯罪率可能源于规模更大、更发达的刑事司法系统。但事实并非如此。事实上，法国是现代化(即集权化和科层化)警力的先驱，其警察规模也最为庞大——单单巴黎就有约 3000 名警察。[③] 相比之下，荷兰与英格兰的警察体系在规模和专业化程度上都要逊色不少。阿姆斯特丹有为数不少的义务值夜人(1700 年有约 500 人)，但只有 24 名职业警察。[④] 伦敦的警察规模要大不少，有大约 750 名治安员和 35 名警察。[⑤] 因此，我们有必要另寻犯罪率差异的解释。

---

① 数据源自 Arlette Lebigre，*La Police*：*Une Histoire sous influence*，Paris，Gallimard，1993，p. 32。

② 虽然法国历史学家不太关注犯罪率，但他们对犯罪的内容做了大量分析。尤其值得指出的是，他们试图记载从暴力犯罪到财产犯罪的转向。关于人身暴力转向财产暴力（*violence/vol*）这一命题，参见 Bernadette Boutelet，“Étude par sondage de la criminalité dans le bailliage de Pont-de-l'Arche (XVII-XVIIIIe siècles)：De la violence au vol，en marche vers l'escroquerie，” *Annales de Normandie*，1962(4)，pp. 235-262；Pierre Deyon，“Délinquance et répression dans le Nord de la France au XVIIIe siècle，” *Bulletin de la Société d'Histoire Moderne*，14th ser.，1972（20），pp. 11-15；N. W. Mogensen，“Crimes and Punishments in Eighteenth-Century France：The Example of the Pays d'Auge，” *Histoire Sociale*，1977(20)，pp. 337-352。

③ 历史描述参见 Philip John Stead，*The Police of France*，New York，Macmillan，1983。数据源自 Alan Williams，*The Police of Paris*，*1718-1789*，Baton Rouge and London，Louisiana State University Press，1979，table 2。

④ 参见 Lotte C. Van de Pol，*Het Amsterdams hoerdom. Prostitutie in de zeventiende en achttiende eeuw*，Amsterdam，Wereldbibliotheek，1996，pp. 181，236。

⑤ 数据源自 Donald Rumbelow，*I Spy Blue*：*The Police and Crime in the City of London from Elizabeth I to Victoria*，London and New York，Macmillan and St. Martin's，1971，Appendix 1。

下面我将考察社会秩序的第二个标准：婚外性关系。当然，婚外性关系在今天仍被一些人视为罪恶，但大多数人将其视为私事。然而在近代早期的欧洲，它是一种犯罪，并被提升到了公共政策层面。在这方面，荷兰人也因道德风尚而享有盛誉(与我们今天对荷兰的印象大不相同)，许多旅客对此有过记述。① 有数据支持这种声誉吗？答案同样是肯定的。一般而言，婚外性行为率的最可靠标准是非婚生育率。由于历史人口学家对非婚生育做了大量研究，我们在这个问题上有大量可资比较的证据。研究表明，荷兰作为全欧洲“道德之国”的美誉实至名归。例如，北荷兰乡村地区的非婚生育率一直低于1%，直到18世纪末才接近2%。② 鹿特丹(Rotterdam)市和马斯莱斯(Maasluis)市的非婚生育率上升得较快，在1770年前后达到3%。③ 有意思的是，英格兰的非婚生育率也非常低，一直在17世纪50年代的最低点1%(清教共和国时期)和18世纪末的最高点5%之间浮动。④ 法国的数据要高得多。以巴黎为例，非婚生育率从18世纪第二个10年的8%左右上升到18世纪70年代的近25%。⑤ 在南特(Nantes)，同一时期的非婚生育 54

① 对游客感受的概述参见 Julia Bientjes，*Holland und der Holländer im Urteil deutscher Reisender*（*1400-1800*），Groningen，J. B. Wolters，1967；Kees van Strien，*Touring the Low Countries*：*Accounts of British Travellers*，*1660-1720*，Amsterdam，Amsterdam University Press，1998。

② 数据源自 Jan Kok，“The Moral Nation：Illegitimacy and Bridal Pregnancy in the Netherlands from 1600 to the Present，” *Economy and Social History in the Netherlands*，1990(2)，figure 3。

③ 参见 Simon Schama，*The Embarrassment of Riches*，Berkeley，University of California Press，1988，p. 438。

④ 参见 Peter Laslett，“Introduction：Comparing Illegitimacy over Time and between Cultures，” in Peter Laslett，Karla Oosterveen and Richard M. Smith eds.，*Bastardy and Its Comparative History*，London，Edward Arnold，1980，figure 1. 2。

⑤ 参见 Jean Meyer，“Illegitimates and Foundlings in Pre-Industrial France，” in Peter Laslett，Karl Oosterveen and Richard M. Smith eds.，*Bastardy and Its Comparative History*，p. 252。

率从3%升至10%。[1] 不仅如此，实际婚外生育率可能是这些数字的两倍，因为法国非婚儿童的遗弃率和收养率几乎相同，而非婚生育则是遗弃的普遍动因。[2]

为公平起见，荷兰和英格兰的婚前性行为率无疑远远高出上面的数字。原因在于，尽管这两个国家的非婚生育数量较少，怀孕新娘的数量却相当多。以英格兰某堂区为例，怀孕新娘的比率从17世纪上半叶的16%升至一个世纪后的33%。荷兰的增长幅度更大。[3] 因此，更准确地说，这些数据说明的不是英格兰和荷兰的婚前性行为更少，而是法国的未婚母亲和弃婴更多。换言之，它们表明，相比法国，婚姻和家庭规范在荷兰和英格兰得到了更严格的遵守。后文将再行讨论。

55 因此，荷兰社会看起来秩序井然。那么，荷兰政治又如何呢？鉴于其较高的税率，人们可能以为荷兰共和国存在较多反抗；此期间的税收和叛乱往往相关。事实上，税收**的确**是荷兰共和国内部叛乱的最主要原因。[4] 但与其他国家相比，荷兰共和国的叛乱规模较小，形式也较为温和。[5] 至少查尔斯·蒂利在《欧洲革命》中的比较分析是这样

① 参见 Jacques Depauw，"Amour illégitime et société à Nantes au XVIIIe siècle," *Annales ESC*，1972(4)，pp. 115-182。

② 参见 Jean Meyer，"Illegitimates and Foundlings in Pre-Industrial France," in Peter Laslett，Karl Oosterveen and Richard M. Smith eds.，*Bastardy and Its Comparative History*，pp. 252，254，and passim。

③ 参见 Jan Kok，"The Moral Nation：Illegitimacy and Bridal Pregnancy in the Netherlands from 1600 to the Present," *Economy and Social History in the Netherlands*，1990(2)，figures 2 and 3。

④ 参见 R. M. Dekker，" 'Wij willen al den duyvel affhebben!' Protesten tegen belastingen in het verleden," in J. Th. De Smit et al. eds.，*Fiscaliteit in Nederland*，Zutphen，De Walburg Pers，1987，pp. 33-44。

⑤ 参见 R. M. Dekker，*Holland in beroering. Oproeren in de 17e en 18e eeuw*，Baarn，Ambo，1982. 另参见 C. S. L. Davis，"Peasant revolt in France and England：A Comparison," *Agricultural History Review*，1973(21)，pp. 122-134。

说的。根据蒂利的统计，在 1550—1800 年，荷兰大约爆发了 9 场革命。其他地区的数字更高：伊比利亚半岛 11 场，巴尔干半岛 16 场，不列颠群岛 23 场，法国更高达 32 场！[①] 这么看来，外国人将荷兰共和国视为政治稳定的堡垒也就不足为奇了。

* * *

看来问题确实棘手。尽管荷兰政权的集中化、科层化和君主化程度并不特别高，但它仍然维持了一支庞大的军队，榨取了大量资源，并保持了高度的社会稳定。如何解释这一悖论？如何理解一个理论上看似脆弱但事实上如此强大的国家政权？我认为，要全面回答这个问题，必须将关注点从中央移至地方，必须将更宽泛意义上的制度因素纳入考量。更为重要的是，我们必须审视这些制度背后的社会风气。打个比方，我们必须关注荷兰国家政权的“灵”与“肉”。下面我将考察不同的道德规范与社会控制机制。从归正宗堂会以及各种同类机构开始，这些机制渗透至荷兰社会生活的各个角落。

宗教规训与社会秩序：从比较视角看加尔文宗堂会

从基本组织结构上看，荷兰归正宗(Dutch Reformed Church)的教会规训体系与欧洲近代早期的其他归正宗教会大体类似。[②] 在地方层

---

① 参见 Charles Tilly，*European Revolutions*，*1492-1992*，Oxford，Blackwell，1993，tables 3.2，3.3，3.4，4.2，and table 5.4。但必须指出，这些数据往往夸大了荷兰和法国的差异。例如，蒂利将法国的八场宗教战争全部统计为独立的革命。依此逻辑，荷兰起义的三个阶段也应按照三场独立的革命处理。但即便如此调整，差异仍然显著。

② 对荷兰堂会的最佳概述参见 Albertus van Ginkel，*De ouderling*，Amsterdam，Uitgeverij ton Bolland，1975，chap 4；A. Th. Van Deursen，*Bavianen en slijkgeuzen*：*Kerk en kerkvolk ten tijde van Maurits en Oldenbarnevelt*，Franeker，Van Wijnen，1991，chap. 5。

面，规训权掌握在堂会或教会委员会(*kerkeraad*)手中，堂会或教会委员会由堂区牧师和教会长老组成。长老通常由堂会和镇议会协商后任
56 命。不难推测的是，被任命者往往来自贵族阶层，这使得教会在制度和人际层面均与地方政府存在千丝万缕的联系。一些堂会还任命秘密督察(*opzienders*)，对特定区域的教会成员进行监视。在地区层面，堂区教士被归入一个名为区会(classis)的更大的单元。[①] 区会的主要职责是维护其成员的纪律，并对牧师候选者进行考察。但区会也经常介入平信徒的违纪事件，尤其在性质严重或情形极其复杂的情况下。在省级层面，区会被划分为大会。[②] 同区会一样，大会也以神职人员为主。但它们也包括一些来自堂会的平信徒代表，在很多情况下还包括镇议会或省议会的无投票权代表。在多数情况下，大会侧重于教会教义和政策的一般性议题。但它们也对神职人员的违纪案件做出裁定，并对平信徒的纪律法规做出解读。

荷兰的治理原则和程序同样颇为标准。和日内瓦一样，荷兰共和国对“私人罪行”和“与公开丑闻有关的公共犯罪”有明确区分。只有少数人知晓的罪行可经“兄弟间的劝诫”而予以纠正。[③] 更公开的罪行则

---

① 关于区会的组织和运作，参见 C. A. Tukker，*De classis Dordrecht van 1573 tot 1609. Bijdrage tot de kennis van in en extern leven van de gereformeerde kerk in de periode van haar organisering*，Leiden，Universitaire Pers，1965；A. Ph. F. Wouters and P. H. A. M. Abels，*Nieuw en ongezien：Kerk en samenleving in de classis Delft en Delfland 1572-1621*，Delft，Eburen，1994；John Paul Elliott，“Protestantization in the Northern Netherlands：A Case Study—The Classis of Dordrecht，1572-1640，” Ph. D. diss.，Columbia University，1990。一些区会的会议记录已经整理和出版，下文多有引用。

② 大量记录参见 J. Reitsma and S. D. van Veen，*Acta der provinciale en particuliere synoden*，Groningen，J. B. Wolters，1892。

③ 参见 Synod of Wezel(1568)，Articles 9 and 10。全文参见 F. L. Rutgers，*Acta van de Nederlandsche Synoden der zestiende eeuw*，Utrecht，Kemink & Zoon，1889，pp. 1-55；*Kerkelyck Handboekje*，Amsterdam，N. Obbes，1841，pt. 8。

要诉诸堂会。（当然，实际情况是，私人罪行可能很快就变为公开罪恶。在荷兰共和国的城镇和乡村，由于住得近、墙壁薄、窗户大、街道窄，很少有真正私人的行为。一个醉汉的叫嚷、一首淫秽的歌曲、一次家庭口角或一次浪漫的艳遇都很难不被别人注意，而且往往会传到教会委员会的耳朵里。）[①]一旦堂会获悉犯罪嫌疑，嫌疑人就会被传唤到长老面前。如果罪行轻微且犯罪人有悔改之意，长老通常会私下里警告，然后放其一马。但如果犯罪行为严重或不见悔过之意，犯罪人可能会被公开训诫、禁止参加圣餐礼，甚至可能被教会开除。[②]

这套制度虽然严格，却并非看上去那么残酷。堂会更在意的不是惩罚，而是挽救罪人，而且往往不遗余力地拯救迷途的羔羊。从堂会初次传唤一个不听劝诫的教区居民到正式将其开除，中间可能历时数月甚至数年之久。而在这个过程中的每一步，长老通常都会在采取行
动之前对罪人再次进行探访，并给予另一个悔过的机会。在大多数情 57
况下，堂会在启动开除程序之前都会寻求区会的批准。[③] 在这种情况下，区会有可能派出一个代表团；甚至在开除程序启动后，挽救不听劝诫的教会成员的努力往往仍在继续。[④] 堂会的忍耐和恒心有时会收到成效[⑤]，

---

① 关于荷兰共和国日常生活的精彩研究参见 A. Th. Van Deursen，*Een dorp in de polder. Graft in de zeventiende eeuw*，Amsterdam，Uitgeverij Bert Bakker，1995。此书记述了大量荷兰城镇公共和私人领域微妙边界的相关个案。

② 参见 Synod of Emden(1571)，Article 32。全文参见 F. L. Rutgers，*Acta van de Nederlandsche Synoden der zestiende eeuw*，pp. 55-119。

③ 就我所见，区会将决定打回堂会的唯一个案载 *Classicale Acta，1573-1620*，vol. 4，The Hague，Instituut voor Geschiedenis，1980-1995，p. 254。

④ 参见 *Classicale Acta，1573-1620*，vol. 1，The Hague，Instituut voor Geschiedenis，1980-1995，p. 165；vol. 2，The Hague，Instituut voor Geschiedenis，1980-1995，p. 509；vol. 4，p. 334。

⑤ 例如，劳温特的阿特耶・克拉希斯(Aaltje Claeses of Rauwert)因乱伦(*hoererij*)被教会驱逐，在六年后的 1690 年与教会“和解”。参见 Rijksarchief van Friesland(以下简称 RAF)，*Archief Oude Burgerlijke Stand*，inv. nr. 686，Mar. 27，1684 and Apr. 24，1690。

有时则无功而返[1]。无论如何，不管是字面含义还是福柯笔下的权力，堂会权力的牧灵色彩均多于强制。

当然，一个如此倚重风闻言事的规训制度很容易引发错误或权力滥用，因为人们可能通过散布谣言来获得政治或家族利益。教会领袖对这一危险心知肚明，并制定了各种规章程序以防患于未然。正式声明、证人、证词等手段都派上了用场。遇上重大案件，教会甚至会启动正式调查程序。[2] 但如果认定证据不充分，那么无论指控有多严重，诉讼都将被撤销。[3] 在这种情况下，堂会有时甚至在全体教会成员面前对被告所遭受的指控进行公开脱罪。[4] 除此之外，散布教区居民的虚假或无根据谣言也要受到惩罚。[5] 因此，从基本标准和程序来看，归正宗堂会与世俗法庭颇为类似。

被罚者是谁？因何故受罚？对此并无全国性研究，但我们有大量

---

① 同样来自劳温特的里斯波特·奥特斯(Lysbert Ottes)因通奸而受谴责；堂会成员之后多次拜访他，但始终未见成效。参见 RAF，*Archief Oude Burgerlijke Stand*，inv. nr. 686，May 27，1680 to Mar. 27，1684，passim。

② 例如，霍姆伦(Hommelen)镇的归正宗牧师约安内斯·斐波尼斯(Joannes Pibonis)被控酗酒和拒捕，斯内克(Sneek)区会派遣了两名成员调查此案。他们从斐波尼斯的几位同事那里得到了一份关于其“生活和举止”的报告，访谈了大量目击者，最后还发现这位倒霉的牧师曾赠予一位声名狼藉的女子一块黄金。斐波尼斯最终被正式停职，并被传唤至省大会。(参见 RAF，*Archiefvan de Hervormde Classis van Sneek*，inv. nr. 2，Sept. 6，1625 to June 6，1626，passim。)

③ 参见 *Classicale Acta*，*1573-1620*，Rijks Geschiedkundige Publicatiën，Kleine Serie，vols. 49，68，69 and 79，vol. 1，p. 196；vol. 2，pp. 515，520。

④ 参见 *Classicale Acta*，*1573-1620*，vol. 2，pp. 150，652。

⑤ 参见 RAF，*Archief Oude Burgerlijke Stand*，inv. nr. 344a，fos. 40，42-43，and inv. nr，686，Aug. 6，1688。在阿讷明德(Arnemunde)市的地方法官撤销了一位法警对同教会成员的民事通奸指控后，堂会甚至禁止这位法警参加圣餐礼！参见 *Classicale Acta*，*1573-1620*，vol. 4，p. 289。

城市个案研究可供参考。[①] 虽然对小样本的归纳必须慎之又慎，这些研究的结果却如出一辙。在所有作为研究对象的城市中，约有一半的违纪事件与妨碍社会秩序有关，如醉酒、斗殴、诽谤和扰乱治安。各类婚外性行为构成的性犯罪占三成。相形之下，只有不到一成的案件涉及异端。第一个问题(被罚者是谁)更难回答。显而易见，规训涉及各行各业、每个阶层。但不难看出，有钱有势者受罚较轻。在此方面，荷兰与其他信奉归正宗的政体相似。但就犯罪行为本身来说，荷兰又有独特之处。例如，英格兰和苏格兰的违纪案件多集中在性道德方面。[②] 法国和莱茵兰的加尔文主义社区的异端案件则是荷兰的两倍之多。[③] 这里的关键在于，荷兰(以及大不列颠)的堂会对社会与性行为方面问

---

① 参见 Hermann Roodenburg，*Onder censuur*：*De kerkelijke tucht in de gereformeerde gemeente van Amsterdam*，*1578-1700*，Hilversum，Verloren，1990；A. Ph. F. Wouters and P. H. A. M. Abels，*Nieuw en ongezien*：*Kerk en samenleving in de classis Delft en Delfland 1572-1621*，vol. 2；Mathieu G. Spiertz，"Die Ausübung der Zucht in der Ijsselstadt Deventer in den Jahren 1592-1619 im Vergleich zu den Untersuchungen im Languedoc und in der Kurpfalz，" *Rheinische Vierteljahresblätter*，1985(49)，pp. 139-172。

② 关于英格兰，参见 Robert von Friedeburg，"Reformation of Manners and the Social Composition of Offenders in an East Anglian Cloth Village：Earls Colne，Essex，1531-1642，" *Journal of British Studies*，1990(29)，pp. 347-385；"Sozialdisziplinierung in England? Soziale Beziehungen auf dem Lande zwischen Reformation und 'Great Rebellion，' 1550-1642，" *Zeitschrijt für historische Forschung*，1990(17)，pp. 385-418。关于苏格兰，参见 Michael F. Graham，"Social Discipline in Scotland，1560-1610，" in Raymond A. Mentzer ed.，*Sin and the Calvinists*，Kirksville，Sixteenth Century Journal Publishers，1994，pp. 129-157。

③ 关于法国和德意志的加尔文主义社区，参见 J. Estèbe and B. Vogler，"La Genèse d'une société protestante：Étude comparée de quelques registres consistoriaux langedociens et palatins，" *Annales Economies*，*Sociétés*，*Civilisations*，1976(31)，pp. 362-388。荷兰的比较证据参见 Mathieu G. Spiertz，"Die Ausübung der Zucht in der Ijsselstadt Deventer in den Jahren 1592-1619 im Vergleich zu den Untersuchungen im Languedoc und in der Kurpfalz，" *Rheinische Vierteljahresblätter*，1985(49)，pp. 139-172。

58 题的关注多于对宗教信仰和活动的关注。第四章将阐明，其他教派有所不同。

应当强调的是，堂会活动其实比上面提到的更为广泛。为了净化教会，长老们经常超越自己道德警察的正式角色。例如，为了强化性道德，他们有时会力促夫妇和好，劝诫暴力的丈夫或寻找失踪的父亲。与之类似，为了维护社会秩序，他们会对酗酒者进行劝诫，帮助其康复，劝疏远的亲朋和解，调节雇主和工人的纠纷，或对家庭财政危机施以援手。因此，他们在承担惩罚职责的同时，也担负了预防职能。比起近代早期的警察，他们更像今日的社会工作者。

* * *

归正宗的规训对荷兰社会的影响究竟有多大？其在荷兰也许不如它在日内瓦那般影响深远。原因至少有三。最重要的原因是，许多荷兰人并非加尔文主义者。[①] 在 17 世纪初，加尔文主义者仍属于少数，并且可能直到 17 世纪中后期才成为多数派。其次，不少到教堂做礼拜的人并不是正式的教会成员，因此不受堂会纪律的约束。[②] 最后，荷兰镇议会（尤其是城市议会）对堂会的支持度通常逊于日内瓦。[③]

---

① 荷兰宗教人口构成的最重要资料参见 J. A. de Kok，*Nederland op de breuklijn Rome-Reformatie：Numerieke aspecten van protestantisering en katholieke herleving in de noordelijke Nederlanden，1580-1880*，Assen，Van Gorcum，1964；Hans Knippenberg，*De religieuze kaart van Nederland：Omvang en geografische spreiding van de godsdienstige gezindten vanaf de Reformatie tot heden*，Assen，Van Gorcum，1992。

② 对此现象的最精彩讨论参见 A. Th. Van Deursen，*Bavianen en slijkgeuzen：Kerk en kerkvolk ten tijde van Maurits en Oldenbarnevelt*，pp. 128-134。

③ 对此现象的最精彩讨论参见 Joke Spaans，*Haarlem na de Reformatie*，The Hague，De Bataatsche Leeuw，1989；Benjamin Kaplan，*Calvinists and Libertines：Confession and Community in Utrecht，1578-1620*，New York，Oxford University Press，1995。另参见 C. C. Hibben，*Gouda in Revolt. Particularism and Pacifism in the Revolt of the Netherlands 1572-1588*，Utrecht，HES Publishers，1983。

即便如此，宗教规训的作用仍不可低估。虽然非加尔文主义者不
受堂会管辖，但他们仍然经常自我规训。例如，在荷兰北部和西部，
信徒众多的浸礼宗诸教派(Baptist sects)所奉行的纪律甚至比加尔文主
义者更严格。为了建立一个“一尘不染”的共同体，他们甚至比加尔文
主义者更看重教会道德净化相对于个人精神追求的重要性。[①] 犯罪者
未经警告就会被立即逐出教会，并与所有教会成员彻底断绝联系，连
配偶也永不可再相见。[②] 尽管许多荷兰的加尔文主义者认为这些纪律
过于严苛，但其他一些人视其为榜样，甚至有部分人因对归正宗纪律
“松懈”失望而转投浸礼宗。[③] 有证据表明，荷兰信义宗也有自己的一
套纪律，但德意志信义宗并非如此。[④] 例如，1597 年信义宗大会通过 *59*
的《教会条例》所提出的一套惩戒程序几乎与荷兰加尔文主义者的三步
体系一模一样。[⑤] 虽然荷兰天主教教徒没有正式的规训制度，他们仍
小心翼翼地避免任何可能引发迫害的公开丑闻。同样，我们不应夸大
政教冲突程度。除了荷兰省，地方官员和堂会通常能够和谐共处。即
便在荷兰省内，他们在社会规训方面通常也意见一致。心存疑虑的读

---

① 关于荷兰浸礼宗的教会观念，参见 Cornelis Krahn，*Dutch Anabaptism*，The Hague，M. Nijhoff，1968，pp. 112ff. 。

② 关于荷兰浸礼宗的宗教规训，参见 A. Th. Van Deursen，*Plain Lives in a Golden Age*，Cambridge，Cambridge University Press，1991，pp. 309-310；W. J. Kühler，*Geschiedenis van de Doopsgezinden in Nederland*，vol. 2，Haarlem，H. D. Tjeenk Willink & Zoon，1932-1950，p. 2，passim。

③ 参见 A. Th. Van Deursen，*Bavianen en slijkgeuzen：Kerk en kerkvolk ten tijde van Maurits en Oldenbarnevelt*，p. 204。

④ 对荷兰信义宗的概述参见 Jakob Loosjes，*Geschiedenis der Luthersche Kerk in de Nederlanden*，The Hague，M. Nijhoff，1921；J. Happee，J. L. J. Meiners and M. Mostert eds.，*De Lutheranen in Amsterdam*，*1588-1988*，Hilversum，Verloren，1988。

⑤ 参见《论基督徒准则和教会禁令》(“On Christian Discipline and the Church Ban”)，Article 6。1579 年教会条例重印于 F. J. Domela Nieuwenhuis，*Geschiedenis der Amsterdamsche Luthersche Gemeente*，Amsterdam，J. H. Gebhard & Co.，1856，pp. 32-61。

者可能会说：或许如此，但宗教纪律与国家权力有什么关系呢？当然，如果将国家政权界定为一个与其他机构泾渭分明，并试图垄断合法暴利手段的集权机构，答案再明显不过：没什么关系。但如果我们承认，国家政权既存在于中央，也散布于地方，它和荷兰(或近代早期欧洲的任何地区)教会的边界并不那么清晰，它既寻求强制，也试图管控，那么我们的回答将是：关系密切。从这个角度看，归正宗堂会及其姊妹机构可以视为领土国家的地方附属品，它们在规范个人操守方面举足轻重。就维护秩序而言，它们提供了成本最低的社会控制手段。

下面我将讨论地方政权成本高得多的另一翼，也就是社会服务(social provision)。

社会服务与社会规训：荷兰的慈善事业与道德规范

荷兰的社会服务体系由各种机构和制度组成。这里所说的机构既包括世俗机构，也包括宗教机构。前者名目众多，包括国内济贫长官(masters of the domestic poor)和圣灵长官(masters of the Holy Ghost)，都由镇议会实际管理(虽然未必总是直接管理)。宗教机构一般称为执事(diaconates)。最先设立地方执事的是加尔文主义者。浸礼宗和信义宗很快效仿，天主教和犹太教最后同样如此。除了向无以为生的贫困户提供院外救济(outdoor relief，即实物和现金)，这些机构也资助和监督各种院内救济(indoor relief)，如孤儿院、旅店(*gasthuizen*)、收容所、养老院(*hofjes*)、感化院(*werkhuizen*)和教养院(*tuchthuizen*)。它们统称为上主庭院(*godshuizen*)。

60 不同机构和制度之间的关系多样且复杂，并随时间的推移而有所变化。由于世俗机构和宗教机构都承担同样的基本职能，即院内救济和院外救济，这就要求建立一种劳动分工。从逻辑上说，存在三种基本安排：(1)二元管理，归正宗执事服务于加尔文主义者，世俗机构则服务于其他人；(2)教会管理，世俗机构归入或依附于宗教机构；(3)国家管理，与第二种安排截然相反。在17世纪初，上述三种安排都有重要的具体体现。[①] 但到了18世纪末期，大多数荷兰城市都转向第四种模式：诸多教会(加尔文宗、天主教、浸礼宗、信义宗等)都为自己的成员提供救济，而世俗机构仅仅扮演辅助角色，只为不属于任何教会者提供救助。这可以称为教派模式或“柱形”模式。近期一项对弗里斯兰省济贫事业的研究指出，柱形社会服务体系在17世纪后期即已出现。[②] 其他几个省极有可能经历了类似的过程。[③]

相对而言，荷兰的社会服务体系覆盖面广且资金充足。这至少是到过荷兰的外国游历者的印象，他们经常对旅途中所见救济院之多及其整洁程度和服务质量之高加以评论。[④] 虽然证据零散，但多数证据支持这种印象。以阿姆斯特丹为例，这里有许多济贫机构和制度，既有宗教性机构，也有世俗机构。几乎每个教派都有自己的救济员；许多教派和市政府一样，有自己的孤儿院和养老院。[⑤] 据估算，在17世

---

① 精彩概述(并附详尽的资料索引)参见 Charles H. Parker，*The Reformation of Community*：*Social Welfare and Calvinist Charity in Holland*，*1572-1620*，Cambridge，Cambridge University Press，1998。

② 参见 Joke Spaans，*Armenzorg in Friesland 1500-1800*，Hilversum，Verloren，1997。

③ 最明显的体现是不同荷兰教会专属的院内救济在17世纪末、18世纪初的发展。

④ 参见 Madeleine van Strien-Chardonneau，*Le Voyage de Hollande*：*Récits de voyageurs français dans les Provinces-Unies*，*1748-1795*，Oxford，Voltaire Foundation at the Taylor Institution，1994，pp. 69-71；William Montague，*The Delights of Holland*：*Or*，*A Three Months Travel about that and the Other Provinces with Observations and Reflections on Their Trade*，*Wealth*，*Strength*，*Beauty*，*Policy*，*with a Catalogue of the Rarities in the Anatomical School at Leydon*，p. 169。

⑤ 参见 Charles H. Parker，*The Reformation of Community*：*Social Welfare and Calvinist Charity in Holland*，*1572-1620*，chap. 2；Charlotte Aleida van Manen，*Armenpflege in Amsterdam in ihrer historischen Entwicklung*，Leiden，A. W. Sijthoff，1913。

纪初，这个城市10%左右的人口接受过院内或院外救济。① 当然，阿姆斯特丹并非典型代表。它不仅是荷兰最富有的城市，而且是总人口(以及移民)最多的城市。所以它可能有更多的救济需求与救济人口。但它也绝非特例。在17世纪20年代早期，代尔夫特(Delft)市为2.4万市民中的740人提供院外救济，几近总人口的3%；而且这是相对繁荣的时期，贫困人口并非特别多。② 1653年，归正宗执事在蒂尔(Tiel)
61 镇为约1650位教区居民中的95人提供了救助，救济率接近6%。③ 连赫拉夫特(Graft)这样的小镇也有约16%的居民接受过某种形式的救助。④ 同阿姆斯特丹一样，大多数规模较大的城市还提供孤儿院、养老院、旅店和感化院等院内救济。事实上，覆盖面广的院内救济往往是政府和教会的骄傲，而且诸多城镇和教会经常竞相建立最大、最慷慨的社会服务体系。

这些机构和制度的财政来源五花八门。最重要的来源是私人赞助，公共补贴，自愿捐赠以及对酒吧、剧院和其他公共娱乐形式征收的特别罪孽税(sin taxes)。这些不同收入来源的相对重要性尚未引起学术界的足够重视。⑤ 但我们可以看出，自愿捐赠起到了相当重要的作用；尤其对执事来说，捐赠可能是他们最主要的收入来源。

* * *

---

① 参见R. B. Evenhuis，*Ook dat was Amsterdam*，vol. 2，Amsterdam，Ten Have，1967，p. 75。

② 参见A. Ph. F Wouters and P. H. A. M. Abels，*Nieuw en ongezien*：*Kerk en samenleving in de classis Delft en Delfland 1572-1621*，vol. 1，p. 239；vol. 2，p. 269。

③ 参见H. ten Boom，"De diaconie der Gereformeerde Kerk te Tiel van 1578 tot 1795，" *Nederlands archief voor kerkgeschiedenis*，nieuwe serie，1974-1975(55)，pp. 33-69。

④ 参见A. Th. Van Deursen，*Een dorp in de polder*. *Graft in de zeventiende eeuw*，p. 213。

⑤ 例如，阿姆斯特丹市立孤儿院约有一半资金来自捐赠。与之相比，蒂尔的归正宗执事机构主要依赖自愿捐赠；自愿捐赠约占其年度预算的75%。

上面概要介绍了荷兰共和国的社会服务架构，下面我将考察其背后的原则。整个荷兰的社会服务原则基本类似。从根本上说，社会服务在值得救助和不值得救助的穷人之间划分了一道泾渭分明的界限。一个人是否值得救助取决于他的身体状况、道德状况和市民身份。一般而言，任何能够自食其力的人都被视为不值得救助者，除非其家眷数量超出了现实负担能力。即使无力谋生，只要不属于某个教派或市民群体，或违反了这些群体的规范，一个人仍有可能被视为不值得救助者。因此，寡妇、孤儿、老人、病人和体弱者通常被视为值得救助者。相反，身强力壮者、非本地人和道德缺失者被视为不值得救助者。

在这些原则的贯彻过程中，地方改革者采取了许多不同策略，包括：(1)取缔或限制乞讨；(2)为院外救济引入严格的审查标准，并贯彻执行；(3)对年轻人进行道德和技能教育；(4)力图使叛逆者和好逸恶劳者重新融入社会。借助上述手段，荷兰的精英们试图鼓励经济自立，遏制道德退化，并维持社会稳定。在他们眼中，这些目标互为关联。

为了了解上述策略如何用于实践，我们不妨考察一下阿姆斯特丹 62
的社会改革过程。[①] 在 16 世纪 80 年代和 90 年代，阿姆斯特丹市议会通过了一系列旨在清除乞讨者的措施。首先，国外流浪者停留时间不可超过三天。其次，本地乞讨者必须获得市政府的特别许可。最后，市议会雇用了一支街道纠察队，搜捕潜在的违法者。这些纠察队员的工作颇为繁重。在接下来的一个世纪，他们逮捕了至少三万名乞讨者。事实上，在每年被逮捕的人中，乞讨者一般都占四分之一至三分之一强。

除了强力管制乞讨，阿姆斯特丹还有更严格、区别度更高的济贫方式。院外济贫走两条线。执事们为归正宗成员提供救济，城镇救济

① 这些措施参见 Charles H. Parker, *Reformation of Community*: *Social Welfare and Calvinist Charity in Holland*, *1572-1620*, pp. 83-84。

员则帮助其他人。所有寻求帮助的人都需要在至少两名见证人的陪同下来到相关机构，执事或救济员还要对其进行一次家庭探视。如果申请人被认为符合标准并值得救助(确为教会成员或城市居民，确实无力养活自己和家属)，他的名字就会被记入穷人档案中，并得以领取食品券(*portie* 或 *broodloodje*)。食品券通常在一年内有效，持券人根据家庭规模每周领取配额面包、黄油和奶酪。① 被救助者还可以申请领取服装或接受医疗救治。这些要求通常都会得到满足。

当然，欺诈现象难以避免，当局也采取了多项预防措施。被救助者必须每年携子女和配偶重新申请救助，以防止虚报家属人数。② 由于现金救助最易遭遇欺诈，所以多数救助都采取实物形式。执事和救济员有自己的面包师、裁缝和鞋匠，他们甚至雇用了全职医疗人员。食品券的样式也会定期改变，严防伪造。③

从归正宗执事处领取救济的人自然也要接受教会的严格规训。执事每年对他们进行四次探访；一经发现，任何道德缺失都会记录在特殊的探访簿上，再转录到中央委员会的记录本中，然后提交到堂会。④ 执事们通常不希望剔除任何人，但若受助者犯了大罪或顽固不化，他

---

① 参见 *Willekeuren*, *Ende Ordinnantien*, *Aengaende het Eleemosyniers-Huys der Stadt Amstelredamme*, Amsterdam, Christina Bruynings, 1656, p. 78；Marco H. D. van Leeuwen and Nicole Lucas, "De diakonie van de Hervormde Kerk," Amsterdam, unpublished manuscript, 1981, pp. 6-8。复本藏于阿姆斯特丹市档案馆(Gemeentearchief in Amsterdam)藏书部(档案号：P098)。

② 参见 *Willekeuren*, *Ende Ordinnantien*, *Aengaende het Eleemosyniers-Huys der Stadt Amstelredamme*, p. 76；Gemeentearchief Amsterdam(以下简称 GAA), P. A. 377, inv. nr. 22, April 8, 1675。

③ 参见 *Willekeuren*, *Ende Ordinnantien*, *Aengaende het Eleemosyniers-Huys der Stadt Amstelredamme*, p. 82；Marco H. D. van Leeuwen and Nicole Lucas, "De diakonie van de Hervormde kerk," p. 11。

④ 参见 GAA, P. A. 377, inv. nr. 22, May 7, 1675。

们也会毫不犹豫地这么做。① 事实上，冥顽不灵的受助者有时甚至会被送到教养院中。② 如果执事怀疑受助者藏匿了钱财，他们可能会加以搜查。有一次，一位女子的坐垫下被发现藏了几袋金子。③ 一个人即使移居到一个新的城镇，也难以逃脱过去的罪行。新定居者需要提交一份由原教区开具的品行端正证明(*attestatie*)，确认他们是归正宗成员且未受到任何指控；在加入新教会的六个月内，他们无法从执事那里获得救助。④ 救济员的标准和程序基本与之类似。 63

不难想见，一些社会底层人员试图规避这些控制手段。为了治愈这些人的懒惰和流浪习性，阿姆斯特丹市的议员设立了一个新的机构：教养院(*Tuchthuis*)⑤。⑥ 它创立于1596年，其宗旨简单，现代人对之也不陌生：通过严格的社会隔离、强制劳动、体罚和道德训诫，让身强力壮的乞讨者(不值得救助的穷人)学会劳动的价值，并将他们转化为对社会有贡献的人。教养院由九间上锁的密室围成，中间是一个完

---

① 1675年至少发生了四起类似事件。参见GAA，P. A. 377，inv. n. 22，May 3，June 4，August 20 and October 22，1675。

② 参见GAA，P. A. 377，inv. nr. 22，October 22，1675。

③ 参见GAA，P. A. 377，inv. nr. 1，fos 1-2；P. A. 376，inv. nr. 8，fos 271，273，275。

④ 参见A. Th. Van Deursen，*Bavianen en slijkgeuzen*：*Kerk en kerkvolk ten tijde van Maurits en Oldenbarnevelt*，pp. 117-118。

⑤ 关于荷兰教养院在近代监狱发展史上的重要性，参见A. Hallema，*Geschiedenis van het gevangeniswezen*，*hoofdzakelijk in Nederland*，The Hague，Staatsdrukkerij-en Uitgeverijsbedrijf，1958；Robert von Hippel，"Beiträge zur Geschichte der Freiheitsstrafe，" *Zeitschrift für die gesamte Strafrechtswissenschaft*，1898(18)，pp. 419-497，608-666；Eberhard Schmidt，*Zuchthäuser und Gefängnisse*，Göttingen，Vandenhoek & Ruprecht，1960。

⑥ Tuchthuis经常被译为"矫正院"(house of correction)。虽然"教养院"(house of discipline)这个词不甚优雅，但我认为它在这里更好地传递了Tuchthuis等社会机构的意识形态色彩。

全封闭的庭院，酷似修道院。[1] 除了周日，被收容者每天都要用沉重的铁锯锯木头，所以教养院俗称为“锉木所”(Rasp House)。每个被收容者都要生产出固定量的木屑，价值大致相当于其每天的生活费用。[2] 未能完成任务配额的人将受到惩罚，超额完成任务者则会得到(微薄的)现金奖励，在获释时发放。[3] 闲暇期间，被收容者准许阅读、写作或锻炼。[4] 但他们不得诅咒或骂人、打架或争吵、赌博或交易、阅读不适宜的书或唱猥亵的歌曲。违反正式行为规范者将受到包括减少口粮和单独禁闭在内的各种惩罚。[5] 拒不悔改者将接受更严厉的惩罚：溺水密室(drowning cell)。[6] 曾有外国游客如此描述这种惩罚：

---

① 阿姆斯特丹教养院在 19 世纪被夷为平地。对其最详尽的描述参见 Jan Wagenaar，*Amsterdam in zyne opkomst*，*aanwas*，*geschiedenissen*，*voorregten*，*koophandel*，*gebouwen*，*kerkenstaat*，*schoolen*，*schutterye*，*gilden en regeeringe*，vol. 2，Amsterdam，Isaak Tirion，1760-1788，pp. 250ff. 。

② 代尔夫特教养院对这一条例有更为明确的规定：被收容者应该“以其双手自力更生”(*Beschryving van Delft*，Delft，Reinier Boitet，1729，p. 494)。

③ 对劳动安排的描述参见 Thorsten Sellin，*Pioneering in Penology*，Philadelphia，University of Philadelphia Press，1944，chap. 6。

④ 据莱顿市市长(burgermeister)扬・范豪特(Jan van Hout)的描述。参见 A. Hallema，“Jan van Hout's rapporten en adviezen betreffende het Amsterdamsche Tuchthuis uit de Jaren 1597 en '98，” *Bijdragen en mededelingen van het Historisch Genootschap*，1929(48)，p. 83。

⑤ 参见 Thorsten Sellin，*Pioneering in Penology*，pp. 66-67。

⑥ 斯皮伦贝格和 18 世纪编年史家瓦赫纳尔(Wagenaar)均认为，溺水密室纯属虚构，源自未经证实的外国游客的记述。更具体地说，他认为溺水密室的故事可以追溯到若干德意志游客的记述。这些德意志人不相信荷兰人能在**不借助**惩罚性手段的情况下改造流浪者。这并非不可能。外国游客的“观察”经常被后人直接借用，有时甚至全盘照搬。溺水密室这种吸引人眼球的故事很可能在没有事实依据的情况下传抄开来。但教养院档案这一关键证据已不复存在，斯皮伦堡提供的证据也并不充分。一种可能是德意志人对荷兰人的放纵持怀疑态度。另一种可能是斯皮伦堡和瓦赫纳尔不相信自己的祖先会如此残忍。

在这所房间的门廊或入口处有一片活水，活水旁边是一间有两个水泵的小屋。一个水泵在屋里，另一个在屋外。病人被带到那里，水泵的抽水可能会让他产生一种对圣波诺(St. Pono，即劳动)的渴望。被抽入屋内的水先漫到膝盖，再升至腰部；如果对圣 64
波诺仍无动于衷，水会漫到腋窝，直至脖子。此时，他的懒惰病已痊愈，因为他害怕被淹死，不得不疯狂抽水，直到屋里的水被抽干为止。他此刻意识到，自己的缺点已不复存在；他不得不承认，自己已获得治愈。①

当然，与如潮而来的大水进行生死搏斗是最为戏剧化(或荷兰化)的劳动价值教育方式!② 阿姆斯特丹教养院最初旨在改造身强力壮的乞丐，但很快就变为各种反社会分子的矫正所(*sammelsorium*)：叛逆的儿童、放荡的妇女、冷血的犯人、精神异常的人，甚至曾包括一位天主教传教士和两位非正统牧师。③ 但到了后来，教养院衍生出一系

---

① *Historie van de Wonderlijcke Mirakelen, die in menichte ghebeurt zijn, ende noch dagelijk ghebeuren, binnen de vermaerde Coop-stadt Aemstelredam: In een plaats ghenaemt het Tucht-huys, gheleghen op de Heylighewegh*, Amsterdam, n. p., 1612. 本段最早载 Robert von Hippel, "Beiträge zur Geschichte der Freiheitsstrafe," *Zeitschrift für die gesamte Strafrechtswissenschaft*, 1898(18), p. 492。此处引自英译，参见 Thorsten Sellin, *Pioneering in Penology*, p. 70。

② 沙玛一针见血地指出，溺水密室不仅仅是为了传授劳动的价值，而且意在"集中演练早期荷兰经验：在如潮而来的洪水中奋力求生"(Simon Schama, *The Embarrassment of Riches*, p. 24)。

③ 被收容者的类型和类别参见 A. Hallema, "Wie er in de 17e eeuw in het tuchthuis kwamen?" *Tijdschrift voor strafrecht*, 1926(38), pp. 222-245。对宗教异议者的监禁参见 A. Hallema, "Een pater en twee predikanten in en uit het Amsterdamsche Tuchthuis," in *Nieuw Rotterdamsche Courant*, March 24, 1929。

列更为专业且职能不同的机构。[①] 首先出现的是纺织所(*Spinhuis*)，即设立于 1597 年的妇女教养所，乞丐、窃贼、妓女、通奸者和其他名声败坏的女性罪人都要在其中进行纺织工作。几年后的 1603 年，教养院又多了一个新的秘密衍生物，关押的多是出生于富庶人家的叛逆儿童，他们受到全天候的监督，且相关费用往往由其父母承担。到了 1650 年，市政府又建立了一个特设教养院，将城市纠察员抓获的身强力壮的乞讨者和流浪者送至其中劳动，并要求他们学习一门手艺。[②] 1694 年，教养院的秘密收容者被迁至一个私人承包者运营的特殊改造点。到了 1700 年，阿姆斯特丹市已建立起覆盖面甚广的监禁机构网，最初的教养院已经演变为名副其实的监狱。

除了使脱轨者重新融入社会，这些措施的另一个目的是促进儿童的社会化。这场预防式教育运动的一个重要手段是各种城市孤儿院。在很多方面，这一时期荷兰孤儿院所引入的新规训系统类似于教养院。它对时间的管控极其严格。例如，在阿姆斯特丹执事设立的孤儿院中，儿童每周上学六天，夏天每日课时七个半小时(上午七点半到十一点，下午一点到五点)，周三和周六有三小时玩耍时间。[③] 周日上午和下午

---

① 详尽描述参见 Pieter Spierenburg ed.，*The Emergence of Carceral Institutions: Prisons, Galleys, and Lunatic Asylums, 1550-1900*, Rotterdam, Erasmus Universiteit, 1984。简要纪事出处参见 Pieter Spierenburg,"Voorlopers van de Bijlmerbajes. Amsterdam als bakermat van de gevangenisstraf," *Ons Amsterdam*, 1982(34), pp. 260-263。

② 关于车间(*Werkhuis*)的历史，参见纺织所负责人在 18 世纪末撰写的简史，收藏于 GAA 藏书部，档案号：J 1.1.28。

③ 参见 *Reglement Voor het WEES-HUYS Van de ware Gereformeerde Christelijcke Nederduytsche Gemeente, Onder de bedieninge van de Diaconen*, Amsterdam, Johannes van Ravesteyn, 1668, pp. 14-15。

都在教堂度过，晚上就当日讲道内容展开答问。[①] 平日也穿插了各种宗教活动：早餐前的祷告和《圣经》诵读，晚餐后的唱赞美诗和后续祷告。[②] 儿童还被要求学习主祷文和（归正宗）十二信条、十诫、洗礼和 65
圣餐礼的仪轨以及《海德堡教理问答》(*Heidelberg Catechism*)——所有这些都须牢记于心。[③] 每一年，即将第一次领圣餐的儿童都要就上述内容进行比试，奖品为《圣经·新约全书》和《诗篇》。[④] 孤儿院在空间上也有严格限制。男孩和女孩、年幼的孩子和年长的孩子都要分开，孤儿院禁止随意游荡。未经允许，孤儿不得走出孤儿院。为了避免孤儿离开，孤儿院负责人给每个孩子都指定了床铺，每天晚上以及每次去教堂前都要点名[⑤]，还在窗上安置护栏，门上加锁且看守出口。[⑥] 即使离开孤儿院，孤儿们身上颜色显眼的制服和编了号的臂章也使他们一眼就能被看出，没有藏身之处。不难想象，总有一些孤儿对这些硬性规定视而不见。轻微的越界由舍监直接处理。[⑦] 例如，负责人会严厉斥责没有去教堂的孩子，或勒令他不得吃晚饭，直接上床睡觉。[⑧] 更严重的过错由孤儿院负责人处理，惩罚往往也更为严厉，如关禁闭且只供应一片面包和水[⑨]，或在腿上佩重木枷长达数月之久——饮酒

---

① 参见 *Reglement Voor het WEES-HUYS Van de ware Gereformeerde Christelijcke Nederduytsche Gemeente*, *Onder de bedieninge van de Diaconen*, p. 24。

② 参见 *Reglement Voor het WEES-HUYS Van de ware Gereformeerde Christelijcke Nederduytsche Gemeente*, *Onder de bedieninge van de Diaconen*, pp. 21-22。

③ 参见 *Reglement Voor het WEES-HUYS Van de ware Gereformeerde Christelijcke Nederduytsche Gemeente*, *Onder de bedieninge van de Diaconen*, p. 12。

④ 参见 GAA，P. A. 446，inv. nr. 1，fo. 19。

⑤ 参见 GAA，P. A. 446，inv. nr. l，fo. 17。

⑥ 参见 GAA，P. A. 446，inv. nr. 1，fos. 195，273 and inv. nr. 2，fo. 26。

⑦ 参见 *Reglement Voor het WEES-HUYS Van de ware Gereformeerde Christelijcke Nederduytsche Gemeente*, *Onder de bedieninge van de Diaconen*, p. 5。

⑧ 参见 GAA，P. A. 446，inv. nr. 1，fo. 17。

⑨ 参见 GAA，P. A. 446，inv. nr. 1，fo. 100。

或吸烟的孩子都要受到这种惩罚。[1] 长期不服管教者可能会被逐出孤儿院，并被扣除孤儿离开时发放的津贴（*uitsetting*）和劳动工具。行为极其不端者甚至要被迫为东印度公司服务五年。这绝对是一种严酷的惩罚，因为三分之一的男性在服务期间死亡。[2] 某个强奸了另一个孤儿的男生就受到了这种惩罚。[3] 另一种重罚是教养院监禁。一个有盗窃行为的女孩就受到了这种惩罚。[4] 还有一些儿童因为拒绝认错而被锁起来或遭公开责打，直到认罪为止。[5]

虽然纪律严苛，但并无证据表明这些规训手段比荷兰其他孤儿院更加严格。以阿姆斯特丹赈济孤儿院（Almsmen's Orphanage in Amsterdam）为例，怀孕的女孩通常会被送到教养院[6]，一个偷床单的男孩被送至东印度公司做工[7]，另一个在屋中醉酒的男孩则被逐出孤儿院，且没有任何补贴和工具。[8] 我们很难获知这种矫治方式的确切成效。当然，它在某些孤儿身上确实成效不凡，证据就是他们后来向孤儿院
66 捐赠的数额不菲的遗产。[9] 但无论评价如何，孤儿院的巨大社会影响是毋庸置疑的。到了 1675 年，阿姆斯特丹共有七所孤儿院，一些孤儿院收留了 1000 多名儿童。[10] 由此可见，阿姆斯特丹有相当一部分儿童

---

① 参见 GAA，P. A. 446，inv. nr. 1，fo. 292。

② 参见 Femme S. Gaastra，*De geschiedenis van de VOC*，Zutphen，De Walburg Pers，1991，p. 88。

③ 参见 GAA，P. A. 446，inv. nr. 1，fo. 33。

④ 参见 GAA，P. A. 446，inv. nr. 2，fo. 3。

⑤ 参见 GAA，P. A. 446，inv. nr. 1，fo. 318。

⑥ 参见 GAA，P. A. 343，inv. nr. 29，fo. 101 and inv. nr. 30，fo. 9。

⑦ 参见 GAA，P. A. 343，inv. nr. 30，fos. 20，22，25。

⑧ 参见 GAA，P. A. inv. nr. 29，fo. 116。

⑨ 遗产记录于孤儿院的登记簿（*inscbrijvingsboeken*）中。

⑩ 三家最大孤儿院（*Burgenveesbuis*、*Aalmoezeniersweesbuis*、*Diakonieweesbuis*）的数据参见 J. Th. Engels，*Kinderen van Amsterdam*，Zutphen，De Walburg Pers，1989。

被收容在这类机构中。如果没有这类机构，这些儿童很可能自生自灭或流落街头。

在考察这些个案的重要性时，有若干问题需要权衡。第一个问题是，它们具有多大的代表性？就绝对规模和数量而言，阿姆斯特丹当然是个例外。但在原则和组织方面，阿姆斯特丹的社会服务体系却具有典型性。许多荷兰城市都将贫困人口划分为值得救助者和不值得救助者，并依此重组院外救济系统。不少城市还通过建立新的孤儿院、养老院、旅店和收容所扩展了院内救济体系。[①] 相当多的荷兰城市模仿阿姆斯特丹教养院建造了自己的感化院。[②] 当然，荷兰的小城镇和乡村没有阿姆斯特丹那样复杂和昂贵的社会服务体系。但即便如此，它们也有自己的执事和救济员，他们定期探访接受救济者，并一丝不苟地记录收支。在今天看来，我们不能不被这个共和国“福利政府”的覆盖面和复杂程度所震撼。在这一领域，荷兰国家政权确实是一个利维坦。它涵盖了相当比例的人口；若没有荷兰政府的社会救济，其中一些人很可能会“流离失所”“自我放逐”。

第二个问题是，这些改革成功与否？当然，答案在很大程度上取决于我们对**成功**的定义。如果我们以改革者自我设定的目标[消除一切乞讨和流浪现象，使弱者和误入歧途者彻底(重新)融入社会]来界定成

---

① 米德尔堡(Middelburg)的情况参见 C. De Waard，*De Archieven*，*berustende in het bestuur der godshuizen te Middelburg*，Middelburg，J. C. & W. Altorffer，1907，Introduction。吕伐登(Leeuwarden)的情况参见 Hotso Spanninga，*De blauwe wezen van Leeuwarden*：*Geschiednis van het Nieuwe Stadsweeshuis*，Leeuwarden，Stichting het Nieuwe stads Weeshuis，1988；M. J. Barnoes van Hemstra，*Old Burger Weeshuis*，Leeuwarden，De Voogdij[van het Old Burger Weeshuis]，1959。

② 最完整的地点和日期列表参见 A. Hallema，*In en om de gevangenis van vroeger dagen in Nederland en Nederlandsch-Indië*，The Hague，Gebr. Belinfante，1936，pp. 10-17。哈勒姆(Hallema)做了大量细致的区域研究，这里不再赘述。

功，改革显然以失败而告终。从当时的人对乞讨者和流浪者的描述中，从各种救济院的违纪和顽抗事件档案中，我们都可以找到充分的证据。[①] 但如果将它与类似个案（如巴黎或罗马）相比，我们的评价将更为正面。如上文所述，对于阿姆斯特丹和其他荷兰城市街头（相对）稀少的乞讨者和流浪者，以及阿姆斯特丹教养院和类似机构的命令与纪律，外国游客往往赞叹不已。我们还知道，荷兰的真实暴力事件发生率和犯罪率低于欧洲大多数地区。因此，我们有足够的理由相信，荷兰的改革确有成效。[②]

67 受改革影响的可能不只是实际受益人。荷兰的社会服务体系不单单是一种向特定群体发放物资的制度性措施，也是一种向大众传递文化规范的象征手段。因此，孤儿院的组织和日常管理反映了理想家庭的组织和日常管理，如男舍监（*binnenvader*）和女舍监（*binnenmoeder*）、日常礼拜与工作日程、男女有别的劳动分工、严格的收支记录、整洁的衣服和床单，等等。在阿姆斯特丹教养院中，这种映照表现得非常明显。教养院的大门定期向公众开放。正如福柯论及边沁的圆形监狱时所言，人们不知道谁是监控者，谁是被监控者。

话虽如此，上述讨论有助于我们回答本章开头所提出的问题，也就是有关荷兰共和国内部秩序来源的困惑。答案出奇的简单：荷兰的

---

① 例如，吕伐登的教养院从一开始就遇到了严重的问题。1601 年 12 月，两个被收容者殴打并制伏了看守（*tuchtmeester*），“将他的衣服撕成碎片”，“用刀子威胁他”，并“试图以此逼迫他交出钥匙”。（Gemeentearchief Leeuwarden，Oud Archief，inv. nr.，M1，pp. 164-165.）

② 这里还关乎改革动力的第三个问题：改革的动力源于加尔文主义、人道主义，还是其他理念？换言之，它的根源究竟在于宗教还是世俗？荷兰史学家和近代早期历史研究者曾就这些复杂问题展开过激烈的辩论。第四章将更深入地探讨这些问题。此处只需指出，这些问题本身就具有误导性，因为它们以新教和人道主义以及宗教和世俗这些伪二元对立为前提。

中央政权**确实**相当虚弱，但**地方**政权极为强大。[①] 这一讨论可以继续深入下去。我们可以考虑教会和镇议会用以推行婚姻规范的政治和宗教机制，宗教学校在青年社会化中的角色，或民兵在预防与镇压地方叛乱上的重要性。[②] 但此处不再赘言，下面转向另一个主题：规训与外在实力之间的关系。

官与兵：荷兰共和国的政治和军事规训

加尔文主义规训革命是否对荷兰政权的外在实力产生了影响？它对这个政权的效率或效能有没有任何提升？在回答这些问题之前，先让我们对相关概念进行简要的界定。首先要区分两种国家政权效率：政治效率和行政效率。政治效率指一个国家政权制定和推行决策与政策时的相对速度。行政效率指这一过程消耗资源的相对多少。由此，一个高效的国家政权在管理上速度较快且资源耗费较少。

荷兰共和国是如何运转的？它的效率高吗？当然，它并不是一个以速度而著称的政权。荷兰共和国的中央和省级立法过程异常缓慢，甚至比现代代议制政府还慢。各方代表都受限于幕后势力(如镇议会或 68
省议会)的苛刻要求(且这些要求往往互有冲突)。结果是，在与其他代表达成协议之前，代表们经常不得不设法扩大或改变自己的权限，这

① 中央政权和地方政权的划分受石桥(George Steinmetz)的启发。参见 George Steinmetz，“The Local Welfare State：Two Strategies for Social Domination in Urban Imperial Germany，1871-1914，” *American Sociological Review*，1990(55)，pp. 891-911；*Regulating the Social*：*The Welfare State and Local Politics in Imperial Germany*，Princeton，Princeton University Press，1993。

② 对婚姻法和宗教学校的简要讨论可以参见本人博士论文的第三章“规训革命：加尔文主义与近代早期欧洲的国家建设，1550—1750 年”(Ph. D. diss.，University of California，1996)。

意味着他们可能要回到家乡，重新与选民协商。因此，在一般情况下，荷兰国家政权的行动并不是很快。但它也有可能做出迅捷的反应。1688年备战英格兰入侵就是一个很好的例子。在一个月的时间里，荷兰政府调动了21000人的军队，并配备了规模四倍于西班牙无敌舰队的海军支队。令外交观察家“震惊”的除了行动规模，还有集结速度。“必须承认，”有人写道，“不可能有比这更宏大或更周全的计划了。”[①]但这些均属特殊情况。荷兰人面临着潜在的英法联盟，这促成了荷兰政府和奥兰治家族两大共和国政治势力的罕见结盟。[②] 在这种情况下，地方政府和省级政府的权力以及它们与社会精英的密切关系促成了人员和物资的快速调动；但在通常情况下，同样的因素往往拖延了决策的制定。

所以一般说来，荷兰并不是一个行动快捷的政权。那么荷兰的运作成本如何？有一些证据表明，至少同法国政权相比，荷兰政权的运作成本确实较低。以1641年为例，荷兰的非军事支出只占全国议会总预算的4.6%。[③] 而在1642年，法国政府在行政薪酬方面的支出几乎与军事开支持平，分别为3400万里弗尔(*livres*)和3600万里弗尔。[④]虽然仍优于法国政府，但荷兰的省级政府可能不如全国议会高效。在

---

① 莫罗(Moreau)致波兰国王的信，转引自Jonathan I. Israel，*The Dutch Republic：Its Rise，Greatness，and Fall*，*1477-1806*，p. 850。

② 所谓灾难年(1672年)提供了一个生动的反例。由于各个省和奥兰治家族之间的冲突，四分五裂的荷兰政权对路易十四的入侵猝不及防，几乎惨遭覆灭。参见D. J. Roorda，*Het rampjaar 1672*，Bussum，Fibula-Van Dishoeck，1972。

③ 参见Marjolein't Hart，*The Making of a Bourgeois State：War，Politics，and Finance during the Dutch Revolt*，p. 195。

④ 参见Julian Dent，*Crisis in Finance：Crown，Financiers and Society in Seventeenth-Century France*，London，Newton Abbot，David & Charles，1973，pp. 42，58。

17世纪上半叶，荷兰省议会总预算的30%左右用于非军事支出。① 遗憾的是，我们没有可资比较的地方政府数据。但鉴于地方官员的薪俸一般要高于省级官员(另一个荷兰共和国权力究竟系于何处的证据)，行政开支可能在地方预算中占有更大的比重。②

当然，在考察行政效率时，我们不应只看正式成本(如薪俸和支出)，还要留意非正式成本(如不称职和渎职行为)。在法国这样的国
家，这些成本可能非常高昂：贪腐上下横行；官职公然买卖，并作为私 *69*
人遗产传给自己属意的人，显然不能说是唯才是举。③ 法国官员之腐败可谓恶名远扬，这可能并不出人意料。实际情况似乎也确实如此。典型的舞弊方式包括伪造贷款发放凭证、篡改开支报告以及在征兵中吃回扣。由于法国政府直到19世纪初才采用复式簿记系统，造假就变得更加容易。④

荷兰政府同样存在腐败现象。⑤ 裙带关系和官官相护时有所见，并且日渐泛滥。⑥ 荷兰公职人员经常寻求将自己的职务传给儿子或亲

---

① 参见 Marjolein't Hart，*The Making of a Bourgeois State*：*War*，*Politics*，*and Finance during the Dutch Revolt*，p. 207。

② 参见 Marjolein't Hart，*The Making of a Bourgeois State*：*War*，*Politics*，*and Finance during the Dutch Revolt*，p. 208。

③ 关于这一主题的重要研究参见 Roland Mousnier，*La Venalité des offices*，*sous Henri IV et Louis XIII*，Paris，Presses Universitaires de France，1971；Martin Göhring，*Die Ämterkäuflichkeit im Ancien régime*，Vaduz，Kraus Reprint Ltd.，1965 [1939]；William Doyle，*Venality*：*The Sale of Offices in Eighteenth-Century France*，Oxford，Clarendon Press，1996。

④ 参见 Roland Mousnier，*La Venalité des offices*，*sous Henri IV et Louis XIII*，pp. 438-439，449。

⑤ 若干有趣个案参见 Jaap R. Bruijn，*The Dutch Navy of the Seventeenth and Eighteenth Centuries*，pp. 33-35。

⑥ 参见 O. Vries，"Geschappen tot een ieders nut. Een verkennend onderzoek naar de Noordnederlandse ambtenaar in de tijd van het Ancien Regime，" *Tijdschrift voor Geschiedenis*，1997(90)，pp. 330，337。

属，并将次一级的职务传给亲信。虽然法律明文禁止受贿，卖官鬻爵现象却并未根除。荷兰政客同样卷入其中。在海牙，至少部分荷兰官员是可以买通的。① 尽管如此，荷兰没有官方许可的买官卖官制度，也没有证据表明荷兰存在法国旧王朝那般病入膏肓的财政腐败。② 荷兰的政治成功之路并非依靠中央财库或王室宫廷，而是依靠一系列的地方行政职务。

为了一探究竟，我们不妨将自己设想为一个新婚宴尔，即将开始职业生涯的年轻贵族。③ 假设他所继承的私人遗产和妻子的嫁资足以使他过上虽不致奢华，但足够舒适的生活——这种情况并不罕见，为了在收入和地位上继续攀升，他有两个选择：经商和从政。前者可能财源滚滚，后者有望功成名就。如果选择投身政治，并有相应的人脉，

---

① 参见 Grido de Bruin，*Geheimhouding en verraad*：*De geheimhouding van staatszaken ten tijde van de Republiek*（*1600-1750*），The Hague，SDU，1991。另参见 J. G. Smit，"De ambtenaren van de centrale overheidsorganen der Republiek in het begin van de zeventiende eeuw，" *Tijdschrift voor Geschiedenis*，1977(90)，pp. 382-383。

② 相反，现有证据表明，至少在 17 世纪的荷兰，财政腐败颇为罕见。在 1700—1811 年的荷兰宫廷记录中，只有三起官员腐败事件，其中两起涉及执法官员。参见 Hermann Diederiks，*In een land van justitie. Criminaliteit van vrouwen，soldaten en ambtenaren in de achtiende-eeuwse Republiek*，Hilversum，Verloren，1992。

③ 本段素材主要来自多个荷兰城市掌权阶层的群体传记(prosopographical)研究，参见 K W. J. M. Bossaers，"*Van kintsbeen aan ten staatkunde opgewassen*"：*Bestuur en beestuurders van het Noorderkwartier in de achttiende eeuw*，The Hague，Stichting Hollandse Historische Reeks，1996；Jos Leenders，*Benauwde verdraagzaamheid*，*hachelijk fatsoen*：*Families*，*standen en kerken te Hoorn in het midden van de negentiende eeuw*，The Hague，Stichting Hollandse Historische Reeks，1992；Jacob Johannes de Jong，*Met goed fatsoen*：*De elite in een Hollandse stad*，*Gouda 1700-1780*，The Hague，Stichting Hollandse Historische Reeks，1985；Maarten R. Prak，*Gezeten burgers*：*De elite in een Hollandse stad*：*Leiden*，*1700-1780*，The Hague，Stichting Hollandse Historische Reeks，1985；L. Kooimans，*Onder regenten*：*De elite in een Hollandse stad*：*Hoorn 1700-1780*，The Hague，Stichting Hollandse Historische Reeks，1985。

他的第一份工作可能是一个薪酬微薄的低级职位，如城市孤儿院院务委员会委员。在这个位置上，他将和同事们按期讨论孤儿院的运作和筹款。他还会被任命为某个常委会的委员，打理日常行政事务，这可能每周占用他一天或更多的时间。几年后，如果表现得不错，年轻的院务委员会委员有可能获得级别更高、更有利可图的职务，如市法院(*schepenenbank*)法官。到了市法院，他有望被选入市镇议会。如果禀赋过人且人脉充足，他在议会的职务有可能成为通往市长一职的跳板。 70
任完一届市长后，他甚至有望抢到执政官这一肥缺。他还可以参选地区议会或全国议会，对省一级甚至全国政治施加影响。此为成功政客的升迁之路(*cursus honorum*)。

但并非所有政客都会成功。升迁的路上遍布绊脚石。政治纷争和阴谋不容小视。在多数城镇中，统治阶级往往分为基于亲缘和婚姻关系的对立群体或派系；他们互相倾轧，争夺霸权。[①] 从 17 世纪后期开始，许多城镇的强势派系开始拟定协议，正式规定市政职位如何在各派系中划分或轮换，并排挤对立派系的成员。不消说，遭排挤的派系竭尽所能破坏这种协议及其背后的家族和派系联盟。他们面向广大市民阶层，积极煽动叛乱。这些阴谋有时得逞，有时功亏一篑。在省和国家层面，派系有时候会转化为政党，成为主要基于政治与宗教忠诚的松散的政治联盟。在通常情况下，这些冲突会引发正统加尔文主义

---

① 关于派系和党派，参见三部重要研究：D. J. Roorda，*Partij en factie. De oproeren van 1672 in de steden van Holland en Zeeland，een krachtmeting tussen partijen en facties*，Groningen，J. B. Wolters，1961；M. van der Bijl，*Idee en interest：Voorgeschiedenis，verloop en achtergronden van de politieke twisten in Zeeland en vooral in Middelburg tussen 1702 en 1715*，Groningen，Wolters-Noordhoff，1981；S. Groenveld，*Evidente factiën in den staet：Sociaal-politieke verhoudingen in de 17e-eeuwse Republiek der Verenigde Nederlanden*，Hilversum，Verloren，1990。其他详尽讨论参见 Jonathan I. Israel，*The Dutch Republic：Its Rise，Greatness，and Fall，1477-1806*。

者与奥兰治家族的狂热拥护者联合，反对荷兰执政者及其共和派与自由派支持者。这种冲突并不多见，但一旦发生，如 1650 年、1672 年、1702 年和 1748 年，随之而来的往往就是政治清洗，失败的一方就会被排除于地方和省级行政职务之外。因此，政客的个人命运与他所在的派系或政党密切相关。成功之路上的另一块隐藏的绊脚石是公开的丑闻。[1] 如果一个执政官被发现通奸、滥权或做伪证，他可能会被立刻革职，剥夺权利，并被公开批判，名誉扫地。[2] 从而，一个道德污点足以毁掉一个执政官的政治生涯。经济上的污点同样如此。破产在荷兰是一件大事。对于一个人来说，它意味着颜面(以及生意)尽失；对于加尔文主义者来说，它意味着随之而来的堂会声讨。[3]

上面的分析只谈到了执政官。但他们只是整个行政机器上的一个齿轮，虽然是最大、最重要的一个齿轮。因此，我们还必须考虑他们下属的所作所为，尤其是负责收税的低层官员的所作所为。相比执政
71 官，我们对这些官员的了解有限。但我们知道，这些税吏多是“举止粗鄙的下层人士”，多为工匠、店主和农民；他们利用自己的职务来补贴日常开销。[4] 我们还知道，这正是执政官们想要的结果。[5] 他们害怕财政体系像法国那样为一小撮势力庞大的金融家所把持，因此，他们将

---

① 对财务廉洁和社会声望关系的精彩讨论参见 Lotte C. Van de Pol，*Het Amsterdams hoerdom. Prostitutie in de zeventiende en achttiende eeuw*，pp. 68-82。

② 其结果是，一些犯错的执政官百般掩饰自己的过失。地方政府常常允许他们以缴纳罚款来代替审判，也就是所谓弥补性罚款(*compositie*)。但罚金以犯罪者的财产为考量，可能数额不菲。不仅如此，执政官的过错有可能被其政敌公之于众。

③ 参见 Lotte C. Van de Pol，*Het Amsterdams hoerdom. Prostitutie in de zeventiende en achttiende eeuw*，p. 72。

④ 转引自 A. Th. Van Deursen，*Plain Lives in a Golden Age*，p. 173。

⑤ 参见 A. C. M. Kappelhoff，*De belastingheffing in de Meierij van Den Bosch gedurende de Generaliteitsperiode (1648-1730)*，Tilburg，Stichting Zuidelijk Historisch Contact，1986，p. 217。

收税范围缩小，并缩短周期。税收很少超过10000盾(guilders)，而且基本上每半年竞买一次。① 它无法防止一个人拥有多处税源或同一个税源被反复投标，但它确实防止了能够挟持政府的金融大鳄的出现。行政开销似乎也控制得相当低。现有资料表明，税吏所获利润非常低，通常只有2%到6%。② 考虑到税吏要承担自己的一切支出，这个数字并不算很高，和法国税吏相比更是九牛一毛。

因此，荷兰政权虽然不是理想类型的科层制，却仍然体现出某些半科层制或早期科层制的特点。人和职务之间存在形式上的分离，即使是不完全的分离；职务非终身制，也不可公开买卖，至少不能合法买卖。国家中存在一种非正式的职业阶梯(至少对于执政官来说)，而且要在这个阶梯上爬升，官员必须展现出一定的才干。一个人的同事和竞争者也具有某种事实上的规训作用，渎职和其他品行不端会导致实实在在的政治与金钱损失。法国、西班牙以及意大利的不少地方却并非如此。

上文评估了荷兰共和国政治和行政体系的相对效率，并简要介绍了它的内部运行，现在我们回到本节开始提到的问题：说到影响，加尔文主义规训革命对这个体系究竟有何影响？就政治效率而言，其影响可能微乎其微；就削弱了共和国政府在国内的行政权威来说，其结果甚至可能是负面的。当然，正统加尔文主义者往往是奥兰治家族的忠实拥趸，但由于显而易见的原因，他们要求加强省督权力的呼声遭到了城镇执政官的无视。但就行政效率来说，规训革命的影响可能更为显著。原因并不在于它促成了行政的理性化，而在于它防止了行政的非理性化。在西班牙帝国的其他地区，受贿贪腐现象可谓盘根错节、

---

① 数据源自 A. Th. Van Deursen，*Plain Lives in a Golden Age*，p. 175。

② 数据源自 A. C. M. Kappelhoff，*De belastingheffing in de Meierij van Den Bosch gedurende de Generaliteitsperiode*(*1648-1730*)，p. 152。另参见 Paul Brood，*Belastingheffing in Drenthe*，*1600-1822*，Amsterdam，Boom Meppel，1991，p. 115。

72 触目惊心（留待第四章详细讨论）。不仅如此，加尔文主义宣扬勤勉克己的价值观，并打造惩罚违逆行为的制度和政治环境，因此可能提升了行政效率。尽管如此，加尔文主义对荷兰政治制度的影响确实不如它对荷兰社会生活的影响那样深刻。荷兰规训革命的主要影响体现在国家政权的架构上，而非国家政权的结构；体现在非政府治理上，而非地方政府。

* * *

规训革命对荷兰军事有何影响？荷兰的规训革命和军事革命有无关联？

近代早期是西欧历史上军事竞争异常激烈的阶段。它同时还是军事革新层出不穷的时期；事实上，这一阶段的军事革新速度如此之快，以至于许多历史学家将它称为一场近代早期的军事革命。① 多数历史学家都认为，荷兰共和国是这场革命的重中之重。② 荷兰军事改革的催化剂是西班牙再次入侵的威胁。16 世纪 80 年代，在帕尔马公爵亚历山大·法尔内塞（Alexander Farnese）的军事领导下，荷兰共和国在战场上接连受挫。到了 90 年代初，荷兰南部再次被哈布斯堡王朝控制，帕尔马军队距荷兰省仅一步之遥。这时，荷兰共和国对陆军进行了大刀阔斧的重组。重组运动的主要发起者是荷兰省督奥兰治的莫里

---

① 这个名词首次出现在 Michael Roberts，*The Military Revolution*，*1560-1660*：*An Inaugural Lecture Delivered before the Queen's University of Belfast*，Belfast，M. Boyd，1988[1956]。更全面（且细致）的讨论参见 Geoffrey Parker，*The Military Revolution*：*Military Innovation and the Rise of the West*，*1500-1800*，Cambridge，Cambridge University Press，1988。

② 汉斯·德尔布吕克最先认识到了荷兰所扮演的角色，参见 Hans Delbrück，*Geschichte der Kriegskunst im Rahmen der politischen Geschichte*，Berlin，G. Stilke，1906-1937。荷兰改革的权威研究参见 Werner Hahlweg，*Die Heeresreform der Oranier und die Antike*。另参见 J. M. Wijn，*Het Krijgswezen in de tijd van Prins Maurits*。

斯(Maurice of Orange)、他的叔叔威廉·洛德韦克(Willem Lodewijk)
亲王和博学的荷兰人西蒙·斯泰芬(Simon Stevin)。他们最初的创新
(可能也是最重要的创新)是系统化演练。军事演练本身当然并不新鲜,
古罗马人就曾进行过军事演练。但到了后来,军事演练遭到长期废弃。
荷兰的演练系统有两项核心内容。一是快速、有效地使用武器。莫里
斯和同僚将火枪的装填和发射分解为 43 个单独步骤,每个步骤都可以
独立训练。[①] 长枪兵的演练方式也类似。另一项内容是快速整体移动。
为了加快速度,莫里斯和同僚们发明了一套方向先于动作的指令(如向
左……转、向前……进),使士兵在做身体动作之前就做好心理准
备——这套指令沿用至今。荷兰士兵全年定期演练,风雨无阻。[②] 新
的纪律提升了速度和效率。资料显示,荷兰军队可以在 22～23 分钟内 *73*
集结 2000 名士兵,其他军队则需要一个多小时才能集结 1000 名士
兵。[③] 严明的纪律也促成了各种战术创新。最著名的例子是退行(coun-
termarch),这一战术使荷兰火枪手可以持续开火。原理很简单:士兵
们排成五列,第一列士兵结束射击后退至后列,重新装填弹药;第二
列士兵在开火后也退到后列;当第一列的士兵再次回到阵前时,他们
已经重新上膛,准备射击了。为了发挥机动性和火力速度的优势,莫
里斯及其同僚们放弃了方阵(*tercio*),改用阵列较少但铺得更开的线形
布阵。为了使作战部队更具机动性,他们还将连队的规模从 580 人减

---

① 对演练的描述和阐述参见 Jacob de Ghcyn, *Wapenhandelinghe van roers, musquetten ende spiessen*, The Hague, n. p. , 1607。

② 目击者记录参见 Lodewijk Mulder ed. , *Journaal van Anthonis Duyck* (*1591-1602*), The Hague and Arnhem, Martinus Nijhoff and D. A. Thieme, 1862-1866, 尤其是 1595 年后的情况。

③ 参见 Max Jähns, *Geschichte der Kriegswissenschaften, vornehmlich in Deutschland*, vol. 2, Munich and Leipzig, R. Oldenbourg, 1889, p. 924。

至 250 人，军官人数从 11 人增至 12 人[①]，以此加强监督。

荷兰改革引起了广泛的关注。莫里斯在尼乌波尔特战役(Battle of Nieuwpoort，1600 年)中击败法尔内塞，更是引人注目。这是荷兰起义中为数不多的全方位旷野步兵大战。之后几十年中，不少亲王、贵族和军事首领亲临观摩荷兰军队[②][包括勃兰登堡-普鲁士的未来统治者，霍亨索伦的腓特烈·威廉王子(Prince Frederick William of Hohenzollern)]。荷兰改革在当时具有深远的国际影响。但从战略角度看，它却没有那么重要。尼乌波尔特战役这种旷野战并不常见。对西班牙的战争主要是攻城战，火力速度和机动性相对不太重要。尽管如此，这些改革的重要性可能体现在其他方面。它们强化了纪律和服从，从而防止了困扰大多数军队的兵变与混乱。例如，从 1572 年到 1607 年，驻扎在荷兰南部的西班牙分遣队发生了至少 45 次兵变。1602 年到 1605 年这三年间，兵变导致 300 多万人/工作日的损失。[③] 这无疑严重损害了作战力。遗憾的是，我们没有荷兰军队的比较数据。但有一点可以肯定，荷兰军队以秩序井然、纪律严明而著称。据威尼斯使节的记述，由于荷兰军队声名远扬，荷兰城市竞相要求军队驻防，荷兰市民更是争相为军人提供住宿。[④] 这
74 种情况并不普遍。以法国为例，城镇和乡村经常反对建设新军营，国王有时甚至以派驻军队来惩罚不听话的城市，因为他知道这些士兵必定会骚扰和掠夺当地居民。但在荷兰，军人多数时间忙于演练或站岗，

---

① 参见 Geoffrey Parker，*The Military Revolution：Military Innovation and the Rise of the West，1500-1800*，p. 20。

② 详见 Werner Hahlweg，“Oranische Heeresreform，” in Werner Hahlweg，*Die Heeresreform der Oranier und die Antike*，chap. 3。

③ 参见 Geoffrey Parker，*The Army of Flanders and the Spanish Road，1567-1659*，pp. 185-186。

④ 据威尼斯使节的记录。参见 P. J. Blok ed.，*Relazioni veneziane. Venetiaansche berichten over de Vereenigde Nederlanden van 1600-1795*，The Hague，M. Nijhoff，1909。

少有机会胡作非为。而且一旦违规，他们必定会受到重罚。[①] 盗窃等较轻的过错会被处以罚款和监禁，强奸等重罪则面临绞刑。每个军营都有负责监督惩罚执行情况的特派执法员。当然，荷兰士兵的上佳表现至少还有另一个原因：至少和外国士兵比，他们有固定且丰厚的收入。

尽管影响深远，但荷兰改革并不具有某些历史学家最初所说的那种革命性。后续研究表明，法国和西班牙军队也在缩减连队规模，减小阵型厚度，甚至有证据表明西班牙军队曾尝试过近似退行的演习。[②] 荷兰改革的真正独特之处在于系统化演练。在这一领域，莫里斯和同僚确实有所突破，或毋宁说重回传统模式。改革者精研细读各种古典资源及其当前应用。[③] 演练、阵型，甚至口令，都有先例可循。

莫里斯及其同僚何以成为最早利用这些先例的人？受格哈德·厄斯特赖希开山之作的影响，多数历史学家都强调他们受到了新斯多亚主义的影响，而后者是一场受斯多亚派哲学家及其对恒久性和自我控制的强调所启发的思想运动。[④] 历史学家尤其看重 16 世纪后期任教于莱顿大学的新斯多亚派文人尤斯图斯·利普修斯(Justus Lipsius)的角

---

① 关于荷兰军队的军事纪律，参见 J. M. Wijn，*Het Krijgswezen in de tijd van Prins Maurits*，chap. 3；C. M. Schulten and J. W. M. Schulten，*Het leger in de zeventiende eeuw*，pp. 57-61。

② 关于西班牙军队，参见 Geoffrey Parker，*The Army of Flanders and the Spanish Road，1567-1659*。关于法国军队，参见 John A. Lynn，"Tactical Evolution in the French Army，1560-1660，" *French Historical Studies*，1985(14)，pp. 176-191。

③ 这一借鉴和改造过程详见 Werner Hahlweg，*Die Heeresreform der Oranier*；*das Kriegsbuch des Grafen Johann von Nassau-Siegen*，Wiesbaden，Historische Kommission für Nassau，1973。

④ 厄斯特赖希的观点参见 Gerhard Oestreich，"Der römische Stoizismus und die oranische Heeresreform，" in *Geist und Gestalt des frühmodernen Staates*，pp. 11-34。对新斯多亚主义的宽泛讨论参见 Mark Morford，*Stoics and Neostoics*：*Rubens and the Circles of Lipsius*，Princeton，Princeton University Press，1991。

色。利普修斯于1584年发表《论恒常》(*On Constancy*)，其中有一章专门谈军事纪律。1595年，他又发表《论罗马军队》(*On the Roman Army*)，其中包括了对古代军事纪律论述的解读和翻译。因为莫里斯曾于1583年和1584年在莱顿大学师从利普修斯，并终生对他赞誉有加，所以我们有理由推断，莫里斯对先例的研究至少部分受其导师启发。① 但利普修斯和新斯多亚主义的影响也不应夸大。莫里斯和斯特芬皆为虔诚的教徒，虽然未必是正统派；威廉·罗德维克则是虔诚的
75 正统派。一般认为，改革的思想动力来自威廉·路易(William Louis)，而非莫里斯，而且他们的改革实验显然比利普修斯著作的问世早了好几年。因此，他们对纪律的关注既有加尔文主义的根源，也有斯多亚主义的影响，而且他们对于军事演练的兴趣可能与利普修斯无关。这并不是说他们的军事改革是加尔文主义的直接产物；在这方面，帕尔马的影响绝对超过加尔文！尽管如此，他们的宗教思想和军事改革之间仍有可能存在着心理关联——一种选择性亲和关系，因为二者都极为强调知行合一的纪律。还值得注意的是，莫里斯式的纪律和阿姆斯特丹教养院都是1590年前后的“发明”。这似乎是荷兰共和国的井喷式创造阶段，新的规训技术不断在这一时期被各个社会领域所采纳。

概要与小结

本章提出了三个相互关联的论点：(1)无论是内部实力还是外部实力，荷兰国家政权都相当强大；(2)这种实力更多体现在国家政权的架

---

① 参见 Wolfgang Reinhard, “Humanismus und Militarismus. Antike-Rezeption und Kriegshandwerk in der oranischen Heeresreform,” in Franz Josef Worstbrock ed., *Krieg und Frieden im Horizont des Renaissancehumanismus*, Weinheim, Acta humaniora, 1986, pp. 185-204，尤其见第191页和注10。

构上，而不是国家政权的结构上；(3)这种架构在很大程度上是加尔文主义规训革命的产物。加尔文主义规训革命最直接、最重要的贡献体现在非国家政权领域的治理和国内秩序。但它对行政效率也产生了重要影响(尽管未必是直接影响)，还可能影响到了军事效率。

以上是我对荷兰个案的解读，下面我将它放到更宽泛的历史和理论脉络中加以考察。

首先要声明两点。第一，我并不认为规训是国家力量的唯一甚或主要来源。上文曾强调，一个国家的相对实力取决于许多因素，包括人口、行政集权化和理性化，以及经济发展。本章并不是要否认前三个因素的(广受认可的)重要性，而是要凸显另一个因素的(受到普遍忽视的)重要性，这就是规训。第二，我也不认为加尔文主义是个人与社会纪律的唯一甚至最重要来源。上文指出，无论是荷兰还是其他地方，规训的历史都不以加尔文主义的兴起为起点或终点。加尔文主义规训的历史也不能彻底脱离荷兰斯多亚主义等其他运动的历史。但就荷兰 76
来说，我有较大的把握断言：加尔文主义**确实**是规训的主要来源，如果不是唯一来源的话。

但如果国家实力受许多不同因素左右，规训又有漫长而复杂的历史，规训或加尔文主义又有多大的因果解释力呢？如果北荷兰仍是天主教政权，或变成信义宗政权，又该如何？这会对荷兰国家政权的实力造成显著影响吗？显然，我们无法改变荷兰历史的决定因素。但我们可以考察除宗教外，在其他方面与荷兰类似的个案。意大利北部的城市国家就是一个很好的例子。在经济发展、政治组织和社会结构方面，佛罗伦萨和威尼斯与北荷兰诸省颇为相近。它们均财力充足、寡头当政且资产阶级强势。在宗教方面，佛罗伦萨和威尼斯当然与荷兰不同，它们仍效忠于旧天主教教会。但它们的政治轨迹和荷兰共和国有诸多相似之处。独立于1500年的佛罗伦萨在一个世纪后仍处于哈布斯堡家族的督护下。威尼斯虽然在文艺复兴之后实力大涨，却在近代早期长期扮演边缘性角色。倘若属于加尔文宗，佛罗伦萨能否抵挡美第奇(Medicis)家族和哈布斯堡家族？一个信仰归正宗的威尼斯会在欧洲处于更为有利的地位吗？北荷兰的个案表明，答案或许是肯定的。当然，我们不能由此认为，**唯有**加尔文主义和规训才是重要的。苏格兰即为一个有力的证据。同荷兰一样，苏格兰也经历了一场加尔文主义者领导的规训革命。但不同于荷兰，苏格兰相对贫困。和佛罗伦萨一样，它也屈服于外族势力(即英格兰)的统治。这些例子告诉我们，除非同时拥有纪律和财富，否则近代早期欧洲的小国难以强大和独立，而二者兼备的概率又和另一个要素密不可分：加尔文主义。因此，尽管加尔文主义远不是近代早期国家建立的必要条件，却有可能增加政治存活的概率，尤其对于小国而言。在此方面，值得回味的是，两个延续至近代的小国都具有加尔文主义根源：荷兰和瑞士。

荷兰个案还有一些值得重申的重要理论意涵。国家理论通常将关注点放在中央国家机构(即使并未明言)，而且往往在国家与社会之间
77 划出泾渭分明的界限。与之相反，我极力主张超越对权力中央的现实主义迷恋，强调将地方政权纳入分析框架。不仅如此，我们应该减少对国家与社会边界的关注，而将注意力放到公私机构在公众治理上的合作。最后，国家权力不仅取决于强制与榨取能力，还取决于监管与常态化能力。

第三章 自上而下的规训革命：勃兰登堡-普鲁士 79

在勃兰登堡-普鲁士，少数人总能发挥出大力量。(In Brandenburg-Preußen war die kleinere Zahl bekanntlich immer die größere.)

——台奥多尔·冯塔纳(Theodor Fontane)：

《施特希林》(*Der Stechlin*)

国家是伦理理念的现实。(Der Staat ist die wahre Sittlichkeit.)

——G. W. F. 黑格尔(G. W. F. Hegel)：

《法哲学原理》(*Philosophie des Rechts*)

长久以来，历史社会学家和社会史学家都将普鲁士视为最纯粹的绝对主义君主政体。这种看法不无道理。在18世纪的欧洲，可能没有哪个国家政权在权力集中化和行政理性化方面做得比普鲁士更加彻底。然而，德意志史学家早就认识到，普鲁士政权在18世纪的崛起令人瞠目结舌，近乎流星突现；一个世纪以前，没有几个欧洲国家的君主制如此虚弱，行政体系如此支离破碎。普鲁士在17世纪由七块散布欧洲大陆的领土组成：东普鲁士和东波美拉尼亚(*Hinter-Pommern*)的波罗的海诸省、中部的勃兰登堡选侯国、西部的克莱韦(Cleve)和马克(Mark)这两个莱茵省，以及南部的马格德堡(Magdeburg)和哈尔伯施塔特(Halberstadt)两个原主教教区。每个省都有各自的政府机构和政治特权。在其中三个地区，霍亨索伦家族的统治受到克莱韦的普法尔茨和马克的挑战，或被迫与普鲁士的波兰人和波美拉尼亚(Pomerania)的瑞典人分享统治权。不仅如此，在宗教领域，普鲁士同样四分五裂，尤其在多为加尔文主义者的宫廷和多信奉信义宗的地方诸侯之间[除了归正宗新教教徒把持的马格德堡与哈尔伯施塔特这两个德意志中部和莱茵省教区、拉芬斯堡(Ravensburg)、克莱韦以及马克等地区]。这对
80 于绝对主义统治来说显然不是一个好兆头。其他德意志公国(如巴伐利亚和萨克森)看上去更有可能成为强权国家。但最终却是普鲁士脱颖而出。原因何在?

既有研究至少给出了三种不同答案，读者对其中两种回答想必已不陌生：(1)具有唯物主义色彩的回答凸显王室、贵族和农民之间的关系；(2)战争中心论者强调战争与国家创建的关系；(3)唯心主义回答侧重于统治普鲁士的霍亨索伦家族的宗教与政治理念的结合。

上述观点各自皆有可取之处，但都不能完全令人满意。下文将更详细地讨论每种理论的缺陷，但不妨先说出我的关键质疑。唯物论和战争中心论的问题很简单：无法真正解释普鲁士的历史。它们尤其无法回答的一个问题是：普鲁士的发展轨迹为什么与社会、经济和政治结构大体类似的其他中欧国家如此不同?唯心论解释不存在这个问题，因为它**确实**对普鲁士的发展轨迹做了解释。但它同样过分强调霍亨索伦家族的宗教与政治理念，从而忽略了另一个因素：教派冲突。

行文至此，读者自然就明白了我对教派化、加尔文主义和社会规训三者关系的强调。我认为：(1)普鲁士政府不同寻常的**自治权**源于大选侯(Great Elector)腓特烈·威廉统治期间(1640—1688年)的王室与诸侯的宗教冲突；(2)普鲁士政权超强的**实力**在很大程度上与腓特烈·威廉的孙子腓特烈·威廉一世(1713—1740年在位)所发动的一场

自上而下的规训革命有关。因此，不考虑普鲁士的宗教状况，就无法理解它不同寻常的发展轨迹及其强国之路。

普鲁士政权的独特性

在近代早期国家创建方面，多数研究者都认为，普鲁士确有不同寻常甚至独一无二之处。但我们要先理清到底何处不同寻常。一个不同寻常之处在于其鹤立鸡群的军队规模——1740 年即达到 8.3 万人。在当时，只有法国、英格兰、俄罗斯和奥地利这四个国家拥有更大规模的陆军。考虑到普鲁士的人口规模与经济特征，其军队规模就更显得惊人了。普鲁士有 220 万人口，远逊于其他欧洲列强，仅比其他几 81
个选帝侯国（*Kurfürstentumer*，即选举皇帝的七个德意志诸侯国）人口略多。事实上，就人均值而言，普鲁士的军队规模比欧洲其他国家都要大，无论是大国还是小国。如果普鲁士的商业经济像荷兰或英格兰那样发达，它的军队规模也不会太令人惊讶。但事实并非如此。实际上，普鲁士的经济相当落后。直到 1800 年，商业和制造业占普鲁士国民收入的比重仍不到 5%。[1] 农业生产力也不高；勃兰登堡的土地相当贫瘠，它的选帝侯有时被揶揄为神圣罗马帝国的沙盒。

人口如此之少，经济如此落后，普鲁士何以支撑起如此庞大的军队？这是本章重点探讨的问题。从普鲁士的公共财政中，我们可以获得一些重要线索。首先是国家支出。普鲁士的军事预算占总预算的比重远高于大多数竞争对手，平均值达 80%～90%，而大多数国家只有

① 参见 Leopold Krug，*Betrachtungen über den Nationalreichtum des preußischen Staates und über den Wohlstand seiner Bewohner*，Aalen，Scientia Verlag，1970[1805]，p. 224。

45%～55%。[①] 为何如此？一个原因是较低的行政开支和更低的宫廷开销。另一个原因是普鲁士没有外债，因而无须偿债。

我们再来看财政收入。鉴于其军队开支，人们或许以为普鲁士的税率极高。但实际情况并非如此。普鲁士 1740 年的人均税率低于 2.5 弗洛林(fl.)。按绝对价值计算，其税率远低于荷兰、英格兰，甚至低于萨克森，而与奥地利和法国较为相近。当然，与这些国家相比(甚至与任何一个国家相比)，普鲁士的经济都相当薄弱，所以普鲁士平民的税收负担可能高于普通的奥地利人或法国人。但高出多少呢？通过比较各个国家税收所占国民收入的比重，我们可以对相对税收负担有所了解。从 1715 年到 1785 年，英格兰的数据最低至 16%，最高达 22%。法国同时期的数据在 9%到 17%之间。[②] 1789—1790 年，奥地利的数据略低于 12%。[③] 这一数字可能位于较高的一端。[④] 普鲁士直到 1800 年才有可靠的国民收入数据。普鲁士当年税收占国民收入的比重为 6%。[⑤]

① 波罗的海和非波罗的海国家的详细支出参见http://www.le.ac.uk/hi/bon/ESFDB/images/Korner/swib011.gif，http://www.le.ac.uk/hi/bon/ESFDB/images/Korner/swib012.gif。

② 数据源自 Peter Mathias and Patrick O'Brien，"Taxation in Britain and France, 1715-1810：A Comparison of the Social and Economic Incidence of Taxes Collected for the Central Government，" *Journal of European Economic History*，1976(5)，pp. 608-609。

③ 此说法是基于 8500 万盾的税收收入和 7 亿 1300 万盾的国民收入。前一项数据源自 Gustav Otruba，"Staatshaushalt und Staatsschuld unter Maria Theresia und Joseph II，" in *Österreich im Zeitalter der Aufklärung*，Vienna，Verlag der österreichischen Akademie der Wissenschaften，1985，p. 239；后一项国民收入数据源自 Joseph Marx von Liechtenstern，*Skizze einer statistischen Schilderung des österreichischen Staates*，Im Verlag des Kunst-und Industriekomptoirs，1800，p. 71。(原文有误，已更正。——译者注)

④ 此说法源于镇压法国大革命的军事开支。

⑤ 对国民收入的估算(2 亿 6100 万帝国塔勒)来自 Leopold Krug，*Betrachtungen über den Nationalreichtum des preußischen Staates und über den Wohlstand seiner Bewohner*，p. 224。税收收入的计算基于 Adolph F. Riedel，*Der brandenburgisch-preußische Staatshaushalt in den beiden letzten Jahrhunderten*，Berlin，Ernst & Korn，1866。

对这一数据，我们必须非常小心，因为许多证据表明它处于较低的一 82
端。[1] 即便如此，普鲁士的平均数据也不太可能达到英格兰或法国的程度。所以，尽管数据不完整，但普鲁士的税负似乎并不是特别高。

普鲁士的统治者如何在不增加臣民税负的情况下与财力充足的竞争者相抗衡？一个原因是他们从直接属于王室的土地中所获颇丰。1740 年，普鲁士王室土地贡献了 510 万弗洛林的财政收入，占总预算的 45％。直到 1800 年，普鲁士的王室土地收入仍占国民收入的四成。其他强国的王室土地收入则要少得多。奥地利的王室土地收入只占 1754 年总预算的 10％。[2] 在 18 世纪，英格兰的王室土地收入占预算的 10％～15％；而在同时期的法国，王室土地收入只占预算的 5％～10％。[3] 虽然从王室土地获得大量收入的其他中等规模的德意志诸侯国并不少见，如巴伐利亚、汉诺威、普法尔茨和萨克森，但这些国家的非军事支出也高得多。[4]

在对若干欧洲国家的财政状况进行扼要考察后，我们发现，18 世纪的普鲁士确实与众不同：军队规模异乎寻常地大，宫廷规模非同一般地小，国家治理却颇富效率；不仅如此，王室基本自给自足，不需从民间榨取，且收支一直保持平衡。将这些事实放在一起，我们可以看出

---

① 理由如下：(1)1800 年在普鲁士历史上是和平年，因而政府总支出相对较低；(2)18 世纪下半叶的人均税率相对较低；(3)普鲁士经济正处于扩张阶段。统筹考虑，18 世纪中叶的国民收入税收率可能高于 18 世纪末。

② 参见 Gustav Otruba，"Staatshaushalt und Staatsschuld under Maria Theresia und Joseph II," in *Österreich im Zeitalter der Aufklärung*，table VIIc。

③ 参见 Peter Mathias and Patrick O'Brien，"The Social and Economic Burden of Tax Revenue Collected for Central Government," in Annalisa Guarducci ed.，*Prodotto lordo e jinanza pubblica secoli XIII-XIX*，Florence，Le Monnier，1988，p. 808。

④ 参见 Peter Claus Hartmann，*Das Steuersystem der europäischen Staaten am Ende des Ancien Régime. Eine offizielle französische Enquête*（*1763-1768*）（*Beiheft Francia*，*7*），Munich，Artemis，1979，pp. 239-241，260-261，284-303。

一种策略：以民用支出最小化来保障军事开支最大化，以避免公债、外债和高税收来避免财政依赖和经济衰退。这种策略显然是有意而为之。

在今天看来，这一策略极为高明。在资源匮乏、强敌环伺之时，明智的国家元首理应如此。但大多数中欧王侯并未采取这一策略。他们多效仿路易十四的宫廷排场和王室盛典。虽然也有一些统治者试图精打细算、开源节流，却鲜有人做到霍亨索伦家族那般成功。因此，为了理解普鲁士的政治轨迹，我们必须了解霍亨索伦家族选择这一策略并终获成功的原因。换言之，我们必须理解霍亨索伦家族与众不同的政治考量以及普鲁士政权与众不同的政治自治。这些均为普鲁士之谜的核心议题。

83

普鲁士崛起：若干备选解释

在国家创建领域，普鲁士绝对王权的发展轨迹至少有四种解释。第一种解释受**马克思主义**启发，最早由弗朗西斯·L. 卡斯滕(Francis L. Carsten)提出。[①] 这种解释侧重于王室和贵族之间的关系，尤其是霍亨索伦选帝侯腓特烈·威廉(1620—1688 年)和勃兰登堡、普鲁士以及克莱韦-马克州议会(*Landtage*)在 17 世纪 50 年代和 60 年代达成的一系列立法协议(*Landtags-Rezesse*)。卡斯滕认为，这些协议是皇室与贵族之间基于简单的等价交换原则而结成持久联盟的基础：贵族给王室更大的税收权，使霍亨索伦王朝得以建立一支守卫国防并向外扩张的大型常备军；作为交换条件，王室放任贵族统治农民，允许容克(*Junkers*)强加“第二次农奴制”，并在西部谷物市场上获得巨大利润。卡斯

---

① 参见 Francis L. Carsten，*The Origins of Prussia*。类似解读参见 Hans Rosenberg，*Bureaucracy，Aristocracy，and Autocracy：The Prussian Experience，1660-1815*。

滕认为，在控制国库之后，腓特烈·威廉着手组建常备军，扩张地方议会，并解散地方行政，从而为普鲁士绝对王权奠定了军事、行政与政治基础。

这种唯物主义解读广为传播[1]，但问题不少。它的核心论点（普鲁士绝对王权源自王室与贵族的结盟或协议）与史料严重不符。[2]“结盟”一词隐有善意。但不仅在腓特烈·威廉统治时期，而且在其后几任统治者在位期间，这种善意都极为罕见。事实上，直到腓特烈大帝统治时期（1740—1788年），双方关系才有了改善的迹象。但也许协议或妥协确实存在过？也许双方基于共同利益达成了默契？卡斯滕的论证同样不能令人信服，因为没有多少证据表明王室与贵族在此期间有过合作。[3] 贵族地主当然希望王室帮忙钳制农民，但腓特烈·威廉及其继承者对此都漠不关心。相反，在贵族地主大肆掠夺时，他们经常挺身而出，向农民**施以援手**，尽管这种保护可能更多出于自利角度，而非大发善心，因为他们知道，一个强大的国家政权少不了富足的农民。

---

① 它启发了另一部关于普鲁士政治发展的名著，即罗森贝格（Rosenberg）的《科层制、贵族制与独裁》（*Bureaucracy, Aristocracy, and Autocracy*），为巴林顿·摩尔在《专制与民主的社会起源》（*Social Origins of Dictatorship and Democracy*）中对普鲁士的分析打下了基础，并为佩里·安德森的《绝对主义国家的系谱》提供了理论根基，甚至影响到了国家创建领域较新的研究，如查尔斯·蒂利的《强制、资本和欧洲国家（990—1990年）》。

② 参见 Gerd Heinrich, “Der Adel in Brandenburg-Preußen,” in Hellmut Rössler ed., *Deutscher Adel*, Darmstadt, Wissenschaftliche Buchgesellschaft, 1965, pp. 259-314; Peter-Michael Hahn, *Landesstaat und Ständetum im Kurfürstentum Brandenburg während des 16. und 17. Jahrhunderts*, Berlin, De Gruyter, 1983。

③ 关于这一点的精彩讨论参见 William W. Hagen, “Seventeenth-Century Crisis in Brandenburg: The Thirty Years' War, the Destabilization of Serfdom, and the Rise of Absolutism,” *American Historical Review*, 1989, 94(2), pp. 302-335，尤其见第318～329页。

不同于唯物主义者，**战争中心论者**假设，不仅在普鲁士，甚至在
84 整个欧洲，王室和地方议会之间都存在固有的张力。在他们看来，不仅在普鲁士，而且在整个德意志，绝对王权发展的真正动力都不是经济转型，而是地缘政治的压力。但问题在于，战争中心论模型假定普鲁士政权具有典型意义，认为它可以代表整个德意志。① 我们已经看到，这种假设明显站不住脚。因此，除非普鲁士所承受的地缘政治压力远大于其他中等规模的德意志诸侯国(这种观点似乎并无足够证据)，否则我们无法单以战争中心论来解释普鲁士的崛起。

必须强调，战争中心论模型有其可取之处。普鲁士在17世纪确实面临巨大的地缘政治压力：东边的瑞典人和波兰人以及西边的法国人和荷兰人都虎视眈眈。霍亨索伦王朝的财政、行政和军事政策在很大程度上也正是对这些威胁的回应。战争中心论模型**没有**解释(可能也**无法**解释)的问题是：霍亨索伦家族与其他类似王朝的反应为何如此不同？它未能解释霍亨索伦家族特殊的政治考量。

唯心主义解释有所不同。不同于战争中心论者，唯心主义者假定普鲁士道路的非典型性，从宗教角度对普鲁士的特殊道路(*Sonderweg*)做出解释。存在两种唯心主义解释。更传统的解释来自普鲁士的"国民经济学家"(national economists)，如19世纪末20世纪初的古斯塔夫·施莫勒和奥托·欣策。这种解释强调加尔文主义对霍亨索伦家族"气质"的影响。他们认为，在西欧加尔文主义的"政治能量"和"战斗精神"的灌输下，普鲁士选帝侯得以克服信义宗贵族的被动心理和唯我

---

① 这一点在托马斯·埃特曼的《利维坦的诞生》中体现得尤为明显。该书以普鲁士代表整个德意志。卡斯滕的《15世纪至18世纪的德意志诸侯与议会》(*Princes and Parliaments in Germany from the Fifteenth to the Eighteenth Centuries*)同样如此。卡斯滕在该书中将对普鲁士的解释扩展到其他德意志地区。

独尊，打造出一个保卫德意志并最终一统德意志的强大政权。[1] 较为晚近的唯心主义解释最初由德国历史学家克劳斯·戴普曼(Klaus Depperman)和卡尔·海因里希斯(Carl Hinrichs)在20世纪60年代和70年代提出。[2] 它不仅注重加尔文主义，也关注信义宗思想，尤其是敬虔主义(Pietism)这场诞生于17世纪末的德意志信义宗教会的苦行改革运动。在这种观点看来，只有敬虔主义对纪律和责任的奉行及其对普鲁士政权的渗透才能解释普鲁士这个落后诸侯国不可思议的崛起。

显而易见，本书的解读框架深受唯心主义模型的影响。但我必须
强调几处重要差异。一是理论差异。唯心主义理论强调加尔文主义对 85
霍亨索伦家族政治意愿的影响。与之不同，我强调加尔文主义对霍亨索伦家族政治理性的影响。我不仅将加尔文主义视为政治伦理，还将它视为一种引发王室和议会冲突的政治裂隙。二是经验差异。近期唯心主义研究多强调敬虔主义的影响，而看轻加尔文主义。我的结论正好相反：至少就普鲁士政权而言，加尔文主义可能更为重要。

---

① 近年来，这种解读在德国历史学界重新升温。一些德国历史学家剔除了传统解读中赤裸裸的圣徒角色与民族主义因素，认为王室的加尔文派化使普鲁士选帝侯得以绕过(从而避开)地方议会的权威。参见 Edgar Melton, "The Prussian Junkers, 1600-1786," in H. M. Scott ed., *The European Nobilities in the Seventeenth and Eighteenth Centuries*, vol. II: *Northern, Central, and Eastern Europe*, London and New York, Longman, 1995, pp. 71-109; Andreas Nachama, *Ersatzbürger und Staatsbildung: Zur Zerstörung des Bürgertums in Brandenburg-Preußen*, Frankfurt am Main, Peter Lang, 1984。

② 参见 Carl Hinrichs, *Preußentum und Pietismus: Der Pietismus in Brandeuburg-Preußen als religiös-soziale Reformbewegung*, Göttingen, Vandenhoeck & Ruprecht, 1971; Klaus Deppermann, *Der hallesche Pietismus und der preußlische Staat unter Friedrich III. (I.)*, Göttingen, Vandenhoeck & Ruprecht, 1961。另参见 Mary Fulbrook, *Piety and Politics: Religion and the Rise of Absolutism in England, Württemberg, and Prussia*, Cambridge, Cambridge University Press, 1983; Richard L. Gawthrop, *Pietism and the Making of Eighteenth-Century Prussia*, Cambridge, Cambridge University Press, 1993。

在阐明我的立场和既有研究的同与异之后，现在我将转向对普鲁士的个案研究。它是由一段花絮分隔开的两个故事。第一个故事关乎普鲁士政权自主性的起源，侧重于大选帝侯腓特烈·威廉统治时期(1640—1688 年)王室与议会的教派冲突。花絮则有关效仿路易十四的宫廷排场和王室盛典的腓特烈一世(1688—1713 年在位)的统治。第二个故事有关普鲁士政权实力的来源，侧重于腓特烈·威廉一世统治时期(1713—1740 年)自上而下的规训革命。

国家政权自主性的起源：社会契约还是教派冲突？

和通常的理解一样，绝对君主制的一个重要标志是高度的国家政权自主性。在这里，我们不妨将国家政权自主性定义为在没有社会精英的支持，甚至有违社会精英意愿的情况下制定并推行律法和改革的能力。多数学者都会同意，按照这种定义，普鲁士国家政权具有高度的自主性。原因何在？我的解释具有唯心主义色彩。我侧重于宗教的影响，尤其是教派冲突对(加尔文宗)王室和(信义宗)议会的影响。具体而言，受教派冲突的影响，王室与议会的财政冲突加剧，而王室可以在重要的行政岗位上任命大量加尔文主义者和“外族人”，以此绕过和削弱地方势力。我们不妨先对一直由霍亨索伦家族控制的勃兰登堡侯国及其首都柏林的历史做一番回顾。

和许多其他的德意志诸侯国一样，勃兰登堡所经历的宗教改革不
86 止一次，而是两次。第一次是信义宗改革。[①] 它始于 16 世纪 20 年代，
30 年代在城市中扎根，40 年代获得霍亨索伦王朝的正式认可。到了 70

---

① 概述参见 Hans-Uirich Delius，“Die Reformation in Berlin，” in Günter Witth ed.，*Beiträge zur berliner Kirchen Geschichte*，Berlin，Union Verlag，1987；Felix Escher，“Das Kurfurstentum Brandenburg im Zeitalter des Konfessionalismus，” in Ingo Materna and Wolfgang Ribbe eds.，*Brandenburgische Geschichte*，Berlin，Akademie Verlag，1991。

年代，正统信义宗在勃兰登堡已是根深蒂固。第二次是加尔文主义改革。[①] 它始于1613年。霍亨索伦选帝侯约翰·西格斯蒙德(Johann Sigismund)在当年宣布皈依归正宗。这不仅遭到了信义宗神职人员的激烈反对，也引起了地方精英甚至一般民众的强烈不满，他们四处散发示威传单并举行抗议活动。[②] 最终，约翰·西格斯蒙德被迫颁布法令，保证信义宗的宗教自由，并承诺不强迫民众改变信仰。从而，加尔文主义仍旧是少数人的信仰，基本限于王室与宫廷，在省府以外并无多少追随者。唯一的例外是以加尔文主义信仰为主的克莱韦、马克、明登(Minden)和哈尔伯施塔特等较小省份。

约翰·西格斯蒙德的继承者是乔治·威廉(George William，1619—1640年在位)，这一时期的王室与议会之间关系有所缓和。这在一定程度上和归正宗宫廷布道者约翰内斯·贝吉乌斯(Johannes Bergius)有关。他的立场温和且居中；按照他的话说，他力图推动两个新教教派之间的相互宽容。[③] 乔治·威廉本人也发挥了一定的作用，因为他支持议会所主张的武装中立(以及低开支)政策。

可惜后一种政策非常短命，如同霍亨索伦王室与本土贵族的和谐关系一样。霍亨索伦王朝最终被拖入了三十年战争。[④] 为了逃避战乱，

---

① 权威描述参见 Bodo Nischan，*Prince，People，and Confession：The Second Reformation in Brandenburg*，Philadelphia，University of Pennsylvania Press，1994。

② 关于示威传单，参见 Bodo Nischan，*Prince，People，and Confession：The Second Reformation in Brandenburg*，pp. 160ff.。对加尔文主义者的迫害，参见 Fabian zu Dohna，*Die Selbstbiographie des Burggrafen Fabian zu Dohna（1550-1621）nebst Aktenstücke zur Geschichte der Sukzession*，Leipzig，Duncker & Humblot，1905，pp. xxiv-xxxi。群众抗议的目击者描述参见 Anton Chroust，"Aktenstücke zur brandenburgischen Geschichte unter Kurfürst Johann Sigismund，"*Forschungen zur brandenburgisch-preußischen Geschichte*，1897(9)，pp. 1-21，尤其见第18～21页。

③ 参见 Bodo Nischan，"Johann Peter Bergius，" in G. Heinrich ed.，*Berlinische Lebensbilder*，Berlin，Colloquium，1990，pp. 35-59。

④ 对这些事件简明流畅的讨论参见 Otto Hintze，*Die Hohenzollern und Ihr Werk*，Berlin，Paul Parey，1915，pp. 166-177。

王室撤到了东普鲁士首都柯尼斯堡(Königsberg)。接管勃兰登堡的省督亚当·冯·施瓦岑贝格(Adam von Schwarzenburg)伯爵对民众征收重税，并将权力移至战争委员会(General War Commissary)。[1] 议会对施瓦岑贝格的“绝对统治”政策极为不满，要求回到传统的“共治”(condominat)或权力共享制度。[2]

腓特烈·威廉于 1640 年掌权；至少在初期阶段，他的政权似乎正走向共治。这位年轻选帝侯的青少年时代基本在荷兰度过(霍亨索伦和奥兰治两家族关系密切)，他支持荷兰省督腓特烈·亨利(Frederick Henry，曾经的导师、未来的岳父)与议会合作的政策。[3] 从而，他上台后立刻解散了战争委员会，重建枢密院(*Geheimer Rat*)，并任用本土贵族。[4]
87 这位选帝侯还遵循了议会所支持的传统的武装中立政策，与瑞典人签订了停火协议，并大幅削减兵力。[5] 从而，在统治初期，腓特烈·威

---

① 参见 Gerhard Oestreich，*Der brandenburg-preußische Geheime Rat*，Würzburg，Konrad Troltsch，1936，pp. 10-12。

② 参见 “Eingabe der Deputierten der Stände an Friedrich Wilhelm in Königsberg，” Jan. 8，1641，in *Urkunden und Actenstücke zur Geschichte des Kurfürsten Friedrich Wilhelm von Brandenburg*(以下简称*UA*)，vol. 10，Berlin，Georg Reimer Verlag，1894，p. 88。

③ 荷兰个案对于腓特烈·威廉的“议会友善国内政策”的重要性参见 Ernst Opgenoorth，*Friedrich Wilhelm，der Große Kurfürst von Brandenburg*，vol. 1，Göttingen，Musterschmidt，1971，pp. 50ff. 。关于腓特烈·威廉对议会态度的更宽泛讨论，参见 Ernst Opgenoorth，“ ‘Nervus rerum. ’ Die Auseinandersetzungen mit den Ständen um die Staatsfinanzierung，” in Gerd Heinrich ed. ，*Ein sonderbares Licht in Teutschland. Beiträge zur Geschichte des Großen Kurfürsten von Brandenburg，1640-1688*，Berlin，Duncker & Humblot，1989，尤其见第 108～110 页；Peter Baumgart，“Zur Geschichte der kurmärkischen Stände im 17. und 18. Jahrhundert，” in Dietrich Gerhard ed. ，*Ständische Vertretungen in Europa in 17. und 18. Jahrhundert*，Göttingen，Vandenhoek & Ruprecht，1969，pp. 131-161。

④ 参见 Gerhard Oestreich，*Der brandenburg-preußische Geheime Rat*，pp. 15-16。在 1640—1651 年任命的 16 位枢密院大臣中，有 9 位是本土贵族，3 位是来自马克的平民，只有 4 位是境外贵族。参见 Francis Carsten，*The Origins of Prussia*，p. 182。

⑤ 参见 *UA*，vol. 10，pp. 42ff. 。

廉试图与议会共治，避免对抗。

但时隔不久，王室与议会的关系开始急剧恶化。1643 年议会(*Landtag*)期间即已剑拔弩张。腓特烈·威廉召见议员，希望他们为保卫王国(*Landesdefension*)而自愿捐献。议员们(不无道理地)反驳道，连年战乱和外敌入侵已让他们不堪重负；如要捐献，选帝侯必须正视他们的抱怨(*gravamina*)——共计 44 项。[①] 腓特烈答应了议员们的大多数要求[②]，唯独在一个方面不肯让步：宗教[③]。

在 1652—1653 年议会期间，冲突进一步加剧，且原因基本如旧。腓特烈·威廉再次为其不断扩张的军队寻求资助，这次以一般消费税为名。[④] 议会再次抗议，认为这种税收没有根据，甚至"违宪"。[⑤] 相反，他们承诺在未来六年内一次性捐献 53 万帝国塔勒(Reichsthaler)，但前提是国王满足他们的一系列要求，包括 10 项宗教诉求(*gravamina in puncto religionis*)。[⑥] 腓特烈·威廉对议会的要求几乎一一应许，并明确承诺"保护所有子民的信仰自由"[⑦]。但他迅即驳回了议会的宗教

① 参见 *UA*，vol. 10，p. 34，n. 1。

② 参见 Chrn. Otto Meylius，*Corpus Constitutionum Marchicarum*（以下简称 *CCM*），vol. 6，no. 107，Berlin and Halle，Buchladen des Waysenhauses，1737-1751，cols. 381-382。

③ 具体而言，腓特烈·威廉拒绝了议会在约阿希姆斯塔尔皇家中学(Royal Gymnasium in Joachimsthal)和奥得河畔法兰克福大学(University of Frankfurt on the Oder)任命信义宗和归正宗教授的要求，认为这侵犯了他的宗教"信仰自由"，并拒绝批准信义宗神学家马丁·海因修斯(Martin Heinsius)的法兰克福大学神学教职，除非海因修斯声明放弃对归正会的所有"怨恨、诽谤和亵渎"。关于议会的宗教怨愤和腓特烈·威廉的回应，参见枢密院 1642 年 7 月 20 日的记录，见 Otto Meinardus ed.，*Protokolle und Relationen des Brandenburgischen Geheimen Rathes aus der Zeit des Kurfürsten Friedrich Wilhelm* (*PR*)，vol. I，Leipzig，S. Hirzel，1889-1919，pp. 323-324。

④ 参见 *UA*，vol. 10，pp. 222-225。

⑤ 参见 Isaacsohn，in *UA*，vol. 10，pp. 172ff.。

⑥ 参见 *UA*，vol. 10，pp. 229-246。

⑦ Chrn. Otto Meylius，*CCM*，vol. 6，no. 115，col. 401.

诉求，并愤怒地驳斥他们在宗教压迫和歧视方面的指控。“就履行《奥格斯堡信纲》(或《正统信义宗信纲》)而言，”他坚持认为，“毫无疑问、无可辩驳的是，它得到了完完全全、实实在在的履行；在我的子民中，没有一位被迫改变信仰。他们更没有理由抱怨自己被排除于公职或教职之外。……相反，显而易见，直到今天，相比归正宗新教教徒，信义宗信徒占据了大多数职位以及最高职位和薪俸，包括最高层委员会的委员职位。”[①]但议会并不买账。他们要求腓特烈·威廉解决他们**所有**的不满情绪，**尤其是宗教方面的诉求**，否则就中止谈判。双方最后还是达成了妥协。1653 年 7 月，在长达两年的谈判和七次休会后，议会终于承诺捐助 53 万帝国塔勒。1652—1653 年议会同时跻身普鲁士历史上最漫长的议会之列，也是最后一次议会。腓特烈·威廉及其继任者此后再也没有召集全体议员开过会。

88 此后 10 年，腓特烈·威廉和议会的关系每况愈下。原因依然是钱、权力和宗教。第一次北欧战争(1655—1660 年)催生了一支 3000 人左右的永久常备军和战争委员会这个负责常备军补给的新行政机构。[②]

---

① 1652 年 5 月 21 日致枢密院的信，见 *UA*，vol. 10，pp. 255-256。

② 19 世纪中叶以来，勃兰登堡-普鲁士的中央官僚体系发展多次成为历史研究的热点，大量学术研究以此为主题。许多研究收录于一份出色的文献目录(Otto Büsch and Wolfgang Neugebauer eds.，*Moderne preußische Geschichte 1648-1947*. *Eine Anthologie*，Berlin and New York，W. De Gruyter，1981)中。传统文献往往淡化了本土贵族和议会在普鲁士国家政权中所扮演的角色；实际上，许多研究者认为霍亨索伦家族破坏或彻底摧毁了议会。与之相反，近来的研究多淡化中央政权的势力和权威，认为贵族和议会的势力即便有所削弱，但仍在政治管理中起着重要作用，尤其在地方层面。这种解读参见 Günter Vogler，“Absolutistisches Regiment und ständische Verfassung in Brandenburg-Preußen im 17. und 18. Jahrhundert，” in Heiner Timmerman ed.，*Die Bildung des frühmodernen Staates—Stände und Konfession*，Saarbrücken，Dader，1989，pp. 209-232；Peter-Michael Hahn，*Fürstliche Territorialhoheit und lokale Adelsgewalt：Die herrschaftliche Durchdringung des ländlichen Raumes zwischen Elbe und Aller（1300-1700）*，Berlin and New York，Walter de Gruyter，1989。更宽泛的研究参见 Jan Peters ed.，*Gutsherrschaft als soziales Modell：Vergleichende Betrachtungen zur Funktionsweise frühneuzeitlicher Agrargesellschaften*，Munich，R. Oldenbourg，1995。

战争委员会迅速掌控了整个勃兰登堡的赋税征收和管理，并最终削弱了贵族主导的枢密院的势力和权威。这些政策不可避免地触怒了议会，议员们指控战争委员会“把刀子架在地方宪法的喉咙上”[①]。事实远不止如此。他们还对腓特烈·威廉的宗教政策怒不可遏，因为这位选帝侯想尽办法扩张归正宗。一方面，他在所有皇室成员所在地和省府安插加尔文宗宫廷布道者（*Hofprediger*），在柏林建立双信仰教堂（*Simultankirchen*），并鼓励加尔文主义者从欧洲其他地区（尤其是苏格兰和法国）迁居至此；另一方面，他推动了信义宗和加尔文宗牧师的公开对话（*Religionsgespräche*），在信义宗教会的重要位置上任命立场温和且居中的牧师，并惩罚直言不讳或极端正统的信义宗教职人员，甚至将其免职。这些措施并没有违反腓特烈·威廉及之前的国王与议会签订的协议，但对教会的纯粹性和信义宗的正统地位提出了直接挑战，从而对选帝侯国的根本宪法提出了直接挑战。信义宗教士和议会进行了激烈的抗议和愤怒的指责。1662 年，双方最后一次试图和解，腓特烈·威廉将勃兰登堡的加尔文宗和信义宗神学领袖召至柏林对话。但双方互不相让，和谈终告失败；原因很大程度上在于正统信义宗拒绝妥协，他们认为归正宗新教教徒根本就不是应当宽以待之的“弟兄和教友”，甚至连“严格意义上的（*quatenus tales*）基督徒”都算不上。其措辞确实严厉。[②]

在今天看来，腓特烈·威廉与信义宗议员（不仅包括勃兰登堡的议员，还包括普鲁士王国其他地区的议员）关系的转折点显然在 17 世纪 60 年代中期。自此以后，腓特烈·威廉将行政权力转至战争委员会，

---

① *UA*，vol. 10，p. 593.

② 语出自正统派领袖保罗·格哈德（Paul Gerhard），转引自 Hans-Joachim Beeskow，“Paul Gerhardt，” in Gerd Heinrichs ed.，*Berlinische Lebensbilder*，vol. 5：*Theologen*，Berlin，Colloquium，1990，p. 66。

并任命加尔文主义者与外族人担当要职，以削弱和避开议会和本土贵族。当然，选帝侯一直都偏向于自己教派的人。事实上，在1640—
89 1651年任命的枢密院成员中，三分之二皆为加尔文主义者。[1] 但直到60年代中期，枢密院之外的大多数高层职位仍为信义宗所掌控。然而，加尔文主义者的比重自此稳步上升。到了1675年，至少四分之三的高层职位由加尔文主义者担任，而且没有证据表明较低层职位的教派组成有任何不同。[2] 这种加尔文派化趋势引起了议员的注意。例如，在1678年提交的不满诉求中，他们尖锐地抱怨国王破坏了“无论宗教，对信义宗和归正宗子民一视同仁”的承诺；宫廷管理岗位的“职位和薪俸”曾多在信义宗信徒手中，“如今却恰恰相反：大多数岗位上都是加尔文主义者”。[3] 在腓特烈·威廉统治末期，一个信义宗贵族已对议会的状况做出了心酸的扼要记述：“在我们选侯国，信义宗议员们仍然有他们的信仰，不能说我们遭受了宗教压迫。但自从1614年(原文如此)约翰·西格斯蒙德选帝侯皈依加尔文宗，所谓归正宗新教教徒就在马克-勃兰登堡站稳了脚跟并不断壮大。他们控制了堂区，把持了教会法庭，占据了城市王室职位和(乡村)办事岗位的主要位置。”[4]这正是腓

---

① 参见 Gerhard Oestreich，*Der brandenburg-preußische Geheime Rat*，p. 30。

② 参见 Andreas Nachama，*Ersatzbürger und Staatsbildung*：*Zur Zerstörung des Bürgertums in Brandenburg-Preußen*，p. 72。这些数据实则低估了加尔文主义者在普鲁士公职人员中的比重，因为它们仅仅基于柏林大教堂(Berlin Cathedral)的教会记录，从而将许多不在柏林的归正宗官员排除在外，如多纳家族(Dohnas)。

③ 1677年10月22日不满诉求附录，于1678年12月20日提交选帝侯。GStAPK HA I，rep. 47，nr. 13.

④ 这场信义宗信徒的哀叹有一个讽刺的脚注：1735年的另一篇纪事指出，冯·洛本(von Löben)的财产都被一个名叫乔治·亚伯拉罕·施托施(George Abraham Stosch)的人接收了，他很可能是一位在普鲁士精英加尔文派化过程中起到重要作用的归正宗宫廷布道者的后裔。两份纪事均来自 *Turmknopfeinlage* in the *Kirchenbuch* of Pulzig，转录于 Monika v. Loeben and Paul v. Loeben，“Geschichte der Herren，” Berlin-Dahlem；an unpublished manuscript deposited in the Heroldbibliothek，Geheimes Staatsarchiv-Preußischer Kulturbesitz，1975，p. 9。

特烈·威廉想要得到的。在1667年的"政治遗嘱"中，这位大选帝侯明确指示自己的儿子"接受并任用你的国土上所有的归正宗子民。既然马克-勃兰登堡还没有这样的人，你就要接受其他国土上的加尔文主义者，并把他们排到信义宗信徒之前"①。 90

表2　腓特烈·威廉统治时期普鲁士王室大臣的加尔文派化

年份(年)	加尔文主义者和"外族人"比重(%)
1640	33.3
1645	18.2
1650	14.5
1655	26.7
1660	46.2
1665	43.8
1670	56
1675	60.9
1680	78.9
1690	81.9

资料来源：Andreas Nachama，*Ersatzbürger und Staatsbildung*：*Zur Zerstörung des Bürgertums in Brandenburg-Preussen*，Frankfurt am Main：Peter Lang，1984，p. 111.

*　　　　*　　　　*

勃兰登堡个案使许多历史学家得出结论：腓特烈·威廉决意摧毁议会，并将绝对主义统治强加于整个霍亨索伦王朝。但这种解读与克

① Georg Küntzel ed.，*Die politischen Testamente der Hohenzollern*，Leipzig and Berlin，B. G. Teubner，1919，p. 44.

莱韦-马克的情况不符。在那里，选帝侯和议会的关系颇为不同。[①] 其中一个原因(可能是关键原因)在于克莱韦-马克的议员多为加尔文主义者，从而选帝侯和议会的关系并未因教派冲突而恶化。下文将提到，他们的关系事实上有所改善。

腓特烈·威廉与克莱韦-马克州议员的关系起初非常紧张，甚至相互敌视。选帝侯担心克莱韦-马克可能成为控制了临近的尤里希(Julich)和伯格(Berg)公国的普法茨-纽伯格公爵(Duke of Pfalz-Neuburg)的势力范围，并暗中希望占领尤里希和伯格，以削弱公爵实力。所以他坚持在克莱韦-马克驻扎军队，并要求议会承担开销。议会却不愿合作。议员们坚持，如果选帝侯不认可他们的传统"宪法和特权"[②]，不撤出军队，不解除所有"外族顾问"的职务，他们就决不征税。[③] 选帝侯威胁强行摊派。议会向荷兰人求援，后者允诺干涉。[④] 经过几年的谈判，腓特烈·威廉终于在1649年同意了他们的要求。作为交换，议会承诺捐赠70万帝国塔勒。[⑤] 但和约墨迹未干，议会就开始为捐赠附加更多条件[⑥]，双方又僵持了数年。

腓特烈·威廉与议会关系的转折点出现在17世纪50年代初，也就是霍亨索伦王朝入侵尤里希和伯格之后。议会起初宣布中立，并寻求保护——这次是向皇帝寻求保护。[⑦] 但议会中的新教教徒开始重新

---

① 克莱韦-马克在腓特烈·威廉统治之前的宪制史参见 A. von Haeften，"Allgemeine Einleitung：Die landständische Verhältnisse in Cleve und Mark bis zum Jahre 1641，" in *UA*，vol. 5，pp. 3-82。

② *UA*，vol. 5，pp. 166-169.

③ 参见 *UA*，vol. 5，pp. 214-216，236-242。

④ 参见 *UA*，vol. 5，pp. 281-287，297-303。

⑤ 关于谈判，参见 *UA*，vol. 5，pp. 309-360。关于协议，参见 *UA*，vol. 5，pp. 388-395。

⑥ 参见 *UA*，vol. 5，pp. 416，432-435。

⑦ 参见 *UA*，vol. 5，pp. 551-554。

考虑与(天主教)皇帝的结盟。他们担心皇帝的干涉会导致对新教敬拜的镇压并出现一个天主教统治者(即纽伯格公爵)。[①] 腓特烈·威廉敏锐地认识到宗教分歧的政治重要性，要求克莱韦-马克省督与议会中的 91
新教教徒达成妥协。[②] 他如愿以偿了。议会答应提供一笔小额捐赠。作为交换，腓特烈·威廉再次确认了议员们的特权。[③] 与此同时，他还逮捕了议会中的天主教领袖。[④]

自此以后，腓特烈·威廉和克莱韦-马克州议会的关系逐步改善。从 1655 年到 1660 年，州议会为腓特烈·威廉在波罗的海的军事行动提供了 150 万帝国塔勒和 2 万人的军队。[⑤] 1661 年，州议会批准了一项新的立法协议(*Landtagsrezeß*)，强化了选帝侯在征兵和任用政府官员方面的权威。[⑥] 作为交换，腓特烈·威廉继续给予州议会很大程度的自治权和权力，包括自由集会权、征收和管理税收权，甚至自行筹募资金权。值得指出的是，这些权利和英格兰议会的权利基本类似！更为重要的是，选帝侯不仅在纸面上认可这些特权，在精神上同样如此。他没有将权力集中于省级战争委员会[⑦]，也没有以任命外族官员

① 参见 *UA*，vol. 5，pp. 512ff. 。

② 参见 *UA*，vol. 5，pp. 723-725。

③ 参见 *UA*，vol. 5，pp. 688-692。

④ 参见 *UA*，vol. 5，pp. 733-734；A. von Haeften，“Allgemeine Einleitung：Die landständische Verhältnisse in Cleve und Mark bis zum Jahre 1641，” in *UA*，vol. 5，pp. 607-608。

⑤ 参见 A. von Haeften，“Allgemeine Einleitung：Die landständische Verhältnisse in Cleve und Mark bis zum Jahre 1641，” in *UA*，vol. 5，p. 793。

⑥ 参见 *UA*，vol. 5，pp. 962-974。

⑦ 参见 Otto Hötzsch，*Stände und Verwaltung von Cleve und Mark in der Zeit von 1666 bis 1697*，Leipzig，Duncker & Humblot，1908，pp. 155-160。

来削弱州议会的权威。[①] 他不需要这样做：州议会和议员已经效忠于他——并且已经是加尔文主义者。[②]

马格德堡和哈尔伯施塔特这两个在三十年战争后落入霍亨索伦家族手中的小教会亲王国情况类似。同克莱韦和马克一样，马格德堡与哈尔伯施塔特的加尔文主义者为数众多。[③] 它们同克莱韦和马克的另一个相似点是都获准保留了许多传统特权和自由。[④] 其原因可能在于没有教派冲突。[⑤]

东波美拉尼亚和东普鲁士个案证实了这一结论。[⑥] 和勃兰登堡一样，这些省的议员多属于信义宗；另一个相似点是，他们在17世纪60年代和70年代被逐渐剥夺了政治权利。连过程都如出一辙：教派冲突恶化，双方敌意渐增，之后就是权力的集中化和省行政系统的加尔文派化。

唯物主义理论或战争中心论很难解释这些结果以及引发这些结果的事件。各省王室和议会之间的关系以及行政集中化程度千差万别。

---

① 虽然低层职务任命偶尔出现违反本地出生权(*ius indigenatus*)的情况，但根据记录，只有一个外族人出任高层职位。参见 Otto Hötzsch，*Stände und Verwaltung von Cleve und Mark in der Zeit von 1661 bis 1697*，pp. 47-48。

② 参见 Robert Scholten，*Zur Geschichte der Stadt Cleve*，Cleve，Fr. Boss，1905，p. 281。

③ 参见 Martin Gabriel，*Die reformierten Gemeinden in Mitteldeutschland：Geschichte und Verfassung einer Bekenntnisminderheit im 18. Jahrhundert und danach*，Witten，Luther Verlag，1973。

④ 参见 Wolfgang Neugebauer，"Die Stände in Magdeburg，Halberstadt und Minden im 17. und 18. Jahrhundert，" in Peter Baumgart ed.，*Ständetum und Staatsbildung in Brandenburg-Preußen*，Berlin and New York，Walter de Gruyter，1983，pp. 170-207。

⑤ 当然，17世纪后期的王室与议会也爆发了围绕信义宗敬虔主义传播的冲突。但这些冲突与此处讨论的结果无关。

⑥ 更详细的讨论和相关文献参见 Philip S. Gorski，"The Disciplinary Revolution，" Ph. D. diss.，University of California，1996。

但这些差异与阶级结构、地缘政治或立法组织无关，至少关系不明显。在我看来，这些差异与教义有关。基本情况如下：在17世纪40年代以及50年代初，腓特烈·威廉在整个王国采取与议会合作的政策。在克莱韦-马克、哈尔伯施塔特和马格德堡，这一政策最终获得成功。议 92
会持续为腓特烈·威廉捐献，腓特烈·威廉则给予议会可观的自治权和影响力。在勃兰登堡、普鲁士和波美拉尼亚，合作政策却遭遇失败。虽然选帝侯和议会在财政问题上达成一致，且往往不费周折，宗教问题却异常棘手，双方关系最终也因此而恶化。所有个案的转折点似乎都发生在1663年至1665年。自此以后，腓特烈·威廉拒绝召见这三个省的议员或与其谈判，并将权力集中于战争委员会，大量任命加尔文主义者和外族官员。

从这个角度看，国家政权自主性之谜就迎刃而解了。腓特烈·威廉的政策形成了一个新的加尔文宗精英阶层，它在观念和利益上不同于信义宗贵族和市民组成的传统精英。这些精英集中于王室所在地和霍亨索伦王朝的省府，以宫廷布道者和王室官员为核心。其中也有少量改随统治者信仰的本土人士，但以到普鲁士寻求工作或因宗教迫害逃离故土的外族人为主。这些精英在王室和宫廷的庇荫下生活。他们在王室从事行政工作，并在宫廷教堂中礼拜。这些教堂常常位于王室所在地，甚至比邻而建。他们为旧精英及其教士支持者所厌恶和迫害，这些人嫉妒他们的地位，并苛责他们的信仰。简而言之，这些精英们的一切都是王室所赐，与议会没有任何关系。在我看来，这是普鲁士国家政权的自主性如此之高的重要原因①：它由和普鲁士社会没有关联的人组成。这种政权在推行律法和政策时无须考虑盘根错节的精英

① 之所以不是全部原因，是因为至少还有另一个原因：王室土地提供了一种独立的收入来源。后文将详细讨论。

利益，它有能力发动一场自上而下的规训革命。但这场革命的爆发要等到下一代人了。

法国间奏曲：腓特烈一世的统治(1688—1713年)[①]

欣策指出："(腓特烈一世)的统治并不以创造性著称，这一时期并未确立普鲁士国家政权及其独有的社会与政治体系的基本特征。"[②]相反，这一时期的不同寻常之处体现在勃兰登堡-普鲁士沿着邻国的老路走了下去。这是一条以路易十四为先行者的巴洛克绝对王权(baroque
93 absolutism)之路，体现为走火入魔的宫廷排场、王室恩庇系统以及必然随之而来的行政和财政混乱。[③]

腓特烈一世反应灵敏但意志薄弱，对珠宝的兴趣远大于治理国家。对于从父亲那里继承来的行政体系，他几乎未做调整。在他当政的前10年，在"首相"埃伯哈德·冯·唐克尔曼(Eberhard von Danckelmann)及其得力助手多多·冯·克尼普豪森(Dodo von Knyphausen)的操持下，国家财政状况还算平稳。[④] 但唐克尔曼在1697年失宠，被萨因-维特根斯坦(Sayn-Wittgenstein)的奥古斯特公爵(Duke August)取代，国

---

① 腓特烈在1701年被授予普鲁士国王的王室头衔。因为他是第三位以"腓特烈"为名的选帝侯和第一位国王，他有时被称为"腓特烈三世"，有时被称为"腓特烈一世"，有时则被称为"腓特烈三世(一世)"。为简明起见，我只用"腓特烈一世"这个称谓。

② Otto Hintze, *Geist und Epoche der preußischen Geschichte*, Leipzig, Koehler & Armelang, 1943, p. 347.

③ 对这种崇尚法国现象颇为有趣(尽管不甚系统)的概述参见 Adrien Fauchier-Magnan, *The Small German Courts in the Eighteenth Century*, London, Methuen, 1958。更理论化的表述参见 Peter H. Wilson, *War, State, and Society in Württemberg, 1677-1793*, Cambridge, Cambridge University Press, 1995, Introduction。

④ 这一时期的国家财政状况参见 Kurt Breysig, *Die Centralstellen der Kammerverwaltung und des Heeres*, vol. 1, Munich, Duncker & Humblot, 1915。

家财政状况从此急转直下。维特根斯坦是一个野心勃勃且不择手段的朝臣，为了取悦国王和宫廷并为自己和盟友捞取好处，他将王室收入大肆截留至宫廷财库。与此同时，他接管了中央行政(*Hofkammer*)，并在省级行政系统(*Domänenkammer*)安插自己的亲信和鹰犬。不出所料，暴利和腐败随之而来；大片王室土地遭到剥削而凋敝，王室财政不久即濒临崩溃。由于收入减少，腓特烈一世越发依赖外国资金以维系军队。[①] 一些宫廷成员显然意识到了形势的危急，包括王储腓特烈·威廉一世。[②] 但国王仍对维特根斯坦的财政手腕充耳不闻，直到1708年的东普鲁士大饥荒。当国王命令维特根斯坦拨款50万帝国塔勒进行救援时，维特根斯坦顾左右而言他。真相最终大白：国家政权已经破产，而且破产多时。[③]

当然，这类事件并不稀奇。多数巴洛克式的国王都濒临破产，依靠财政大臣的煞费苦心和收税人的横征暴敛度过一个又一个财政危机。1709年普鲁士破产真正值得一提的地方是，它引发了整个财政和行政体系影响深远的改革。但要理解这场出人意料的转折，我们必须考察王储及其追随者重整旗鼓背后的宗教与政治理念。

---

① 荷兰国务委员会的一位消息灵通人士在1704年表示，若无大量外国援助，勃兰登堡-普鲁士将无力养活其3万人的军队。转引自 Hans Bleckwenn, *Die Ökonomie-Reglements des altpreußischen Heeres*, Osnabrück, Biblio Verlag, 1973, p. 8。

② 他们向王室检察院检举瓦滕贝格(Wartenberg)的亲信腓特烈·克里斯丁·冯·洛本(Friedrich Christian von Löben)，希望以此引起国王的注意。冯·洛本在哈雷(Halle)和马格德堡安插了大量亲信，并千方百计通过不动产谋利。他搬出了瓦滕贝格在国王不知情的情况下签署的王室法令，由此得以从大部分指控中脱身。关于冯·洛本一案，参见 Brandenburgisches Landeshauptarchiv(以下简称 BLHA), Pr. Br. Rep. 4a, 1207。

③ 关于瓦滕贝格的失势及其导火索，参见 Carl Hinrichs, *Friedrich Wilhelm I*, Darmstadt, Wissenschaftliche Buchgesellschaft, 1968, pp. 438-490。

普鲁士清教主义：腓特烈·威廉一世的宗教与政治理念

普鲁士自上而下的规训革命源于腓特烈·威廉一世的宗教理念与
94 世界观。和先辈一样，腓特烈·威廉一世从小受归正宗影响。他最终没有接受预定论(predestination)教义①，但仍保留了加尔文主义的苦行精神。在某些方面，他的理念与韦伯最早描述的资产阶级苦行主义极为类似。例如，这位国王省吃俭用、量入为出。他从幼年即开始认真记录自己的财务收支。每一项支出，无论数额多么微不足道，他都会记录在一个特别账簿上。这种生活习惯一直保持到成年时期。腓特烈·威廉一世也是一个极为简朴的人，对浮华和炫耀没有任何兴趣。他在王室城堡中的住处只有最简单的装修：没有地毯，没有壁毯，没有奢华的装饰，只有刷白了的墙和最朴素的木制家具——更像僧侣的斗室，而非皇家寝宫。② 他的作息也颇为规律。其日常活动包括多次祷告、吟唱赞美诗以及阅读《圣经》；最重要的是，他总是日程满满。③他的娱乐活动简单而实用；在少有的闲暇时间，他喜欢去伍斯特豪森(Wusterhausen)和波茨坦(Potsdam)的属地打猎，或与烟草俱乐部(*Tobakskollegium*)成员讨论政治和财政事务——这是一个军官和文官的小

---

① 参见 J. A. Freylinghausen，*Sieben Tage am Hofe Friedrich Wilhelms I. Tagebuch des Professors J. A. Freylinghausen über seinen Aufenthalt in Wusterhausen vom 4. bis 10. September*，Sept. 6，1727，Berlin，A. Duncker，1900。

② 参见 Otto Krauske，"Vom Hofe Friedrich Wilhelms I," *Hohenzollern Jahrbuch*，1977(5)，p. 174。

③ 参见 Friedrich Förster，*Friedrich Wilhelm I，König von Preußen*，Potsdam，Verlag von Ferdinand Riegel，1834-1835，尤其可参见第 1 卷，第 193 页及其后数页对国王日常作息的讨论。

圈子，每周在柏林的王室城堡举行几次聚会。但这位国王有一个理念与资本主义苦行精神大相径庭：对他而言，神圣恩典和个人救赎并不体现在个人所积累的财富上，而体现在积累的权力上。当他还是个孩子时，他的老师、胡格诺派（Huguenot）贵族菲利普·瑞贝尔（Philip Rebeur）就教导他，霍亨索伦王国的命运与其统治者的信念紧密相连；正因为皈依了加尔文宗，他的家族才受到了神的庇佑；只要他们继续遵守神的诫命，就会继续享有神的恩典。他记住了这一教导。长大成人之后，国王对自己的儿子灌输了同样的观点：如果他工作勤奋，为人正直，奉行神的律法，这个王国就会继续壮大和繁荣。[①] 但如果他"游手好闲"，犯下"通奸"之罪，允许跳舞、喜剧或其他"可憎之事"，他将为自己和他的子民招来神的愤怒。[②] 就此而言，他更像奥利弗·克伦威尔（Oliver Cromwell），而非本杰明·富兰克林（Benjamin Franklin）。在宗教与政治理念方面，腓特烈·威廉一世还有一点值得一提，那就是他对人类的强烈的不信任。当然，不信任谋士和官员的统治者大有人在，也确实事出有因。更不同寻常之处可能在于，腓特烈·威廉一世坚信自己可以通过持续监视的方式控制属下，而这也是他克服自身"软弱性"的方式。这种对规训效力以及更宽泛意义上的世界可变性的坚信具有独特的加尔文主义色彩，并成为普鲁士的特性。

这位国王的理念颇为极端，但并非独一无二。当时有一批王室官 95

---

① 参见 J. A. Freylinghausen，*Sieben Tage am Hofe Friedrich Wilhelms I. Tagebuch des Professors J. A. Freylinghausen über seinen Aufenthalt in Wusterhausen vom 4. bis 10. September*，p. 26。

② 源自腓特烈·威廉写于 1722 年的政治遗嘱，见 Georg Küntzel ed.，*Die politischen Testamente der Hohenzollern*，vol. 1，pp. 70，88。

员和加尔文宗教士与他志同道合。[①] 在具有敬虔主义倾向的信义宗教职人员及其平信徒支持者中，国王的宗教苦行主义和世俗行动主义也不乏志同道合者。有了这些人的帮助，腓特烈·威廉一世得以自上而下地推行他的规训革命。

自上而下的规训革命

1700 年，革命迹象尚未显现。柯尼斯堡正紧锣密鼓地筹备腓特烈一世加冕普鲁士国王的仪式。遍布欧洲的数百名政要受到邀请。仅凯旋游行就长达四个多小时！[②] 与此同时，柏林的几十位艺术家、工程师、学者和建筑师夜以继日，要把这座城市变成名副其实的巴洛克之都；新的城堡、博物馆、教堂以及绿树成荫的马路工程正热火朝天地开展；两个皇家学术研究院也正在组建中，一个是科学院，另一个是艺术院。[③]

在此背景下，腓特烈·威廉一世 1713 年的登基就像是一场王室的

---

① 关于加尔文宗教士的理念，参见 Rudolf von Thadden，*Die brandenburgisch-preussischen Hofprediger im 17. und 18. Jahrhundert：ein Beitrag zur Geschichte der absolutistischen Staatsgesellschaft in Brandenburg-Preussen*，Berlin，De Gruyter，1959。对王室官员的最出色分析参见 Eckhart Hellmuth，*Naturrechtsphilosophie und bürokratischer Werthorizont：Studien zur preussischen Geistes-und Sozialgeschichte des 18. Jahrhunderts*，Göttingen，Vandenhoeck & Ruprecht，1985。关于这一团体在腓特烈·威廉一世统治初期和登基前的宫廷地位，参见 Carl Hinrichs，*Friedrich Wilhelm I*。

② 参见 *Krönungs-Ceremonien，Welche So wohl bey vorhergehende Proclamation An den 16. Januarii Wie auch auff den Krönungs-Tag selbsten，Den 18. darauff des 1701-sten Jahres in Königsberg Höchst feyerlich celebriret worden*，Königsberg，n. p.，1701。

③ 详见 Oskar Schwebel，*Geschichte der Stadt Berlin*，vol. 2，Berlin，Brachvogel & Rankft，1888，pp. 204-230；Adolf Steckfuß，*500 Jahre Berlin*，Berlin，B. Bigl，1880，pp. 253-260。

圣像破坏运动(*Bildersturm*)。[①] 身为王储，他日益不安地目睹了柏林宫廷的繁礼多仪和尔虞我诈，并以数年之力，制定出了一个强化君主制的策略。[②] 大权在握之际，他毫不犹豫地将其付诸实施。拜别先父之后，他大步流星地抛开乱成一团的朝臣，召集高层智囊共商国是。在这之后，他回到自己在伍斯特豪森的领地。接下来的几个月，他推行了一项激进的财政紧缩政策：缩减宫廷规模，调低薪俸，熔化或变卖宫廷财宝，甚至减少了朝臣马匹的草料配额。[③] 王室花园的绿树被悉数砍掉，改造为演练场。[④] 短短一年之内，王室债务从 42 万帝国塔勒减至 10 万帝国塔勒。[⑤] 大量官员被解除职务，侥幸保住乌纱帽者薪俸缩减一半甚至三分之二。省下来的钱用于增加军人俸禄，且兵力提升了 33%(从 3 万人增至 4 万人)。国王这般告诉智囊："先王乐在富丽堂皇的建筑，车载斗量的珠宝、白银、黄金和家具以及气势恢宏的排场。容我另有乐趣：我以百万雄兵为乐。"[⑥]国王的策略对首都的影响立竿见影且翻天覆地：朝臣们打点行囊，阁僚们摘下官帽，商人们关

---

① 语出 Carl Hinrichs, "Der Regierungsantritt Friedrich Wilhelm I," in Carl Hinrichs ed., *Preußen als historisches Problem*, Berlin, Walter de Gruyter, 1963, pp. 91-137。此文是迄今为止对这位新国王统治初期的最出色研究。

② 参见 Carl Hinrichs, *Friedrich Wilhelm I*, 尤其见第 209～215 页以及第 491～496 页。

③ 参见 *Acta Borussica*, *Behördenorganisation*(以下简称 *ABB*), no. 149, "Bericht des kaiserlichen Gesandten," Berlin, May 2, 1713, Berlin, Paul Parey, 1901。

④ 参见 Ernst Friedländer ed., *Berliner geschriebene Zeitungen aus den Jahren 1713 bis 1717 und 1735*, no. 8, June 10, 1713, Berlin, Ernst Siegfried Mittler und Sohn, 1902。

⑤ 参见 Adolph F. Riedel, *Der brandenburgisch-preußische Staatshaushalt in den beiden letzten Jahrhunderten*, "Beilage No. IX"。

⑥ 荷兰驻柏林代表巴罗·冯·林特洛(Baron von Lintelo)1713 年 2 月 28 日的报告，转引自 Carl Hinrichs, "Der Regierungsantritt Friedrich Wilhelm I," in Carl Hinrichs ed., *Preußen als historisches Problem*, p. 95。

96 门歇业，工匠们悉数修路。“这真是不可思议，”一位荷兰使节如此记录，“谁也无法料想，生活方式会在如此短的时间里发生如此大的变化。”[1]变化仍在继续。接下来的 30 年，柏林从一座城堡和林荫大道之都变成了军营和阅兵城。[2]

但国王的公开目标[“让(我的)统治像铜墙铁壁一般稳固”[3]]无法仅靠紧缩政策实现。普鲁士自身的力量不足以与列强争霸，因为它的经济基础太过薄弱，人口太少，领土太分散。腓特烈·威廉一世意识到，唯一的补救办法是规训和勤恳；具体说来，需要一支忠心耿耿且训练有素的军队，一套廉洁、高效的行政体系以及顺服且勤劳的民众。于是，腓特烈·威廉一世着手打造这三根将为普鲁士带来辉煌的支柱。

“宛如最精准的手表”：腓特烈·威廉一世的军事改革

按照当时的标准，在腓特烈·威廉一世登基前，普鲁士军队的战斗力即已傲视群雄。但直到有了腓特烈·威廉一世的督导，普鲁士军队才真正脱胎换骨，成为许多人眼中全欧洲最有纪律、最为高效的军队。在夸耀其父亲的军团时，腓特烈二世曾将普鲁士步兵形容为“最精准的手表”[4]：“每行队列只有一个动作和一种声音；所以开火时只有一声枪响，行军中只有一个步调；所以每一个动作都像运转中的机

---

① Baron von Lintelo，转引自 Gerhard Oestreich, *Friedrich Wilhelm I*，Göttingen，Musterschmidt，1977，p. 52.

② 参见 Ernst Friedländer ed.，*Berliner geschriebene Zeitungen aus den Jahren 1713 bis 1717 und 1735*，no. 29，nov. 18，1713。

③ *ABB*，vol. 2，no. 175.

④ Frédéric le Grand，*Oeuvres*，vol. 1，Berlin，Rodolphe Decker，1846，p. 192.

器。”[1]有了这种无与伦比的协调和速度，大多数普鲁士军团的射击频率远超出其他军队：大约每分钟三枪齐射，而其他军队一般只能达到两枪。[2] 这使腓特烈·威廉一世能以质量代替数量，换言之，以战术上的精准弥补人数上的不足。他自信地宣称，普鲁士军队足以以 3∶5 的比例匹敌任何军队[3]——腓特烈大帝后来在西里西亚(Silesia)战役中大获全胜，足以证实这种说法。

这般纪律严明的秘密何在?

当然，钢铁纪律和残酷乃至暴力手段不无关系。腓特烈·威廉一世深信体罚的价值。但多数统治者都是如此。腓特烈·威廉一世手下 97
的普鲁士军队的真正特点在于高强度的训练系统，正是这一特点将它与其他军队区分开，并在后来的战争中发挥了决定性优势。[4] 虽然这种训练系统并非普鲁士所独有，军队演练在当时已颇为普遍，但它的独特性至少体现在三个方面。首先是训练的**统一化**。在大多数军队中，有多少教官，就有多少训练规章。[5] 相反，普鲁士军队只有一部规章：

---

① 转引自 A. v. Crousaz，*Die Organisation des brandenburgischen und preußischen Heeres seit 1640*，vol. 1，Berlin，F. Niemschneider，1873，p. 41。利益关系较小者证实了这些印象。例如，瑞士作家阿尔布莱希特·哈勒尔(Albrecht Haller)将在图宾根(Tübingen)所见训练极差的符腾堡军队与在哈雷所见训练有素的普鲁士军队进行了比较。参见 Ludwig Herzel ed.，*Albrecht Hallers Tagebücher seiner Reisen nach Deutschland*，*Holland und England 1723-1727*，pp. 9，77。

② 射击频率详见 Hans Delbrück，*Geschichte der Kriegskunst im Rahmen der politischen Geschichte*，vol. 4，Berlin，G. Stilke，1920，pp. 310ff.。

③ 腓特烈·威廉一世的相关表述参见 Hans Bleckwenn，*Reglement vor die Königl*：*Preußische Infanterie von 1726*，Osnabrück，Biblio Verlag，1968，p. xxvii。

④ 参见 Siegfried Fiedler，*Grundriß der Militär-und Kriegsgeschichte*，Munich，Schild Verlag，1980，p. 58。

⑤ 参见 Hans Bleckwenn，*Reglement vor die Königl*：*Preußische Infanterie von 1726*，p. xxxiv。

1714年的王室《规章》(*Reglement*)以及1718年和1726年的增订版《规章》。[①] 每个军官都会领到一份最新的《规章》或相关段落的摘编，并必须认真学习，铭记于心。[②] 这并不容易，因为从士兵们集合时的军靴位置到握枪时的手指位置，《规章》对每一个口令和每一个动作都有规定。有时候，单单学习持枪姿势就要耗费新兵几个星期的时间，而大多数新兵需要一到两年才能掌握所有要领。这并不稀奇，毕竟，单单是训练内容之一的装填、上膛和发射，就被分解为67个口令和167个动作。[③] 普鲁士军事训练的第二个特征是**高强度**。其他地方的训练往往简短且零散，每周可能只有几小时。勃兰登堡-普鲁士正好相反，训练时间长且日程固定。训练季(*Exerzierzeit*)从3月持续到5月，通常在早上五点开始，直至中午结束。每年一度的检阅周通常在6月举行，士兵可能半夜一点就要起床，一直站到傍晚。[④] 普鲁士军事训练的第三个特点是**军官监督**。在大多数军队中，训练都被视为苦差，一般交由低级别的训练军士负责。普鲁士军队则不同，训练不仅是每个军官的核心职责，更对其晋升具有决定性意义。在每年的阅兵式，国王都会亲自检阅和观摩所有军团。若是军容有序，特别是机动快速，其军官就有望获得晋升和提拔；军容涣散或行动迟缓的军队的长官往往遭

---

① 保存下来的早期《规章》极少。一份1714年的《规章》保存在柏林的普鲁士国家机密档案馆(Geheimes Staatsarchiv in Berlin)。1718年的《规章》参见Harald Kleinschmidt, "Zum preußischen Infanteriereglement von 1718," *ZeitschriJt für Heereskunde*, 1983 (47), pp. 117-120。

② 参见Kurt Zeisler, *Die "langen kerls": Geschichte des Leib-und Garderegiments Friedrich Wilhelms I*, Frankfurt am Main, Ullstein, 1993, pp. 100-101。

③ 基于1726年的《规章》。早期《规章》的分解动作稍多。

④ 关于日常训练和年度阅兵式的罕见的现场描述，参见"Curriculum Vitae Militaris Dom. Neubauer", 重印于Hans Bleckwenn ed., *Kriegs-und Friedensbilder, 1725-1759*, *Altpreußischer Kommis*, Osnabrück, Biblio Verlag, 1971, 尤其见第249页。

到降职或解职，甚至面临监禁。①

不仅如此，军事训练和规训的影响与目标远远超出了阅兵场。不同于其他竞争者，普鲁士军队主要由本地人组成。腓特烈一世的军队本来就多出自勃兰登堡-普鲁士境内②，腓特烈·威廉一世更进一步，将兵役定为国民义务。他宣称："所有青年都有义务且必须按照他们与生俱来的身份以及全能的神的旨意和要求，将生命和财产(*Gut und Blut*)托付于我们。"③事实上，在腓特烈·威廉一世统治时期，大约三 98
分之二的士兵是霍亨索伦王朝的本土子民。这一政策出于两方面的考虑：一方面，国王认为本族臣民往往更忠心、更顺从，因为他们效力于自己的主人；另一方面，兵役本身也是加强臣民忠诚度和顺服度的良方。后一点对贵族尤为重要。事实上，正由于它如此重要，腓特烈·威廉一世明令禁止其他国家屡见不鲜的贵族子弟加入外族军队的现象。④ 他心知肚明，许多(信义宗)贵族对其(加尔文宗)君主仍有所疑虑，而戎马生涯可以让他们赤心报国。"在军队中培养贵族，"他向王储提出建议，"好处是除了神和普鲁士国王，他们没有其他主人。"⑤他希望，在军队中学到的顺服和听从权威的习惯能够延续到退伍后的日

---

① 参见 Ernst Friedländer ed.，*Berliner Garnisons-Chronik*，Schriften des Vereins für die Geschichte Berlins，no. 9. Berlin，R. V. Decker，1873。该文包括了一长串 6—7 月升降职军官的名单。

② 参见 Robert Frhr. von Schrötter，"Die Ergänzung des preußischen Heeres unter dem ersten Könige，" *Forschungen zur brandenburgschen und preußischen Geschichte*，1910(23)，pp. 403-467。

③ 转引自 Siegfried Fiedler，"Militärgeschichte im Zeitalter des Absolutismus，" in Karl-Völker Neugebauer ed.，*Grundzüge der deutschen Militärgeschichte*，vol. 1，Freiburg，Rombach Verlag，1993，p. 121。

④ 参见 *ABB*，vol. 5/2，no. 357。

⑤ *ABB*，vol. 3，p. 450.

常生活中。

这一政策的隐患是有可能引发民间动乱并降低农业产量。这绝非危言耸听。腓特烈·威廉一世登基后的第一年即有近 3500 例叛逃案件；到了 1718 年，年轻人纷纷逃避兵役，导致大片农田荒废。① 国王起初应以更严厉的惩罚和更严密的监督。② 由于收效甚微，国王后来改变了策略。他首先引入"休假制"(*Beurlaubungssystem*)，允许士兵在非训练季(7 月到次年 2 月)做农活或经商。③ 其次是推行所谓征兵区制度(*Kantonsverfassung*)，要求符合条件的青年在到达服役年龄前到征兵处报名，但允许他们正式参军后在家乡或家乡附近服役。④ 通过这种方式，腓特烈·威廉一世力图使更多人接受兵役(并减小它对普鲁士经济的负面影响)。这些措施不无成效：腓特烈·威廉一世统治末期的逃兵率仅为初期的 5%。⑤

---

① 参见 Eugen von Frauenholz, *Das Heerwesen in der Zeit des Absolutismus*, Munich, C. H. Beck, 1940, p. 19。

② 赏金为 12 帝国塔勒，对农民和工匠来说是一笔小财。参见 Wilhelm Stratemann, *Vom Berliner Hofe zur Zeit Friedrich Wilhelms I*(Richard Wolff ed., *Schriften des Vereins für die Geschichte Berlins*, vol. 48), no. 80, May 18, 1730, Berlin, Verlag des Vereins für die Geschichte Berlins, 1914。关于安全措施，参见 Olaf Groehler, *Das Heerwesen in Brandenburg und Preußen von 1640 bis 1806*, Berlin, Brandenburgisches Verlagshaus, 1903, p. 23; Otto Büsch, *Militärsystem und Sozialleben im alten Preußen*, p. 28。

③ 参见 Max Lehmann, "Werbung, Wehrpflicht und Beurlaubung im Heere Friedrich Wilhelms I," *Historische Zeitschrift*, 1891(67), pp. 254-289。

④ 参见 Curt Jany, "Die Kantonverfassung Friedrich Wilhelms 1," *Forschungen zur brandenburgischen und preußischen Geschichte*, 1926(38), pp. 225-272。

⑤ 参见 Siegfried Fiedler, "Militärgeschichte im Zeitalter des Absolutismus," in Karl-Völker Neugebauer ed., *Grundzüge der deutschen Militärgeschichte*, vol. 1, p. 59。

“货殖”(*plusmacherei*)：腓特烈·威廉一世的财政与行政改革

和军队一样，普鲁士的行政体系在腓特烈·威廉一世继位时即已非常先进(高度地集中化和理性化)。议会没有多少发言权，也无甚实权 99
(克莱韦-马克和哈尔伯施塔特这两个加尔文主义者居多的省除外)；权力集中于三个王室行政机构[战争委员会、王室财政部(*Hofkammer*)和国土事务院(Domains Directory)]；行政程序日益统一化和标准化。到了 1700 年，普鲁士已经具备了王室科层制的雏形和中央预算的框架。①

在腓特烈一世的统治下，行政集中化和理性化过程停滞不前，甚至出现了倒退。但到了腓特烈·威廉一世统治时期，这一进程再度加速。1713 年，这位刚刚登基的国王解散了王室财政部和国土事务院，组建了一个统揽国土事务的机构，名为“财政与国土总理事务院”(General Finance Directory)。② 到了 1723 年，他又将财政与国土总理事务院和战争委员会合并为一个机构，即财政、战争与国土最高总理事务院(*General Ober-Finanz*，*Kriegs-und Domainendirectorium*)。③ 这个机构负责宗教和外交之外的一切国家行政事务。此时的普鲁士已跻身全欧洲公共行政最集中的国家之列，甚至可能无出其右。

---

① 关于勃兰登堡-普鲁士中央政权的演变，相关文献不胜枚举。关于行政组织，迄今为止最优秀的研究仍然是 Conrad Bornhak，*Geschichte des preußischen Verwaltungsrechts*，Berlin，Julius Springer，1884-1886。后续研究的概述和出色的文献目录参见 Wolfgang Neugebauer，“Zur neueren Deutung der preußischen Verwaltung im 17. und 18. Jahrhundert. Eine Studie in vergleichender Sicht，” *Jahrbuch für die Geschichte Mittel-und Ostdeutschlands*，1977(26)，pp. 86-128。关于财政管理，最出色的梳理见 Franz Schneider，*Geschichte der formellen Staatswirtschaft von Brandenburg-Preußen*，Berlin，Duncker & Humblot，1952。

② 参见 *ABB*，vol. 1，no. 123。

③ 参见 *ABB*，vol. 3，no. 295。

集中化与理性化相辅相成。这尤其体现在行政组织上，也就是科层化程度上。事实上，韦伯所说的科层化组织的十大特征，只有两项完全没有体现在普鲁士的治理中：统治者与治理者之间互有效力的劳动契约，以及治理者的私生活免于公众的监督。（值得深思的是，这些特征有利于治理者，而非统治者。）其他八项特征或多或少都有体现：(1)从国王到中央和省级政府，再到地方税吏这条清晰的指挥链（职务的等级化）；(2)日益标准化的注明具体职务特定职责和特权的委任证书（*Bestallungsurkunden*）（岗位描述）；(3)若干普鲁士大学的校级行政科学（*Kameralwissenschaften*）课程[①]，以及省级战争与国土事务委员会的学徒制（*Auscultatorensystem*）（技术资格）；(4)金钱报酬，通常为数额固定的年薪；(5)全职公共管理者的出现；(6)职业阶梯的出现，聪明且勤奋的官员可以步步攀升[②]；(7)"治理者与治理手段的分离"；
100 (8)严格且不间断的监控和监督（规训）。[③] 当然，除了上面提到的两条，普鲁士体系还有许多方面不同于韦伯的理想模式。中央和省级行政委员会采取合议制，而非科层制；岗位描述未完全成文化或标准化；官员任命不经考试；薪俸与职务高低无关，而由国王决定，晋升也由国王拍板。但这里的问题并不在于普鲁士政权是不是理想类型的科层制，而在于它和其他近代早期政权相比科层化程度如何。此问题留待

---

① 关于普鲁士历史以及更宽泛意义上的"官房学"(cameral sciences)，参见 Jutta Brückner，*Staatswissenschaften*，*Kameralismus und Naturrecht*，Munich，C. H. Beck，1977；Hans Maier，*Die ältere deutsche Staats-und Verwaltungslehre*，Munich，C. H. Beck，1980。

② *ABB* 的花名册(*Personenregister*)收有大量实例，列出了所有中高层行政人员的姓名和职务。白手起家的经典例子是约翰·腓特烈·多姆哈特(Johan Friedrich Domhardt)。简要记述参见 *Allgemeine Deutsche Biographie*，vol. 5，Leipzig，Duncker & Humblot，1900，pp. 325-326。

③ 科层制行政的特点参见 Max Weber，*Wirtschaft und Gesellschaft*，pp. 126-127。

下一章进一步探讨，但简单来说，普鲁士无疑是科层化程度最高的德意志政权，也是全欧洲科层化程度最高的两个政权之一。

普鲁士不仅具有全欧洲屈指可数的集中化和理性化行政体系，在举贤任能方面也是可圈可点。在腓特烈·威廉一世看来，一个官员最重要的品质是“忠诚、苦干和精确”(*Treue，Fleifi und Accuratesse*)[①]。他曾对内阁大臣说，总理事务院“要任用一切有才干的人，一切懂得财政和治理(*Wierdtschaft*)[且]思想开放的[人]”[②]。在任命王室官员时，腓特烈·威廉一世确实不甚看重社会等级和家庭背景。事实上，多数普鲁士官员均非贵族出身。只有43%的高层官员(战争与国土事务委员或更高层官员)的姓名含有表明贵族身份的 *von* 或 *d'*[③]，而且许多含贵族身份象征的名字乃是拜腓特烈·威廉一世或其父亲所赐。家族网络对任用和擢升似乎也没有太大帮助。当然，许多公职人员家族(*Beamtensippen*)出过几代高官。但严格意义上的任人唯亲其实并不多见；在战争与国土事务委员或更高级别的官员中，父亲或叔辈曾任官职者不到5%。[④] 相反，聪明且苦干者更有可能得到快速提拔。例如，乔治·威廉·冯·阿舍尔斯莱本(George Wilhelm von Aschersleben)在1723年只是总理事务院的抄写员，1724—1726年在库马克(Kurmark)的战争与国土事务委员会当学徒(*Auscultator*)，1726年被提升为军事委员(War Commissar)，并一直干到1736年。此后他又被提拔为什切青(Stettin)的战争与国土事务委员会主席。[⑤] 他在总理事务院的同事萨

---

① *ABB*，vol. I，p. 323.

② *Instruction for the General Directory*，in *ABB*，vol. 3，p. 558.

③ 基于 *Personenregister*，in *ABB*，vols. 1-7。

④ 基于 *Personenregister*，in *ABB*，vols. 1-7。家族信息源自 *Heroldbibliothek*，Berlin-Dahlem；*Staatsbibliothek I*(“Unter den Linden”)。

⑤ 参见 *Personenregister*，in *ABB*，vols. 1-6。

缪尔·冯·马沙尔(Samuell von Marschall)的提升速度更快，在 20 年
101 内从一个收发室职员升至王室内阁成员。更典型的例子可能是伯恩哈德·腓特烈·贝克尔(Bernhard Friedrich Becquer)。他的父亲是一位胡格诺派官员，在腓特烈一世的对法战争中阵亡。在哈雷大学(University of Halle)完成学业后，贝克尔成为马格德堡战争与国土事务委员会的学徒。他首先被提拔为财政审计员(*Kassenrevisor*)，后又成为战争与国土事务院委员。[①] 可见，在腓特烈·威廉一世统治时期，普鲁士确实具有任人唯贤的公职系统。

国家行政的理性化伴随着国家财政的理性化。这尤其体现在腓特烈·威廉一世引入的新的审计和控制程序中。[②] 这套程序从省级战争与国土事务院开始。每个事务院都要制订年度预算。预算呈交给事务院主席，主席审查、签字后送往柏林，由总理事务院和皇家财务部(*Ober Rechenkammer*)进行复核。审核内容不仅包括数据的准确性，还包括开支的正当性和盈亏底线。所有收入和支出都要一一记录，任何变动都要有正当理由，尤其是在涉及收入减少或开支增加时。后者需要王室签字，前者往往引来王室调查。直到大臣认为没有问题了，他们才会签署预算，然后呈给国王做第三次审核。

但国王并不满足于单纯依靠这些程序上的控制手段。他还引入了其他保障机制。所有财务官员在上岗前必须上缴一笔数额不菲的押金(*Kautione*)——多为年薪的三到四倍。一旦涉嫌渎职，押金就会被收

---

① 参见 *Personenregister*，in *ABB*，vols. 4. 1-5. 2。

② 对普鲁士预算体系的权威描述至今仍是 Adolph F. Riedel，*Der brandenburgisch-preußische Staatshaushalt in den beiden letzten Jahrhunderten*。更简洁(但不甚全面)的概述参见 Franz Schneider，*Geschichte der formetllen Staatswirtschaft von Brandenburg-Preußen*；Otto Hintze，*Die Behördenorganisation und die allgemeine Verwaltung in Preußen um 1740*，*Acta Borussica*，*Behördenorganisation*，pp. 18-23。

缴，连官员的个人财产都有可能被没收。为了避免任何形式的共谋和勾结，腓特烈·威廉一世还规定，只要情况允许，王室官员必须在家乡所在省外任职。[1] 除了这些正式措施，腓特烈·威廉一世还打造了一个非正式的间谍和线人网络。[2] 最著名的线人是总审计师克里斯托夫·冯·卡奇(Christoph von Katsch)，他秘密监视总理事务院的内部运行——谁在卖命工作，谁在喝茶看报，大臣们有无阴谋勾当，等等。[3] 国王还向柏林的大臣们建议“向[家乡]省安插随时禀报一切动向的特别情报员”[4]。但只要涉及钱，腓特烈·威廉一世就不满足于仅仅依靠他人的廉洁和忠诚了。他不仅花费大量时间审阅各个政府部门递交的文件和报告，还经常在王国巡视，并因此被人称为“乡间小路 102
之王”。[5]

当然，即使如腓特烈·威廉一世这般勤勉和积极，也无法指望对所有官员的失职或腐败了如指掌。但一经发现，这类行为就会得到迅速而严厉的惩罚。毫无疑问，腓特烈·威廉一世统治时期最著名(或曰臭名昭著)的公职人员渎职事件是阿尔布莱希特·冯·施洛普特(Albrecht von Schlubhut)案。他是柯尼斯堡战争与国土事务院委员，被指

---

① 虽然国王一意孤行，这一政策却难以彻底贯彻，尤其是一些官员坚决不愿到普鲁士内地任职。

② 这个网络的规模不得而知。众所周知的例子包括总理事务院的卡奇(Katsch)和菲巴恩(Viebahn)，以及普鲁士战争与国土事务委员会的娄霍费尔(Löllhöffel)(相关文献见下注)。海因里希斯也引述了地方线人报告给国王的零散信息。但总的说来，相关记录寥寥，这说明情报网可能并不大。

③ 参见 *ABB*，vol. 3，no. 285。另参见对卡奇继任者弗朗茨·莫里茨·冯·菲巴恩(Franz Moritz von Viebahn)和娄霍费尔的指示，见 *ABB*，vol. 4/2，no. 302；vol. 5/1，no. 202。

④ *ABB*，vol. 5. 1，p. 806.

⑤ 类似的巡查记录参见 Wilhelm Stratemann，*Vom Berliner Hofe zur Zeit Friedrich Wilhelms I*，如第 94 项和第 142 项。

控的罪名是贪污了 2800 帝国塔勒的柯尼斯堡王室财产，并勒索属下 1000 帝国塔勒。[①] 因为缺乏确凿证据，王室检察官建议判处施洛普特六年强制劳役，这在当时属于轻判。但国王驳回了这一判决。国王认为，既然施洛普特的财产少于他被控贪污的数额，便只有一种可能的判决：死刑。施洛普特的一位同事命运更悲惨，那就是亏空了王室 4000 帝国塔勒的普鲁士国土租赁主管(*Landrentmeister*)亚当·弗里德里希·海塞(Adam Friedrich Hesse)。[②] 王室检察官再次列出了若干减刑的理由，特别是这些账目可能在海塞 10 年前从其父亲手中接管之后就再也没有核查过，并再度要求轻判，国王再次拒绝：为了以儆效尤，他下令判处海塞绞刑，刑具是一串铅币。如果以官员对神的敬畏为目标，国王显然大获成功。当勃兰登堡收税官安德烈亚斯·蒂蒂乌斯(Andreas Titius)在几年后受到欺骗王室的指控时，他试图逃离这个国家，但在被捉拿和关押后，他选择了自杀，而不愿等待国王的最终判决。[③] 虽然渎职行为尤其令国王暴怒，其他腐败亦同样会遭到重罚。波茨坦军官(*Ober-billetier*)汉斯·德拉韦(Hans Drave)因为试图在柏林获得第二个职位，并让一个"高大的侍卫兵"替他在国王面前美言，被判处六年劳役。[④] 即使是简单的过失，也有可能引发严重后果。例如，

---

① 施洛普特一案参见"Aktenmäßige Geschichte der Hinrichtung des Geheimen Raths von Schlubhut," *Preußische Monatsschrift*，vol. 1，Dec. 1788。概要参见 *ABB*，vol. 5. 1，no. 132。

② 海塞案参见 *ABB*，vol. 5/1，no. 271。

③ 关于蒂蒂乌斯案的背景，参见 *ABB*，vol. 5/2，no. 163。关于蒂蒂乌斯的自杀，参见 Ernst Friedländer ed.，*Berliner Garnisons-Chronik*，Sept. 27，1738。

④ 德拉韦案参见 Wilhelm Stratemann，*Berichte des braunschweiger Gesandten in Berlin*，*1728-1733*（Richard Wolff ed.，*Schriften des Vereins für die Geschichte Berlins*，vol. 49），Berlin，Verlag des Vereins für die Geschichte Berlins，1914，nos. 58，98，100，123，124，128。

一位负责监督维泽尔新要塞修筑的工程师因为预算超标而受审。[①] 一位睡过了头的邮递员被解雇，并被逐出住所。[②] 连私人领域也处于国王的监控下。当腓特烈·威廉一世发现大臣路德维格·奥托·冯·普洛夫(Ludwig Otto Edler von Plotho)包养了一个情妇时，他在枢密院对其当众严斥；据记载，国王的说法是，虽然外表光鲜清白，私下却龌龊不堪。[③] 普洛夫的同事埃伦赖希·博吉斯劳斯·冯·克罗伊茨(Ehrenreich Bogislaus von Creutz)所受斥责更为严厉。当国王发现克罗 *103*
伊茨和一个年轻的交际花[瓦格尼茨小姐(Fräulein Wagenitz)]有染，便立刻以渎职为名对其停薪停职。“我可以把你送到施潘道(Spandau)[的军事监狱里],”国王怒不可遏，“但这次先饶了你。”[④]克罗伊茨后来回到了总理事务院的老位置上，但再也没有重获腓特烈·威廉一世的尊重。“如果不是因为感情,”国王后来说，“他本会成为一个非常能干的财务官。”[⑤]连不像克罗伊茨那般“花心”的官员也难逃国王的暴怒。例如，国家检察长(*General-Fiscal*)约翰·托拜厄斯·瓦格纳(Johann Tobias Wagener)因为掌掴妻子而被停职(*krumgeschlossen*)，继而被免职。[⑥] 在18世纪20年代，腓特烈·威廉一世甚至试图建立一个正式的道德监视制度；总理事务院的负责大臣以及各省战争与国土事务委员会主席每年都要向国王提交一份特别报告，对所有下属的私人和公共

---

① 参见 Ernst Friedländer ed.，*Berliner geschriebene Zeitungen aus den Jahren 1713 bis 1717 und 1735*，no. 9，Mar. 3，1714。

② 参见 *ABB*，vol. 1，no. 129。

③ 参见 Ernst Friedländer ed.，*Berliner geschriebene Zeitungen aus den Jahren 1713 bis 1717 und 1735*，Mar. 24，1714。

④ Ernst Friedländer ed.，*Berliner geschriebene Zeitungen aus den Jahren 1713 bis 1717 und 1735*，Jan. 9，1717.

⑤ *ABB*，vol. 2，p. 456.

⑥ 关于瓦格纳一案，参见 *ABB*，vol 5/1，pp. 517-518；Ernst Friedländer ed.，*Berliner Garnisons-Chronik*，nov. 14，1732。

操守做出评价。[①]

成效：纵向视角下的行政效率

为了鼓励王室官员的顺从、勤奋和廉洁，腓特烈·威廉一世采用了一系列策略，包括行政集中化、举贤任能、正式与非正式监督机制、重罚以及示范性惩罚。关键问题是：这些措施是否真正提升了勃兰登堡-普鲁士的行政效率？如果确实如此，其具体效果如何？

在讨论这个问题以前，我们必须先澄清“行政效率”这一概念。为了便于分析，不妨将其定义为**行政投入与行政产出的比例**，投入仅限物质与人力投入，产出则以强制、榨取或规则为标准。按照这种定义，一个国家政权的行政效率体现为行政总支出或行政人员总数与军队整体实力、总税收或社会整体秩序的比例。

有了这些定义，我们再考察相关证据。这方面的资料并不那么完整或精确，但足以揭示出一些重要轨迹。在腓特烈一世统治时期，非
104 军事开支总额年均略低于 200 万帝国塔勒。[②] 其中有 20%～25%用于宫廷。[③] 可惜我们无从了解国家行政支出在剩余金额中的比重。但有

---

① 这一政策始于何时不得而知。我所能找到的最早记录是 1723 年(*ABB*，vol. 4/1，no. 122)。到了统治晚期，腓特烈·威廉一世似乎废止了操守报告，理由是“这些报告无法正确评价一个人的操守，因为评判人极易受个人感情和喜好的影响”(*ABB*，vol. 5/2，“Cabinetsordre an den Etatsminister von Happe，” Potsdam，Mar. 31，1738)。然而，腓特烈大帝恢复了这一措施。柏林的普鲁士国家机密档案馆和波茨坦的勃兰登堡国家档案馆(Brandenburgisches Landeshauptarchiv in Potsdam)均存有大量腓特烈大帝统治晚期的操守报告。

② 参见 Adolph F. Riedel，*Der brandenburgisch-preußische Staatshaushalt in den beiden letzten Jahrhunderten*，pp. 53-54。

③ 参见 Adolph F. Riedel，*Der brandenburgisch-preußische Staatshaushalt in den beiden letzten Jahrhunderten*，p. 42；*Beilage* no. IX。

一点很清楚，腓特烈·威廉一世统治时期的非军事开支总额大幅降为每年 117 万帝国塔勒。[①] 因为这个数字包含宫廷维护开支(年均 18.3 万帝国塔勒)、新领地和国土购买费用(共约 700 万帝国塔勒)、公共工程资金(总计 200 万帝国塔勒)以及东普鲁士在瘟疫后的重建和修缮开支(600 万帝国塔勒)，我们有理由认为，实际行政开支远低于 117 万帝国塔勒。[②] 将这些开支从总额中剔除，年均行政成本为 43 万帝国塔勒。这与腓特烈·冯·雷登(Friedrich von Reden)的计算结果大体相符，他对腓特烈·威廉一世执政最后一年的行政成本总额的估算为 53 万帝国塔勒。[③] 这也符合我们对这一时期普鲁士行政人员薪资的了解：薪俸在 1713 年大幅度下降，并一直明显低于其他德意志诸侯国；低级别官员的薪俸尤其低微；高层官员的工资虽然更有竞争力，但仅仅是在不考虑各种其他薪酬的情况下，因为它们占据了巴伐利亚和汉诺威王室官员报酬总额的相当一部分。[④]

行政投入的第二项指标(行政人员数量)如何？基于多方资料，我们可以对腓特烈·威廉一世在位最后一年的王室官员数量做出大

---

① 参见 Adolph F. Riedel，*Der brandenburgisch-preußische Staatshaushalt in den beiden letzten Jahrhunderten*，*Beilage* no. XII，column 10(“Rest-Ausgabe fur Hofund Civil-Zwecke”)。

② 宫廷开支数据参见 Adolph F. Riedel，*Der brandenburgisch-preußische Staatshaushalt in den beiden letzten Jahrhunderten*，*Beilage* no. IX。其他数据源自 Franz Schneider，*Geschichte der formellen Staatswirtschaft von Brandenburg-Preußen*，p. 96。

③ 参见 Friedrich von Reden，*Allgemeine vergleichende Finanz-Statistik*，vol. 2，pt. 1，Darmstadt，Verlag der Hofbuchhandlung von G. Jonghaus，1856，p. 77。此数据包括王室开支，上注中的数据则不包括此项。

④ 比较下列文献中记载的薪酬得出：Otto Hintze，“Einleitende Darstellung，” in *ABB*，vol. 6，pt. 1，pp. 284-285；Ernst von Meier，*Hannoversche Verfassungs-und Verwaltungsgeschichte*，vol. 1，Leipzig，Duncker & Humblot，1898，pp. 517ff.；Hans Schmelze，*Der Staatshaushalt des Herzogtums Bayern im 18. Jahrhundert*，Stuttgart，J. G. Cotta'sche Buchhandlung Nachfolger，1900，pp. 197-200。

致估算。在那一年，中央行政部门人员共约 165 人[①]，省级行政机构的人数为 700～900 人[②]。因为没有完整资料，地方官员人数较难估计。[③] 基于一项普鲁士区域研究，我们推算出，地方官员总人数至少为 600 人。由于这项研究未涉及下属官员的重要数据，实际数字可能更高，甚至可能高出 200～300 人。如果上述计算无误，普鲁士国家政权 1740 年的官员总数在 1200 人至 1400 人之间。

这一数字相比早期如何？由于缺乏相关信息和资料，我们很难给出确切答案。[④] 但腓特烈·威廉一世统治时期官员人数激增的可能性
105 微乎其微；实际上，官员数量很可能有所下降。当然，这一时期国家
政权的动作有所加大，这确实带来了扩充政权规模的需求，官员本身尤其希望如此。但腓特烈·威廉一世对这些要求极为反感；事实上，

---

① 来自各中央行政机构数据的汇总。数据源自 Otto Hintze，“Einleitende Darstellung,” in *ABB*，vol. 6，pt. 1，pp. 55-197。

② 省级政府数量(9)与省级政府标准职员人数(75～100)相乘得出的结果。数据源自 Otto Hintze，“Einleitende Darstellung,” in *ABB*，vol. 6，pt. 1，pp. 289-492。准确数字不可得，因为欣策没有给出省级政府的全部数据。

③ 参见 Eduard Rudolf Uderstädt，*Die ostpreußische Kammerverwaltung，ihre Unterbehörden und Lokalorgane unter Friedrich Wilhelm I. und Friedrich II. bis zur Russenokkupation*（*1713-1756*），Königsberg in Pr.，Buch-und Steindruckerei von Otto Kümmel，1911。据这项研究，东普鲁士有 10 个收税官(*Steuerräte*)、10 个太平绅士(*Landräte*)和 15 个国土管理员(*Beamte*)。小村庄里的收税官有 4 个副手。柯尼斯堡收税官的副手则多得多。太平绅士有 4 个办事员(*Kalkulatoren*)协助。国土管理员肯定也有下属，但这项研究没有提供相关细节。基于上述信息，我们推论出 100 人左右的地方官员规模。其他较大省份(东波美拉尼亚、老马克、新马克、克莱韦-马克)的太平绅士数量类似，也没有明显理由认为其收税官和国土管理的数量有显著不同。较小省份(明登、哈尔伯施塔特、拉芬斯堡和马格德堡)的每类官员人数大约都是较大省份的三分之一。东波美拉尼亚、哈尔伯施塔特、拉芬斯堡和库尔马克的数据分别参见 *ABB*，vol. 4，pt. 1，pp. 181，766，260；vol. 6，pt. 1，p. 453。

④ 据我所知，不存在全面的普鲁士国家官员名单。由于国王亲自任命所有官员，且由于宫廷档案在第二次世界大战中遗失，这类名单很可能已不复存在。因此，当代学者唯有借助于欣策等战前学者的研究，因为只有他们接触过更完整的档案资料。

他试图以行政集权化和重组来减少官员数量。非军事开支的起伏暗示了以下模式：腓特烈·威廉一世统治初期（约1713—1716年）官员人数急剧减少；统治中期（约1717—1727年，即东普鲁士"重建"期）迅速扩张；统治后期（约1728—1740年）（再次）减少，并趋于稳定。

如果上述分析无误，则行政总投入（即行政支出和人员）在腓特烈·威廉一世统治时期并没有显著增长，甚至可能有所减少。那行政产出如何？遗憾的是，治理产出方面的证据极度匮乏，所以我们难以得出精确结论，也无法做出有意义的比较。[①] 但如果我们从军事或财政角度界定产出，答案无疑是肯定的：军队规模翻番，从4万人增至8.3万人；总税收从250万帝国塔勒增至360万帝国塔勒；国土收入总额从150万帝国塔勒增至330万帝国塔勒。

通盘考虑，我们有理由认为，腓特烈·威廉一世统治时期的行政效率有所提高，而且可能提高了两至三倍。下一章将从比较视野考察这些结果。但在此之前，先让我们讲完普鲁士规训革命的故事。

自下而上的社会规训：敬虔主义运动与社会改革

普鲁士规训革命基本上是一场王室领导的自上而下的革命。但它还伴有一场敬虔主义运动所引发的自下而上的革命。敬虔主义运动是信义宗教会内出现的一种苦行主义和改革的趋势。如同对其影响极深的英格兰清教主义与荷兰"深化改革"（Further Reformation）运动一样，德意志的（信义宗）敬虔主义运动是对教义正统化以及它所引发的喋喋不休的争吵的反应。虽然敬虔主义者声称接受路德教义的基本内容，

---

① 我曾花费大量精力寻找相关文献和二手资料，却未能找到有关勃兰登堡-普鲁士的犯罪行为、违法行为或社会动乱的信息。既有文献可能不存在相关信息。

包括唯独信心（*sola fide*）、唯独恩典（*sola gratia*）和唯独圣经（*sola scriptur*），但他们强烈反对主流信义宗对纯正教义的强调。他们认为，
106 教义的改革并未带来生命的革新。事实上，在他们看来，对教义正确与否的关注实际上破坏了日常生活的基督化，因为它导致信徒只关注抽象原则，而非个人操守。他们认为，信仰应该结出果实，尤其是对身边人的主动的爱（*tätige Nächstenliebe*）以及信徒的重生——从无助的罪的奴仆变为神的旨意的利器。

*　　　　*　　　　*

17 世纪末最具影响力、最直言不讳的敬虔主义者无疑是菲利普·雅各布·斯彭内尔（Philipp Jacob Spener，1632—1705 年）。[①] 作为一个虔诚的阿尔萨斯（Alsatian）律师之子，斯彭内尔早年不仅对敬虔派有所了解，还阅读了各类清教书籍。青年时期，他进入信义宗的斯特拉斯堡大学（University of Strasbourg）以及加尔文宗的巴塞尔大学（University of Basel）和日内瓦大学（University of Geneva）学习神学。完成学业后不久，斯彭内尔来到美因河畔法兰克福（Frankfurt am Main）这个加尔文宗难民众多且影响极大的宗教多元贸易枢纽，出任信义宗教会负责人。作为新教教派之间的调解人、布道者、牧师以及社会与宗教改革者，精力旺盛、能力出色的斯彭内尔很快就有了法兰克福内外的大量追随者。《敬虔的渴慕》（*Pia Desideria*，1675 年）的出版更使其声望如日中天。这本简短精要的小册子将早期敬虔主义者语焉不详的初步要求改造为温和但连贯的宗教改革思路，其核心内容是：(1)圣言的传播不仅要借助简单易懂的布道，而且要建立平信徒敬拜小团体[所谓平

---

① 关于斯彭内尔的生平和著述，参见 Johannes Wallmann，*Philipp Jakob Spener und die Anfänge des Pietismus*，Tübingen，J. C. B. Mohr，1970；Paul Grünberg，*Philipp Jakob Spener*，Hildesheim and New York，Georg Olms Verlag，1988。

信徒聚会(conventicles)或“大教会中的小教会”(*ecclesiola in ecclesia*)]；(2)恢复平信徒，尤其是“第三阶级”(Third Estate)在教会管理中的适当位置，使他们成为真正的“信徒皆祭司”(priesthood of all believers)的基础；(3)以“主动爱身边之人”实现日常生活的基督化；(4)各教派之间进行激昂而平和的对话，以实现和解；(5)改革神学教育，强调事工的实践层面，即讲道和教牧辅导；(6)神学上的返璞归真。斯彭内尔认为，如果上述措施全部付诸实施，就能够见到“世人的普遍皈依”以及随之而来的“果实繁茂”。

但具有讽刺意味的是，敬虔主义“果实繁茂”之处并非信义宗诸侯国，而是勃兰登堡-普鲁士这个加尔文宗诸侯国。随着《敬虔的渴慕》的
问世，斯彭内尔声望日重。1685年，他被任命为德意志信义宗教会位 *107*
最高、权最重的萨克森选侯国首席宫廷牧师。但由于斯彭内尔公开抨击宫廷生活的罪恶和腐败，他与宫廷的关系急剧恶化，萨克森选帝侯也难容他。与此同时，腓特烈一世正寻求与勃兰登堡-普鲁士的信义宗教会重修旧好；不出意料，他看上了斯彭内尔，并任命他为柏林历史最悠久、规模最大的圣尼古拉教堂(St. Nicolai Church)的主任牧师。斯彭内尔欣然接受了任命，并从1691年起定居在普鲁士首都柏林。不久，他的基督教行动主义(*tätiges Christentum*)教义以及他对归正宗的宽容态度为他赢得了宫中强大而热切的支持。① 事实上，从17世纪90年代到18世纪初，斯彭内尔的声望一时无两，连国王本人在内的王室成员

---

① 最显赫者包括“首相”艾伯哈德·冯·唐克尔曼(Eberhard von Danckelmann)、柏林堂会会长保罗·冯·富赫斯(Paul von Fuchs)以及宗教事务大臣马奎斯·路德维格·冯·普林策(Marquis Ludwig von Printzen)。

都定期聆听他在圣尼古拉教堂的讲道。① 一些有名有望的加尔文主义者甚至请求斯彭内尔在他们的葬礼上朗读祭文(*Leichenpredigten*)。②

有了这些关系网，斯彭内尔得以发挥远超其正式权力的政治影响，尤其在17世纪90年代腓特烈一世的济贫法改革中起到了关键作用。③ 17世纪80年代，宗教难民的大量涌入给现有体制带来了巨大压力。1693年，腓特烈一世设立了一个委员会，商讨流浪者问题。④ 斯彭内尔是最直言不讳的成员之一。他指出，大多数救济物资都发放给了错误的对象，因为受救济者多为“流浪汉”和“身强力壮的懒丐”，而非孤立无援者和年老体衰者；他还主张建立一个收容中心，负责将救济物资分发给值得救助的人，并力争使不值得救助的人重新融入社会。⑤ 斯彭内尔的建议获得了采纳，一系列全面的新济贫法案于1695年出台。在这之后，所有济贫资金都集中于一个财库(*Almosenkasse*)中，并由一个中央机构(*Armenkommission*)管理。不仅如此，所有形式的社会服务(和控制)都出自同一个地方，即王室腓特烈收容所(Frederick's

---

① “我听说，许多归正宗教徒都参加我的讲道。”斯彭内尔在1691年12月写给伊丽莎白·克斯瓦拉(Elisabeth Kißweiler)的信中如是说。[August Nebe，“Aus Speners Berliner Briefen an eine Freundin in Frankfurt,” *Jahrbuch für brandenburgische Kirchengeschichte*，1935(30)，pp. 115-155.]

② 参见柏林 Staatsbibliothek I(“Unter den Linden”)系统编目(档号：Ee.)中的祭文名册。遗憾的是，原始文件在战争中遗失或损毁了。

③ 关于普鲁士的济贫法改革，参见 Philipp Jacobs Spener，“Letzte theologische Bedencken,” in Philipp Jacob Spener，*Schriften*，Hildesheim，Olms，1979-1988；Willi Grün，*Speners soziale Leistungen und Gedanken*，Würzburg，Konrad Tritsch，1934，chap. 2。(质量不一的)英文记述参见 Reinhold A. Dorwart，*The Prussian Welfare State before 1740*，Cambridge，Harvard University Press，1971，chap. 8。

④ 参见 Felix Stiller，“Das Berliner Armenwesen vor dem Jahre 1820,” *Forschungen zur brandenburgischen und preußischen Geschichte*，1908(21)，pp. 175-197。

⑤ 参见 Philipp Jacobs Spener，“*unmaßgebliche Vorschläge*”(复本)，in GStAPK HA I，rep. 47，“Geistliche Angelegenheiten”，no. 17a。

Hospital)。此后 10 年，一系列其他的改革措施也相继出台。为了稳定财政收入，政府开始向大众娱乐(木偶戏、滑稽剧、说书)征收罪孽税，在城里实行挨家挨户的“自愿”捐献制度，要求勃兰登堡的所有教堂定期“捐献”。一套职能各自有别的社会制度逐渐建立了起来。流浪者和 108
“身强力壮的懒丐”遭到驱逐，或被送至施潘道的教养院中；腓特烈收容所则逐渐变为孤儿院。但这些充其量是对建立于 1695 年的制度的细微调整和改进，而 1695 年的制度又可以追溯到斯彭内尔 1693 年的建议。

斯彭内尔和敬虔主义者还在加强教会纪律方面起到了关键作用。与德意志的大多数姊妹教会不同，勃兰登堡的信义宗教会保留了天主教的耳听告解(auricular confession)传统。此外，大多数教区的居民都被要求在获得赦罪之前向牧师缴纳一笔小额费用，即所谓“告解费”(*Beichtpfennig*)。[①] 正统派教职人员对这种做法已有微词，敬虔主义者更是愤怒不已。他们认为，告解费使富裕的罪人以钱赎罪，赤贫的悔悟者却被圣餐礼拒之门外。[②] 腓特烈一世对这一观点表示支持，在 1698 年取消了告解费，并赋予堂会拒绝“不配者”参加圣餐礼的权力。[③]

斯彭内尔和敬虔主义者在教职人员的任命上也发挥了影响力。通过自己与宫廷的关系以及在堂会中的位置，斯彭内尔得以为自己在整

---

① 关于信义宗教会中私人告解的历史和相关争议，参见 Kurt Aland，“Die Privatbeichte im Luthertum von ihren Anfängen bis zur Auflösung”，in GStAPK HA I，rep. 47；Kurt Aland，*Kirchengeschichtlicher Entwürf*，Gütersloh，Gerhard Mohn，1960；Laurentius Klein，*Evangelisch-lutherische Beichte. Lehre und Praxis*，Paderborn，Verlag Bonifacius，1961。

② 关于沙德(Schade)和围绕告解的柏林争论，参见 Dietrich Blaufuß，“Ph. J. Spener，J. Caspar Schade und sein Freundeskreis in der Auseinandersetzung urn die Einzelbeichte im Pietismus，” *Jahrbuch für berlin-brandenburgische Kirchengeschichte*，1973(48)，pp. 19ff. 。

③ 参见 Chrn. Otto Meylius，*CCM*，vol. 1，no. 65。

个勃兰登堡-普鲁士的追随者谋取职位。[1] 斯彭内尔势力范围的最早受益人之一(并且是最有影响力的一位)是奥古斯特·赫尔曼·弗兰克(August Hermann Francke，1663—1727 年)。弗兰克是一位天资聪颖的学者和精力充沛的改革者，在莱比锡大学(University of Leipzig)读书时就引起了斯彭内尔的注意。他在学校组织了一场短命但成功的反抗神学系正统派教员的行动，包括静坐示威以及举办由学生主导的研讨班。在斯彭内尔的安排下，弗兰克于 1692 年赴格劳哈(Glaucha)镇教区补缺，不久在新成立的哈雷大学获得近东语言教职。在霍亨索伦家族的保护下，弗兰克将自己的敬虔主义宗教观与社会改革观付诸实践。他先在 1694 年试行一项谨慎的措施，对邻近的贫困儿童进行教理问答(catechization)。[2] 1695 年春季，他建立了一所小型的贫困儿童学校，在一年时间内招收了 56 个学生，并在不久后决定收留部分学徒。[3] 为了照料不断增多的学生，弗兰克雇了一名看管人(*Aufseher*)格奥尔格·海因里希·诺伊鲍尔(Georg Heinrich Neubauer，1666—1726 年)，并招募了十几位当地的神学学生，以孤儿院的免费膳食换取他们每天

---

① 关于波美拉尼亚，参见 Hellmuth Heyden，"Briefe Philipp Jacob Speners nach Stargard i. P. Ein Beitrag zur Geschichte des Pietism us in Hinter-Pommern，" *Baltische Studien*，*Neue Folge*，1970(56)，pp. 47-48。关于普鲁士，参见 Erich Riedesel，*Pietismus und Orthodoxie in Ostpreußen*，Königsberg，Ost-Europa Verlag，1937。关于马克，参见 Walter Wendland，"Studien zum kirchlichen Leben in Berlin urn 1700，" *Jahrbuch für brandenburgische Kirchengeschichte*，1926(21)，pp. 129-197，esp. pp. 162-172；"Märkischer Pietismus，" in *Festgabe zum deutschen Pjarrertag*，*Berlin 1927*，Eberswalde，Volkskirchlicher und pädagogischer Verlag，1927，pp. 31-42。关于莱茵兰各省，参见 Theodor Wotschke，"Zur Geschichte des westfälischen Pietismus，" *Jahrbuch des Vereins für westfälische Kirchengeschichte*，1931(32)，pp. 56-100；1933(34)，pp. 39-103。

② 参见 August Hermann Francke，*Segens-volle Fußstapfen*，Halle，In Verlegung des Waisenhauses，1709，p. 3。

③ 参见 August Hermann Francke，*Segens-volle Fußstapfen*，p. 12。

授课两小时。[1] 弗兰克还决定扩充自己的住所，因为收养孤儿的那座小房子已经没有多余空间了。[2] 扩建工程于 1701 年完工。这时的孤儿 109
院只是弗兰克负责的几个教育机构之一。其中最为重要的是 *Pädagogium*，一所为富贵子弟提供宗教、语言以及自然和人文科学教育的寄宿制预备学校。[3] 还有一所为普通家庭子女进入大学做准备的拉丁文学校，几所为中下层出身的孩子教授宗教和读写算技能的德文学校，以及一个师资培训班(*seminarium praeceptorum*)，为大学生的园丁生涯做准备。在稳定的捐助和王室特权的帮助下[4]，弗兰克在其后的几十年里继续扩充自己的事业。[5] 在他 1727 年去世时，他的学校已有 2000 多名学生[6]，这在当时无异于天文数字。

虽然课程多种多样，但弗兰克的教育机构有一个共同点：教学法。用弗兰克的话说，他的方法与通行教学法在很多方面大相径庭；例如，他的机构教授植物学和家政这样的实用课程(*Realien*)，并关注学生的个人能力与喜好。但弗兰克教学法最引人注目之处(至少对于我们的分析来说)在于以持续的活动和不间断的监督灌输并维护基督教纪律。弗兰克的所有学校都遵守严格的日常作息。在寄宿制预备学校和拉丁文

---

① 参见 August Hermann Francke，*Segens-volle Fußstapfen*，p. 18。

② 参见 Directorium der Franckeschen Stiftungen，*Die Stiftungen August Herman Francke's in Halle*，Halle，Verlag der Buchhandlung des Waisenhauses，1863，p. 74。

③ 参见 Directorium der Franckeschen Stiftungen，*Die Stiftungen August Herman Francke's in Halle*，pp. 157-159。

④ 详细捐赠记录参见 August Hermann Francke，*Segens-volle Fußstapfen*。关于王室特权，参见 Klaus Depperman，*Der hallesche Pietismus und der preußische Staat unter Friedrich III.* (I.)，Göttingen，Vandenhoeck & Ruprecht，1961，chaps. 8，11。

⑤ 细节参见 Directorium der Franckeschen Stiftungen，*Die Stiftungen August Herman Francke's in Halle*，passium。

⑥ 参见 Wolf Oschlies，*Die Arbeits-und Berufspädagogik August Hermann Francke's*，Witten，Luther Verlag，1969，p. 41。

学校，一日始于拂晓，孩子们早早被唤醒，进行晨祷。[①] 早餐和读经后，学生列队去上课，通常直至中午。午饭和灵修阅读之后，学生继续上课，直至傍晚的另一轮的宗教劝诫，最后是晚餐时间。孩子们连周日礼拜的前后也要上课。所谓闲暇时间同样被各种活动占据，因为弗兰克认为缺乏实际用途的“幼稚游戏”没有什么价值。[②] 晚上的活动通常是在学校散步或观赏弗兰克的自然历史藏品。到了周末，孩子们可能学习各种手工艺，如绘画或木工；也有可能出游，如拜访当地的工匠，或去孤儿院参观耶路撒冷城木制模型展。[③] 连课间休息也充斥着各种活动，如织袜子和学习《圣经》故事[④]；每天晚餐时，会指派一
110 个学生诵读《圣经》的一章以及路德的解读。[⑤] 除了源源不绝的活动，还有持续不断的监督。每个学生都被分至一个集体房间，每个房间配备一名教师，这名教师的责任是早晚监督孩子们，并向巡视员报告任

---

① 寄宿制预备学校和拉丁文学校的日程参见 Gustav Kramer，*August Hermann Francke. Ein Lebensbild*，vol. 1，Halle，Verlag der Buchhandlung des Waisenhauses，1880，pp. 225ff.；J. A. Freylinghausen and Gotthilf August Francke，*Ausführlicher Bericht von der Lateinischen Schule des Waysenhauses*，Halle，In Verlegung des Waisenhauses，1736，pp. 35-53。

② 参见 J. A. Freylinghausen and Gotthilf August Francke，*Kurzer Berichtvon der gegenwärtigen Verfassung des Paedagogii Regii zu Glaucha vor Halle*，Halle，Verlag des Waisenhauses，1734，p. 43。

③ 关于各种课外消遣活动（*Motions-und Recreationsübungen*），参见 J. A. Freylinghausen and Gotthilf August Francke，*Kurzer Berichtvon der gegenwärtigen Verfassung des Paedagogii Regii zu Glaucha vor Halle*，pp. 18ff.。

④ 参见 Klaus Deppermann，*Der hallesche Pietismus und der preußische Staat unter Friedrich III.*（*I.*），p. 94。

⑤ 参见 August Hermann Francke，*Der von Gott in dem Waysenhause zu Glaucha an Halle ietzo bey nahe für 600 Personen Zubereitete*，*Tisch*，Halle，In Verlegung des Waisenhauses，1729，p. 12。

何不当行为。[①] 巡视员每周开会，讨论相关问题。违反校规的学生将按照正式的纪律规章(*gradus admonitonum*)接受处分。规章类似加尔文宗规训的三个步骤：首先是三次警告，然后是口头批评，最后是体罚。特别明目张胆或无法无天的行为可能会导致立刻开除。[②]

学生的智识发展也受到严密监控。教师每周必须呈报课程进度，考试内容和日程也严格遵循教学计划。灵修方面也管理得严严实实。学校鼓励学生写灵修日记(*Seelenregister*)，详细记录自身感化的过程。这套无情的制度可谓密不透风。除非有老师的陪伴，否则学生不得离开学校。学校没有假期。[③] 学校甚至不鼓励学生返家探亲，因为弗兰克认为这会给学生带来“烦恼”和“困惑”。[④] 在弗兰克看来，这套方法不仅有望避免内在缺陷(*innerliche Bosheit*)，还会“逐渐淡化内心的欲望，革除成长过程中习得的坏习惯”[⑤]。

可想而知，弗兰克的教学方式不乏批评者。学生们经常抱怨“缺乏自由”“方式粗暴”“缺乏体育活动”，甚至批评说“吃得不好”，部分教师也持同样看法。[⑥] 许多外部观察人士质疑弗兰克的教学方式的效

① 参见 August Hermann Francke，*Segens-volle Fußstapfen*，Halle，In Verlegung des Waisenhauses，1709，p. 13。

② 例如，一个年轻的学生画了一幅恶魔的图像，并把它放在老师必经之处。弗兰克在 1699 年 12 月 16 日致斯彭内尔的信中描述了这件事，参见 Gustav Kramer，*Beiträge zur Geschichte August Hermann Franckes*，Halle，Verlag der Buchhandlung des Waisenhauses，1861，p. 425。

③ 参见 J. A. Freylinghausen and Gotthilf August Francke，*Kurzer Berichtvon der gegenwärtigen Verfassung des Paedagogii Regii zu Glaucha vor Halle*，p. 67。

④ 参见 August Hermann Francke，*Pädagogische Schriften*，Paderborn，Verlag Ferdinard Schöning，1957，p. 98。

⑤ August Hermann Francke，*Pädagogische Schriften*，p. 94.

⑥ 关于这一点，参见一位教师的记录，见 Marianne Doerfel，“Pietistische Erziehung. Johann Christian Lerches Memorandum zu Reformbestrebungen am Pädagogium Regii in Halle (1716/22),” *Pietismus und Neuzeit*，1995(20)，pp. 20-106，尤其见第98 页。

果。[1] 一些作家甚至将弗兰克的学校比为教养院。[2] 这些指责并非空穴来风：1696 年春季，在规划新孤儿院时，弗兰克参考了一本有关阿姆斯特丹的教养院和济贫院的书[3]；之后不久，他在 1697 年 6 月派助手格奥尔格·诺伊鲍尔去荷兰实地考察[4]。

尽管如此，弗兰克的支持者似乎多于反对者。当地一名邮递员说："每天都有人给孤儿院寄钱。"[5]一些虔诚的好心人甚至捐赠高级珠宝和金绣。[6] 由于收到了太多的珠宝，弗兰克甚至在孤儿院内精炼黄金和白银![7] 捐款数额也必定不菲，因为这些钱显然足以补贴孤儿院在

---

① 弗兰克在哈雷大学的同事、哲学家兼神学家克里斯蒂安·沃尔夫(Christian Wolff)批评师资培训班的毕业生往往不能理解或总结神学论点。人文学者克里斯蒂安·托马修斯(Christian Thomasius)认为弗兰克的教学手段导致了"一种微妙的伪善和自欺"，并且不无根据地将它比为"严格的僧侣生活"。(转引自 Carl Hinrichs，*Preußentum und Pietismus*：*Der Pietismus in Brandeuburg-Preußen als religiös-soziale Reformbewegung*，pp. 372ff. and pp. 414ff.)

② 参见 Marianne Doerfel，"Pietistische Erziehung. Johann Christian Lerches Memorandum zu Reformbestrebungen am Pädagogium Regii in Halle (1716/22)，" *Pietismus und Neuzeit*，1995(20)，p. 94。

③ 他从好心人约翰·奥维贝克(Johann Overbeck)处借得此书，奥维贝克住在克莱韦市，距荷兰边境不远。各种迹象显示，尽管奥维贝克多次敦促，但弗兰克从未归还此书。参见双方通信，见 Theodor Wotschke，"August Hermann Franckes rheinische Freunde in ihren Briefen，" *Monatshefte für rheinische Kirchengeschichte*，1928-1929(22)，pp. 81-373；1928-1929(23)，pp. 23-90，尤其见第 68、69、74、75 封信。

④ 参见 Carl Hinrichs，*Preußentum und Pietismus*：*Der Pietismus in Brandeuburg-Preußen als religiös-soziale Reformbewegung*，p. 20。

⑤ Peter Schicketanz ed. ，*Der Briefwechsel Carl Hildebrand von Canstein mit August Hermann Francke*，no. 485(Canstein to Francke，nov. 7，1711)，Berlin，Walter de Gruyter，1972.

⑥ 参见 August Hermann Francke，*Segens-volle Fußstapfen*，p. 48。

⑦ 参见 Erich Beyreuther，*August Hermann Francke. Zeuge des lebendigen Gottes*，Marburg and der Lahn，Verlag der Francke-Buchhandlung，1969，p. 188。

1698 年即已超过 100 帝国塔勒的周运营费用[①]，并承担了孤儿院在 111
1700 年后的扩建工程。弗兰克还收到了数百封父母和监护人的信，他们希望能将子女送至弗兰克的学校。事实上，寄宿制预备学校的入学竞争非常激烈，弗兰克经常被迫拒绝符合条件的申请者。哈雷的教师也需求旺盛。师资培训班出来的学生在就业市场上非常抢手[②]，许多人未完成学业就离开了，因为不断有人聘他们为教师和管理员。[③]

到了 18 世纪 20 年代，哈雷已成为宗教、社会与教育改革运动的“全国”乃至国际中心。弗兰克的著作被抢购一空。单在 1717—1723 年，他的各种讲道记录和灵修短论就售出近 50 万份。[④] 勃兰登堡-普鲁士的信义宗教会里处处可见敬虔主义者的聚会。[⑤] 整个霍亨索伦王国到处是弗兰克的学生和门徒们开办的哈雷式学校和孤儿院。[⑥] 包括克莱韦、柏林、什切青和柯尼斯堡(当然也包括哈雷)在内的许多城市的归正宗新教教徒纷纷效仿，按照弗兰克的模式重建学校，并自办孤儿

---

① 据 1698 年 1 月 8 日写给斯彭内尔的信。参见 Gustav Kramer，*Beiträge zur Geschichte August Hermann Franckes*，p. 380。

② 克莱韦的敬虔派同情者大卫·西格斯蒙德·博恩施泰特(David Sigismund Bohnstedt)在一封信中向弗兰克抱怨“从哈雷招人成本太高，而我们需要三名全职教师”[Theodor Wotschke，“August Hermann Franckes rheinische Freunde in ihren Briefen,” *Monatshefte für rheinische Kirchengeschichte*，1928-1929(22)，pp. 81-373；1928-1929(23)，pp. 23-90，no. 49，Jan. 8，1722]。

③ 据 1701 年 3 月 4 日致斯彭内尔的信。参见 Gustav Kramer，*Beiträge zur Geschichte August Hermann Franckes*，p. 468。

④ 参见 Erich Beyreuther，*August Hermann Francke. Zeuge des lebendigen Gottes*，p. 214。

⑤ 参见 Wolf Oschlies，*Die Arbeits-und Berufspädagogik August Hermann Francke's*，Witten，Luther Verlage，1969，p. 41。

⑥ 出色的概述和讨论参见 Wolfgang Neugebauer，*Absolutistischer Staat und Schulwirklichkeit in Brandenburg-Preußen*，Berlin and New York，Walter de Gruyter，1985，pp. 545ff. 。

院。弗兰克的师资培训班也不乏模仿者。①

然而，没有普鲁士国家政权的保护，改革派运动是不可能攻城拔寨的。敬虔主义运动从一开始就遭到了强烈反对；反对者不仅包括正统派教士，还包括不少议员。腓特烈一世和他的大臣们多次被迫在克莱韦、什切青、柯尼斯堡和哈雷向斯彭内尔、弗兰克及其追随者施以援手。② 不仅如此，在腓特烈·威廉一世统治时期，普鲁士国家政权不仅保护了敬虔主义运动，而且积极加以推动。在任命牧师时，弗兰克的学生受到优先考虑；到了1736年之后，所有教士候选人都必须在哈雷大学至少学习两年。③ 敬虔主义还深刻影响了普鲁士军队大规模且不断壮大的随军牧师(*Feldprediger*)队伍。敬虔主义者更在信义宗教会中担任要职，如神学教授、高中校长和教会督察。从而，勃兰登堡-普鲁士的信义宗有越来越多的信徒成为敬虔主义者及其同情者。④

---

① 参见 Wolfgang Neugebauer, *Absolutistischer Staat und Schulwirklichkeit in Brandenburg-Preußen*, pp. 373-375。

② 关于哈雷和马格德堡，参见 Klaus Deppermann, *Der hallesche Pietismus und der preußische Staat unter Friedrich III.* (*I.*), chaps. 4, 9。关于柯尼斯堡，参见 Carl Hinrichs, *Preußentum und Pietismus: Der Pietismus in Brandeuburg-Preußen als religiös-soziale Reformbewegung*, chap. 3; Erich Reidesel, *Pietismus und Orthodoxie in Ostpreußen*, Königsberg, Ost-Europa Verlag, 1937。关于什切青，参见 Hellmuth Heyden, "Briefe Philipp Jacob Speners nach Stargard i. P. Ein Beitrag zur Geschichte des Pietism us in Hinter-Pommern," *Baltische Studien*, *Neue Folge*, 1970(56), pp. 47-78。关于克莱韦，参见 Theodor Wotschke, "August Hermann Franckes rheinische Freunde in ihren Briefen," *Monatshefte für rheinische Kirchengeschichte*, 1928-1929(22), pp. 81-373; 1928-1929(23), pp. 23-90, 尤其见第 24～32 封信；"Zur Geschichte des westfälischen Pietismus," *Jahrbuch des Vereins für westfälische Kirchengeschichte*, 1931(32), pp. 56-100 and 1933(34), pp. 39-103。

③ 参见 Chrn. Otto Meylius, *CCM*, vol. 1, no. 137。

④ 参见 Richard L. Gawthrop, *Pietism and the Making of Eighteenth-Century Prusia*, pp. 215-222。

但腓特烈·威廉一世并不是一个消极的旁观者。相反，他积极参
与到这场受敬虔主义者激励的宗教、社会与教育改革的进程中来。例
如，他试图于1717年在勃兰登堡-普鲁士的所有新教教会强制推行日 112
内瓦式的长老制规训体系。[1] 七年后，他在波茨坦建立了一所哈雷模式的军事孤儿院，收容了2000多名儿童。18世纪30年代早期，他在瘟疫肆虐的东普鲁士发起了一项全面重建计划，按照弗兰克的理念(至少在名义上如此)开办了1000多所新学校。[2] 他还强化了约阿希姆斯塔尔皇家中学(*Joachimsthalsches Gymnasium*)这所为未来神职与公职人员入读大学做准备的柏林归正宗高中的纪律。[3] 所以，尽管宗教与社会改革的动力主要来自敬虔主义运动，普鲁士国家政权积极主动的大力支持也功不可没。

有人认为，敬虔主义运动为普鲁士国家政权注入了新的理念；更具体地说，信义宗敬虔主义者在王室占了相当大的比重。[4] 然而，我

---

① 参见 Chrn. Otto Meylius，*CCM*，vol. 1，no. 98。这一措施的效果不得而知。即使在归正宗内部，这一时期的教会纪律可能也较为松懈，至少比瑞士、法国、荷兰和苏格兰的归正宗教会纪律松懈。

② 参见 Fritz Terveen，*Gesamtstaat und Retablissement*：*Der Wiederaujbau des nordlichen Ostpreußen unter Friedrich Wilhelm I*，Göttingen，Musterschmidt，1954，pp. 86-109。

③ 参见 Erich Wetzel，*Die Geschichte des Königlichen Joachimthalschen Gymnasiums*，*1607-1907*，Halle，Buchhandlung der Waisenhauses，1907。

④ 对这一观点最新、最积极的主张参见 Richard L. Gawthrop，*Pietism and the Making of Eighteenth-Century Prussia*。类似主张参见 Klaus Depperman，*Der hallesche Pietismus und der preußische Staat unter Friedrich III.* (*I.*)；Carl Hinrichs，*Preußentum und Pietismus*；*Der Pietismus in Brandeuburg-Preußen als religiös-soziale Reformbewegung*；Mary Fulbrook，*Piety and Politics*：*Religion and the Rise of Absolutism in England*，*Württemberg*，*and Prussia*。

并没有发现相关证据。①

小　结

本章的核心命题是，只有考虑宗教因素，普鲁士的崛起才能得到充分解释。具体而言，本章指出：(1)普鲁士国家政权非同一般的自主性是信义宗议会和加尔文宗王室之间宗教冲突的产物，也和紧随其后的王室行政加尔文派化有关；(2)普鲁士国家政权的超群实力主要归因于腓特烈·威廉一世发动的自上而下的规训革命，次要因素则是敬虔主义运动引发的自下而上的规训革命。

这种解读与既有理论的相通之处在于它对王室与贵族、军事竞争与财政危机、加尔文主义与敬虔主义之间冲突的重点考察，而这三类冲突分别是唯物论、战争中心论和唯心论模型的支柱。但它与既有研究也存在差异。我认为，王室与贵族之间并不存在协议或联盟；普鲁士对军事革命的反应并不具有典型性；这种非典型性的主要根源是加

---

① 我曾花费大量时间寻找敬虔主义运动与普鲁士官僚体系的关系，但未发现明显证据。步骤如下：我首先建立了一个数据库，收录了从1700年到1750年官至战争委员会委员(*Kriegsrat*)、国土委员会委员(*Domänenrat*)、战争与国土委员会委员(*Kriegs- und Domänenrat*)或以上的所有王室官员的姓名。然后，我将这些姓名与哈雷大学入学记录、位于哈雷的弗兰克研究院(*Franckesche Stiftungen*)的书信档案以及柏林圣尼古拉教堂的教会记录(*Kirchenbücher*)进行复核。我只发现少量姓名有重叠。这说明，敬虔主义运动和普鲁士上层官僚之间的关系或者在数量上有限(如富赫斯和卡斯滕这样的著名例子)，或者只属于非正式性质(即模糊的同情心理)。当然，敬虔主义运动仍有可能和较低级别的普鲁士官员关联密切，参见 Ernst Opgenoorth, *Ausländer in Brandenburg-Preußen als leitende Beamte und Offiziere, 1604-1871*, Würzburg, Holzner Verlag, 1967; Gerd Heinrich, "Amtsträgerschaft und Geistlichkeit. Zur Problematik sekundärer Führungsschichten in Brandenburg-Preußen 1450-1786," in Günther Franz ed., *Beamtentum and Pfarrerstand 1400-1800. Büdinger Vorträge 1967*, Limburg an der Lahn, C. A. Starke, 1972, pp. 179-238。但就我所知，至今无人系统研究过这一假设。

尔文主义，而非敬虔主义。本章并不是对已有研究的“证伪”，也不想披上这一伪装；它试图通盘考虑，将教派冲突和宗教伦理重新纳入政治冲突和国家发展研究——或者说，将政治冲突和国家发展重新纳入教派冲突和宗教伦理研究。

我们也可以把这种解读加以扩展，将视野延伸至腓特烈大帝统治
时期(1740—1788 年)。这样可以展示腓特烈大帝如何利用其父的财政 113
与军事架构来扩张王国；如何在掌握主导权的同时向传统(信义宗)贵族示好，并将他们(重新)整合到军队和王室行政当中；如何基于斯多亚主义和启蒙理性主义将普鲁士的政治精神世俗化。但我的论证无须如此详尽；为了尽可能言简意赅，我放弃了这种打算。

我的论证**不可或缺**的是将普鲁士个案置于一个更宏大的比较框架中。这正是下一章的任务。

114

第四章　从比较视角看社会规训

前面两章试图说明两个问题：(1)荷兰与普鲁士的国家政权有其与众不同之处——荷兰政权的主要特点在于规训权力，普鲁士政权的特点在于行政效率；(2)这些特点在一定程度上源于加尔文主义所引发的宗教、社会与政治规训。

本章研究上述分析引出的若干更为宽泛的议题。首先是规训过程的范围。它是仅限于荷兰和普鲁士这种加尔文主义政体，还是近代早期较为普遍的现象，一种纪律严格化的长期趋势？读者将看到，我倾向于后一种观点。我认为规训是教派时代的一个普遍特征。当下的近代早期史研究者对此已无多少异议。其次是不同的规训过程，尤其是不同教派规训过程的差异。具体来说，我想了解的是，加尔文宗国家的规训与信义宗和天主教①国家的规训相比如何。它的规训强度更高、更低还是持平？我的结论是，加尔文宗国家的规训强度更高。由于这一观点与近代早期史研究者的通行观点不甚一致，在阐明并捍卫我的立场之前，有必要先对相关研究做一番回顾。

---

① 原文误为“加尔文宗”，已经作者确认。——译者注

规训之争：论点与论据 115

关于规训，争论的焦点往往不在于宽泛意义上的规训，而在于济贫活动。直到20世纪70年代早期，大多数近代早期史研究者都认为，新教和天主教在济贫形式上存在着本质差别，而这种差别的根源在于神学，尤其是路德（以及加尔文）对现世呼召（worldly calling，正面）和善行（good works，负面）的态度。[①] 在这种观点看来，新教强调苦干（work），淡化行为（works），从而引发了对穷人和济贫态度上的根本转变：曾经被神化为基督化身的穷人现在被妖魔化为恶（犯罪、淫逸、懒惰）之化身，曾经是基督徒慈善活动（以及救赎之道）的济贫现在变为社会政策。

对这种解读的第一波挑战来自19世纪末、20世纪初的天主教历史学家，如弗兰茨·厄尔（Franz Ehrle）和格奥尔格·拉辛格（Georg Ratzinger）。这些历史学家认为，16世纪的社会改革最初由纽伦堡（Nuremberg）和伊普尔（Ypres）等"天主教"城市发起，并且发端于宗教改革之前。[②] 厄尔和拉辛格的研究受到G. 乌尔豪恩（G. Ulhorn）和奥托·温克尔曼（Otto Winckelmann）等新教历史学家的尖锐批评。这些新教历史学家（在我看来）令人信服地指出，纽伦堡的主要改革者是新

① 参见 Flavio Baroncelli and Giovanni Assereto, "Pauperismo e religione nell'età moderna," *Società e storia*, 1980(7), pp. 169-201，尤其见第187～189页。

② 参见 Franz Ehrle, "Die Armenordnungen von Nürnberg (1522) und Ypern (1525)," *Archiv für Reformationsgeschichte*, 1913(10), pp. 34-72; Georg Ratzinger, *Geschichte der kirchlichen Armenpflege*, Freiburg irn Br., Herder, 1884。另参见 Ernst Nolfe, *La Réforme de la bienfaisance publique à Ypres au XVIe siècle*, Gent, E. Van Goethem & Cie, 1915。

教教徒或新教同情者，而伊普尔的改革是对纽伦堡改革的直接效仿。[①]他们的观点不仅在主流济贫史学家中占了上风，而且为一批宗教社会学大师所采纳，如马克斯·韦伯和恩斯特·特勒尔奇(Ernst Troeltsch)。[②]

但到了20世纪60年代末和70年代初，这种主流观点(此时与韦伯和特勒尔奇联系在一起)再次受到批评。这一波批评者是天主教国家里的世俗历史学家，如布赖恩·普兰(Brian Pullan)、纳塔莉·泽曼·戴维斯(Natalie Zeman Davis)和让-皮埃尔·居东(Jean-Pierre Gutton)。[③] 例如，在卷帙浩繁的《文艺复兴时期威尼斯的富人与穷人》中，布赖恩·普兰指出，慈善机构的改革远早于宗教改革，而且改革后的体系蕴含了许多典型的新教特征，包括值得救助和不值得救助的穷人、高度集权化和还俗化(laicization)以及圈地和院内济贫之间的明确区分。[④] 居东和戴维斯对里昂(Lyon)的研究呼应了这些结论。在这个天主教城市，社会改革同样体现为令人印象深刻的新教模式，甚至

---

① 参见 Otto Winckelmann, "Die Armenordnungen von Nuremberg(1522), Kitzingen(1523), Regensburg(1523) und Ypern(1525)," *Archiv für Reformationsgeschichte*, 1913(10), pp. 242-288; Otto Winckelmann, "Über die ältesten Armenordnungen der Reformationszeit(1522-1525)," *Historische Vierteljahrschrift*, 1914-1915(17), pp. 187-228, 361-400; G. Uhlhorn, *Die christliche Liebesthätigkeit seit der Reformation*, Stuttgart, Gundert, 1890。

② 参见 Max Weber, *Wirtschaft und Gesellschaft*, p. 355。韦伯是否熟悉温克尔曼的研究，我们不得而知，尽管这种可能性较大。

③ 但必须指出，布赖恩·蒂尔尼(Brian Tierney)先于普兰在《中世纪济贫法》(*Medieval Poor Law*)中提出了大量类似的观点。

④ 参见 Brian Pullan, *Rich and Poor in Renaissance Venice: The Social Institutions of a Catholic State*, Oxford, Blackwell, 1971。对威尼斯个案简明扼要的介绍参见 Bronislaw Geremek, *Poverty: A History*, Oxford, Blackwell, 1994, pp. 131-136。

受到部分天主教神职人员的支持。[①] 到了70年代中期，普兰以更具纲
领性的口吻指出："天主教教徒和新教教徒几乎是携手作战，将身无分 116
文的无家可归者变为令人恐惧和厌恶的流浪汉形象。"[②]他认为，这种变化的真正根源是人文主义，而非宗教改革。对德意志和西班牙城市的后续研究得出了基本一致的结论。[③] 到了90年代，普兰的观点已经被广为接受。[④]

对新教与天主教发展轨迹相近之处的强调不仅来自济贫史学家。虽然稍晚，但宗教改革史学家同样有所动作(如第一章所述)。在20世纪80年代中期以前，宗教改革通常被形容为两种对立的神学及其公共代言人[路德、加尔文、罗耀拉(Loyola)等]之间的斗争。他们假定(至少暗含假定)，宗教信仰差异导致了两种不同的社会组织形式：现代(以及新教)社会组织与传统(以及天主教)社会组织。但70年代中期以来，这种解读受到了恩斯特·沃尔特·策登、沃尔夫冈·莱茵哈德(Wolfgang Reinhard)等天主教历史学家的批评，他们认为特伦托会议

① 里昂个案的概述参见 Natalie Z. Davis, "Poor Relief, Humanism, and Heresy: The Case of Lyon," *Studies in Medieval and Renaissance History*, 1968(5), pp. 217-275; Jean-Pierre Gutton, *La société et les pauvres: L'Exemple de la généralité de Lyon, 1534-1789*, Paris, Société d'Édition "Les belles lettres", 1970。

② Brian Pullan, "Catholics and the Poor in Early Modern Europe," *Transactions of the Royal Historical Society*, 1976(26), p. 17.

③ 参见 Robert Jütte, *Obrigkeitliche Armenfürsorge in deutschen Reichsstädten der frühen Neuzeit*, Cologne, W. Kohlhammer, 1984; Linda Martz, *Poverty and Welfare in Habsburg Spain: The Example of Toledo*, Cambridge and New York, Cambridge University Press, 1983。

④ 同领域的一项新研究也持同一立场，参见 Robert Jütte, *Poverty and Deviance in Early Modern Europe*, Cambridge, Cambridge University Press, 1994。

之后的天主教同样是一股现代化的力量。[①] 在以新教史学家海因茨·席林为首的其他历史学家的帮助下，莱茵哈德逐渐将这些观点提炼为一个强调新教与天主教改革在机制（国家政权/教会协作）和结果（社会纪律）方面的相似性的系统研究领域，即教派化范式。[②] 虽然不乏批评，但教派化范式已成为当代宗教改革史学界的主流。

虽然各自有别，但上述三种解读至少有一个共同点：它们都侧重于文化和意识形态因素［新教、人本主义、认信主义（confessionalism）］。不足为奇的是，一些学者更看重社会和物质因素。例如，布罗尼斯瓦夫·盖雷梅克（Bronislaw Geremek）对贫困做了大量研究，强调人口危机与社会改革之间的联系。[③] 他认为，新济贫法的实施往往对应于饥荒与衰退期。面对人如潮涌的饥饿农民和蛰伏于世的闲散工人，城市统治者不得不对既有的济贫体系进行"瘦身"，并进行理性规划。凯瑟琳娜·利斯（Catharina Lis）和雨果·索利（Hugo Soly）的视角略有不同，但都具有唯物主义色彩。他们认为，新济贫法首先是对劳动力

---

① 参见 Wolfgang Reinhard，"Gelenkter Kulturwandel im siebzehnten Jahrhundert：Akkulturation in den Jesuitenmissionen als universalhistorisches Problem，" *Historische Zeitschrift*，1976(223)，pp. 529-590；尤其参见 Wolfgang Reinhard，"Gegenreformation als Modernisierung? Prologomena zu einer Theorie des Konfessionellen Zeitalters，" *Archiv fur Reformationsgeschichte*，1977(68)，pp. 226-252。恩斯特·沃尔特·策登的相关论文参见 Ernst Walter Zeeden，*Konfessionsbitdung：Studien zur Reformation，Gegenreformation und Katholischen Reform*，Stuttgart，KlettCotta，1985。

② 参见 Heinz Schilling，"Die Konfessionalisierung im Reich：Religiöser und gesellschaftlicher Wandel in Deutschland zwischen 1555 und 1620，" *Historische Zeitschrift*，1988(246)，pp. 1-45；Wolfgang Reinhard，"Konfession und Konfessionalisierung：'Die Zeit der Konfessionnen(1530-1620/30)' in einer neuen Gesamtdarstellung，" *Historisches Jahrbuch*，1994(114)，pp. 107-124。更完整的讨论和详尽的参考文献见第一章，（原书）第 15～19 页。

③ 最简明、完整的表述参见 Bronislaw Geremek，*Poverty：A History*。

进行规训的手段，是封建主义向资本主义过渡的产物。[①] 当然，讨论社会规训，不可不提这个术语的首创者格哈德·厄斯特赖希。如前文 117
所述，厄斯特赖希基本将社会规训设想为一种君王统治术，一项安抚民众并使他们效忠于国家政权的策略。[②] 他的思路与诺伯特·埃利亚斯的文明进程概念、马克·拉伊夫(Marc Raeff)对有序警察国家的分析，以及将近代早期社会改革视为城市精英对社会失序和混乱的反应的近期研究颇为类似。[③] 这些思路不乏影响，但从未像更看重文化的模型对手那样成为范式。

从这场辩论中，我们可以大体划分出六种社会规训模型：(1)凸显宗教角色与新教特性的早期教派模型；(2)淡化宗教角色，凸显人本主义的反教派模型；(3)强调宗教角色，但淡化新教特性的新教派模型；(4)侧重于饥荒和瘟疫的催化作用的新马尔萨斯模型；(5)坚持经济因素决定性的新马克思主义模型；(6)凸显政治精英利益的新马基雅维利模型。(见表 3)必须强调，这些模型未必互不兼容。新教派模型在一定程度上受厄斯特赖希的新马基雅维利模型的影响。反教派模型与新马尔萨斯模型以及更晚近的新马基雅维利模型往往异曲同工。还需要指出的是，这些模型之间的差别不仅体现在**解释项**(自变量)上，而且体现在**被解释项**(因变量)上。换言之，它们不仅提供了不同的解释，

---

① 参见 Catharina Lis and Hugo Soly，*Poverty and Capitalism in Preindustrial Europe*，Sussex，Harvester Press，1979。

② 马克·拉伊夫对德意志和俄罗斯禁奢法(sumptuary legislation)的著名研究也可归入马基雅维利学派。尤其参见 Marc Raeff，*The Well-Ordered Police State：Social and Institutional Change through Law in the Germanies and Russia，1600-1800*。

③ 参见 Sandra Cavallo，*Charity and Power in Early Modern Italy：Benefactors and Their Motives in Turin，1541-1789*，Cambridge，Cambridge University Press，1995；Joel F. Harrington，"Escape from the Great Confinement：The Genealogy of a German Workhouse，" *Journal of Modern History*，1999，71(2)，pp. 308-345。

而且解释了不同的事项。其中四种模型(早期教派模型、反教派模型、新马尔萨斯模型和新马克思主义模型)重点关注社会改革，即对穷人和边缘群体的规训；新教派模型侧重于教会纪律；新马基雅维利模型关注的则是意义更宽泛、范畴更广的社会规训。

表 3　近代早期欧洲社会规训模型的比较

模型	解释项	被解释项	时期
早期教派模型	新教	济贫	约 1517—1555 年
反教派模型	人本主义	济贫	约 1450—1550 年
新教派模型	教派化	宗教规训	约 1550—1648 年
新马尔萨斯模型	饥荒与瘟疫	济贫	约 1500—1800 年
新马克思主义模型	劳工纪律	济贫	1500 年至今
新马基雅维利模型	政治精英	社会规训	约 1500—1800 年

118 到了这里，读者不难看出，我在这些议题上的立场多少有些离经叛道。我强调宗教的重要性，这不仅有别于唯物主义者，也不同于反教派理论家。我又强调加尔文主义的独特性，从而与新教派模型相左。我的观点也不同于早期教派模型，因为我不仅强调新教教徒和天主教教徒的区别，也强调信义宗信徒和加尔文主义者之间的差异。

我之所以挑战既有模型，原因有二。首先有关它们在理论和时间上的视野。其中五种模型只关注社会规训的一个方面；这五种模型中，四种模型只关注济贫，而其中三种只考察相对短的时间段(约 1450—1550 年)。在我看来，要对近代早期做出整体考察，并得出一般性结论，这个时间段过短。在条件允许的情况下，我们应该考察整个规训过程(约 1500—1750 年)的所有方面(如宗教、社会和政治)。如此拓宽分析视野，宗教的影响以及加尔文主义的特殊性就会一目了然。至少我是这么看的。我对既有模型的第二个批评在于其经验层面上的广度。这一领域的多数研究(尤其是教会纪律和济贫方面的研究)都以个案研究为手段，关注点通常为某一个城市或村庄(如威尼斯和里昂)。这种研究方法当然有可取之处。但无论我们对自己的个案解读多么自信，仅凭个案得出一般性结论都非易事，甚至具有危险性。这是典型个案(如代表了天主教城市或信义宗侯国)，还是非典型个案或特例？虽然不无缺陷，但比较历史分析为解决这类问题提供了有效手段。我相信，如果我们从比较视角出发，增加个案数量，教派的影响将会变得非常显著，尤其是在宗教与政治规训领域，也包括社会(甚至军事)规训领域。本章结构直接对应于上述讨论，首先讨论信义宗、天主教和加尔文宗背景下的宗教规训，然后从比较视角考察社会规训，最后转向政治规训。

上面对我的观点做了尽可能宽泛的表述，现在我必须做出两个重要限定。第一个限定是理论的宽度。我虽然相信宗教是近代早期规训的重要来源，但绝**不**认为它是**唯一**来源。其实，我甚至认为，上述六
种模型罗列的**所有**因素可能都发挥了一定作用，甚至可能还有其他因 119
素(如新斯多亚运动)。在这方面，我只有一个不同意见：宗教(以及教派)的重要性尚未引起足够重视。第二个限定关乎经验证据的质量和解读：相关证据的质量并不那么高，或者说对证据的解读并不那么容易。规训过程的某些方面(如加尔文宗的教会纪律)比其他方面(如信义宗的教会纪律)得到了更多的关注。与之类似，规训过程的某些影响(如科层化程度)比其他影响(如道德规范强度)更容易估量。因此，我的观点仅仅意在抛砖引玉；我所做的是重新解读既有的经验证据，而不是提出新的证据。

教会规训：信义宗、天主教与加尔文宗

与加尔文不同，路德起初强烈反对教会规训。他将宗教和社会转型的希望寄托在神的话语上，认为神的律法应当由国家来推行，而不应交给教会。一些新教教徒持不同看法，路德本人最后也改变了看法，认为某些场合的教会规训是可取的。[①] 但他坚持认为，革出教会的权力应保留在教士手中，平信徒不应在教会规训中充当任何角色。[②]

这是路德的原则立场。信义宗规训在实践中情况如何？鉴于信义宗侯国数量众多，且详尽的个案研究相对缺乏[③]，得出一般性结论并不容易。但有两种基本模式似乎被广为采用且影响较大。[④] 第一种模

---

① 关于路德的立场以及信义宗教会规训更宽泛意义上的变化，参见相关个案研究的具体描述，见 Ruth Götze，*Wie Luther Kirchenzucht übte*，Göttingen，Vandenhoeck & Ruprecht，1958，pt. 1；Martin Brecht，"Lutherische Kirchenzucht bis in die Anfänge des 17. Jahrhunderts im Spannungsfeld von Pfarramt und Gesellschaft," in Hans-Christoph Rublack ed.，*Die lutherische Konfessionalisierung in Deutschland*，Gütersloh，Gerd Mohn，1992。

② 参见 1533 年 6 月 26 日致黑森州大会的信，见 Martin Luther，*Werke*，vol. 6，nr. 2033，Weimar，Böhlau，1883。另参见 Ruth Götze，*Wie Luther Kirchenzucht übte*，p. 107。

③ 相关研究进展参见 Heinz Schilling，"Die Krchenzucht im frühneuzeitlichen Europa in interkonfessionell vergleichender und interdisziplinärer Perspektive—eine Zwischenbilanz," in Heinz Schilling ed.，*Kirchenzucht und Sozialdisziplinierung im frühneuzeitlichen Europa*，Berlin，Duncker & Humblot，1994，pp. 11-40。

④ 这两种模式类似于卡尔·米勒(Karl Müller)在一篇著名文章中首先划分的两种基本教会政体(*Kirchenverfassung*)。参见 Karl Müller，"Die Anfänge der Konsistorialverfassung im lutherischen Deutschland," in Karl Müller ed.，*Aus der akademischen Arbeit*，Tübingen，J. C. B. Mohr，1930，pp. 175-190。关于信义宗教会的组织及其在不同地区的差异，参见 Emil Sehling，*Geschichte der protestantischen Kirchenverfassung*，Leipzig，Teubner，1907。

式的开创者是萨克森选帝侯国，并得到包括普鲁士在内的大量东德意志诸侯国的纷纷效仿。在这种模式下，教会规训大权掌握在区域性堂会或州堂会手中。[1] 和加尔文宗堂会一样，信义宗堂会源于婚姻法庭，成员包括平信徒和教士，并逐渐获得权力——不仅包括教会规训权，还包括教会探访、书籍审查以及教会日常管理方面的权力。但不同于加尔文宗堂会，信义宗堂会通常是君主直接管辖的集权化组织。这种体系不太可能在地方上卓有成效，我们所见到的萨克森等政权的教会
规训的资料似乎也证实了这一点；它透露出普遍的“无知”和“罪恶”。[2] 120
只有在那些堂区教士与乡村精英协力合作的地区，这种体系的效力才能得到发挥。[3]

第二种模式以符腾堡(Württemberg)为代表，并见于德意志北部、西部以及瑞典和芬兰。在这些地区，教会规训的权力为区域性探视委员会所把持。[4] 和堂会一样，这些委员会的成员包括教士和平信徒，在教义和礼仪方面拥有广泛的权力，并逐渐成为王室行政体系的一部分。[5]

---

① 1568 年普鲁士教会条例是对 1544 年萨克森教会条例的效仿，只有少许变动。参见 Aemilius Ludwig Richter ed.，*Die evangelischen Kirchenordnungen des sechszehnten Jahrhunderts*(以下简称 *EKO*)，no. 127，Nieuwkoop，B. De Graaf，1967。

② 参见 Gerald Strauss，“Success and Failure in the German Reformation，” *Past and Present*，1975(67)，pp. 30-63；*Luther's House of Learning*，Baltimore，The Johns Hopkins University Press，1978。然而，该作者将德意志宗教改革视为教学失败，这可能过于悲观。我们将看到，信义宗规训在符腾堡和其他德意志西南部地区的成效似乎高得多。

③ 参见 C. Scott Dixon，*The Reformation and Rural Society*：*The Parishes of Brandenburg-Ansbach-Kulmbach*，*1528-1603*，Cambridge，Cambridge University Press，1996。

④ 参见 Aemilius Ludwig Richter ed.，*EKO*，no. 94 and no. 131。

⑤ 相关概述参见 Martin Brecht，*Kirchenordnung und Kirchenzucht in Baden-Württemberg vom 16. bis zum 18. Jahrhundert*，Stuttgart，Calwer Verlag，1967，chap. 1。两部最重要的教会条例(1553 年的“小”条例和 1559 年的“大”条例)重印于 Aemilius Ludwig Richter ed.，*EKO*，no. 95 and no. 109。

不同于堂会的是，至少在符腾堡和瑞典，他们对当地人口具有更常规化、强度更高的控制。[①]

还有一些较为少见的信义宗规训形式。黑森建立了一个类似加尔文宗的长老会(presbyterian)体系。[②] 符腾堡也建立起了长老会体系，尽管迟至17世纪中叶才建立。[③] 在邻近符腾堡的小诸侯国霍恩洛厄(Hohenlohe)，堂区教士拥有强加禁令的权力。[④] 马格德堡市也有类似的制度。[⑤] 斯特拉斯堡等地建立了早期伊拉斯塔斯派(proto-Erastian)的规训体系，城市贵族拥有完全或部分禁令权。[⑥] 这些体系似乎也颇具效力。[⑦]

大体而言，现有证据表明，信义宗的教会规训强度可能比我们过

---

① 关于符腾堡，参见 Bruce Tolley，*Pastors and Parishioners in Württemberg during the Late Reformation*，*1581-1621*，Stanford，Standford University Press，1995。关于瑞典，参见 Michael Roberts，"The Swedish Church，" in Michael Roberts ed.，*Sweden's Age of Greatness*，*1632-1718*，London，Macmillan，1973。

② 参见 Aemilius Lugwig Richter ed.，*EKO*，vol. 8，pp. 107-108，164，208。

③ 参见 Martin Brecht，*Kirchenordnung und Kirchenzucht in Baden-Württemberg vom* 16. *bis zum* 18. *Jahrhundert*。

④ 相关概述参见 Günther Franz，*Die Kirchenleitung in Hohenlohe in den Jahrzenten nach der Reformation*，Stuttgart，Calwer Verlag，1971，尤其见第四章。教会条例的相关段落参见 Aemilius Ludwig Richter ed.，*EKO*，vol. 15，p. 127。

⑤ 参见 Aemilius Ludwig Richter ed.，*EKO*，no. 97。

⑥ 关于斯特拉斯堡，参见 Thomas A. Brady，Jr.，*Ruling Class*，*Regime*，*and Reformation at Strasbourg*，*1520-1555*，Leiden，E. J. Brill，1978。关于波美拉尼亚，参见 Aemilius Ludwig Richter ed.，*EKO*，vol. 2，no. 117，尤其见第 239 页。

⑦ 关于符腾堡，参见 Karl H. Wegert，*Popular Culture*，*Crime*，*and Social Control in Eighteenth-Century Württemberg*，Stuttgart，F. Steiner，1994；David Warren Sabean，*Power in the Blood*：*Popular Culture and Village Discourse in Early Modern Germany*，Cambridge and New York，Cambridge University Press，1984。关于斯特拉斯堡，参见 James M. Kittelson，"Successes and Failures in the German Reformation：The Report from Strasbourg，" *Archiv für Reformationsgeschichte*，1982 (73)，pp. 153-175；Lorna Jane Abray，*The People's Reformation. Magistrates*，*Clergy*，*and Commons in Strasbourg*，*1500-1598*，Ithaca，Cornell University Press，1985。

去以为的要高，尽管可能仍低于加尔文宗的规训强度。除了少数加尔文宗政权，许多有影响力的信义宗大国缺乏嵌入地方的教会规训体系(如萨克森和丹麦)。需要指出的是：(1)教会规训强度更高的信义宗国家多集中于德意志西南部，在地理和神学上都与符腾堡相去甚远，而更接近日内瓦；(2)包括瑞典在内，这些国家在16世纪下半叶均拥有一个规模庞大或极具影响力的加尔文宗少数派，其中一些少数派(如黑森-卡塞尔和马格德堡的少数派)最终卷入了德意志的“第二次宗教改革”；(3)在这些国家中，唯有黑森在1542年之前建立了集体规训制度，而加尔文正是在这一年发布了他的日内瓦教会条例。换言之，我们有充分的理由相信，这些国家更严格的宗教规训至少在一定程度上受到了加尔文宗规训的影响。

*　　　　*　　　　*

天主教改革运动没有产生类似于加尔文宗堂会的机构，但引发了 121
其他的规训机制。最著名(且臭名昭著)的是西班牙宗教裁判所。西班牙宗教裁判所历经多个发展阶段。它成立于15世纪晚期，旨在揪出假装改宗的犹太人(*conversos*)，也就是表面上皈依了基督教，但私下信守传统信仰的犹太人。在16世纪早期，宗教裁判所的视线转移至“信义宗人”，也就是新教教徒及其同情者。这些都广为人知。[①] 长期鲜为人知的是，宗教裁判所在特伦托会议前后还有第三次转变。[②] 在此期

---

① 关于西班牙宗教裁判所的历史和演变，参见 Charles Henry Lea，*A History of the Inquisition in Spain*，New York，AMS Press，1966[1906-1907]；以及新近出版的 Henry Kamen，*Inquisition and Society in Spain*，London，Weidenfeld & Nicolson，1985。

② 关于当代研究的回顾和综述，参见 Geoffrey Parker，“Some Recent Work on the Inquisition in Spain and Italy，” *Journal of Modern History*，1982，54(3)，pp. 519-532；以及新近出版的 Francisco Bethencourt，*L'Inquisition à l'époque moderne*：*Espagne*，*Portugal*，*Italie XVe-XIXe siècle*，Paris，Fayard，1995。

间，宗教裁判官将关注点转移到天主教群体自身的信仰和行为上。从1540年到1700年，宗教裁判所在阿拉贡(Aragon)和卡斯提尔这两个西班牙王朝的核心王国审理了共约44000起案件，其中整整四分之一涉及天主教教徒在教义或道德上的过错，这其中更有超过四分之一的案子(超出所有案件的7%)涉及性犯罪(即重婚和嫖娼)。[1]

一些学者专注于宗教裁判所的活动内容，另一些学者则考察其运作方式。[2] 其中一个发现与线人(*familiares*)角色有关。这些当地人为宗教裁判官充当耳目，换取一定的法律和金钱利益。虽然没有全面统计，但既有证据表明，14个宗教裁判所的线人人数平均为1000名；换言之，线人共达14000人。[3] 假定总人口数为700万～800万，那么，每500～600人中就有1个线人。由于绝大多数线人集中于大城市和沿海一带，这些地区的线人比率只会更高。很明显，宗教裁判所是自上而下的教士活动的传统观点应予以修正。

意大利半岛上的宗教裁判所活动少为人知，只有三个地区曾获深入研究：威尼斯、那不勒斯(Naples)和弗留利(Friuli)。初看之下，最引人注目的是这些个案的与众不同之处。意大利的宗教法庭似乎较少关注性与道德方面的罪行，而更关注巫术和魔法。平信徒之间的婚外性行为在西班牙宗教裁判所审理案件中的比重接近6%，却不足威尼

---

① 数据源自 James Contreras and Gustav Henningsen, “Forty-Four Thousand Cases of the Spanish Inquisition (1540-1700): Analysis of a Historical Data Bank,” in Gustav Henningsen and John Tedeschi eds., *The Inquisition in Early Modern Europe*, DeKalb, Northern Illinois University Press, 1986, p. 118。另参见 Bartolomé Bennassar, *L'Inquisition espagnole, XVe-XIXe siècle*, Paris, Hachette, 1979，尤其见第九章。

② 参见 E. William Monter, *Frontiers of Heresy: The Spanish Inquisition from the Basque Lands to Sicily*, New York, Cambridge University Press, 1990; Stephen Haliczer, *Inquisition and Society in the Kingdom of Valencia, 1478-1834*, Berkeley, University of California Press, 1990。

③ 参见 Bartolomé Bennassar, *L'Inquisition espagnole XVe-XIXe siècle*, pp. 96-98。

斯和弗留利宗教裁判所受理案件的1%。[①] 与之相反，涉及巫术和魔法的案子却占了三地法庭所有案件的近三分之一。但这些数字其实具有误导性。那不勒斯宗教裁判官审理的性犯罪案件实际占所有案件的 122
16%；如果不是由于反亵渎委员会(*Essecutori contro la bestemmia*)的存在，这个数字将与威尼斯的数据大体相当。这个特殊的世俗法庭审理了大量类似案件。同样地，如果不是一位事无巨细的宗教裁判官驳回了数十起同类案件，西班牙的巫术案将会更多。[②] 从而，我们有理由相信，西班牙和意大利的宗教裁判官及其平信徒支持者的利益和目的大体类似；异端邪说永远是他们的首要关注点，但大约在1560年之后，道德问题成为第二大问题。[③]

宗教裁判所在伊比利亚和意大利半岛之外无甚影响。但天主教教会还有其他规训手段，其中之一是告解圣事(sacrament of confession)。后特伦托时代的教会鼓励平信徒进行告解和领圣体[④]；一些神学家认为，听取忏悔的神父应该在赦罪之前加以训导并要求对方的悔罪和补

---

① 那不勒斯的数据不可得，因为该地宗教法庭将平信徒与教士的性犯罪统计在一起。这些数据(以及后面的数据)均源自 E. William Monter and John Tedeschi, "Toward a Statistical Profile of the Italian Inquisitions, Sixteenth to Eighteenth Centuries," in Gustav Henningsen and John Tedeschi eds., *The Inquisition in Early Modern Europe*, pp. 144-146。

② 参见 Geoffrey Parker, "Some Recent Work on the Inquisition in Spain and Italy," *Journal of Modern History*, 1982, 54(3), p. 530。

③ 前引书提出了不同观点，强调西班牙和意大利个案的差异。根据我对统计资料的详细考察，差异并没有那么大。

④ 对后特伦托时代告解的最佳研究参见 Jean Delumeau, *L'Aveu et le pardon: Les Difficultés de la confession: XIII-XVIIle siècles*, Paris, Fayard, 1990。另参见 Thomas N. Tender, *Sin and Confession on the Eve of the Reformation*, Princeton, Princeton University Press, 1977; Charles Henry Lea, *A History of Auricular Confession*, Philadelphia, Lea Brothers & Co., 1896。

赎。究竟多少神父这样执行，我们不得而知，但有一点确定无疑：领圣体和办告解受到鼓励，这种鼓励不仅来自堂区神父，也来自传教和讲道团体，如耶稣会士(Jesuits)和方济会士(Franciscans)。[①] 兄弟会(Confraternities)是另一个规训来源。这些平信徒兄弟会组织并非新鲜事物，欧洲某些地区至少从 12 世纪开始就有类似组织。[②] 但兄弟会传统在后特伦托时代经历了复兴和转型；传统的兄弟会焕然一新，新的兄弟会纷纷成立。[③] 许多改革派主教成立的悔罪兄弟会以及耶稣会(Society of Jesus)所创立的圣母会(Marian sodalities)尤其强调对平信徒的

---

① 关于这一点，参见 Michael W. Maher，"How the Jesuits Used Their Congregations to Promote Frequent Communion，" in Johan Patrick Donnelly and Michael W. Maher eds.，*Confraternities and Catholic Reform in Italy，France，and Spain*，Kirksville，Thomas Jefferson University Press，1999，pp. 75-95。

② 关于兄弟会的文献不胜枚举。重要的英文研究包括 Ronald Weissman，*Ritual Brotherhood in Renaissance Florence*，New York，Academic Press，1982；Christopher F. Black，*Italian Confraternities in the Sixteenth Century*，Cambridge，Cambridge University Press，1989；Maureen Flynn，*Sacred Charity：Confraternities and Social Welfare in Spain，1400-1700*，Ithaca，Cornell University Press，1989；Nicholas Terpstra，*Lay Confraternities and Civic Religion in Renaissance Bologna*，Cambridge，Cambridge University Press，1995。近期文献的简要梳理参见 Konrad Eisenbichler，"Italian Scholarship on Pre-Modern Confraternities in Italy，" *Renaissance Quarterly*，1997，50(2)，pp. 567-579。权威学者的相关主题论文参见 Johan Patrick Donnelly and Michael W. Maher eds.，*Confraternities and Catholic Reform in Italy，France，and Spain*。

③ 对教士与兄弟会关系的出色分析参见 Danilo Zardin，"Le confraternite in Italia settentrionale fra XV e XVIII secolo，" *Società e storia*，1987(35)，pp. 81-137；Paul V. Murphy，"Politics，Piety，and Reform：Lay Religiosity in Sixteenth-Century Mantua，" in Johan Patrick Donnelly and Michael W. Maher eds.，*Confraternities and Catholic Reform in Italy，France，and Spain*；Pierre Lancon，"Les Confrèries de rosaire en Rouergue aux XVIe et XVIIe siècles，" *Annales du Midi*，1984(96)，pp. 121-133；Adriano Prosperi，"Chierici e laici nell'opera di Carlo Borromeo，" *Annali dell'Istituto Storico Italo-Germanico in Trento*，1988(14)，pp. 241-272。

规训。① 由于所有兄弟会都强调内部和睦共处，它们有时也参与调解成员之间的冲突和纠纷。

在某些情况下，教士管理层也会对平信徒加以规训。后特伦托时代的主教们受到大力鼓励，被希望能定期巡视自己的堂区。② 巡视的首要目标是堂区教士。但一些主教也会和教区居民会晤，以应对特定群体的麻烦或丑闻。在某些地区，传统的执事法庭继续承担规训大众道德和调解社会冲突的职能。③

总而言之，这些不同的机制形成了一台强大的宗教规训机器，很可能比信义宗改革所生成的规训机器更为强大。

但天主教与归正宗的规训相比又如何？谁强谁弱？这当然不好回 123

---

① 关于悔罪兄弟会，参见 Danilo Zardin，*San Carlo Borromeo ed il rinnovamento della vita religiosa dei laici：Due contributi per la storia delle confraternite nella diocesi di Milano*，Legnano，Società arte storia Legnano，1982；Danilo Zardin，*Confraternite e vita di pietà nelle campagne Lombarde tra 500 e 600：La piepe di Parabiago-Legnano*，Milan，NED，1981；Andrew Barnes，"The Wars of Religion and the Origins of Reformed Confraternities of Penitents：A Theoretical Approach，" *Archives de Sciences Sociales des Religions*，1987，64（1），pp. 117-136；Marc Venard，"Les Formes de la piété des confrèries dévotes de Rouen à l'époque moderne，" *Histoire，Économie et Société*，1991，10(3)，pp. 283-297。关于圣母会的权威研究参见 Louis Châttelier，*The Europe of the Devout：The Catholic Reformation and the Formation of a New Society*，Cambridge，Cambridge University Press，1989。

② 关于教区改革的文献浩如烟海。对早期文献的综述参见 Adriano Prosperi，"Missioni popolare e visite pastorali in Italia tra'500 e '600，" *Mélanges de l'Ecole Française de Rome. Italie et Méditerranée*，1997(109)，pp. 767-783。另参见 Franco Buzzi and Danilo Zardin eds.，*Carlo Borromeo e l'opera della "grande riforma"：Cultura，religione e arti del governo nella Milano del pieno Cinquecento*，Milan，Silvana，1997；Keith P. Luria，*Territories of Grace：Cultural Change in the Seventeenth-Century Diocese of Grenoble*，Berkeley，University of California Press，1991。

③ 参见 Andreas Holzem，"Katholische Konfession und Kirchenzucht. Handlungsformen und Deliktfelder archidiakonaler Gerichtsbarkeit im 17. und 18. Jahrhundert，" *Westfälische Forschungen*，1995(45)，pp. 295-332。

答。但我们有理由相信，加尔文主义有更为严格的规训，这体现在范围、重点和持续时间上。

以宗教裁判所的地理范畴为例，它基本局限于伊比利亚半岛和意大利半岛。汇聚了大多数天主教教徒的欧洲西部和中部国家基本未受影响。宗教兄弟会的社会范畴同样如此。由于这些团体的成员几乎都是中上层男性，它们对妇女和穷人少有(直接)影响。与之相反，无论是在地理还是在社会层面，归正宗国家教会规训的触角都要长得多。几乎所有归正宗国家都有某种嵌入地方的公共纪律，所有教会成员都必须遵守。教会委员会、小会(kirk sessions)、堂会、中会(presbyteries)、唱诗班与婚姻法庭等虽然名称各异，人员组成和程序却类似；平信徒和神职人员一起监督、判定同僚的道德和信仰。

这两种规训体系的侧重点也有所不同。在西班牙和意大利，宗教裁判官将大量精力用于异端、亵渎和巫术案。重婚和嫖娼这类道德案通常少于案件总量的15%，从未超出20%。[①] 值得一提的是，明斯特主教法庭(*Sendgericht*)审理的案件呈现出类似的模式。[②] 与之相反，加尔文宗和归正宗堂会很少关注异端、亵渎和巫术案。从1578年到1700年，阿姆斯特丹堂会审理的巫术案不到案件总数的15%。[③] 代尔

---

① 基于卡斯提尔、阿拉贡、威尼斯、那不勒斯和弗留利宗教法庭的数据。数据源自 Gustav Henningsen and John Tedeschi eds.，*The Inquisition in Early Modern Europe：Studies on Sources and Methods*，Dekalb，Northern Illinois University Press，1986。

② 基于 Andreas Holzem，"Katholische Konfession und Kirchenzucht. Handlungsformen und Deliktfelder archidiakonaler Gerichtsbarkeit im 17. und 18. Jahrhundert，" *Westfälische Forschungen*，1995(45)，第312页和第329页的图表。

③ 参见 Hermann Roodenburg，*Onder censuur：De kerkelijke tucht in de gereformeerde gemeente van Amsterdam，1578-1700*，Hilversum，Verloren，1990，table 3.1。

夫特和埃姆登(Emden)同样如此。[①] 苏格兰的数字甚至更低。[②] 它们主要审理有关各种社会行为的案件：乱伦、侵犯、酗酒、破产等。[③]

虽然资料并不完整，但有迹象表明，两种规训体系的持续时间也不一样。至少在埃姆登和阿姆斯特丹，归正宗堂会审理的纪律案件数量直到 17 世纪末都没有持续下降。罗马宗教裁判所同样如此。但西班牙的情况却与它们有天壤之别：在 1610—1620 年，纪律案件数量急速下降，并在 17 世纪末变为涓涓细流。到了 18 世纪，西班牙宗教裁判所已名存实亡。

当然，范围、重点和持续时间上的差异并不必然表示强度的不同； *124*
事实上，它们有可能对行为毫无影响。但现有资料得出的结论并非如此。近代早期欧洲的归正宗国家确实比天主教国家表现得更有纪律、更有秩序。如第二章所表明，近代早期欧洲国家的非婚生育率相差悬殊。更值得注意的是这种差异和宗教差异之间的密切联系，荷兰、英格兰和苏格兰等加尔文宗社会的非婚生育率远低于西班牙、法国和意大利等天主教社会。这说明加尔文宗社会的婚前性行为率较低，或孕后结婚率较高。它还说明性与婚姻方面的规范在加尔文宗社会得到了

---

① 关于埃姆登，参见 Heinz Schilling，*Civic Calvinism in Northwestern Germany and the Netherlands*：*Sixteenth to Nineteenth Centuries*，Kirksville，Sixteenth Century Journal Publishers，1991，table 2.2。关于代尔夫特，参见 A. Ph. F Wouters and P. H. A. M. Abels，*Nieuw en ongezien*：*Kerk en samenleving in de classis Delft en Delfland 1572-1621*，vol. 2，table 5.3。

② 参见 Michael F. Graham，"Social Discipline in Scotland，1560-1610，" in Raymond A. Mentzer ed.，*Sin and the Calvinists*，Kirksville，Sixteenth Century Journal Publishers，1994，table 1，table 2；Geoffrey Parker，"The 'Kirk By Law Established' and the Origins of 'The Taming of Scotland'：Saint Andrews，1559-1600，" in Raymond A. Mentzer ed.，*Sin and the Calvinists*。

③ 当然，这类社会罪恶有可能(甚至很可能)曝光于告解室中。但基于告解的规训几乎不可能像堂会规训那么有效。其一，忏悔依赖于自我谴责；其二，它仍具有私人性。换言之，掩盖罪恶更为容易，社会代价也相对较低。

更严格的遵守和实施。犯罪率方面的数据也能得出类似的结论。

但这一结论引出了一个问题：为什么归正宗的规训更为有效？我们可以给出若干备选答案。一个答案与组织方式有关。越来越多的研究表明，集体形式的教会规训比科层式规训更为有效；它的监督者更多，监督时间更长。[①] 当然，归正宗体系（如加尔文宗堂会、区会和大会）也有等级元素，天主教与信义宗体系（如天主教兄弟会或信义宗婚姻法庭）也有集体主义色彩。但我们仍然可以说，总体而言，归正宗体系比天主教和信义宗体系更偏向集体一端。对于归正宗的规训强度，另一种解释与组织方式无关，而关乎神学；更具体地说，这种解释关乎加尔文的救赎论（soteriology）和教会论（ecclesiology）。加尔文及其信徒认为，信徒个人的称义（justification）就是旧的亚当死去，新的亚当重生的渐进过程。这个皈信或重生过程体现为信仰者行为与《圣经》律法的渐趋契合，也就是自我规训的强化。[②] 但从加尔文主义的视角看，自我规训其实远不如集体规训重要。因为无论个人如何自我规训，也无法改变神对其属灵命运的永恒定旨（eternal decree），但在圣餐桌上公然不思悔改的罪人有可能玷污山巅之城，招致神的圣怒。正由于此，

---

① 关于这一点，最深刻、最坚定的倡导者是海因里希·理查德·施密特（Heinrich Richard Schmidt）。参见 Heinrich Richard Schmidt，*Dorf und Religion：Reformierte Sittenzucht in berner Landgemeinden der frühen Neuzeit*，Stuttgart and New York，G. Fischer，1995；“Über das Verhältnis von ländlicher Gemeinde und christlicher Ethik：Graubünden und die Innerschweiz，” *Historische Zeitschrift*，Beiheft，1991(19)，pp. 455-487；尤其参见“Sozialdisziplinierung? Ein Plädoyer für das Ende des Etatismus in der Konfessionalisierungsforschung，” *Historische Zeitschrift*，1997(265)，pp. 639-682。

② 关于加尔文主义的皈信和称义理论，参见 Charles L. Cohen，*God's Caress：The Psychology of Puritan Religious Experience*，New York and Oxford，Oxford University Press，1986；W. van't Spijker，*De verzegeling met de Heilige Geest：Over verzegeling en zekerheid van het geloof*，Kampen，De Groot Goudriaan，1991。

加尔文敦促追随者不仅关注自己的灵魂，还要照看弟兄姊妹的心灵（以及私宅）。当然，这并非加尔文主义所独有，敬虔主义运动、清教徒运 125
动以及 17、18 世纪的教派也强调类似的信条。但信义宗和后特伦托时代的天主教教会都没有在个人和教会规训与集体福祉之间建立起如此紧密的联系。毋庸置疑，这两种解释并不相悖。可以说，不同的皈依和群体观念促成宗教机构创建者采纳了不同的教会规训制度；相比其他制度，其中一些制度对社会行为产生了更大的影响。

它们是否还促成社会改革者采纳了不同的济贫制度？下面我将回答这一问题。

社会规训：宗教、宗教改革与济贫制度的重建

多数历史学家对上面这个问题的回答是否定的。目前的主流观点是：新教和天主教在济贫原则和实践上并无重大差异；济贫制度改革的原因也不在于宗教改革或更宽泛意义上的宗教，而在于饥荒或人本主义，或二者的某种结合。这些观点正确与否？让我们再次从信义宗开始，详细考察历史证据。

在很大程度上，路德在贫困和济贫上的立场只是对 15 世纪和 16 世纪初各种天主教改革者和人文主义学者的效仿。[①] 和凯撒斯堡

① 关于路德的立场，参见 Gerhard Krause，"Armut VII. 16-20 Jahrhundert，Luther，" in Gerhard Krause and Gerhard Müller eds.，*Theologische Raelenzyklopädie*，Berlin，Walter De Gruyter，1977，pp. 98-105；Harold J. Grimm，"Luther's Contributions to Sixteenth-Century Organization of Poor Relief，" *Archiv für Reformationsgeschichte*，1970(60)，pp. 222-234；Ingetraut Ludolphy，"Luther und die Diakonie，" *Luther*，1976(38)，pp. 58-68。关于路德思想与早期运动的关系，参见 Carter Lindberg，*Beyond Charity*：*Reformation Initiatives for the Poor*，Minneapolis，Fortress，1993。

(Kaysersberg)、伊拉斯谟等人一样[①]，路德认为无人“应该在自己游手好闲的同时指望他人伺候”[②]，“基督徒不应乞讨”[③]，而且济贫应该交由世俗政府管理[④]。但在某些方面，路德的看法却与天主教和人道主义改革者大相径庭。[⑤] 和他们不同，路德认为乞讨禁令也应适用于修会教士(regular clergy)，而且托钵修会和宗教兄弟会的巨额财富应当用于救济穷人。[⑥] 显然，忠诚派天主教教徒难以接受这种观点，我们也不能将路德的观点简单视为更实用或更先进的天主教或人文主义济贫方案。路德的济贫观植根于他对恩典的理解，这正是他的神学与天主教神学的差异之所在。在路德看来，信徒因信仰而称义，称义不在

---

① 伊拉斯谟对这一问题的观点参见 Erasmus of Rotterdam，*Enchiridion militis Christiani*，ed. Anne O'Donnel，Oxford and New York，Oxford University Press，1981。凯撒斯堡的观点参见 Jakob Wimpheling and Beatus Rhenanus，*Das Leben des Johannes Geiler von Kaysersberg*，Munich，Fink，1970。关于宗教改革前的改革者以及这些改革者的思想与路德思想的关系，参见 Carter Lindberg，*Beyond Charity*：*Reformation Initiatives for the Poor*。

② 转引自“Address to the Christian Nobility，” in Martin Luther，*Works*，vol. 44，Philadelphia，Fortress，1966，p. 190。

③ 转引自 Carter Lindberg，“ ‘There Should Be No Beggars among Christians’：Karlstadt，Luther，and the Origins of Protestant Poor Relief，” *Church History*，1977(46)，p. 313。

④ 参见 Karl Holl，“Luther und das landesherrliche Kirchenregiment，” in Karl Holl，*Gesammelte Aufsätze zur Kirchengeschichte*，vol. 1，Tübingen，J. C. B. Mohr，1948，pp. 326-380。

⑤ 对信义宗与天主教/人道主义方案差异的最早讨论(在我看来也是最好的讨论)参见 Otto Winckelmann，“Über die ältesten Armenordnungen der Reformationszeit(1522-1525)，” *Historische Vierteljahrschrift*，1914-1915(17)，pp. 187-228，361-400。

⑥ 最简明扼要的讨论参见路德的《致德意志基督教贵族公开书》(“Address to the German Nobility，” in Martin Luther，*Works*，vol. 44，pp. 189-191)。路德对慈善、乞讨和兄弟会立场更详尽的讨论参见“ The Blessed Sacrament of the Holy and True Body of Christ and the Brotherhoods”(Martin Luther，*Works*，vol. 35，pp. 46-73)以及他关于高利贷的长篇讲道(Martin Luther，*Works*，vol. 45，pp. 231-310)。

善行，所以贫困(无论是真实贫困还是自愿节俭)并不代表恩典，救助穷人也不会在天堂积累功德。因此，天主教教会对贫穷和无产的颂扬以及规模庞大的托钵会和慈善团体既没有神学依据，也不会导致救赎，从而可以而且应该被全面废除和终止。无论多么同情路德，少有天主教教徒持如此激进的立场。事实上，平信徒和宗教领袖在这些问题上的立场很可能是影响他们在 16 世纪宗教冲突中如何站队的重要因素。 *126*

可见，他们**确实**存在原则上的差异，即使这差异不像早期教派理论家说的那么水火不容。那么，实际操作方面也有差异吗?

为了把自己的设想转化为现实，路德首先在 1520 年年末或 1521 年年初为维滕贝格市(City of Wittenburg)起草了《共济章程》(*Beutelordnung*)。[①] 它倡议每周为穷人募集捐赠物资，设立储存捐赠物资的“共济基金”(common chest)，并定期回访接受救助者。尽管《共济章程》从未公布，但它的许多条款被纳入路德的得力助手安德里亚斯·博登施泰因[Andreas Bodenstein，又名“卡尔施塔特”(Karlstadt)]起草的《共济基金章程》(*Order for a Common Chest*)，成为 1522 年维滕贝格教会条例的一部分。[②] 1523 年，在路德的全力配合与认可下，莱斯尼希(Leisnig)市通过了一部类似条例。[③] 和此前的条例一样，它下令设立一笔存储救济资金的共济基金。不同之处在于，它明令禁止托钵僧乞讨，在流浪者与外来乞讨者以及可耻的穷人与需要救助的穷人(即幼

---

① 《共济章程》长期被认为出自路德的门徒安德里亚斯·博登施泰因(卡尔施塔特)，但现在有证据表明其作者其实是路德本人。参见 K. Pallas ed.，“Die Wittenberger Beutelordnung vom Jahre 1521 und ihr Verhältnis zu der Einrichtung des Gemeinen Kastens im Januar 1522. Aus dem Nachlasse des Professors Dr. Nic. Müller—Berlin,” *Zeitschrift des Vereins für Kirchengeschichte in der Provinz Sachsen*，1915(12)，pp. 1-45，100-137。

② 文本和讨论参见 Aemilius Lugwig Richter ed.，*EKO*，vol. 1，no. 160。

③ 文本和讨论参见 Aemilius Lugwig Richter ed.，*EKO*，vol. 1，no. 109。

儿、老人和病人)之间做出明确划分，在当地居民(业主和家仆)中设定每季度的穷人比率，将许多属于各种宗教与慈善组织的收入和财产用于世俗项目。路德向追随者推荐的是《莱斯尼希条例》，而非《维滕贝格条例》；它也为萨克森选帝侯国后来的济贫改革奠定了基础。[①]

改革的另一个桥头堡是纽伦堡，该市于 1522 年推行了一部全面的新济贫法。[②] 此前几个世纪，这座城市的管理者一直试图改造既有制度。他们从 14 世纪后期开始管制乞讨，并在 1521 年强化了既有禁
127 令。[③] 然而，1522 年的济贫法在许多方面超越了此前的法规：它将济贫管理全面"世俗化"，交给十二个平信徒管理员(*Armen-Pfleger*)负责，并为该市四个区域各配备一个助手(*Knechte* 或 *Bettel-Vögte*)；要求所有申请救济者向管理员提交正式申请，写明自己的要求和资格。管理员助手负责审核；如果申请获得批准，受助者必须佩戴市政府发放的特殊徽章，以便政府监督。[④] 虽然条例的起草者并不是路德，路德的影子却清晰可见。这在序言中体现得尤为明显，它指出慈善必须以兄弟之爱(而非善行)为前提；某些具体条文也有体现，因为它们直接复制了 1522 年的《维滕贝格条例》。[⑤]

---

① 关于仿效者，参见大量地方条例，见 Aemilius Lugwig Richter ed.，*EKO*，vol. 1。

② 条例的不同版本及其起源、影响和意义参见 Otto Winckelmann，"Die Armenordnungen von Nuremberg (1522)，Kitzingen (1523)，Regensburg (1523) und Ypern (1525)，" *Archiv für Reformationsgeschichte*，1913(10)，pp. 242-288。

③ 关于纽伦堡的历史，参见 Otto Winckelman，"Über die ältesten Armenordnungen der Reformationszeit(1522-1525)，" *Historische Vierteljahrschrift*，1914-1915(17)，pp. 213ff.。

④ 必须指出，佩戴徽章的要求并不新鲜。但在此之前，徽章的佩戴者是正式获准的乞讨者，而不是接受救济者(后者因此被禁止乞讨)。

⑤ 这项改革和 16 世纪 20 年代初其他改革的宗教(天主教或新教)根源一直没有定论。文献综述参见 Carter Lindberg，"'There Should Be No Beggars among Christians' Karlstadt，Luther，and the Origins of Protestant Poor Relief，" *Church History*，1977(46)，pp. 313-334。

纽伦堡的法规随即引发了其他低地地区和德意志西部城市的改革。例如，1523 年的《斯特拉斯堡条例》基本沿袭了《纽伦堡条例》。[①] 该条例将济贫工作交给镇议会和其他民政官员管理，并要求受助者定期接受面谈；最早一例面谈发生在 1523 年 4 月。[②] 1525 年，弗拉芒人(Flemish)聚居的伊普尔市也效仿《纽伦堡条例》，颁布了新的济贫法。[③] 新济贫法将教会财产和济贫管理进行民政化改造，并执行严格的审核标准，实施定期探访制度。[④] 但这两部法规有一个重要且影响深远的差异：在伊普尔，乞讨禁令的对象不包括修会神父；事实上，托钵修会被准予继续原有的募捐活动。这是因为不同于纽伦堡和斯特拉斯堡，伊普尔仍旧牢牢地掌控在天主教教会手中。然而，当地教士不满这一制度，试图以自行发放救济来抵消乞讨禁令。伊普尔市最终向索邦大学(Sorbonne)的神学院求助，后者发布了一份支持限制乞讨的声明。但没有教士的支持，地方官员无法彻底实施新济贫法。法兰克福这座受帝国管辖的新教城市提供了有趣的对比。[⑤] 由于担心冒犯皇帝，市

---

① 关于斯特拉斯堡，参见 Otto Winckelmann，*Das Fürsorgewesen der Stadt Strassburg vor und nach der Reformation bis zum Ausgang des sechzehnten Jahrhunderts*，*Quellen und Forschungen zur Reformationsgeschichte*，Leipzig，M. Heinsius Nachfolger，1922。

② 参见 Otto Winckelmann，“Über die ältesten Armenordnungen der Reformationszeit(1522-1525)，” *Historische Vierteljahrschrift*，1914-1915(17)，p. 364。

③ 相关概述参见 Ernst Nolfe，*La Réforme de la bienfaisance publique à Ypres au XVIe siècle*。

④ 参见 Otto Winckelmann，“Über die ältesten Armenordnungen der Reformationszeit(1522-1525)，” *Historische Vierteljahrschrift*，1914-1915(17)，pp. 377ff.。

⑤ 关于法兰克福宗教改革的政治与社会背景，参见 Sigrid Jahns，“Frankfurt am Main im Zeitalter der Reformation(um 1500-1555)，” in *Frankfurt am Main. Die Geschichte der Stadt in neun Beiträgen*，Sigmaringen，Jan Thorbecke，1991。

议会虽然早在1523年就商讨制定新济贫法，却从未正式颁布。[①] 尽管如此，法兰克福仍然设立了共济基金，且涵盖教会收入，限制乞讨，并制定了新的救助资格标准。简言之，伊普尔在没有改变济贫法的情况下改造了济贫制度。从而，新教和济贫制度之间既有直接关联，也
128 有间接关联：路德的教义为济贫制度的世俗化和理性化（市政官员对此翘首企足数十年，甚至几个世纪）提供了神学支持；信义宗改革则扫清了大变革的主要障碍，也就是托钵修会、平信徒兄弟会及其神学支持者。

从16世纪20年代末开始，改革转移至邦国层面。黑森的菲利普（Phillip of Hessia）是最早启动改革的德意志王侯之一。他于1527年下令，在黑森全境设立共济基金[②]，并于1530年做出“如何管理共济基金”的具体指示[③]。这两项指令要求所有的城市和乡村遵照信义宗神学改革济贫制度。不足为奇的是，一些地方官员没有逐条落实。虽然他们对掌控教会财产喜出望外，却往往将这笔资金用于修建教堂或市政建设，而非救助穷人。[④] 菲利普迅速做出应对，派遣自己信赖的智囊亚当·克拉夫特（Adam Krafft）和海因里希·冯·吕特恩（Heinrich von Lütern）到各地巡视，保证法规的落实。[⑤] 在接下来的10年，地方济贫

---

① 关于法兰克福的改革，参见 Robert Jütte, *Obrigkeitliche Armenfürsorge in deutschen Reichsstädten der frühen Neuzeit*, chap. 3。

② 参见 Günther Franz ed., *Urkundliche Quellen zur hessischen Reformationsgeschichte*, vol. 3, Marburg, N. G. Elwert, 1951-1957, no. 63。

③ 参见 Aemilius Lugwig Richter ed., *EKO*, vol. 8, no. 3。

④ 菲利普1533年发布新的《共济基金条令》(*Order of the Common Chest*)，明令禁止类似行为。参见 Günther Franz ed., *Urkundliche Quellen zur hessischen Reformationsgeschichte*, vol. 2, no. 256。地方个案参见 Günther Franz ed., *Urkundliche Quellen zur hessischen Reformationsgeschichte*, vol. 2, no. 89。

⑤ 参见 Günter Franz ed., *Urkundliche Quellen zur hessischen Reformationsgeschichte*, vol. 2, nos. 196, 218, 247, 533。

工作的日常管理逐渐落入信义宗执事手中，这些人更容易接受教会巡视员和地方官员的监督和控制。到了 1566 年，救济金的收缴、分发和管理成为执事的正式职责。①

符腾堡的改革过程启动得稍晚。这个公国在 1519 年落入哈布斯堡家族手中，直到 1534 年公爵重新掌权，新教才得以引入。② 两年后的 1536 年 3 月，第一项慈善政策(*Kastenordnung*)正式出台。③ 它以黑森 1530 年和 1533 年的慈善政策以及哈布斯堡 1531 年的反流民条例为蓝本。④ 和其他信义宗的慈善政策一样，它禁止一切乞讨行为，并将地方教会财产整合进受地方政府官员监管的统一的共济基金。乌尔里希公爵(Duke Ulrich)还将一些教堂建筑移交给地方管理者(*Armenmeister*)；出售这些财产为共济基金(*Armenkasten*)带来了可观的收入——例如，斯图加特获得了 5000 盾。⑤ 1551 年，乌尔里希公爵之子克里斯托夫公爵(Duke Christoph)将各种教士、修道士和贝居安会士(beguineries)⑥的薪俸整合进邦国教会基金(*Kirchengut*)，用于修缮教堂和补贴共济基金。⑦ 这为民政济贫奠定了财政基础。由于不少人起初仍忠

---

① 参见 Aemilius Lugwig Richter ed.，*EKO*，vol. 8，no. 18，p. 211。

② 关于符腾堡的宗教改革，最出色的概述为 Martin Brecht and Hermann Ehmer，*Südwestdeutsche Reformationsgeschichte*，Stuttgart，Calwer，1984，pts. 3 and 4。另参见 Julius Rauscher，*Württembergische Reformationsgeschichte*，Stuttgart，Calwer Vereinsbuchhandlung，1934。

③ 重印于 Julius Rauscher，*Württembergische Visitationsakten*，vol. 1，no. 8，Stuttgart，Kohlhammer，1932。

④ 参见 Werner-Ulrich Deetjen，*Studien zur württembergischen Kirchenordnung Herzog Ulrichs*，*1534-1550*，Stuttgart，Calwer，1981，pp. 124-125。

⑤ 参见 Julius Rauscher，*Württembergische Visitationsakten*，vol. 1，no. 25 以及其他各处。

⑥ 贝居安会(Beguines)是罗马天主教教会的女平信徒团体。——译者注

⑦ 参见 Martin Brecht and Hermann Ehmer，*Südwestdeutsche Reformationsgeschichte*，p. 323。

129 于传统信仰，新慈善政策自然不乏阻力。但通过剥夺天主教教士的薪俸、禁止修道院接收新成员以及攫取平信徒兄弟会财产等手段，乌尔里希公爵吓退了最坚定的反改革者。到了 1540 年，大多数城市都实施了新的法规。① 新慈善政策带来的变化不仅体现在济贫资金的掌控者上，而且体现在接收者和分发方式上。例如，在正常情况下，斯图加特每年约半数资金用于孤儿的着装和教育，三分之一用于救济颜面尽失的穷人(*hausarme Leute*)，只有百分之五用于外族人和旅客。② 这通常体现为面包和少量现金补助的救济不由教士发放，而由平信徒执事或施赈吏(*Almosenpfleger*)发放，时间通常在周日。任何涉嫌酗酒、嫖娼或其他不道德行为的人都有可能被剥夺救济资格。③

从而，到了 16 世纪中叶，德意志宗教改革的三个领军政权(萨克森、黑森和符腾堡)都在全境实施了改革。到了 16 世纪末，整个德意志的信义宗公侯都将对济贫的控制纳入一般治安权当中。④ 这体现了社会服务领域的高度还俗化和集权化。

*　　　　*　　　　*

西欧归正宗国家初具规模的济贫制度与在信义宗德意志和斯堪的纳维亚半岛出现的济贫制度极为相似。在管控的还俗化、组织的集权化、值得救助者和不值得救助者之间的区分等方面，不同教派都呈现出类似趋势。但差异同样存在，无论是教派之间的差异还是教派内部

---

① 参见 Viktor Ernst，“Die Entstehung des württembergischen Kirchengutes,” *Württembergische Jahrbücher für Statistik und Landeskunde*，1911，pp. 377-424。

② 数据转引自 Paul Sauer，*Geschichte der Stadt Stuttgart*，vol. 2，Stuttgart，Kohlhammer，1993，p. 167。

③ 措施执行程度不得而知。个案参见 Julius Rauscher，*Württembergische Visitationsakten*，vol. 1，no. 73。

④ 参见 J. Friedrich Battenberg，“Obrigkeitliche Sozialpolitik und Gesetzgebung,” *Zeitschrijt für historische Forschung*，1991(18)，pp. 33-70。

的差异。我们不妨从教派内部的差异说起。光谱的一端是荷兰。相对而言，荷兰济贫体系的还俗化和集权化程度较低。有几座城市将济贫资金存入市政府控制的共济基金中，莱顿是最著名的例子。还有一些城市将所有济贫资金交由归正宗执事管理，由他们发放给穷人，而不考虑宗教派别；多特(Dort)即为一例。但莱顿和多特均属特例。在大多数城市，救济工作由不同的基金会和机构承担，包括民政救济部门[如施赈吏(Almoners)、圣灵孤儿院(Masters of the Holy Spirit)]、归正宗执事与非加尔文宗(浸信会、天主教、信义宗、犹太教)执事，以及针对特殊群体的专门组织(如孤儿院、教养院、收容所、旅馆、养老
院)。这些机构的管理人员均为平信徒，通常来自贵族阶层。但他们并 130
不一定代表市政官员。英格兰属于光谱的另一端。① 它的还俗化和集权化程度要高得多。在英格兰，政府控制了济贫物资的发放和济贫工作的管理。济贫工作由议会法案通过，国家官员(当地太平绅士及其雇用的助手)管理，资金来自税收收入(教区济贫税法)。到了 17 世纪，这些基本原则已为多数地区所采用。瑞士和德意志西南部的城市(归正宗的诞生地)处于这两极之间。它们通常设立了由教会中的平教徒官员掌控的统一机构或基金[如日内瓦总收容所(General Hospital of Geneva)]。② 从而，多数归正宗体系的集权化程度可能逊于信义宗体系，

---

① 相关主题的最出色概述参见 Paul Slack，*The English Poor Law，1531-1782*，Cambridge，Cambridge University Press，1995。

② 关于日内瓦，参见 Léon Gautier，*L'Hôpital Général de Genève de 1535 à 1545*，Geneva，Albert Kündig，1914；Robert M. Kingdon，"Social Welfare in Calvin's Geneva，" *American Historical Review*，1972(76)，pp. 50-69。关于埃姆登，参见 Timothy G. Fehler，*Poor Relief and Protestantism：The Evolution of Social Welfare in Sixteenth-Century Emden*，Aldershot and Brookfield，Ashgate，1999。关于苏黎世，参见 Lee Palmer Wandel，*Always among Us：Images of the Poor in Zwingli's Zurich*，Cambridge，Cambridge University Press，1990。

还俗化程度更是不如信义宗。归正宗国家的济贫管理有时具有分权特性，这不仅体现在实践中，而且体现在原则上。荷兰是最突出的例子。据我所知，没有任何信义宗国家有此情况。与之类似，归正宗国家的济贫官员往往是教会中的平信徒；信义宗国家则不同，济贫官员来自国家政府。当然，这些差别原因各异，而且往往是非常具体的原因。然而，就范围广和宗教性强这两点来说，这些原因都与加尔文的信念(济贫是教会事工的一部分)有关，也与建立在这一信念基础上的执事制度有关。[①]

归正宗体系还有一点值得一提：侧重于对穷人的规训和改造。如第二章[②]所述，阿姆斯特丹教养院是欧洲大陆的第一所教养院。然而，它并不是欧洲第一所教养院。这份殊荣(如果可以这样说的话)属于在1557年被改造为"教养院"的伦敦布赖德韦尔收容所(Bridewell Hospital)。[③] 这座新"教养院"的推动者是一批经商的虔诚的新教教徒。[④] 他

---

① 关于这一点，参见 Elsie Anne McKee，*John Calvin on the Diaconate and Liturgical Almsgiving*，Geneva，Librairie Droz，1984，pp. 133ff.。

② 原文为"第三章"，疑为笔误。——译者注

③ 概述参见 Edward Geoffrey O'Donoghue，*Bridewell Hospital*：*Palace*，*Prison*，*Schools*，*from the Earliest Times to the End of the Reign of Elizabeth*，London，Lane，1923。关于布赖德韦尔收容所的内部运作，参见 John Howes，*John Howes' ms.*，*1582*：*Being a Brief Note of the Order and Manner of the Proceedings in the First Erection of the Three Royal Hospitals of Christ*，*Bridewell & St. Thomas the Apostle*，London，n. p.，1904。

④ 关于改革者的背景，参见 Edward Geoffrey O'Donoghue，*Bridewell Hospital*：*Palace*，*Prison*，*Schools*，*from the Earliest Times to the End of the Reign of Elizabeth*，chap. 16；John Howes，*John Howes' ms.*，*1582*：*Being a Brief Note of the Order and Manner of the Proceedings in the First Erection of the Three Royal Hospitals of Christ*，*Bridewell & St. Thomas the Apostle*。关于里德利(Ridley)，参见 Jasper Godwin Ridley，*Nicholas Ridley*，*a Biography*，London and New York，Longmans，Green，1957。关于格拉夫顿(Grafton)，参见 J. A. Kingdon，*Richard Grafton*，*Citizen and Grocer of London*，London，Privately printed by Rixon & Arnold，1901。

们的宗旨明确于16世纪50年代初，那就是建立覆盖全面的公立收容所，为不同类型的穷人服务：“能力缺失”的穷人(孤儿、老人、盲人和瘸子)，“伤残”的穷人(“受伤的士兵”“家道中落者”与“身患痼疾者”)，“闲散无用”的穷人(“坐吃山空者”“无家可归者”以及“娼妓等游手好闲者”)。[①] 布赖德韦尔收容所服务于最后一个群体。成立之初，数以千计的流浪者、乞讨者和好逸恶劳者被送入收容所。为了改造他们的道 131
德和灵性，收容所强制他们碾玉米、磨钉子或旋螺纹。[②] 16世纪后期，被收容者扩充至重婚者、通奸女子和宗教异议者；布赖德韦尔收容所收容的群体类别也增至二十四类。[③] 其他地方纷纷效仿伦敦。一些城镇在16世纪60年代建立了类似布赖德韦尔收容所的收容所。[④] 1576年，国会下令在英格兰的每个郡都建立矫正院。记录显示，到了1630年，收容所已遍布英格兰的所有郡。[⑤] 和伦敦一样，这些改革的推动者通常是改革派地方官员与道德严格派(precisionist)教士之间基于宗

---

① 这三个大类和九个小类出自理查德·格拉夫顿的记录，并似乎经过了三十人小组的详细论证。三十人小组即起草改革纲领并提交市议会和国王的小组。参见 Richard Grafton, *Chronicle or History of England*, London, Johnson, 1809[1508]。

② 出自1571—1591年伦敦的巡回法官威廉姆·弗利特伍德(William Fleetwood)，转引自 Edward Geoffrey O'Donoghue, *Bridewell Hospital: Palace, Prison, Schools, from the Earliest Times to the End of the Reign of Elizabeth*, p. 201。

③ 出自1571—1591年伦敦的巡回法官威廉姆·弗利特伍德，转引自 Edward Geoffrey O'Donoghue, *Bridewell Hospital: Palace, Prison, Schools, from the Earliest Times to the End of the Reign of Elizabeth*, chap. 21。

④ 关于诺里奇(Norwich)，参见 E. M. Leonard, *The Early History of English Poor Relief*, London, Frank Cass & Co., 1965, pp. 101-107。

⑤ 关于收容所在全英格兰范围内的设立，参见 Joanna Innes, "Prisons for the Poor: English Bridewells, 1555-1800," in Francis Snyder and Douglas Hay eds., *Labour, Law, and Crime*, London, Travistock, 1987，尤其见第61～77页。

教的联盟。[①] 当然，并非只有英格兰和荷兰设立了矫正院。德意志北部的信义宗城市在 17 世纪早期也纷纷效仿。到了 18 世纪初，矫正院已遍及欧洲各地。尽管如此，英格兰和荷兰的改革者各自独立"发明"了教养院，这着实非同小可。你可以说它纯属巧合，但你也可以说它是一种征兆，因为它体现了规训不轨的更强意愿，维护穷人的更弱意愿，对贫困者的不良印象，以及对改革的乐观态度。

* * *

这些意识形态和政策上的变化是否源于新教，且仅限于新教？如上文所述，大多数历史学家曾确信如此。[②] 他们认为，中世纪和近代的济贫体系之间存在彻底的断裂，而这种断裂的主要原因是宗教改革。

---

① 关于这一点，参见 Patrick Collinson，*The Religion of Protestants*，Oxford，Claredon Press，1982，chap. 4。个案参见 John F. Pound，*The Norwich Census of the Poor，1570*，London，Cox and Wyman，1971；Paul Slack，"Poverty and Politics in Salisbury 1597-1666，" in Peter Slack and Paul Slack eds.，*Crisis and Order in English Towns，1500-1700*，London，Routledge & Kegan Paul，1972，pp. 164-203。关于伊普斯威奇（Ipswich），参见 John Webb，*Poor Relief in Elizabethan Ipswich*，Ipswich，Cowell Limited，1966。关于埃克塞特（Exeter），参见 Wallace T. MacCaffrey，*Exeter，1540-1640*，Cambridge，Harvard University Press，1958。关于特林（Terling），参见 Keith Wrightson and David Levine，*Poverty and Piety in an English Village：Terling，1525-1700*，New York，Academic Press，1979，chap. 7。关于其他城镇，参见 E. M. Leonard，*The Early History of English Poor Relief*；Paul Slack，*Poverty and Policy in Tudor and Stuart England*，New York，Longman，1988。

② 就我所知，这种解读最初来自阿尔韦德·埃明豪斯(Arwed Emminghaus)和格奥尔格·乌尔霍恩(Georg Uhlhorn)等 19 世纪下半叶的新教历史学家，并在恩斯特·特勒尔奇、马克斯·韦伯和 R. H. 托尼(R. H. Tawney)的著述中得到阐述，而非普兰和其他历史学家所说的相反过程；参见 Brian Pullan，"Catholics and the Poor in Early Modern Europe，" *Transactions of the Royal Historical Society*，1976(26)，p. 15。不仅如此，托尼可能是上述三位社会学家中唯一明确提出这一观点的人；第二次世界大战后社会科学的主流观点可能正是来自他的影响，而非韦伯或特勒尔奇。

但近年来，越来越多的历史学家提出了不同意见。[①] 纳塔莉·Z. 戴维斯(Natalie Z. Davis)关于里昂施赈总局(*Aumône générale*)的开创性论文率先提出了批评。[②] 为了应对饥荒、瘟疫和社会动荡，里昂市政府于1531年设立施赈总局，旨在帮助值得救助的穷人，同时管制不值得救助的穷人。它分发面包，维护街区治安并救助年幼的孤儿。总之，里昂施赈总局与许多新教城市设立的机构颇为相似。但施赈总局的推动者并不都是新教教徒，还有许多天主教平信徒，甚至若干天主教神职人员。戴维斯指出，这些人的共同点并非新教主义，而是人文主义。他们之所以采取行动，并非受意识形态的驱使，而是对危机的反应：面对城市街道上饥肠辘辘且感染瘟疫的乞讨者，他们觉得不能袖手旁观。

继戴维斯之后，布赖恩·普兰在影响同样深远的《文艺复兴时期威尼斯的富人与穷人》中也对传统观点提出了批评。[③] 初看之下，威尼斯个案似乎肯定了关于天主教慈善的成见，而不是对其提出挑战。在威 132
尼斯，济贫物资由令人眼花缭乱的机构(如收容所、兄弟会和地方教区)分发，其中多数都是正式的宗教机构。但普兰指出，必须透过表面看本质。许多机构和组织都直接或间接由市政府监督或控制。城市治

① 新正统立场的经典表述参见Brain Pullan, "Catholics and the Poor in Early Modern Europe," *Transactions of the Royal Historical Society*, 1976(26), pp. 15-34。对这一立场的近期辩护参见Robert Jütte, *Poverty and Deviance in Early Modern Europe*。

② 参见Natalie Z. Davis, "Poor Relief, Humanism, and Heresy: The Case of Lyon," *Studies in Medieval and Renaissance History*, 1968(5), pp. 217-275。对里昂个案更详尽的讨论参见Jean-Pierre Gutton, *La Société et les pauvres: L'Exemple de la généralité de Lyon, 1534-1789*。

③ 参见Brain Pullan, *Rich and Poor in Renaissance Venice: The Social Institutions of a Catholic State*。对威尼斯个案更简明扼要的考察参见Bronislaw Geremek, *Poverty: A History*, pp. 131-136。

理者由此得以协调各个机构的行动，并在有危机时组织有针对性的济贫活动。因此，威尼斯的济贫制度实则比表面上更为集权化和还俗化。区别对待的情况也超出了一般人的想象。堂区神父和宗教兄弟会经常向他们认为特别虔诚或值得帮助的人提供救济。不仅如此，无论是还俗化、集权化还是区别对待，这些进程最迟都可追溯至15世纪后期。普兰得出结论：社会改革的真正推动力是经济危机和公民人文主义，与宗教并无关系。戴维斯和普兰的研究引来了不少追随者，他们的结论也得到了许多其他天主教城市(除了意大利和法国的城市，还包括西班牙和德意志的城市)个案研究的支持。

通过这一证据，我们似乎可以得出结论：近代早期的社会改革不是纯粹的新教事务；它的根源不在于宗教，其开端也早于宗教改革。那么，我们能不能说天主教和新教的济贫方式不存在重大差别？能否说，宗教和宗教改革对改革过程没有显著影响？虽然有少数不同意见①，但多数近代早期史学家可能对这两个问题都会做出肯定的回答。我对这种回答持怀疑态度。

和新教一样，天主教济贫体系千差万别。光谱的一端是里昂、巴黎、鲁昂(Rouen)、格勒诺布尔(Grenoble)和里尔等法国城市，它们的

---

① 关于近代早期的社会改革，对社会经济解释最直言不讳的批评参见 Ole Peter Grell and Andrew Cunningham，“The Reformation and Changes in Welfare Provision in Early Modern Northern Europe，” in Ole Peter Grell and Andrew Cunningham eds.，*Health Care and Poor Relief in Protestant Europe，1500-1700*，London and New York，Routledge，1997，pp. 1-42；Ole Peter Grell，“The Religious Duty of Care and the Social Need for Control in Early Modern Europe，” *Historical Journal*，1996(39)，pp. 257-263。另参见 Paul Slack，*The English Poor Law，1531-1782*。

济贫体系表现为高度的集权化、还俗化和区别对待。① 在16世纪中叶，
这些城市和许多其他法国城市都将济贫工作交给市政当局，且至少部
分资金来源于“自愿”捐税。② 这种社会服务的理性化和世俗化几乎总
伴以驱逐外来乞讨者和强迫有劳动能力者工作（多为市政工程，如修
路）的激进运动。17世纪早期，一些城市受阿姆斯特丹教养院的启发， 133
开始试行圈地；但直到1656年巴黎建立收容总署（*Hôpital général*）
时，圈地运动或大监禁（*grand renfermement*）才真正展开。③ 光谱的另
一端是西班牙卡斯提尔王国。④ 卡斯提尔绝非没有改革。许多卡斯提
尔城市在16世纪40年代推行了新的济贫法。地方收容所在80年代纷
纷合并。圈养穷人的提议在16世纪90年代和17世纪初也层出不穷。
但卡斯提尔的改革不如法国改革那么彻底，也没有那么成功。虽然卡

---

① 关于里昂，参见 Natalie Z. Davis，“Poor Relief，Humanism，and Heresy，The Case of Lyon，” *Studies in Medieval and Renaissance History*，1968(5)，pp. 217-275；Jean-Pierre Gutton，*La Société et les pauvres*：*L'Exemple de la généralité de Lyon*，*1534-1789*。关于巴黎，参见 Christian Paultre，*De la répression de la mendicité et du vagabondage en France sous l'ancien régime*，Geneva，Slatkine-Megariotis Reprints，1975。关于鲁昂，参见 G. Panel，*Documents concernant les pauvres de Rauen extraits des archives de l'Hotel-de-ville*，Paris，A. Picard，1917-1919，Introduction。关于里尔，参见 Robert Saint Cyr and Duplessis Saint Cyr，“Charité publique et autorité municipale au XVI siècle：L'Exemple de Lille，” *Revue du nord*，1977(59)，pp. 193-219。关于格勒诺布尔，参见 Kathryn Norberg，*Rich and Poor in Grenoble*，*1600-1814*，Berkeley，University of California Press，1985。

② 参见 Marcel Fosseyeux，“Les Premiers Budgets municipaux d'assistance. La Taxe des pauvres au XVIe siècle，” *Revue d'histoire de l'église de France*，1934(20)，pp. 407-432。

③ 参见 Jean-Pierre Gutton，*La Société et les pauvres*：*L'Exemple de la généralité de Lyon*，*1534-1789*，pp. 295-326。

④ 关于这一点，参见 Jon Arrizabalaga，“Poor Relief in Counter-Reformation Castile：An Overview，” in Ole Peter Grell and Andrew Cunningham eds.，*Health Care and Poor Relief in Counter-Reformation Europe*，London and New York，Routledge，1999，pp. 151-176。

斯提尔的济贫法禁止外族人乞讨，但乞讨本身并未遭禁。佩雷斯·德埃雷拉(Pérez de Herrera)对穷人收容所网络的提议也并不禁止乞讨。相反，它们的假设是，募化可以使人养活自己！但这从未实现过。与此同时，地方收容所的集中化在16世纪90年代停滞不前，一些地区甚至出现逆转。从而，卡斯提尔的集权化、还俗化和区别对待程度极低。事实上，在我们考察过的各种体系中，卡斯提尔的制度最接近新教辩护士散播的"中世纪慈善"这种陈旧的刻板印象。

关于意大利，我们要慎之又慎。由于政治分裂，意大利半岛的内部差异甚至大于法国或西班牙。[①] 但普兰笔下的威尼斯模式似乎为许多意大利北部大城市所采纳，包括博洛尼亚(Bologna)、佛罗伦萨和热那亚(Genoa)[②]：15世纪末的收容所合并，16世纪初政府对兄弟会的监管，16世纪40年代的新济贫法和新济贫机构，16世纪末的大型乞讨者收容所。尽管时间稍晚，都灵(Turin)也启动了改革进程；罗马同

① 关于意大利的济贫工作，近期的文献综述包括 Alessandro Pastore，"Strutture assistenziale fra chiesa e stati nell'Italia della controriforma，" in Georgio Chittolini and Giovanni Miccoli eds.，*Storia d'Italia*，*Annali*，vol. 9：*La chiesa e il potere politico*，Turin，Einaudi，1986，pp. 435-465；Brain Pullan，"Support and Redeem：Charity and Poor Relief in Italian Cities from the Fourteenth to the Seventeenth Century，" *Continuity and Change*，1988(3)，pp. 177-208。许多重要城市的简短个案研究以及相关文献可参见 Giorgio Polti，Mario Rosa and Franco della Peruta eds.，*Timore e caritá*：*I poveri nell'Italia moderna*，Cremona，Biblioteca statale e libreria civica di Cremona，1982。

② 关于博洛尼亚，参见 Giovannia Calori，*Una iniziativa sociale nella Bologna del '500. L'Opera Mendicanti*，Bologna，Azzoguidi，1972；Nicholas Terpstra，*Lay Confraternities and Civic Religion in Renaissance Bologna*，chap. 5。关于佛罗伦萨，参见 Daniela Lombardi，"Poveri a Firenze. Programmi e realizzazioni della politica assistenziale dei Medici tta Cinque e Seicento，" in Giorgio Polti，Mario Rosa and Franco della Peruta eds.，*Timore e caritá*：*I poveri nell'Italia moderna*，pp. 165-184。关于热那亚，参见 Eduardo Grendi，"Pauperismo e albergo dei poveri nella Genova del seicento，" *Rivista storica italiana*，1975(87)，pp. 621-654。

样如此，虽然其主要政治势力不是市议会，而是教廷(可想而知)。[①]但它并非唯一的模式。在哈布斯堡家族控制的地区，如那不勒斯和伦巴第(Lombardy)，改革并没有走得很远；教士阶层牢牢控制着慈善事业，城市济贫工作依然四分五裂，托钵修会少受管束。[②] 整体而言，意大利的济贫制度改革介于西班牙和法国之间。

*　　　　*　　　　*

现在我们回到前面提出的新教和天主教济贫制度的同与异问题。反教派理论有无道理？新教和天主教之间难道没有重大差异吗？这一问题颇为棘手。如上文所述，新教和天主教体系**内部**千差万别。不仅如此，这些差异发生在许多不同的维度上，而这些维度均可单独分析， 134
并有可能相互独立。从而，我们不能只盯着具体个案，因为这些个案可能不具备典型性或代表性。我们同样不能只盯着改革的某一个方面。只要资料允许，我们应该从所有相关的理论维度(如集权化、还俗化、区别对待和监禁)全面考察每个体系(信义宗体系、归正宗体系和天主教体系)内部的差异。

首先是集权化。显然，里昂等天主教城市的集权化程度不逊于(甚至有可能高于)阿姆斯特丹等新教城市。但我认为，里昂是天主教光谱中较高的一端，阿姆斯特丹则处于新教光谱中较低的一端。我们也可以通过极端情况加以比较。在新教大城市中，可能没有哪座城市的社会服务体系像萨拉曼卡(Salamanca)那么分权化；而在天主教城市中，

---

① 关于都灵，参见 Sandra Cavallo，*Charity and Power in Early Modern Italy: Benefactors and Their Motives in Turin，1541-1789*。关于罗马，参见 Jean Delumeau，*Vie économique et sociale de Rome dans la seconde moitié du XVIe siècle*，vol. I，pp. 403-416。

② 参见 David Gentilcore，"Cradle of Saints and Useful Institutions: Health Care and Poor Relief in the Kingdom of Naples," in Ole Peter Grell and Andrew Cunningham eds.，*Health Care and Poor Relief in Counter-Reformation Europe*，pp. 132-150。

可能没有哪座城市的社会服务体系像维滕贝格那么集权化。不仅如此，我的推测是，随着时间的推移，这种差异变得越来越显著。后特伦托时代的新组织层出不穷，如修会、平信徒兄弟会、虔诚基金会。许多类似的组织都从事慈善活动。此外，这些慈善活动往往针对特定对象(如犯人、妓女、麻风病人、梅毒患者)。当然，新教地区不乏类似情况，如德意志敬虔主义者建立的学校和孤儿院，或英格兰清教徒建立的道德促进会。但它们发生的范围要小得多。

还俗化如何？我们同样可以看到类似之处，尤其是在天主教城市和归正宗城市之间。以威尼斯和阿姆斯特丹为例，很大一部分救济物资由宗教团体中的平信徒管理者[分别为大学堂(*Scuoli grande*)成员和各种执事]发放，并处于城市长官的松散监管下。但重要差异同样存在，尤其在信义宗城市和天主教城市之间。前者的救济物资由市政机构收集、管理和发放，后者则由宗教机构承担大部分工作。而且这些差异很可能随着时间的推移而变得更为明显。特伦托会议强烈敦促教区神父(secular clergy)和修会神父重掌慈善，也确实有这种情况发生。这些个案的典型性如何，尚有待进一步研究。

135 现在我来考察区别对待和监禁问题。将天主教慈善视为无差别的慈善活动无疑具有误导性。上文讨论过的所有天主教团体都在值得救助者和不值得救助者之间做出了区分，并有相应的救济政策——只救助值得救助者，不值得救助者不予考虑。多数团体尝试过各种形式的院内救助和圈地。尽管如此，天主教和新教的政策存在或细微或明显的差异。其中之一有关乞讨立法。几乎所有新教团体都禁止乞讨，而天主教团体并非如此。虽然绝大多数天主教团体都对乞讨有所管制，却基本未加禁止。但也有例外情况，这些例外不仅针对托钵修会，也包括其他群体。另一个差异有关圈地。对于新教团体来说，院内救济通常是教养院的代名词，即通过持续监督和辛苦劳动实现道德改造。

对于天主教团体来说，圈地的含义往往大有不同：它是穷人寻求栖身之所、接受医疗救护甚至学习手艺的地方。当然，教养院运动并非没有波及欧洲天主教国家。但这发生较晚，且阻力较大，进展较小。例如，意大利直到17世纪晚期才出现第一批教养院。不仅如此，建成后的教养院往往阻力重重。事实上，罗马、热那亚和都灵等地的阻力如此之大，以致新建的教养院不得不关闭。[①] 卢卡(Lucca)和锡耶纳(Siena)的类似计划胎死腹中。[②] 意大利绝非个别情况。神圣罗马帝国在17世纪建立了69所教养院，其中63所为新教教养院，只有6所是天主教教养院，而且这6所教养院全部建于17世纪末。[③]

如果我对这些证据的解读无误，那么反教派理论者的解读就有所夸大了；在济贫体系上，新教和天主教(以及信义宗和加尔文宗)**确实存在**显著差异，而且这些差异很可能与宗教有关。反教派理论者之所以未能看出这些差异，至少有两个原因。第一，他们过于关注个案(如里昂和威尼斯)，却忽略了这些个案的代表性。几个特殊情况并不足以否定显著差异。第二，反教派理论者的分析很少扩展至16世纪中叶以后。因为教派之间的差异在这一时期刚刚出现，期待这一时期的社会服务全面体现这些差异并不现实。如果将反教派理论的逻辑引入宗教

---

① 关于罗马，参见 Michel Fatica，"La reclusione dei poveri a Roma durante il pontificato di Innocenzo XII(1692-1700)," *Ricerche per la storia religiosa di Roma*，1979(3)，pp. 133-179。关于热那亚和都灵，参见 Christopher F. Black，*Italian Confraternities in the Sixteenth Century*，pp. 216ff.。

② 参见 Saverio Russo，"Potere pubblico e caritä privata. L'assistenza ai poveri a Lucca tra XVI e XVII secolo," *Società e storia*，1984(23)，p. 46；Irene Polverini Fosi，"Pauperismo ed assistenza a Siena durante il principato mediceo," in Giorgio Polti，Mario Rosa and Franco della Peruta eds.，*Timore e Caritá：I poveri nell'Italia moderna*，p. 158。

③ 参见 Joel F. Harrington，"Escape from the Great Confinement：The Genealogy of a German Workhouse," *Journal of Modern History*，1999，71(2)，p. 312，n. 8。

136 规训领域，这种短视所造成的曲解就更为明显。由于天主教教会尚未将宗教裁判所、兄弟会和探视等规训手段用于旧信徒身上，有人可能会据此认为它没有任何规训手段。但如上文所述，这一结论大错特错。

这是否证明了早期教派理论的正确性？我们是否应该在中世纪慈善和近代社会政策之间画出一条泾渭分明的界限，并将宗教改革视为二者之间的转折点？这显然将问题过于简化，因为新教和天主教体系与 16 世纪改革的先例存在相似之处。反教派理论家对此有过清晰的论述。早期教派理论还存在另一个问题：将信义宗和加尔文宗混为一谈。前文说过，新教内部的差异是实实在在的。

我认为，实际情况介于早期教派理论与反教派理论之间。天主教济贫制度在近代早期**确实**发生了变化，但变化并不如新教济贫制度那么大。尽管宗教改革并非中世纪慈善向近代社会政策过渡的**唯一**转折点，但确实是一个转折点。这些似乎并不复杂。但原因何在？为什么宗教改革诱发了社会改革？为什么宗教塑造了改革？在我看来，除了早期教派理论所看重的理念，还要从行动者和制度中寻找答案。无论是新教还是天主教，宗教改革所涉及的变化不仅在于人们如何看待对穷人的善行，还在于教士与平信徒以及教会与国家政权之间的关系；这些变化为改革开创了空间，并将改革引向不同的方向。以信义宗国家为例，强调善行的救赎论被因信称义所取代，教士阶层被整合进王室行政，教会与国家政权之间不再壁垒分明。这至少是受信义宗影响的德意志和斯堪的纳维亚诸侯国与王国的典型情况。这些国家的改革往往指向世俗化、还俗化和集权化；教会将济贫工作交付地方管理者，地方管理者又受君主的监督。加尔文宗略有不同。善行信条自然遭到扬弃，但取而代之的是入世行动主义(worldly activism)的伦理；传统的教士阶层不复存在，但政治与教会管理层仍处于正式分离状态(如果
137 已经非正式结合的话)；教会本身的构成也具有联邦制色彩。无论好

坏，瑞士和德意志西南部都出现了这种规范架构，并传至荷兰、苏格兰和新英格兰，甚至曾影响到英格兰和法国。这种格局将改革引向部分还俗化、大幅分权化以及对穷人更严厉也更激进的管理。济贫工作由教会平信徒代表、国家政权以及各种私人基金会共同管理；他们不仅意在帮助穷人，也要改造(或惩罚)他们。在理念、行动者和制度方面，后特伦托时代的天主教呈现出迥异的格局。善行救赎论、教士阶层的独立性以及教会的普世化(即集权化和跨国化)组织管理不仅得以保存，而且得到了强化。至少从长期来看，它使教会官员对大多数慈善资源(再度)享有直接或间接(即管理或监督)的控制权；一个区域的慈善工作往往由许多不同的机构承担；对待穷人的宗教立场是救赎(而非改造或惩罚)。如果说宗教因素影响了社会改革，关键影响要素似乎为：(1)教会对穷人的规范立场——消极或积极，改造或救赎；(2)教士阶层的构成及其与国家政权的关系——等级制或合议制，依附性或独立性；(3)教会管理结构——属地制、联邦制或普世制。

但宗教显然不是唯一因素。对待穷人的态度还取决于非宗教理念(如人文主义和新斯多亚主义)以及政治与物质考量(如对疾病和失序的担忧以及资源稀缺问题)。改革大潮如海浪一般，不仅涌现于宗教改革和复兴时期(如 16 世纪 20 年代)，也涌现于紧缩、饥荒和疾病时期(如 16 世纪 90 年代)。社会改革(以及宗教和解)的模式不仅取决于宗教和政治机构(以及精英)之间的关系，也取决于地方和国家机构(以及精英)之间的关系(如城市长官和君主的关系)。要了解某一场社会改革为何采取特定模式，就必须广泛考察一系列不同因素。但上述分析意不在此。我只是想说明，宗教是影响社会改革大方向的原因之一。

大多数学者认为，行政架构和军队是近代早期国家政权的核心。包括我在内，一些学者主张对国家政权以及国家实力的决定因素采取宽视角，将地方治理与道德规范机制也纳入考量。但这一宽视角不能抛开行政架构和军队，因为少了它们，国家政权就无法榨取物质资源，保卫国界。

多数国家创建的研究者都将地缘政治竞争视为行政理性化的推动力。但在对普鲁士发展轨迹的分析中，我强调了另一个因素：苦行主义新教所引发的自上而下的规训革命。在我看来，勃兰登堡-普鲁士与大多数其他德意志国家的区别在于宗教，而非地缘政治；要解释勃兰登堡-普鲁士出乎意料的崛起，必须从宗教寻找原因。宗教的影响是否仅限于普鲁士？它能否解释欧洲其他地区的行政理性化？换言之，宗教是否影响了近代早期政治改革的大方向？

托马斯·埃特曼的论述再次提供了一个有益的起点。读者可能记得，埃特曼首先区分了政体结构和国家架构，然后基于韦伯的正当支配(legitimate domination)理论，划分出两种国家架构：其一，政府职位被任职者据为己有(世袭制)；其二，政府职位不归任职者私有(科层制)。[①] 他认为，近代早期欧洲各国的国家架构类型取决于“持续的地缘政治竞争的肇始时点”[②]。持续的地缘政治竞争始于1450年前的国家

---

① 这些定义有过于狭隘之嫌，因为人职分离只是韦伯所说的科层制管理特点之一。但埃特曼的定义有其逻辑自洽性，因为韦伯笔下的许多特征(如固定薪酬、官员与管理手段的分离以及基于特长和表现的任用和晋升)在人职不分时难以体现。

② Thomas Ertman, *Birth of the Leviathan: Building States and Regimes in Medieval and Early Modern Europe*, p. 25.

(如西班牙、法国和意大利)均为世袭制，持续的地缘政治竞争始于1450年后的国家(如斯堪的纳维亚和德意志诸国)则为科层制。埃特曼认为，究其原因，是受圣职薪俸(ecclesiastical benefice)观念的影响，行政职务在1450年以前普遍被视为专属于个人，而且官员主要来自有能力与君主讨价还价的土地贵族和其他精英；1450年后出现了一种新的观念，行政职务不再被视为私人所有，统治者得以从规模可观的司法专家队伍中挑选管理者。

这是一个极为复杂的假设，其中暗含了一整套前提条件，尤其是训练有素的司法专家供求以及司法与行政精英的社会组成和教育背景。 139
如果这一假设正确，多数变量(甚至所有变量)将呈现出时间或国别差异。首先，1450年以后的(a)法律学习者数量以及(b)受过法学训练的官员数量将显著增长。不仅如此，在后来实现科层化的国家(即德意志和斯堪的纳维亚诸国)中，(c)贵族在律师型官员中寥寥无几，(d)律师型官员在所有官员中占较大比重，(e)律师型官员在这些国家所占比重远大于后来走上世袭制的国家(即西班牙、法国和意大利诸国)。上述几条假设获得证实者越多，埃特曼的说法就越可信。

第一条无疑是正确的：法学专业的学生数量**确实**在1450年后迅速增长(学生总数同样如此)。事实上，直至16世纪末(某些地区甚至更久)，欧洲各国的学生数量一直在持续增长。主要原因在于，14世纪和15世纪涌现了一大批新兴大学，尤其在欧洲北部。第二条也可能成立：律师型官员总数确实在这一时期有所增加，尽管我们需要更完整、更系统的资料。然而，剩下的三个假设较为棘手。以德意志法学学生和律师型官员的社会背景为例，平民出身者确实曾是主体。但到了16世纪初，德意志贵族开始大量涌入大学，并迅速重夺王室权力。在瑞典，资产阶级律师一统天下的局面更是昙花一现。所以在德意志和斯堪的纳维亚诸国，虽然研习法律确实是在王室任职的重要途径，但至少从长期来看，它并未取代土地贵族的传统特权。律师型官员在王室所占比重的第四条假设是否成立？我们不妨从几个德意志国家讲起。在1550—1596年的184位巴伐利亚议员（*Hof*-或*Hofkammerräte*）中，有55位拥有学位。[①] 在布伦瑞克-沃尔芬比特尔（Braunschweig-Wolfenbüttel）、卡伦贝格（Calenberg）和格鲁本哈根（Grubenhagen）这几个南韦尔夫（Welfish）公国中，拥有学位的王室官员的比重稍低；从1555年到1651年，这些国家略多于三分之一的王室顾问有过大学学习
140 经历，但取得学位者不足六分之一。[②] 据我所知，在法院之外，普鲁士王室只任用了少量律师；普鲁士科层系统的总设计师腓特烈·威廉一世对律师的鄙视更是人所皆知。[③] 德意志诸侯国的中低层王室官员中也不乏律师型官员，但比重不高。这些数字并非不值一提，但也不如埃特曼所说的那么高。这些数字与世袭制国家相比如何？在法国，高等议会中的律师比重最初较高，后来却逐渐下降：1286—1422年为47%，1422—1549年为41%，此后更降为27%。[④] 我们没有西班牙的同类数据，但其比重几乎可以笃定较高：大量王室委员会由训练有素的律师把持，约三分之一的总督（*corregimientos*，王室的区域长官）为

① 参见 Niklas Schrenck-Notzing，“Das bayerische Beamtentum，1430-1740，” in Günther Franz ed.，*Beamtentum und Pfarrerstand，1400-1800. Büdinger Vorträge 1967*，p. 35。

② 参见 Notker Hammerstein，“Universitäten—Territorialstaaten—Gelehrte Räte，” in Roman Schnur ed.，*Die Rolle der Juristen bei der Entstehung des modernen Staates*，Berlin，Duncker & Humblot，1986，p. 723。

③ 就我所知，王室内阁中唯一具有法学背景的高层官员是因法律专长而获任用的萨缪尔·冯·科克采伊（Samuel von Cocceji）。这一结论来自我对《普鲁士历史文献：政府机构》（*Acta Borussica*，*Behördenorganisation*）人名录（*Personenregister*）部分的详尽检索，以及对1700—1740年官居战争与国土事务委员会委员以上的所有王室官员的全面编目。

④ 参见 Lucien Karpik，*French Lawyers：A Study in Collective Action，1274 to 1994*，Oxford，Clarendon Press，1999，p. 30。

律师出身。① 罗马教廷和教宗国的高层职位上也有许多律师。因此，就法学背景者占王室官员的比重而言，科层制和世袭制国家并没有重大或显著差异。事实上，如果存在差异，世袭制政府中的律师可能更多。

虽然资料并不全面，但既有证据足以质疑埃特曼的论点。律师和律师型官员的数量在1450年后确有增加，但至少从长远看，没有迹象表明后来走上科层制道路的国家中律师的增长幅度大于后来走上世袭制道路的国家中律师的增长幅度，也没有迹象表明平民出身的律师取代了土地贵族。因此，埃特曼所说的任用律师所扮演的重大和关键角色很难成立。尽管如此，中世纪晚期和近代早期的统治者们确实任用了大量律师，以及大量普通出身者和外族人(既有律师，也有非律师)，这既是为了利用他们的司法与管理专长，也是为了削弱本土贵族的势力。但这种措施早已施行，且颇为常见：它的出现远早于1450年，而且世袭制国家与早期科层制国家的统治者都采取了类似措施。②

---

① 参见 Jean-Marc Pelorson，*Les Letrados. Juristes Castilians sous Philippe III*，Le Puy-en-velay，L'Éveil de la haute Loire，1980，pp. 68，133。

② 参见 Peter Moraw，"Gelehrte Juristen im Dienst der deutschen Könige des späten Mittelalters，" in Roman Schnur ed.，*Die Rolle der Juristen bei der Entstehung des modernen Staates*，pp. 77-147；György Bónis，"Ungarische Juristen am Ausgang des Mittelalters，" in Roman Schnur ed.，*Die Rolle der Juristen bei der Entstehung des modernen Staates*，pp. 65-75；Dieter Stievermann，"Die gelehrten Juristen der Herrschaft Württemberg im 15. Jahrhundert，" in Roman Schnur ed.，*Die Rolle der Juristen bei der Entstehung der modernen Staates*，pp. 229-272；Paul Brand，*The Origins of the English Legal Profession*，Oxford and Cambridge，Blackwell，1992；Uta-Renate Blumenthal，*Papal Reform and Canon Law in the Eleventh and Twelfth Centuries*，Brookfield，Ashgate，1998；Lauro Martines，*Lawyers and Statecraft in Renaissance Florence*，Princeton，Princeton University Press，1968；Katarzyna Sójka-Zielinska，"La Rôle des juristes dans le mouvement de la codification du droit en Pologne à l'époque de la Renaissance，" in Roman Schnur ed.，*Die Rolle der Juristen bei der Entstehung des modernen Staates*，pp. 191-203。

对于埃特曼所指出的差异，我们能否给出更简单、更连贯且更合理的解释？让我们回顾一下他对个案的分类：英国、斯堪的纳维亚和德意志诸国被归为科层制，西班牙、法国、意大利、匈牙利和波兰被归入世袭制。有人可能会批评这种分类过于粗糙。但如果遵循这种分类，我们会发现一个值得注意的现象：科层制国家与世袭制国家的区
141 分几乎完全重合于新教国家与天主教国家的区分！当然，必须强调的是，教派归属和行政制度并不完全重叠。一些新教国家的科层化程度并不是特别高。以荷兰共和国为例，低层职位（如全国议会或阿姆斯特丹市议会的文秘人员）呈现出一定程度的科层化；但更高层的行政职位多掌握在城市长官和他们属意的代理人手中，而且收税权一般都分包出去。[①] 当然，荷兰共和国没有法国或西班牙那种有组织的卖官鬻爵。但信奉天主教的城邦佛罗伦萨大体同样如此。[②] 这种趋同特性并不限于欧洲城市化水平较高的地区，农业区同样存在类似情形。我们不妨比较一下萨克森和巴伐利亚，前者信奉新教，后者信奉天主教。在这两个国家中，许多关键的行政岗位仍由国家议会或州议会掌控，并且只能由土地贵族执掌——这是被韦伯称为身份制（*ständisch* 或 estate-based）的典型世袭制。但在巴伐利亚，州议会在 17 世纪停止了活动，取而代之的是一个更容易被国王操纵的常委会。[③] 一个可能的结论是，相比萨克森，巴伐利亚的世袭制色彩更淡，科层制色彩更浓。还要指出的是，一些世袭制国家仍存在科层制特征，尤其是西班牙、法国和

① 更多细节参看第二章。

② 参见 R. Burr Litchfield, *Emergence of a Bureaucracy: The Florentine Patricians, 1530-1790*, Princeton, Princeton University Press, 1986。

③ 概述和文献参见 D. Albrecht, “Die Landstände,” in Max Spindler ed., *Handbuch der bayerischen Geschichte*, vol. 2: *Das alte Bayern*, Munich, C. H. Beck, 1966; Rudolf Kötzschke and Hellmut Kretzschmar, *Sächsische Geschichte*, Frankfurt am Main, Wolfgang Weidlich, 1965, pp. 254-266。

教宗国；普遍的卖官鬻爵、上下级指挥链与一定程度的监督和规训在这些国家并存[监督者和规训者通常是王室代理人，如法国的督办(*intendants*)]。同样要指出的是，这些国家的世袭制与匈牙利或波兰的世袭制多有不同。[①] 在匈牙利和波兰，将官职据为己有的不是个人，而是社会群体，尤其是土地贵族。匈牙利和波兰的特点不在于卖官鬻爵本身，而在于极端的身份世袭制。北欧的新教国家同样有此情况：科层制管理常常受制于代表大会中的特权，尽管阻力小于匈牙利或波兰。甚至在不存在这些障碍的情况下，如在斯堪的纳维亚和神圣罗马帝国的"绝对"君主制中，世袭制元素仍然存在。普鲁士和瑞典的官员并没有近代科层制典型的契约与法律保障；他们仍有可能在没有警告的情况下被随意解职，也确实发生过类似情况。然而，尽管教派归属和行 *142*
政制度不完全重叠，而且世袭制和科层制的初始对比也过于鲜明和简化，但科层化程度最高的国家确实是新教国家(如英格兰、瑞典和普鲁士)，世袭制最根深蒂固的国家确实是天主教国家(意大利、法国、西班牙、匈牙利和波兰)。从而，新教和科层制、天主教和世袭制之间确实存在程度不低的相关性。我们要回答的问题显然是：为什么？

不奇怪的是，我的回答重点不在地缘政治，而在宗教。我尤其关注两个事件的影响：天主教教会大分裂(Papal Schism，1378—1417

---

① 关于波兰个案，最出色的扼要讨论参见 Hans Roos，"Ständewesen und parlamentarische Verfassung in Polen," in Dietrich Gerhard ed.，*Ständische Vertretungen in Europa im 17. und 18. Jahrhundert*，pp. 310-367。关于英格兰，参见 Antoni Maczak，"The Structure of Power in the Commonwealth of the Sixteenth and Seventeenth Centuries," in J. Federowica，Maria Bogucka and Henryk Samsonowica eds.，*A Republic of Nobles*，Cambridge，Cambridge University Press，1982，pp. 109-134。关于匈牙利，参见 György Boris，"The Hungarian Feudal Diet Thirteenth-Eighteenth Centuries," in vol. 4 of *Gouvernés et gouvernants*，Brussels，Recueils de la société Jean Bodin pour l'histoire comparée，De Boeck University，1965。

年)和宗教改革(约 1500—1550 年)。正是在天主教教会大分裂期间，大规模的卖官鬻爵现象首次出现，而世俗统治者最先正是从教宗那里学到了这一招。从而，公职贿买最早出现于罗马教会势力最大、根基最深的地区，即法国以及意大利半岛和伊比利亚半岛，在这些地区的传播也最广。当然，卖官鬻爵并不局限于这些地区；北欧地区最终也未能幸免，但那里的卖官鬻爵现象从未像前述地区那样盘根错节、触目惊心。最先阐明并推行(教会内部)非专有官职制度的宗教改革者以圣职薪俸制为靶子；由于信众的影响，卖官鬻爵现象在萌芽阶段即被消灭，科层管理制的早期形式也初具雏形。

世袭制与卖官鬻爵：类型和程度

在回顾教宗在卖官鬻爵方面的创造及其扩散之前，我有必要将卖官鬻爵与其他形式的世袭制加以区分，并指出若干世袭制类型。尽管有拖泥带水之嫌，但这将对我们后面的分析大有助益。

私占政治职位在近代早期欧洲表现为多种形式。如果区分个人占有和集体占有，以及永久占有和临时占有，我们可以划分出四种类型(见表 4)。(1)**买卖**(*Venal office holding*，个人永久占有)：在这种制度下，某一职责领域的职务被视为个人私有财产，可以合法买卖、赠送或继承。(2)**封建**(*Feudal office holding*，集体永久占有)：在这种制度下，特定地域的官职被视为某一世系的私有财产，可以赠送和继
143 承，但不可合法买卖。(3)**寡头**(*Oligarchy*，集体临时所有)[①]：在这种制度下，特定职责和地域的职位都被视为某一阶层(多为土地贵族或城

① 有一点值得注意，埃特曼对世袭制的定义忽略了寡头制，而它被韦伯视为近代早期欧洲最重要的世袭制类型。

市贵族)的集体财产，这一阶层通常经由选举、轮岗或抽签手段，将有时间限定的职务集体授予同一阶层的个人成员，官职无法合法买卖、赠送或继承。(4)**转手**(*Farming*，个人临时所有)：在这种制度下，特定时段内的职位被卖给出价最高者，但不可出售或赠送。这些显然都是理想类型，在实际生活中极为罕见。我们还将看到，混合类型(如买卖寡头和买卖转手)也不无可能。

表 4　公职类型

职位拥有者	占有模式	
	暂时	**永久**
个人	转手	买卖
集体	寡头	封建

必须指出的是，这四种类型不仅形式不同，还存在占有程度上的差别，以及由此产生的理性化和改革难易程度的差别。在买卖制和封建制中，某些个人或世系对官职获得**永久性**占有权，技能和表现在官员任用时的作用微乎其微。而在寡头制和转手制中，技能和表现在官员任用和晋升方面的作用更大，如寡头制中的竞争性选举或转手制中的竞价。基于这一点，我认为寡头制和转手制(尤其在其具有竞争性时)是世袭制的温和形式。

因为买卖是本节关注的重点，因此我有必要对它加以更精确的界定，并对它的不同形式和程度做出更详细的探讨。大而言之，买卖就是售卖公职。所以，研究买卖的学者经常区分私人买卖和公开买卖。私人买卖是私人之间的交易，一般发生在官职持有者和潜在买家之间，君主不参与交易。公开买卖则是公共机构和私人之间的交易，通常表现为公职向个人的售卖，售卖者往往是君主或其代理人，也可能是向

私人反向回购官职。[①] 我们还可以区分出事实上的买卖和法律上的买
144 卖。下面是事实上的买卖的两种情况：(a)官职的购买或互换成为常态或得到默许，但并没有成为必然，也没有被制度化，例如，以秘密支付(贿赂)或公开赠礼的方式获得官职；(b)某种形式的支付必不可少且成为制度要求，但不具备购买官职的**法律**地位，例如，任职者被要求在上任时缴纳一定的费用。这两种类型也可视为买卖的不同阶段或程度，(b)属于其中更严格或更高级的形式。为了在下面的讨论中将后一种类型区分开来，我称之为“早期买卖”(proto-venality)。最后，对于我所说的法律上的买卖，价格支付不仅必不可少，还成为制度要求，而且在法律意义上被正式**认可**为官职购买。显然，上述买卖类型不仅在形式上有所不同，在程度上也有差别。买卖的终极形式是永久、公开、法律上的买卖。这是我们下面关注的重点。

官职买卖在中世纪晚期和近代早期欧洲的发展与扩散：教宗的角色

对于教宗在官职买卖的发展和扩散中的角色，我们主要借助于各种间接证据。首先是**历史脉络**。关于这一点，许多学者认为教宗引领了官职买卖的风气。英诺森三世(Innocent III)在位时期(1198—1216年)很可能即已存在实际上的公开买卖；在担任圣职之前，很可能要先

① 一些学者还习惯区分临时买卖和永久买卖。前者指购买者获得特定期限(通常为短期)的官职；后者指官职成为购买者的私人财产，并可转售或馈赠。前者通常被视为转手。一些学者将转手视为一种买卖，另一些学者则视其为另一种任职类型。由于转手有时是官职永久占有的过渡阶段，因此前一种观点不无道理。但必须强调的是，作为一种职位占有，转手的严格程度远低于永久买卖，因为它为自上而下监控官员提供了更大的余地。因此，如果转手也算买卖，它只能算一种极其温和的买卖形式。

向教宗赠礼。[①] 实际上的私人买卖也已在这一时期出现，具体形式为声名狼藉的“第三方受益的辞职”(*resignatio in favorem tertii*)：一位圣职人员将其职位转给第三方，第三方再将圣职转给他人，以换取和辞职者共享的报酬。通过这种手段，卖者和买者可以逃避圣职买卖(simony)的罪名。公开的早期买卖出现在天主教教会大分裂时期，始作俑者是罗马教宗卜尼法斯九世(Boniface IX，1389—1406 年在位)。大分裂时期的政治和管理混乱导致教廷收入锐减；为了应对危机，卜尼法斯九世将大量低层管理职位出售。[②] 到了 15 世纪 40 年代，这些售卖成为法律上的售卖，开始拥有法庭认可的合法地位。[③] 在西克斯图斯四世(Sixtus IV)在位时期(1471—1484 年)，罗马教廷内部设立了一些职位，并将其售卖；甚至还有教廷高层职位售卖的证据。[④] 尽管如此，但确信无疑的是，到了 16 世纪的前 10 年，连教廷的高层职位(甚至枢机团)都已公开买卖。[⑤] 简言之，罗马教会早在 12 世纪就存在公开官职买卖，15 世纪中期即已出现法律上的公开官职买卖。 145

---

① 参见 Brigide Schwarz，*Die Organisation kurialer Schreiberkollegien von ihrer Entstehung bis zur Mitte des 15. Jahrhunderts*，Tübingen，M. Niemeyer，1972，pp. 10，177。

② 参见 Peter Partner，“Papal Financial Policy in the Renaissance and Counter-Reformation，” *Past and Present*，1980(88)，p. 20。

③ 参见 W. von Hoffmann，*Forschungen zur Geschichte der Kurialen Behörden vom Schisma bis zur Reformation*，Rom，Preußisches historisches Institut，1914，p. 171。

④ 参见 Brigide Schwarz，*Die Organisation kurialer Schreiberkollegien von ihrer Entstehung bis zur Mitte des 15. Jahrhunderts*，pp. 177-180；W. von Hoffmann，*Forschungen zur Geschichte der Kurialen Behörden vom Schisma bis zur Reformation*，vol. 2，p. 41。另参见 Bernhard Schimmelpfennig，“Der Ämterhandel an der Römischen Kurie von Pius II bis zum Sacco di Roma (1458-1527)，” in Ilja Mieck ed.，*Ämterhandel im Spätmittelalter und im 16. Jahrhundert*，Berlin，Colloquium Verlag，1984，p. 12。

⑤ 参见 Barbara Hallman，*Italian Cardinals，Reform，and the Church as Property：1492-1563*，Berkeley，University of California Press，1985。

在欧洲的世俗统治者当中，法国国王通常被视为官职买卖的先行者。但与教宗相比，他们是名副其实的后来者。当然，法国早在 13 世纪就不乏王室职位的转手，其蛛丝马迹甚至可以再往前推三个世纪。[①] 不仅如此，到了 14 世纪前 10 年的中期，法律上的私人官职买卖已经颇为普遍；还有间接证据表明它在一个世纪前即已存在。[②] 还有证据显示国王的廷臣和顾问也卷入了这种买卖，起始时间约为 14 世纪后期。[③] 但这种情况仅限于低层职位；直到 16 世纪的前 20 年，才出现公开职位买卖的确凿证据：法国国王亲自将官职永久售卖。弗兰西斯一世(Francis I)设立了临时财政收入局(*bureau des parties casuelles*)，通过这一特殊的"营销"部门对这类买卖予以官方认可与合法地位，并开始以设立新职位来扩充财政收入。在接下来的一个半世纪里，供买卖的官职在数量和级别上均持续上升。到了黎塞留(Richelieu)时期，法国约有四万多个买卖官职。

有人认为西班牙没有官职买卖。[④] 西班牙国王也确实从未施行法律上的公开买卖。但近期研究发现了西班牙所有其他形式和程度的官职买卖的确凿证据。从 14 世纪后期起，卡斯提尔诸城就已经出现了事

---

① 参见 Paul Viollet，*Droit public*. *Histoire des institutions politiques et administratives de la France*，vol. 3，Paris，L. Larose et Forcel，1890-1903，pp. 270-274；Martin Göhring，*Die Ämterkäuflichkeit im Ancien régime*，p. 13。

② 参见 Kuno Böse，"Die Ämterkäuflichkeit in Frankreich vom 14. bis zum 16. Jahrhundert，" in Ilja Mieck ed.，*Ämterhandel im Spätmittelalter und im 16. Jahrhundert*，pp. 83-110；Roland Mousnier，*La Venalité des offices*，*sous Henri IV et Louis XIII*，p. 17。

③ 参见 Roland Mousnier，*La Venalité des offices*，*sous Henri IV et Louis XIII*，p. 21。

④ 参见 Willem Frifhoff，"Patterns，" in Hilde de Ridder-Symoens ed.，*Universities in Early Modern Europe*(*1500-1800*)(vol. 2 of *A History of the University in Europe*)，Cambridge，Cambridge University Press，1996，pp. 43-110。

实上的私人市政职位转手，蛛丝马迹更在一个多世纪以前即已存在。① 15 世纪中期就存在事实上的公开市政职位买卖和私人早期买卖的证据；当时的卡斯提尔议会多次抗议西班牙王室设立新市政职位，并反对以“第三方受益的辞职”的手段将官职转给第三方。② 到了 15 世纪 80 年代，一套公开的早期官职买卖制度已经成型；虽然没有大张旗鼓，但王室司法部门和财务管理部门的职位都在进行买卖。③ 从 1494 年起，市政职位可以进行合法私人交易。④ 近代早期西班牙的国王从未将公职买卖合法化，且避免出售司法职位。但他们大规模从事早期官职买卖；在近代早期，数千个官职被大肆出售，范围不仅包括卡斯提尔和阿拉贡，还包括西属美洲和西属东印度群岛，甚至包括西班牙宗教裁判所。⑤

意大利的情况无疑更为复杂多变。在近代早期的意大利南部 *146*
(*Mezzogiorno*)，官职买卖现象屡见不鲜，且手段复杂。和近邻教宗国一样，近代早期西西里(Sicily)政府和那不勒斯政府都从事系统的、法

① 参见 Joachim Boër, “Ämterhandel in kastilischen Städten,” in Ilja Mieck ed., *Ämterhandel im Spätmittelalter und im 16. Jahrhundert*, pp. 148-149。

② 参见 K. W. Swart, *The Sale of Offices in the Seventeenth Century*, The Hague, M. Nijhoff, 1949, p. 21。

③ 参见 Winfried Küchler, “Ämterkäulichkeit in den Ländern der Krone Aragons,” in *Spanische Forschungen der Görresgesellschaft*, vol. 27: *Gesammelte Aufsätze zur Kulturgeschichte Spaniens*, Münster, Aschendorffsche Verlagsbuchhandlung, 1973, pp. 11-13。

④ 参见 K. W. Swart, *The Sale of Offices in the Seventeenth Century*, p. 21。

⑤ 参见 Margarita Cuartas Rivera, “La venta de oficios públicos en Castilla-León en el siglo XVI,” *Hispania*, 1984, 44(158), pp. 495-516; Rafael de Lera García, “Venta de oficios en la inquisicion de Granada(1629-1644),” *Hispania*, 1988, 48(4), pp. 909-962; Luis Navarro García, “Los oficios vendibles en Nueva España durante la Guerra de Sucesión,” *Anuario de Estudios Americanos*, 1975(32), pp. 133-154。

律上的官职贿买，从 16 世纪初起就将各种职位卖给出价最高者。[①] 遗憾的是，由于对西西里和那不勒斯在近代以前的官职买卖缺乏系统研究，我们无法确知这类活动的历史根源。[②] 但它们不可能像法国的官职买卖那般历史悠久，因为 13 世纪的西西里和那不勒斯均有理性化程度极高的行政体系，包括任期制、薪资制和其他早期科层制特征。[③] 相比之下，意大利北部的官职买卖现象没有那么普遍或复杂。佛罗伦萨严厉禁止公开买卖官职，私人买卖也极为罕见。[④] 威尼斯直到 17 世纪才出现官职的公开买卖，且规模有限；它是财政危机时期的权宜之计，且从未蔓延至高层政治与司法职位。[⑤] 唯有萨沃伊(Savoy)和米兰是重要特例。这两个地区的公开的官职买卖是外来产物：萨沃伊由法国人引入，米兰则由西班牙人引入。

当然，官职买卖并不限于拉丁欧洲的天主教国家。北欧的新教国家同样存在这一现象，只是程度和复杂度较低。以荷兰共和国为例，

---

① 参见 A. Musi，“La venalitä degli uffici in principato citra，” *Rassegna storica salernitana*，1986(5)，pp. 71-91；Roberto Mantelli，*Il pubblico impiego nell'economia del Regno di Napoli：Retribuzioni，reclutamento e ricambio sociale nell'epoca spagnuola (sec. XVI-XVII)*，Naples，Istituto italiano per gli studi filosofici，1986。

② 参见 Giuseppe Galasso，*Alla periferia dell'Impero. Il Regno di Napoli nel periodo spagnolo(secoli XVI-XVII)*，Turin，Einaudi，1994，p. 16。

③ 参见 Horst Enzensberger，“La Struttura del potere nel Regno：Corte，uffici，cancelleria，” in *Potere，Società e popolo nell'età Sveva (1210-1266)*，Bari，Dedalo，1985，pp. 49-70；Hiroshi Takayama，*The Administration of the Norman kingdom of Sicily*，Leiden，E. J. Brill，1993；Pietro Corrao，*Governare un Regno. Potere，società e istituzioni in Sicilia fra Trecento e Quattrocento*，Naples，Liguori Editore，1991。

④ 参见 R. Burr Litchfield，*Emergence of a Bureaucracy：The Florentine Patricians，1530-1790*，pp. 157-181。

⑤ 参见 Roland Mousnier，“Le trafic des offices ä Venise，” *Revue historique du droit français et etranger*，1952(30)，pp. 552-565；Andrea Zannini，*Burocrazia e burocrati a Venezia in etá moderna：I cittadini originari(sec. XVI-XVIII)*，Venezia，Istituto veneto di scienze，lettere ed arti，1993。

官职的追求者有时会向有权势的地方长官赠以厚礼，以期获得任命。[①]斯图亚特王朝时期的英格兰也存在这种以厚礼换官职的现象。[②] 勃兰登堡-普鲁士同样如此。在 17 世纪晚期和 18 世纪早期，地方政府和王室司法部门的职位以及各种虚职时有出售[③]，但官职的私人买卖是严格禁止的。

* * *

历史时刻方面的证据告诉我们，教宗国是第一个建立了一整套公开、永久和法律上的官职买卖制度的国家。历史证据还表明，教宗国在私人和公开官职买卖方面也是先行者。当然，历史时刻方面的证据**没有**告诉我们，世俗国家的官职买卖是否受到教会和教宗国的驱动或影响。毕竟，官职买卖有可能源于重复独立的发明(simultaneous in-
vention)，是统治者在未考虑或不知晓其他统治者行动的情况下对类似 147
环境做出的类似回应。但至少有两方面证据否定了这种可能。

首先是**地理上的邻近性和制度上的关联性**。事实表明，官职买卖最猖獗、手段最复杂的地区，如法国、西班牙和意大利部分地区，都在地理上或制度上与教宗国邻近。以法国为例，在 14 世纪的大部分时间和 15 世纪的部分时期，法国国王都将教宗安置在阿维尼翁(Avignon)，国王的下属在大部分时间里控制了罗马教廷。法国国王的表亲安茹公爵在 14 世纪控制了那不勒斯，法国国王则在 16 世纪早期对意

---

① 参见 Michael Erbe, "Aspekte des Ämterhandels in den Niederlanden im späten Mittelalter und in der frühen Neuzeit," in Ilja Mieck ed., *Ämterhandel im Spätmittelalter und im 16. Jahrhundert*. pp. 112-130。

② 参见 Adolf M. Birke, "Zur Kontinuität des Ämterhandels in England," in Ilja Mieck ed., *Ämterhandel im Spätmittlalter und im 16. Jahrhundert*, pp. 205-209。

③ 参见 Horst Möller, "Ämterkäuflichkeit in Brandenburg-Preussen im 17. und 18. Jahrhundert," in Klaus Malettke ed., *Ämterkäuflichkeit: Aspekte sozialer Mobilität im europäischen Vergleich*, Berlin, Colloquium Verlag, 1980, pp. 156-177。

大利半岛的长期军事行动中征服了萨沃伊。当然，他们的首要对手是在16世纪控制了米兰公国的西班牙国王(其先辈分别从15世纪和13世纪起统治了那不勒斯和西西里)。考虑到他们对教廷政治的深度介入以及在意大利半岛的长期统治，很难想象法国和西班牙的国王对罗马教廷和各地天主教教会官职买卖现象的泛滥一无所知。更难想象的是，意大利诸国的统治者会对这些活动闭目塞听；毕竟，教廷官员几乎全是意大利人。

上述证据使我们相信，罗马教宗对官职买卖现象的发展与蔓延有一定**影响**。但还有证据指出，教宗与官职买卖现象的扩散之间存在更密切的关系；这不仅是影响，更涉及**效仿**。法国、西班牙及其附属国的官职买卖制度与罗马教会和教宗国的制度极其类似，这种类似不仅体现在总体组织上，而且体现在繁枝细节上。以专有职位的辞任规定为例，在罗马教廷，辞呈必须在任职者去世20天以前递交；否则辞职无效，而这一职位就将重回教宗手中。法国和西班牙的"第三方受益的辞职"也有一模一样的规则(但法国的宽限期为40天)。事实上，如奥托·欣策首先注意到的，连相关文件的措辞都直接来自罗马教会。再以供买卖的职位类型为例，罗马教廷的许多人反对司法和教会职务的买卖；尽管这种买卖屡见不鲜，尤其在16世纪，但它从未获得合法地
148 位。西班牙有类似的限制，司法职位也从未公开买卖。法国也是如此，直到16世纪后期才正式出售这些职位，远远晚于其他职位。这些类似现象的原因并不难找。它们与教会法(canon law)的影响有关，教会法为罗马教廷内部以及世俗诸侯国的职位买卖提供了法律依据。这方面值得注意的是，官职买卖现象出现最早、根基最牢的国家恰恰是历史最悠久、最负盛名的教会法重镇——意大利、法国与西班牙。

* * *

当然，官职买卖并不限于拉丁国家。如上所述，全欧洲统治者在

不同的历史阶段都有类似做法。因此，要解释官职买卖的不同程度，我们不仅要了解这一现象的根源，还要探寻官职买卖在某些地区（而不是其他地区）生根发芽并迅速扩散的原因。在我看来，答案很大程度上在于宗教改革的影响，尤其是宗教改革系统阐述并宣扬的新职位观，这种观念明确反对世袭制，主张科层制。

对圣职买卖的批判与教会的科层化

对圣职买卖（借教会职位为个人谋取经济利益）的批判由来已久，其历史可能和西方教会一样源远流长。但这种批判似乎在 15 世纪变得格外猛烈，尤其在德意志。对于罗马教会滥用职权，广为人知的早期批评来自《西吉斯蒙迪改革》(*Reformatio Sigismundi*)。它写于 15 世纪 30 年代末，1476 年之前已经以手稿形式再版五次，1522 年前又以印本形式再版八次。[1]《西吉斯蒙迪改革》无疑是一份影响深远的文献。它对西方教会与神圣罗马帝国的职权滥用展开了一系列批评，并提出了一些改革建议。对教会的批评主要集中在圣职的买卖上，但同时罗列了不同类型的职权滥用，包括身兼多职（兼任）、雇用替代者或代牧（不在任所）、征收共俸(common services)和首年俸(annates)以及出售赎罪券。对我们来说，改革建言更值得关注。建言的重点是废除教会的圣职薪俸制，代之以固定薪酬制；建言还要求所有圣职人员都要有“大学文凭”，接受定期巡视，参加教区大会，熟悉与其职位有关的法 *149*
规，“同酬同工”，并将财务管理工作交给“常驻管理员”。薪俸、专业资格、纪律、成文法规、职责细化——《西吉斯蒙迪改革》宛如韦伯笔

---

① 参见 Gerald Strauss, *Manifestations of Discontent in Germany on the Eve of the Reformation*, Bloomington, Indiana University Press, 1971, pp. 3-4。

下科层制的蓝图！唯一不同之处在于它的预见性和说服力。它的主题和建言家喻户晓，在伊拉斯谟、路德等著名人文主义者和改革家的著述中也有所体现，更激励了许多不那么知名的小册子和海报。

16 世纪欧洲新教国家建立的神职人员制度与《西吉斯蒙迪改革》的建言极为类似。① 除了英格兰，其他国家都废除了圣职薪俸制。虽然多数圣职人员仍有某种形式的非货币补偿，如土地或房屋使用权，但薪俸已成为他们的主要收入来源。一定程度的正式教育成为担任官职的事实上或法律上的先决条件。到了 17 世纪早期，绝大多数新教神职人员都曾入读大学，为数不少的人还拿到了学位。这也不是唯一的要求。在许多国家，要成为神职人员，还必须通过正式考试，多为雇主或未来同事对其进行口试。多数神职人员在就职以后还要接受正式监

---

① 关于英格兰，参见 Rosemary O'Day，*The English Clergy：The Emergence and Consolidation of a Profession，1558-1642*，Leicester，Leicester University Press，1979；Peter Heath，*The English Parish Clergy on the Eve of the Reformation*，London，Routledge & Kegan Paul，Toronto，University of Toronto Press，1969；Viviane Barrie-Curien，"The English Clergy，1560-1620：Recruitment and Social Status，" *History of European Ideas*，1988(9)，pp. 451-463。关于德意志，参见 Bernard Vogler，*Le Clergé protestant rhénan au siècle de la Réforme，1555-1619*，Paris，Ophrys，1976；Bernard Vogler，"Rekrutierung，Ausbildung und soziale Verflechtung. Karrieremuster evangelischer Geistlichkeit，" *Archiv für Reformationsgeschichte*，1994(85)，pp. 225-233；Bruce Tolley，*Pastors and Parishioners in Württemberg during the Late Reformation，1581-1621*；Luise Schorn-Schütte，*Evangelische Geistlichkeit in der Frühneuzeit：Deren Anteil an der Entfaltung frühmoderner Staatlichkeit und Gesellschaft*，Gütersloh，Gütersloher Verlagshaus，1995。关于瑞士，参见 Bruce Gordon，*Clerical Discipline and the Rural Reformation：The Synod in Zürich，1532-1580*，Bern and New York，Peter Lang，1992。关于荷兰，参见 G. Groenhuis，*De Predikanten：De sociale positie nan de Gereformeerde predikanten in de Republiek der Verenigde Nederlanden vóór ± 1700*，Groningen，Wolters-Noordhoff，1977。关于斯堪的纳维亚，参见 Ole Peter Grell，*The Scandinavian Reformation：From Evangelical Movement to Institutionalisation of Reform*，Cambridge，Cambridge University Press，1995。

督，监督者不仅包括平信徒雇主和教会长老，往往还包括其他神职人员；未以身作则或疏于职守的教士有可能受到正式警告，甚至被撤职，且这类事件屡有发生；相关要求毫不含糊，且往往白纸黑字写明。相反，一个布道有术且品行端正的人很可能获得提拔，成为一个大型教会的主任牧师，甚至教会高层管理人员。如果在 18 世纪，即使成就不显，他也有望获得一定的物质保障。例如，他可以在退休时领到退休金；如果在退休前去世，他的妻子和儿女将获得补助。官员与职位的分离、固定薪酬、专业资格、正式考核、成文法规、纪律监督、职业阶梯甚至退休金——不夸张地说，新教神职人员是最早的近代官僚。

这些神职人员制度的变化对新教国家的政治职位体系有何影响?从短期来看(即 16 世纪)，影响似乎极小。当然，由于早期宗教改革者
公开批评罗马教宗的职位任命，并削弱了教会法的权威，他们可能确 150
实阻止了官职买卖现象蔓延至北欧。但大体而言，他们对其他形式的世袭制(如封建制或寡头制)所言甚少，也没有证据表明他们在世俗领域推动了科层化。那是 17 世纪第二代宗教改革者的任务了。

新教伦理与科层革命

到了 16 世纪后期，“第一场”宗教改革正如火如荼；在大部分北欧国家，罗马教会的“谎言”“迷信”和“滥用职权”已不复存在，归正宗教会的“纯粹教义”和“纯正礼仪”正大行其道。此时需要的是第二场改革或深化改革；这场改革不仅是教会的改革，而且是生活本身的改革——不仅要建立一个属神的教会，而且要建立一个属神的社会。这至少是一部分人数虽少但颇具影响力的北欧新教团体的看法。这些团体在不同的地方称呼不一，并在不同的社会地位有别：清教主义与深化改革分别是英格兰和荷兰的圣公会(Anglican church)与归正宗教会

的苦行主义改革运动；作为一场运动，第二次宗教改革将加尔文主义引入德意志的信义宗地区；敬虔主义是德意志和斯堪的纳维亚的信义宗教会的苦行主义改革运动。尽管如此，这些团体的目标惊人地相似。它们不满教会纪律松懈、社会道德沦丧、国家腐化堕落，要求社会各阶层、各领域都严格遵从神的律法和基督教伦理。

在不同国家，这些运动的影响判然不同。我们都知道，第二次宗教改革和信义宗敬虔主义在勃兰登堡-普鲁士合力推动了一场自上而下的规训革命。相反，萨克森选侯国的宫廷和国家政权依然由信义宗正统派主导，敬虔主义影响甚微。关键差异似乎在于君主及其盟友在道德严格主义方面的立场。如果他们不为所动(如萨克森)，道德严格派牧师及其追随者将难有作为，甚至会像斯彭内尔那样遭到驱逐。如果国王和宫廷乐见其成(如普鲁士)，道德严格派就会与反世袭制的改革派结盟。瑞典和英格兰即为重要的例子。

151 就自上而下的规训革命而言，瑞典与普鲁士颇为类似。瑞典的规训革命始于卡尔九世[①]和古斯塔夫二世·阿道夫时期。[②] 他们的先王西吉斯蒙迪曾为了当选波兰国王而皈依天主教。虽然他达到了目的，却付出了本国宗教反叛的代价。在这场反叛运动中，多数(信义宗)教士和贵族(尤其是下层教士和贵族)对一小群忠于传统教义的高级教士和权贵展开了斗争。反叛者获得了胜利，其领袖查尔斯最终登上国王的宝座，即卡尔九世。卡尔九世统治下的瑞典政治动荡。[③] 他登基后不久就因严酷镇压天主教反对派，将许多人快速审判和处决而惹恼了权

① 原文将卡尔九世误写为古斯塔夫九世，将其在位时间误写为 1590—1611 年。——译者注

② 参见 Michael Roberts ed.，*Sweden's Age of Greatness*，*1632-1718*。

③ 此处原文将查尔斯写作古斯塔夫·瓦萨，将卡尔九世写作古斯塔夫九世，应属笔误。——译者注

贵。在这之后，他又因为公开同情加尔文宗而疏远了许多正统派信义宗信徒。他的儿子古斯塔夫二世·阿道夫与一位加尔文宗公主的姻缘更使人怀疑他们要在瑞典发动第二次宗教改革。但这种疑虑不久就烟消云散，新国王对信义宗宣誓效忠，并主动与权贵势力**重修旧好**。一个具有象征意义的举动是古斯塔夫二世·阿道夫任命权贵阿克塞尔·奥克森谢尔纳(Axel Oxenstierna)为宰相和摄政首辅，并正式扩张了由权贵把持的王室议会(*hovrätt*)的权力。但古斯塔夫二世·阿道夫的权贵政策具有两面性。在扩张权贵势力的同时，他还将布衣平民和外族人(其中许多人是加尔文主义者)延揽至王室政权的低层职位，并将职业公务员提升为世袭贵族。① 古斯塔夫二世·阿道夫以这种方式吸引了一批下层贵族中的死忠分子，这些人将自己的安全感和身份建立在政府和君主统治上。② 古斯塔夫二世·阿道夫战死于1632年③的一场战役，大权落入奥克森谢尔纳和皇家议事会领导的摄政政府手中。古斯塔夫二世·阿道夫和奥克森谢尔纳在行政理性化和集权化方面做了大刀阔斧的改革，许多改革措施被明文写入他们死后发布的文件《政体》(*Form of Government*)中。④ 但尽管具有科层性的外表，王室政权

---

① 参见 Björn Asker, "Aristocracy and Autocracy in Seventeenth-Century Sweden: The Decline of the Aristocrazy within the Civil Administration before 1680," *Scandinavian Journal of History*, 1990(15), pp. 89-95; Johan Holm, "'Skyldig plicht och trohet': Militärstaten och 1634 års regeringsform," *Historisk Tidskrift*, 1999(2), pp. 161-195。更宽泛的研究参见 A. F. Upton, *Charles XI and Swedish Absolutism*, Cambridge, Cambridge University Press, 1998。

② 参见 Göran Rystad, "The King, the Nobility, and the Growth of the Bureaucracy in Seventeenth-Century Sweden," in Göran Rystad ed., *Europe and Scandinavia: Aspects of the Process of Integration in the Seventeenth Century*, Lund, Wallin & Dalholm Boktr, 1983, p. 64。

③ 原文为"1634年"，疑为笔误。——译者注

④ 参见 Michael Roberts, *Sweden as a Great Power, 1611-1697*, London, Edward Arnold, 1968, pp. 18-28。

不久就成为权贵们的自留地。他们掌控了教会和政府的许多职位，侵吞王室领地，并常年拖欠下级官员的工资。可想而知，这些政策招致瑞典国会中下层议员和王室管理人员的严厉批评。他们坚持认为，宗教和政治职务的任命与擢升应该基于才干。农民与具有改革倾向的神职人员也对这些政策极其不满，他们谴责公共权力落入私人手中，不
152 满公共资金被私人挥霍。[①] 1654 年[②]登基的古斯塔夫十世(Gustav X)同样有此看法。他即位不久就将被贵族侵吞的王室领地部分收回(*reduktion*)。[③] 但这位新国王于 1655 年战死沙场[④]，唯一的继承人尚属垂髫。在新的摄政政府统治下，大权重新落入权贵手中。在这一阶段，道德严格派的观点已经开始渗透到受教育阶层，包括古斯塔夫十一世(Gustav XI)身边的人。这位国王雷厉风行、说一不二，其刚毅的个性和苦行的生活方式与腓特烈·威廉一世如出一辙。[⑤] 和那位普鲁士国王一样，古斯塔夫十一世大刀阔斧地摧毁了权贵主宰的世袭制，代之以彻底的科层体系。摄政政府的领袖在 1686 年以前全部遭到公开发难，并被送上法庭；大量王室土地再次被部分收回；瑞典主教在教会礼仪和教士任命上的权力也被剥夺。这些政策的主要受益人(同时也是

---

① 参见 Michael Roberts, *Sweden as a Great Power, 1611-1697*, pp. 40-48; Göran Rystad, "The King, the Nobility, and the Growth of the Bureaucracy in Seventeenth-Century Sweden," in Göran Rystad ed., *Europe and Scandinavia: Aspects of the Process of Integration in the Seventeenth Century*, p. 67; Kaj Janzon, "Överdåd på kredit: Ett rationellt Val? Några problem kring högadelns economiska verksamhet i Sverige und 1600-talets första hälft," *Historisk Tidskrift*, 1999(2), pp. 197-226。

② 原文为"1650 年"，疑为笔误。——译者注

③ 参见 Stellan Dahlgren, "Charles X and the Constitution," in Michael Roberts ed., *Sweden's Age of Greatness, 1632-1718*, pp. 174-202。

④ 此处似有误，古斯塔夫十世因流感死于 1660 年。——译者注

⑤ 参见 Michael Roberts, "The Swedish Church," in Michael Roberts ed., *Sweden's Age of Greatness, 1632-1718*, pp. 148, 152; A. F. Upton, *Charles XI and Swedish Absolutism*, pp. 170-171, 216-217。

新政权的主要支持者)是中下层官员和教士以及他们所属的群体，包括中下层贵族、第三阶级和农民。这些改革造就了17世纪欧洲科层制最发达的国家行政系统。① 随着议会在1718年重新成为瑞典王国的共治者，卡罗琳绝对王权(Caroline Absolutism)时代宣告终结。尽管如此，卡罗琳科层制在自由时代(Era of Liberty)得以保留，并一直延续到近代。②

除了作为反面参照，很少有人拿英格兰与瑞典相比，更少有人拿它和普鲁士比较。但无论在政制发展(constitutional development)上有多大差异，英格兰的行政发展与这两个绝对君主制国家存在某些惊人的相似性。同普鲁士和瑞典一样，17世纪初的英格兰行政体系具有强烈的世袭制色彩，表现为高度的寡头统治；不同之处在于，英格兰还有大量法律上的私人官职买卖。③ 和普鲁士与瑞典一样，这些都引起了道德严格派改革者和社会中层成员的广泛批评与不满，他们要求结束这种分赃制度，并建立唯才是举的领薪公务员制度。这种呼声在17世纪初即已出现，并最终在"皮包骨国会"(Barebones Parliament)和克伦威尔护国公(Cromwellian Protectorate)时期提上日程。这一时期的政府立场以抑制官职买卖、增加工资在酬劳中的比重以及扩充国家行政体系中的布衣平民和中下层士绅为主。④ 在查理二世(Charles II)复辟

---

① 参见 Michal Kopcynski，"Service or Benefice? Officeholders in Poland and Sweden of the Seventeenth Century," *European Review of History*，1994，1(1)，pp. 19-28。

② 参见 Werner Buchholz，*Staat und Ständegesellschaft in Schweden zur Zeit des Überganges vom Absolutismus zum Ständeparlamentarismus 1718-1720*，Stockholm，Almqvist and Wiksell，1979。

③ 参见 G. E. Aylmer，*The King's Servants*：*The Civil Service of Charles I*，*1625-1642*，London，Routledge & Kegan Paul，1974。

④ 参见 G. E. Aylmer，*The State's Servants*：*The Civil Service of the English Republic*，*1649-1660*，London，Routledge & Kegan Paul，1973。

153 时期，官职任命又恢复了世袭制、恩庇制和职位买卖制。但伴随着1689年的光荣革命(Glorious Revolution)，王位再次落入一位奉行苦行主义的新教君主[身兼荷兰执政的奥兰治的威廉三世(William III of Orange)]手中。这位具有道德严格派背景的君主再度向传统的腐败形式发起挑战，并取得了更显著、更持久的成功。①

*　　　　*　　　　*

上文指出，新教和天主教国家政权的差异可以视为三个历史事件的累积结果：天主教教会大分裂、宗教改革和道德严格革命。在为本章作结之前，有必要指出，这三个事件的影响还有助于解释新教与天主教各自**内部**的差异。新教内部差异的一个关键因素在于是否存在道德严格主义引发的革命。多数新教国家并不存在最严格意义上的世袭制(如公开官职买卖)。受道德严格主义影响，经历了自上而下的规训革命的国家均具有最强烈的科层制色彩。对于天主教国家来说，在文艺复兴时期的意大利战争中的角色是国家政权架构的关键决定因素。多数直接卷入战争的国家(西班牙、法国、西西里、那不勒斯和米兰)都效仿教宗国，将公职予以出售，且大张旗鼓；佛罗伦萨和威尼斯是为数不多的两个例外。在这些国家，卖官鬻爵的既得利益者构成了初始科层制改革的巨大阻力。相反，没有直接卷入战争的国家(如巴伐利亚、奥地利、波兰和匈牙利)不存在系统的公开官职买卖。在这些国家，反世袭制运动更有可能获得成功，它们的科层化程度往往也较高(如巴伐利亚和奥地利)。

当然，这些事件并不能解释科层化程度上的**所有**差异。它们无法解释为什么威尼斯和佛罗伦萨少见公开官职买卖，尽管它们邻近教宗

① 参见 John Brewer，*The Sinews of Power*，Cambridge，Harvard University Press，1990。

国，而且卷入了意大利战争。它们也无法解释为什么巴伐利亚和奥地利的科层化程度高于波兰和匈牙利。从经济、地缘政治和制度角度，这些差异更易得到解释。如果说威尼斯和佛罗伦萨比同阵营国家更经得起卖官鬻爵的诱惑，原因可能在于它们更易获得资本，财政更为宽裕。另外，如果不是由于意大利战争令国库告急，法国和西班牙也不会如此轻易地对官职买卖开绿灯。如果说巴伐利亚和奥地利比其东部 154
邻居的科层化程度更高，原因很可能是其君主相对于地方议会的强大权力和高自主性；波兰和匈牙利都有代议制政府的悠久传统，并且波兰是选举君主制(说明君主势力相对弱小)，这些都增强了反科层化的势力。因此，宗教与非宗教因素之间存在盘根错节的关系。显而易见，任何国家政权架构的类型都是许多因素的产物，宗教只是其中之一。

那么，宗教有何影响？它与其他因素的关系是什么？16 世纪的军事革命和更宽泛意义上的地缘政治竞争带来了巨大的财政压力，战争中心论者在这一点上无疑是正确的。但统治者对这些压力的不同应对方式也受到了官职任命的既有模式以及统治者的宗教与政治理念的影响。宗教也许不是近代早期欧洲行政发展的主要推动力，但确实充当了扳道工的角色，在塑造行政发展轨迹方面有其作用。

小　结

关于近代早期欧洲的社会规训，我们可以总结出两股思潮。一是社会福利研究者。他们认为天主教国家和新教国家没有重大区别，近代早期社会改革的推动力是非宗教因素，如人文主义、资本主义、共和主义以及人口。他们的结论主要基于天主教城市的个案研究，这些城市在 16 世纪上半叶出现了具有较强新教色彩的社会福利体系。二是教派化研究者。他们指出，规训由宗教与政治力量(宗教精英与政治精英的结盟)共同推动，但不同教派呈现出相对一致的影响。他们的结论主要是基于对天主教和新教的宗教与道德规训体系的比较，这种比较凸显了教派之间的共同点。

在我看来，这些解读均建立在过于狭隘的证据上。要确定宗教的作用以及教派之间是否存在差异，我们必须做三件事：(1)考察态势，而非个案，换言之，必须尽可能考察教派之间是否存在基本格局上的
155 不同，而不是只关注那些不符合整体趋势的个案；(2)目光跳出16世纪上半叶，对近代早期做出整体考量，因为教派差异直到16世纪中叶前后才清晰展现，这些差异的结果也要在一段时间之后才得以显现；(3)拓宽分析的理论视野，不能仅关注宗教规训或社会规训，还要尽可能考察规训过程的不同维度。

这正是我试图做的工作。我的结论很简单：宗教和教派不可忽视。它们影响了教会纪律的演化，影响了社会服务的演化，还影响了国家行政的演化。尽管如此，我的结论与早期教派主义并不尽相同。不同于早期教派主义者，我将近代早期的社会规训视为多重因素的产物——尽管非常重要，但宗教只是其中之一。不仅如此，我不以天主教和新教的简单二元划分看待教派差异；信义宗和加尔文宗有重大差异，道德严格派和道德宽容派的差异也不小。我也不赞同他们将**新教**等同于**改革**、将**天主教**等同于**反动**的倾向。例如，就宗教规训和社会服务而言，后特伦托时代的天主教其实比正统信义宗动作更大，也更为积极。

至少在这里，最关键的差异不在新教教徒和天主教教徒之间，而在加尔文主义(以及其他形式的入世苦行主义)和非苦行或他世性(otherworldly)基督教(如正统信义宗和主流天主教)之间。这种差异可以用一个词概括：规训。出于宗教原因，入世苦行主义者注重自我控制、

会众纯洁、社会秩序和政治责任，从而他们对个人、宗教、社会与政治纪律的关注甚于其他近代早期的基督徒。由于他们有着因宗教而激发的对自我控制、会众纯洁、社会秩序和政治责任的关切，他们内在世界的苦行使其比近代早期其他宗派的基督徒更为热切地追求个人、教会、社会和政治规训，并且颇有成效。如上文所述，与正统信义宗和改革派天主教相比，加尔文主义者和其他苦行主义新教教徒所掌控的政权更为有序、更多管制且更加理性化。虽然近代早期的信义宗信徒和天主教教徒不乏规训，但他们没有经历横扫加尔文宗国家的规训革命。加尔文主义所引发的规训革命究竟造成了正面影响还是负面影响，这不属于本书的讨论范围。但确定无疑的是，规训革命确实影响深远，其影响不光涵盖西方社会，而且波及全世界。

托马斯·霍布斯企鹅(Penguin)版《利维坦》的封面。
前景和侧栏有裁切(原书第 156 页)

结　语 157

上页插图源自霍布斯的《利维坦》通行版本的封面。它对本书第一章开始所复制的初版卷首插图做了裁切和截短。在这个裁剪版的图中，前景中的城市难以看清，底部的几张图更是完全被截去。虽然那把剑依然清晰可见，主教权杖看上去却更像一柄代表君权的节杖，至少非专业读者容易产生这种误解。利维坦高耸于整片土地之上，亲和力为压迫感所取代。在我看来，编辑对卷首插图的裁切不仅改变了它的画面比例，删减了它的内容，还简化了它的寓意。

在近期的比较历史社会学研究中，近代早期国家遭遇了类似的命运。城市不见踪影，除了谈到资本来源时会提到它。教会即使偶尔露脸，也只占据边边角角，军人和官员则出尽风头。国家权力等同于武力。我们只看到了近代早期国家的一面，而且这一面过于简化。

本书的目的有二。其一，纠正这种裁切和截短：将地方层面和宗
教维度重新引入对近代早期国家的叙述，并特别关注主教权杖，也就
是利维坦的左手或教牧之手。说得更直白一些，我力图证明，国家权
力的来源与性质均比马克思主义者和战争中心论者的主张更复杂、更
多元。其二，凸显图景中看似不相干部分此前被忽略的关联，如加尔 158
文宗堂会和奥兰治军团之间的关联，或神职人员任命和政府官员任命
之间的关联。虽然这些关联不易为现代观察者所辨识，但对于生活在
近代早期的人来说，它们却是显而易见的，因为这些关联都被放在规

训这个大框框之内。我希望这项研究能够描绘出一幅更全面、更连贯的近代早期国家图景，既真实呈现出它的历史面目，也交代清楚它的来龙去脉。

下面的内容是对本书主要论点的简短回顾，但我的主要目标将是探讨这些论点背后更宽泛的史学与理论意涵。

受压抑者的回归：宗教以及历史社会学的政治无意识

彼得·埃文斯(Peter Evans)、迪特里希·鲁施迈耶(Dietrich Rueschemeyer)和西达·斯考切波主编的《找回国家》问世已近20年。[①] 如标题所暗示，该书旨在呼吁社会学家(以及更宽泛意义上的社会科学家)对国家政权予以更多的关注，不仅将其作为社会变迁的因素，而且将其作为研究对象本身。我认为，**本书**的重要言外之意是，历史社会学家和政治社会学家应该对宗教予以更多关注。我试图在本节阐明，将宗教重新引入历史社会学(以及社会史)的诸多领域如何能加深我们对相关议题的理解，这些议题不仅包括国家创建，而且包括历史社会学的其他核心议题，如政权、革命、民族主义和福利国家。

国家创建

本书的主要关注点当然是国家创建，再次回顾一下这方面的主要结论也许会对我们有所帮助。简而言之，我指出，近代早期欧洲宗教纪律的强化至少在四个各有不同但互有关联的方面增强了国家的力量。

---

① 参见 Peter B. Evans, Dietrich Rueschemeyer and Theda Skocpol eds., *Bringing the State Back In*, Cambridge, Cambridge University Press, 1985。

首先，它有助于安抚平民阶层，使日常生活文明化，从而减轻了管理负担，降低了对强制的需求。其次，它产生了新的非国家治理形式；这些社会控制和道德规范机制与政治精英的目标一致，但并不直接或正式服从于他们的权威(如教会纪律和教会提供的社会服务)。再次，它将对精神救赎在理念上的兴趣与社会规训和自我控制手段结合起来，
从而调动了精英阶层对社会与政治改革的积极性。最后，它生成了社 *159*
会治理与政治管理的新模式，这些模式有可能引发世俗领域规训(如对穷人的监控或国家政权的科层化)的新模式，甚至为其所直接套用，也确实达到了这一效果。在自下而上的规训革命(如荷兰起义)中，前两个因素最为重要。在自上而下的规训革命(如霍亨索伦家族发动的规训革命)中，后两个因素更为关键。或许有必要指出，至少有一场规训革命(即英国内战)凸显了所有四个方面的因素。这一发现很可能帮助我们解释这个岛国如何在下一个世纪不可思议地一跃而成为全球霸主。①

政　体

虽然前文着墨不多，但我必须强调，宗教也影响了近代早期的政体结构。如第二章所述，激进的加尔文主义者在荷兰共和国的形成过程中起到了关键作用。他们的行动触发了荷兰起义中的三场叛乱，而且他们的强硬态度排除了妥协的可能。没有他们，荷兰人很可能仍会揭竿而起，但最后可能不会诞生一个共和国。在这方面，荷兰个案并非特例。加尔文主义者在为数不少的近代早期起义中扮演了关键角色

---

① 有一项研究概述了英格兰国家政权的创建过程，并和我本人的分析有异曲同工之处，参见 Michael Braddick，*State Formation in Early Modern England，c. 1550-1700*，Cambridge，Cambridge University Press，2001。

(如苏格兰、法国、波希米亚和波兰的起义)。[①] 当然，接受加尔文主义并不必然意味着保留宪政体制；普鲁士即为明证。在普鲁士，王室与议会之间的教派冲突是绝对王权的重要起因。[②] 其他个案也呈现出类似格局和结果。波希米亚起义的失利直接导致了绝对王权的建立。天主教王室与新教议会之间的教派冲突也导致了巴伐利亚代议制政府的衰弱和王室权力的扩张。许多法国史专家现在将宗教战争视为该国国民议会解散和绝对王权建立的一个转折点，甚至是最关键的转折点。在上述个案中，君主都充当了信仰的捍卫者，并由此得到特权阶层中的天主教教徒对绝对王权的支持，使这些人认为绝对王权是消灭异端的最佳利器。这并不是说教派与政权之间(如加尔文主义与共和主义之间，或天主教与绝对主义之间)存在一种恒久的联系，事实显然并非如此。毋宁说，教派冲突是影响出现在许多个案中的政体(宪政主义或绝
160 对主义)的重要**机制**；缺了它，我们就无法全面理解历史结果的总体形态。不了解这种机制，就无法透彻理解总体格局。简而言之，要想理解为何有些国家迈上宪政轨道，另一些国家却走向绝对主义，我们不仅需要研究阶级构成和地缘政治竞争，还应考察教派冲突。值得指出的是，在近代早期保留了宪政主义的国家(如瑞士与荷兰)往往也是在近代较早实现民主化的国家，建立了绝对主义政体的国家(如普鲁士和西班牙)则更接近于威权主义。也许巴林顿·摩尔的经典之作应该补上一个附录——“专制与民主的宗教起源”。

---

① 当然，他们并非都持(程度相同的)激进立场，也并非所有起义都获得了成功。对这些差异及其背后原因的讨论参见 Philip S. Gorski，“Calvinism and Revolution：The Walzer Thesis Reconsidered,” in Richard Madsen，William M. Sullivan and Ann Swieller eds.，*Meaning and Modernity*。

② 我在 1996 年博士论文的第三章中对此有更详尽的讨论，参见 Philip S. Gorski，“The Disciplinary Revolution”。

革　命

社会科学家和社会史学家较少关注近代早期欧洲宗教与革命的关系。[①] 这一领域的开山之作是西达·斯考切波的《国家与社会革命》，它也可以说是新历史社会学的开山之作。事实上，该书并没有太关注近代早期欧洲。在她看来，第一场社会革命是法国大革命。按照斯考切波广为流传的定义，"社会革命是一个社会在国家结构和阶级结构方面快速的、根本性的变革；同时发生的是自下而上的阶级反抗，并且阶级反抗在某种程度上推动了社会革命"。与之相对的是"彻底改变了国家结构，却未彻底改变社会结构"的"政治革命"。[②] 在斯考切波看来，英国革命是一场政治革命，而不是社会革命，因为阶级结构没有发生变革。尽管她没有讨论荷兰起义，但她很有可能也会将其归为政治革命。她是对的吗？这取决于我们怎么看待近代早期的阶级结构。如果我们严格遵循马克思主义，将近代早期的阶级结构视为一种贵族精英统治农民大众的封建阶级结构，那么斯考切波的说法就是正确的。但如果我们将阶级结构的定义稍稍放宽，将其视为财产关系或社会支配关系，荷兰起义就完全可以归为一场社会革命，甚至可能是近代历史上的第一场革命。[③] 因为它涉及大量财产转移以及权力关系的巨变：(罗马)教会的财产被征用，(天主教)神职人员的特权被剥夺。

---

① 最重要的两个例外可能是 Michael Walzer，*The Revolution of the Saints*；Wayne Te Brake，*Shaping History*：*Ordinary People in European Politics*，*1500-1700*。当然，这一批评不适用于文化史学家和政治史学家。

② Theda Skocpol，*States and Social Revolutions*：*A Comparative Analysis of France*，*Russia*，*and China*，p. 4.

③ 这一观点受下文启发：Robert M. Kingdon，"Was the Protestant Reformation a Revolution? The Case of Geneva，" in Derek Baker ed.，*Church*，*Society*，*and Politics*，Oxford，Blackwell，1975，pp. 203-222。

当然，查尔斯·蒂利和杰克·戈德斯通(Jack Goldstone)等社会学家的革命定义更为宽泛，他们的研究也确实涵盖了荷兰和英格兰个

161 案。[①] 然而，同其国家创建理论一样，蒂利的革命理论侧重于地缘政治和阶级斗争之间的相互作用。即使对教派纷争有所讨论，蒂利通常也只将其视为政治或社会利益的体现。例如，在讨论荷兰起义时，蒂利认为宗教改革时期的宗教偏好基本取决于政体结构；关键问题不是教会宣讲的内容，而是教会由谁控制。[②] 蒂利正确地在宗教信仰和政治利益之间建立起了联系，因为二者具有选择性亲和关系。[③] 但我认为，他走得过远的地方是表示(至少是暗示)二者可以相互化约；他认为，在更深层次上，宗教属于信仰领域，但政治属于利益领域。问题在于，人也有理念性利益(如来世)，至少在强调救赎的宗教(如基督教)情境中是如此；这些人有时情愿为了捍卫理念而战斗，甚至献身。在通常情况下，如果只是出于物质利益，他们如此行动的意愿可能不会如此强烈。当然，上面的表述只适用于少数至诚的宗教信徒。但我们不要忘了，革命往往正是由少数派发动的。

宗教所引发的近代早期冲突不仅对蒂利的革命分析提出了挑战，也向他和其他人近年来倡导的抗争政治的核心观点提出了挑战：全国性抗争是一种发轫于19世纪的新生事物，其主要诱因是领土国家的权

---

① 参见 Charles Tilly, *European Revolutions*, *1492-1992*, chap. 3; Jack A. Goldstone, *Revolution and Rebellion in the Early Modern World*, Berkeley, University of California Press, 1991, chaps. 2, 5。

② 参见 Charles Tilly, *European Revolutions*, *1492-1992*, 尤其见第59～61页。

③ 蒂利的分析借鉴了 Guy E. Swanson, *Religion and Regime*: *A Sociological Account of the Reformation*, Ann Arbor, University of Michigan Press, 1967。

力集中化。① 这种说法至少有两个问题。第一是历史时段的划分。读者会质疑，为什么荷兰起义这种近代早期的大动荡不算全国性抗争？答案似乎是，它们往往有一个目标：保卫传统的特权与自由，也就是地方和区域的权力与自治。这种解读无疑忽略了一点：这些运动同时意在国家层面的制度变革，也就是教会的变革。不仅如此，这场变革无疑也是政治性变革，只要我们对变革做出合情合理的界定。第二，这些运动之所以是全国性运动，原因不在于国家权力的集中化，而在于宗教权力的集中化；更深层次的原因是，宗教利益和关切超越了地域限制。

教派冲突也深刻影响了近代抗争的剧目（repertoires）。在某种程度上，加尔文主义催生了革命政党与地下运动。② 加尔文主义者的反叛
运动群龙无首且行事隐秘，再加上基于信仰的秘密教会网络以及稍后 162
出现的旨在镇压它们的天主教平叛运动（如各种天主教同盟），这些都在策略和组织方面预示了近代革命政党的出现，并且有可能是近代革命政党的先驱。③ 这不是它贡献给革命运动的唯一武器。教派时代诞生了另一件武器，也就是革命苦行主义，这件武器甚至更具根本意义。

---

① 这方面的代表作当属 Charles Tilly, *The Contentious French*, Cambridge, Belknap, 1986。我对它的批评受到下面这篇博士论文的直接启发：Michael Young, "Confessional Protest: The Evangelical Origins of Social Movements in the United States, 1800-1840," Ph. D. diss., New York University, 2001。（原文有误，已更正。——译者注）

② 关于这一点，参见 Robert M. Kingdon, "The Political Resistance of the Calvinists in France and the Low Countries," *Church History*, 1958, 27(3), pp. 220-233; Helmut G. Koenigsberger, "The Organization of Revolutionary Parties in France and the Netherlands during the Sixteenth Century," in Helmut G. Koenigsberger, *Estates and Revolutions*, Ithaca, Cornell University Press, 1971, pp. 224-252。

③ 关于这一点，参见 Dale K. Van Kley, *The Religious Origins of the French Revolution: From Calvin to the Civil Constitution, 1560-1791*, New Haven, Yale University Press, 1996。小威廉·休厄尔（William Sewell, Jr.）提醒我留意这本书，特此致谢。

革命苦行主义者不关注其他个人，而将全部精力投入超越性追求。[①]革命苦行主义者气冲志定、心无旁骛，往往能吸引到忠心耿耿的追随者，且为了达到目的不择手段。从克伦威尔、罗伯斯庇尔(Robespierre)到马尔科姆·X(Molcolm X)，革命苦行主义者成为近现代西方激进变革在心智上的推动者(psychic agent)。

同斯考切波、蒂利一样，戈德斯通也将结构与地缘政治因素视为革命剧变的最关键诱因，尽管他引入了另一个机制：人口。但与斯考切波和蒂利不同，他承认甚至强调"文化"和"意识形态"在决定革命结果上的重要性。他指出，"一旦国家财政和政治困境削弱了政权权威"，意识形态团体就会因其"超凡的组织能力"而走上前台。[②]一旦占据统治集团的核心地位，这些团体的理念就可能产生实质性后果。戈德斯通认为，相比同时期发生在土耳其和中国的反叛运动，英国和法国的革命之所以引发意义更为深远的变化，一个原因就是清教徒和雅各宾派均持线性史观或进步史观，而土耳其和中国的革命者往往持循环或往复的历史观。我大体同意这种观点，但有一点不能苟同。不同于戈德斯通，我认为意识形态(即宗教)极为重要；它的重要性不仅体现在近代早期革命的结果上，而且体现在它们向革命的升级上。原因有二：其一，意识形态将一系列棘手议题引入近代早期政治，对于许多人来说，这些议题都是不容商量的，这引发了荷兰起义与近代早期其他冲突的动员与反向动员的急剧升级；其二，因为意识形态所引出的议题(被推定为)具有普世性，宗教改革引发了(社会)深度和(地域)广度均远超特定利益行动的动员，而这正是近代早期的革命巨变在规模和数

---

① 关于这一点，参见 Bruce Mazlish，*The Revolutionary Ascetic*：*Evolution of a Political Type*，New York，Basic Books，1976。

② Jack A. Goldstone，*Revolution and Rebellion in the Early Modern World*，p. 421.

量上均远超从前(且远超法国大革命以前的任何运动)的原因。

民族主义 163

上文指出，对宗教问题给予更多关注，有助于加深我们对国家、政权和革命的理解。宗教还与历史社会学的第四个领域，即民族主义研究有关。教派化至少以两种方式影响了西方国家民族主义的发展：(1)使文化边界和政治边界联系得更为紧密；(2)提供了一种用来阐述民族特性的话语，而这种民族特性至少可以与基督教的普世主义部分兼容。和大多数农耕社会一样，中世纪欧洲既有跨越政治边界的精英高雅文化(书面拉丁文)，也有仅限于特定区域的五花八门的流行文化(口头方言)。教派化促进了大众方言文化的发展，这种文化既非地方文化，亦不全然是欧洲文化，从而推动了被后来的民族主义视为神话并大书特书的文化同质性。[①] (不言而喻，这是一个不完整、不平坦的渐进过程。)当然，该领域的研究者始终坚持认为，民族主义是一种发轫于法国大革命时期的世俗性意识形态。但近代早期史研究的近期成果表明，这一观点是站不住脚的。[②] 无论我们将民族主义定义为运动、话语还是类别，它在近代早期即已出现。虽然存在根植于文化与政治独特性叙述的世俗性民族主义话语，但近代早期最常见的民族主义话语类型是宗教话语；它借鉴了《出埃及记》(*Exodus*)中的故事，并吸取了更宽泛意义上的拣选(chosenness)观念。

---

① 这一观点确实与欧内斯特·盖尔纳(Ernest Gellner，原文误为 Ernst Gellner——译者注)的主张颇为类似，参见 Ernest Gellner，*Nations and Nationalism*，Ithaca，Cornell University Press，1981。不同之处在于，他将这些社会文化变迁归因于工业化，而非教派化。

② 相关争论和文献回顾参见 Philip S. Gorski，"The Mosaic Moment：An Early Modernist Critique of the Modernist Theory of Nationalism，" *American Journal of Sociology*，2000(105)，pp. 1428-1470。

福利国家

受埃斯平-安德森(Esping-Andersen)的影响，社会学家通常会区分三种福利体制：自由主义、社会民主主义和法团保守主义。[①] 埃斯平-安德森本人的结论是，法团保守主义福利国家更可能出现在以天主教教徒为主的社会，如法国和意大利。他没有提到的是，自由主义福利国家只出现在深受归正宗新教影响的地区(即英格兰及其殖民地)，而社会民主主义福利国家只出现在几乎全为信义宗信徒的斯堪的纳维亚国家。这并不是否认阶级冲突在福利国家发展中的重要性，而只是说，这些冲突可能受到了宗教因素(如教会在社会问题上的立场，以及依教
164 派划分的政党的相对力量)的渗透或影响；不仅如此，各个国家的社会政策可能受到了三个世纪以前的贫困与流浪汉政策的影响。近代早期和近现代的社会服务体系存在不少一脉相承之处。同之前的加尔文主义政权一样，自由主义福利国家对待穷人的态度往往更具惩罚性，并将劳动视为医治所有疾病的良药。与之类似，信义宗政权预示了社会民主主义福利国家的高度集权化和世俗化，而基督教民主福利国家的相对分权化和低度世俗化也可追溯至近代早期。这种一脉相承不大可能纯属巧合。

* * *

鉴于宗教对于国家创建、革命、民族主义、福利国家以及其他社会历史现象的重要性，人们可能会对宗教在历史社会学中的边缘地位感到不解。考虑到宗教在韦伯和涂尔干著述中的核心地位，它在当代历史社会学中的缺位尤其令人困惑。不算太夸张地说，古典宏观社会学其实就是比较宗教研究的后裔！我们也不应忘记极为重视宗教的托

---

① 参见 Gøsta Esping-Andersen，*Three Worlds of Welfare Capitalism*，Cambridge，Polity Press，1990。

克维尔。事实上，他如此重视宗教，以至于将清教视为自由的侍女：“其共享胜利果实的战友，婴儿时期的摇篮，各项律法的神赐依据。”①再考虑到宗教在第二次世界大战后美国宏观社会学研究中的重要地位，它的边缘化更加令人不解。虽然研究兴趣和观念各有不同，但贝拉(Bellah)、本迪克斯(Bendix)、艾森施塔特(Eisenstadt)、李普塞特(Lipset)和罗坎(Rokkan)都对宗教做了程度不一的分析。转折点似乎是20世纪60年代末和70年代，其时美国学界内外几股潮流交汇，包括马克思主义的兴起、帕森斯学说的式微和主流宗教的衰落，宗教忽然在理论和历史上变得无关痛痒。② 包括文化社会学的兴起、涂尔干的再发掘以及宗教原教旨主义的扩散在内的最新一波的发展动向表明，那次转向很可能是一个错误。

修正国家理论?

国家的本质及其与社会的关系，国家自主性与国家能力的起源及其关联，国家创建的动态过程和决定因素——这些都是广义国家理论 165
的核心问题。虽然对近代早期国家形成的历史表述多有不同，马克思主义者和战争中心论者在这些更宽泛议题上的基本观点其实差不多。我估计，多数学者对西达·斯考切波的国家定义均无异议，均将国家视为“由一个行政机关掌管并程度不一地协调的一系列治理、管辖和军事组织”，这类组织“首先和首要的职能就是从社会中榨取资源，并以

① Alexis de Tocqueville，*De la démocratic en Amérique*，vol. 1，Paris，Gallimard，1961，p. 91. 查德·戈德堡(Chad Goldberg)提醒我留意这一章，特此致谢。

② 更详尽的讨论参见 Philip S. Gorski，“Religion and the Political Unconscious of Historical Sociology，” in Julia Adams，Elisabeth Clemens and Ann Shola Orloff eds.，*The Making and Unmaking of Modernity*，Durham，Duke University Press，forthcoming。

这些资源来设立和维持强制性治理组织”。[①] 和斯考切波一样，他们可能都认为，国家权力“基本上就是有组织的强制力”[②]。虽然取舍可能有所不同，但多数马克思主义者和战争中心论者都会同意，国家权力或能力基本取决于：(a)经济发展水平，它决定了可供利用的物质资源的整体规模；(b)国家结构，体现为行政理性化或行政集权化；(c)国家自主性，体现为相对于社会机构和行动者的独立性。毕竟，一个国家能榨取的资源越多，就可以任用更多的士兵、警察和管理者；工作人员越多，强制力就越大！这种国家权力观符合自上而下的国家创建理论：渴望权力的君主及其官员攫取并篡夺其他行动者和机构(土地贵族、代表大会等)的权力与资源。国家是一种强制性榨取组织，其权力取决于它的结构、资源和自主性，来自篡夺和垄断，它一心追求个人和群体的支配地位——在超过四分之一个世纪的时间里，这始终是近代早期国家比较历史研究的主流观点。借用一个国际关系术语，我们不妨称其为现实主义共识(realist consensus)。

读者不难看出，我并不反对这一共识。相反，我认为它富含洞见。但我确实认为，它在概念建构上不够完整，在经验论证上失之片面。我尤其要强调以下几点：

第一，**国家不仅仅是治理、管辖和军事组织。它们也是教育、矫正和意识形态组织。**也就是说，国家(宣称的)职能超出了现实主义所留出的空间。近代早期国家将资源用于支持和创立学校、孤儿院、监狱、感化院、共济基金、执事职务、兄弟会、堂会、宗教裁判所和许
166 多其他机构，主要意在社会化、规范化和常态化，而非强制与榨取。

① Theda Skocpol, *States and Social Revolutions: A Comparative Analysis of France, Russia, and China*, p. 29.

② Theda Skocpol, *States and Social Revolutions: A Comparative Analysis of France, Russia, and China*, p. 26.

这么做的意图不是简单地让个人臣服于国家的意志或夺取个人的资源，而是将他们重新塑造为顺从且自食其力的臣民。国家创建不只是一个制度化过程，还是一个臣民化过程。话虽如此，但如果将个人主体视为此过程中的消极被动者，那就大错特错了，因为：

第二，**国家权力并不仅仅建立在强制手段之上，甚至不主要依靠强制。它还建立在对人心的笼络上。**霍布斯的社会契约论虽然可能有所夸张，但至少对于近代早期欧洲来说，并非全无道理。暴力和动荡在生活中屡屡可见，所有人对所有人的战争则是挥之不去的威胁。考虑到这些，我们不应对一些人为利维坦所吸引而感到惊讶，因为它提供了安全和保障。别忘了，秩序井然的警察国家原本是一个乌托邦式的设想！或者说，自我规训原本是自由和能动性的标志，而非征服或压迫的象征。① 规训革命少不了忠心耿耿的干部和热诚尽职的下属，而勤务人员和敬虔人士正是最佳人选。这些人在近代早期国家的地方机构和教学工作中所扮演的角色以及国家政权与教会之间的密切关系表明：

第三，**国家权力不(永远只)取决于国家结构、物质资源和组织自主性。国家权力(有时也)受下列因素影响：**

(1)**国家架构**。现实主义者重点考察中央机构，却忽略了对国家能力有重大影响的其他两套机构，即**地方政府**和**非政府组织**。它们不仅具有监管和常态化能力，而且具有强制和榨取能力。我们从北荷兰和其他宪政共和国学到的重要一课是，同时拥有强大的地方政府和强大的非政府组织不仅有助于维持社会秩序，而且有助于榨取物质资源。数据表明，它比单纯的集权化和专制统治更为有效。受迈克尔·曼的

① 关于最后一点，参见 Michael Schoenfeldt，*Bodies and Selves in Early Modern England：Physiology and Inwardness in Spenser，Shakespeare，Herbert，and Milton*，Cambridge，Cambridge University Press，2000。

启发，我将这两套机构称为国家架构(state infrastructure)。这一术语让人联想起公路网和发电厂，而这并没有错！我们可以说，国家架构
167 就是一种在中央和地方之间传递信息的沟通网络，或者说是一个向国家政权输送额外电力的发电机。但我们不可忘记，这些发电机的燃料是：

(2)**人力资源。现实主义者关注物质资源的榨取，却忽略了另一个同样重要的国家权力来源——人力资源的激活。**具有讽刺意味的是，现实主义立场的缺陷可能在军事上体现得最为明显。在军事领域，通过对士兵进行身体训练和每个动作的协调性训练，规训力被直接转化为生理上的强制力。从而，物质资源和生理强制的等同性推定，也就是现实主义暗含的金钱向暴力的转化率固定不变的假设，显然就是错误的。当然，这种转化也可以反过来进行；规训力不仅可以转化为生理强制，也可以转化为物质资源。近代早期的统治者意识到了这种可转化性。这正是他们积极吸引信奉加尔文教的工匠和商人入境的原因。当然，到了今天，人力资源首先是通过具体体现为教育机构的纪律手段激活(valorization)的，教育机构成为各种纪律手段的实施者。然而，一个国家的监管能力不仅取决于直接作为其组成部分的机构，而且取决于各种非政府组织。正由于此，国家理论必须格外关注：

(3)**组织渗透**。现实主义者认为，国家自主性增强了国家权力。如果我们将国家权力理解为"支配权"(power over，即国家对社会精英和组织的支配权)，国家与社会的相互渗透将导致公权私化和侵占公财(如卖官鬻爵)，这种理解并无问题。然而，如果我们讨论的是"行动权"(power to，如维持秩序、榨取资源以及守卫国土的权力)，如果国家—社会关系体现为国家权力机关以共善(public good)为名获得个人支持，**国家政权与社会行动者和社会机构的关联就有可能增强国家权力**。近代早期组织渗透的最常见形式，也是本书关注的重点，无疑是

教派时代常见的教会和国家职能的去差异化(dedifferentiation)，它为国家政权施加长期的道德规范和社会控制提供了契机。然而，经济领域存在类似的渗透，如荷兰和英国商业精英与行政精英之间的紧密联系、北大西洋地区商人与公务员之间的联系，以及商贸公司的建立。 168
商贸公司为商人解决了集体行动问题，为行政管理者解决了物流和供应问题。因为国家政权渗透的组织往往最终被纳入国家政权，所以我们必须记住：

第四，**国家创建**并不(永远只)是被物质利益驱动的自上而下的过程。它(有时)也是**受理念利益影响的自下而上的过程**。从现实主义视角看，国家创建以政府机构的创建和它们向社会的延伸为基础；这一视角将国家创建视为一个内生增长和制度扩张的过程。这一视角假定，国家创建者的行动是对外部环境的战略性回应。在我看来，这些假定均过于简化。如上文所述，国家创建也可能是新生社会事物和机构的出现以及国家政权对其进行效仿、示好或吸纳的结果。荷兰共和国的执事济贫与普鲁士的弗兰克学校即为这一过程的两个具体体现。不仅如此，我们已经看到，近代早期统治者的国家创建策略受统治者的宗教与政治理念以及宗教与文化发展的影响。最明显的例子是第四章所讨论的苦行主义新教和政府官职之间的选择性亲和关系。和所有行动者一样，近代早期统治者有多重利益，如理念利益和物质利益、地缘政治利益和幸福追求(eudaemonistic)利益、个人利益和王国利益、长期利益和短期利益，这些利益有可能互相冲突；他们对这些利益的优先排序和相互妥协不可避免地受到个人惯习(*habitus*)和集体评价的影响。①

---

① 我不否认复杂的理性选择理论能够分析更复杂的行动以及类似问题，但仍认为它存在诸多缺陷，此处恕不赘述。我只想说，以同义反复的方式将脱嵌的(disembedded)偏好结构作为解决行动问题的通盘方案，这是缺乏说服力的。读者或许已经看出，我认为布尔迪厄的行动理论更具说服力。

单单说行动者追求利益无法解释任何东西。关键在于阐明**何种**利益及其原因。还要指出的重要一点是，策略往往更像手工拼装，而非纯粹工程。一旦遇到问题，如设立行政机构，行动者就会利用一套自己熟悉的特定工具来拼接解决方案。例如，科层制并不在15世纪的工具箱中。它之所以成为17世纪的工具，原因无他，皆在于宗教改革。

*　　　　*　　　　*

到了这里，读者也许会怀疑本节标题后的问号放错了位置。但对
169 国家理论的上述修正其实并不像表面上那么激进；其实，在某种程度上可以说，这些压根不算修正！虽然它们在许多方面有别于近代早期国家创建的主流理论，却和某些领域的近代国家研究惊人地一致。以对社会资本[①]的近期研究为例，这些研究表明，政府效力、经济发展、民主稳定以及其他各种公共物品与密集的群体生活网络之间存在显著的正相关关系，这种网络在日常生活交往中促进合作、落实规范、维系信任。换句话说，这些研究表明，国家实力在某种程度上取决于地方政府和非政府组织所代表的国家架构。我们再来看蔚为大观的法团主义(corporatism)研究。法团主义理论强调有组织的利益团体(如工会和业主会)在管理经济和提高产出方面的角色，并指出，组织化资本主义(organized capitalism)比自由放任资本主义或国家统制(*dirigisme*)的效果更好。用我们这里的话说，这些研究主张，最有效的经济管理体系蕴含了高度的组织渗透。类似观点也见于日新月异的国家内嵌性(embeddedness)和国家—社会共治(synergy)研究，这些研究凸显了国

① "社会资本"(social capital)这个词在不同学者笔下有不同的含义。这里的用法无疑来自罗伯特·帕特南(Robert Putnam)的《使民主运转起来》(*Making Democracy Work*)以及相关研究。

家—社会关系在发展中国家经济增长中的关键作用。[①] 还有两点值得强调。第一，某些研究所指的社团、利益团体和关联协议（如社会服务机构或工会）是自下而上的改良运动（如美国进步主义或欧洲劳工运动）的产物。第二，许多同类社团、利益团体和关联协议已经正式融入中央政府[如福利国家或高峰协商（peak bargaining）]。这些都已广为人知。我认为，尚未引起足够重视的一点是，这些同样可以被看成是自下而上的国家创建过程，和本书所描述的类似过程差不多。同样，理念利益和宗教与政治理念在国家发展中的角色获得了大量关注，尽管相关研究集中于东亚研究和东亚奇迹上。多数东亚国家具有高度科层化的政府，这一点众所周知。至少对于社会学家和政治学家来说，政府官员在经济发展中的角色，儒家传统在中国科层制起源中的角色，以及同一区域其他国家（如日本和韩国）对中国模式的效仿或套用，这些并无多少争议。从而，和欧洲一样，科层制理念在亚洲的起源和扩
散可以追溯至特定的宗教改革运动，并随着它们的扩散而传播。或许， 170
我们甚至可以说它是一场儒家规训革命。

回顾：近代早期（及其后）欧洲宗教与社会变迁

西方基督教经历了大量内部改革运动，包括中世纪的修道主义（monasticism）和近现代的原教旨主义（fundamentalism）。但几乎没有哪一场运动像宗教改革那样产生了如此深远、如此广泛的政治与社会影响。在近代早期国家创建领域，近期研究犯下的一个大错就是忽略了这些影响。在本书收尾之际，我不想谈论宗教改革的结果本身，因为

---

① 该领域代表作为 Peter B. Evans，*Embedded Autonomy：States and Industrial Transformation*，Princeton，Princeton University Press，1995。

上文已有详述，而想反思这些结果的强度。换言之，我要谈论的不是宗教改革的影响，而是这些影响为何如此深远。

一个原因是宗教改革的**要旨**，尤其是改革者对**道德行为之救赎意义**的强调，无论是将其作为拣选的标志(归正宗敬虔主义)、归信的成果(信义宗敬虔主义)，还是作为对上帝谦恭和服从的表现(后特伦托时代的天主教)。尽管第一代宗教改革者(如加尔文和路德)的思想中的救赎论色彩很淡，或完全没有，第二代新教教徒(如加尔文[①]和斯彭内尔)和苦行天主教教徒[如耶稣会士和杨森主义者(Jansenists)]开始愈加重视道德行为。这一要旨和中世纪晚期天主教的主流救赎论形成了鲜明的反差，后者对**仪式行动**[ritual actions，如诵念玫瑰经(rosary)]和**圣职者介入**[clerical interventions，如圣体圣事(Eucharist)]的强调远胜于对信徒个人道德行为的强调。从社会学角度看，这种转变之所以重要，在于它强化了个人日常生活举止和他世救赎理念利益之间的关联，由此增强了宗教动因对社会行动的影响。

宗教改革还有一点有别于先前的运动：它的社会和地理**范围**。十字军东征可能是个特例，除此之外，早期的运动基本局限于少部分宗教精英或社会精英[如修道主义和新灵修运动(*devotio moderna*)]；那些有广泛群众支持的运动[如卡特里派(Cathars)、威克利夫派(Wycliffites)和胡斯派(Hussites)]则局限于特定区域或王国。宗教改革运动最
171 初也是一场局限于特定区域(即罗马帝国)的精英运动。但它不久就以前所未有的速度迅速扩张。其中的原因有很多，最重要的原因包括印刷术的发明、贸易网络的扩张、城市人口的增长、罗马帝国的分治以及教宗的弱势。

宗教改革区别于先前运动的第三点是，它引发了西方教会旷日持

---

① 原文如此，疑为“弗兰克”的笔误。——译者注

久的分裂，并为欧洲的政治生活带来了一种**新的社会分野**：教派。教派有时横跨某个阶层或某个民族既有的社会与政治分野，形成超越政治边界的国际宗教团体；有时则强化既有的分野，增强某个阶层或民族的凝聚力，并使原有的冲突(如王室与议会之间的冲突，或殖民者与被殖民者之间的冲突)升级。但无论是哪一种情况，它都破坏了既有的联盟与均衡，催生了几代人的政治抗争和利益重组。

宗教改革的最后一个不同之处是**宗教精英(和机构)与政治精英(和机构)之间更为密切的关联**。[①] 如第四章所述，这些关联在强度和形式上不尽相同。一种极端表现是，某些信义宗国家的教会和教士通常听令于国家政权。另一种极端表现是，一些天主教国家的教会和教士在形式上保持独立，但受到非正式监督和控制。但一定程度的去差异化是这一时期的共同特点。教会与国家政权的深入合作导致了人口控制的强化，但也促进了这两个机构在知识和措施上的扩散。

入世活动(worldly activity)与理念利益的熔接，极为深入且广泛的社会动员，新生且持久的社会政治分化与结盟，国家—社会关系的紧密化——所有这些因素都促成了宗教改革非同寻常的变革力。到了今天，考虑到其乐观的救赎论、日渐减少的会众、与公共生活的脱节以及与国家政权的制度性脱钩，西方基督教似乎不可能再产生一场类似的运动，也许永无可能。除了宗教改革，只有启蒙运动、社会主义和法西斯主义这三场运动曾经展现出不分伯仲的变革潜能，而它们似乎同样耗尽了能量。要想找寻宗教引发规训革命的可能，我们唯有将目光放到西方社会之外。

这是否意味着规训的轮轴已经在西方停止转动？绝非如此！当然，

---

① 关于这一点，更详尽的探讨参见 Philip S. Gorski，"Historicizing the Secularization Debate：Church，State and Society in Late Medieval and Early Modern Europe，" *American Sociological Review*，2000，65(1)，pp. 138-168。

以超越性终点(transcendental ends)为名的宗教规训仅见于小规模且日
172 渐衰落的宗派。但近代早期的“大”规训已经孕育出追求无数世俗目标的无数“小”规训：健康与美貌、幸福与成功、性愉悦与征服、知识创造与成果、物质成功与保障。不，规训的轮轴并没有停转。但缆桩已经解开，轮轴裂成了碎片。虽然原因不得而知，但它们依旧在我们脚下转动。

参考文献

已出版的一手资料

Acta Borussica, *Behördenorganisation*. Berlin: Paul Parey, 1901.

Aglionby, William. *The Present State of the United Provinces of the Low-Countries as to the Government*, *Laws*, *Forces*, *Riches*, *Manners*, *Customs*, *Revenue*, *and Territory of the Dutch in Three Books*. London: Printed for John Starkey, 1669.

"Aktenmäßige Geschichte der Hinrichtung des Geheimen Raths von Schlubhut." *Preußische Monatsschrift*, vol. 1, December 1788.

Beschryving van Delft. Delft: Reinier Boitet, 1729.

Blok, P. J., ed. *Relazioni veneziane. Venetiaansche berichten over de Vereenigde Nederlanden van 1600-1795*. The Hague: M. Nijhoff, 1909.

Boterse, J., ed. *Classicale Acta*, *1573-1620*, vol. 4: *Provinciale Synode Zeeland*, *Classis Walcheren*, *1602-1620*, *Classis Zuid-Beveland 1579-1591*. The Hague: Instituut voor Geschiedenis, 1980-1995.

Chroust, Anton. "Aktenstücke zur brandenburgischen Geschichte unter Kurfürst Johann Sigismund." *Forschungen zur brandenburgisch-preußischen Geschichte* 9(1897): 1-21.

Classicale Acta, *1573-1620*. The Hague: Instituut voor Geschiedenis, 1980-1995.

Dohna, Fabian zu. *Die Selbstbiographie des Burggrafen Fabian zu Dohna* (*1550-1621*) *nebst Aktenstücke zur Geschichte der Sukzession*. Leipzig: Duncker & Humblot, 1905.

Dooren, J. P. van, ed. *Classicale Acta*, *1573-1620*, vol. 1: *Particuliere Synode Zuid-Holland*, *I*: *Classis Dordrecht*,

1573-1600. The Hague: Instituut voor Geschiedenis, 1980-1995.

Erasmus of Rotterdam. *Enchiridion militis Christiani*. Ed. Anne O'Donnel. Oxford and New York: Oxford University Press, 1981.

Francke, August Hermann. *Segensvolle Fußstapfen*. Halle: In Verlegung des Waisenhauses, 1709.

——. *Der von Gott in dem Waysenhause zu Glaucha an Halle ietzo bey nahe für 600 Personen Zubereitete Tisch*. Halle: In Verlegung des Waisenhauses, 1729.

——. *Pädagogische Schriften*. Paderborn: Verlag Ferdinand Schöning, 1957.

Freylinghausen, J. A. *Sieben Tage am Hofe Friedrich Wilhelms I. Tagebuch des Professors J. A. Freylinghausen über seinen Aufenthalt in Wusterhausen vom 4. bis 10. September*. Berlin: A. Duncker, 1900.

Freylinghausen, J. A., and Gotthilf August Francke. *Kurzer Berichtvon der gegenwärtigen Verfassung des Paedagogii Regii zu Glaucha vor Halle*. Halle: Verlag des Waisenhauses, 1734.

——. *Ausführlicher Bericht von der Lateinischen Schule des Waysenhauses*. Halle: In Verlegung des Waisenhauses, 1736.

Friedländer, Ernst, ed. *Berliner geschriebene Zeitungen aus den Jahren 1713 bis 1717 und 1735*. Berlin: Ernst Siegfried Mittler und Sohn, 1902.

Ghcyn, Jacob de. *Wapenhandelinghe van roers, musquetten ende spiessen*. The Hague: n. p., 1607.

Grand, Frédéric le. *Oeuvres*. Berlin: Rodolphe Decker, 1846.

Heyden, Hellmuth. "Briefe Philipp Jacob Speners nach Stargard i. P. Ein Beitrag zur Geschichte des Pietism us in Hinter-Pommern." *Baltische Studien, Neue Folge* 56(1970): 47-78.

Historie van de Wonderlijcke Mirakelen, die in menichte ghebeurt zijn, ende noch dagelijk ghebeuren, binnen de vermaerde Coop-stadt Aemstelredam: In een plaats ghenaemt het Tucht-huys, gheleghen op de Heylighewegh. Amsterdam: n. p., 1612.

Howes, John. *John Howes' ms., 1582: Being a Brief Note of the Order and Manner of the Proceedings in the First Erection of the Three Royal Hospitals of Christ, Bridewell & St. Thomas the Apostle*. London: n. p., 1904.

Kerkelyck Handboekje. Amsterdam: N. Obbes, 1841.

Krönungs-Ceremonien, Welche Sowohl bey vorhergehende Proclamation An den 16. Januarii Wie auch auff den Krönungs-Tag selbsten, Den 18. darauff des 1701sten Jahres in Königsberg Höchst feyerlich celebriret worden. Königsberg: n. p., 1701.

Küntzel, Georg, ed. *Die politischen Testamente der Hohenzollern*. Leipzig and Berlin: B. G. Teubner, 1919.

Lemaitre, Charles. *Voyage anonyme et inédit d'un janseniste en Hollande et en Flandre en 1681*. Paris: Champion Libraire, 1889.

Luther, Martin. *Werke*. Weimar: Böhlau, 1883.

Meinardus, Otto, ed. *Protokolle und Relationen des Brandenburgischen Geheimen Rathes aus der Zeit des Kurfürsten Friedrich Wilhelm*. Seven vols. Publikationen aus den Königlichen Preußischen Staats-Archieven, vols. 41, 54, 55, 66, 80, 89, and 91. Leipzig: S. Hirzel, 1889-1919.

Meylius, Chrn. Otto. *Corpus Constitutionum Marchicarum*. Berlin and Halle: Buchladen des Waysenhauses, 1737-1751.

Montague, William. *The Delights of Holland: Or, A Three Months Travel about that and the Other Provinces with Observations and Reflections on Their Trade, Wealth, Strength, Beauty, Policy, with a Catalogue of the Rarities in the Anatomical School at Leyden*. London: Printed for John Sturton, 1696.

Mulder, Lodewijk, ed. *Journaal van Anthonis Duyck (1591-1602)*. The Hague and Arnhem: Martinus Nijhoff and D. A. Thieme, 1862-1866.

Panel, G. *Documents concernant les pauvres de Rouen extraits des archives de l'Hotel-de-ville*. Paris: A. Picard, 1917-1919.

Rauscher, Julius. *Württembergische Visitationsakten*. Stuttgart: Kohlhammer, 1932.

Reglement Voor het WEES-HUYS Van de ware Gereformeerde Christelijcke Nederduytsche Gemeente, Onder de bedieninge van de Diaconen. Amsterdam: Johannes van Ravesteyn, 1668.

Reitsma, J., and S. D. van Veen. *Acta der provinciale en particuliere synoden*. Groningen: J. B. Wolters, 1892.

Roelevink, J., ed. *Classicale Acta, 1573-1620*, vol. 2; *Particuliere Synode Zuid-Holland, II: Classis Dordrecht*,

1601-1620, *Classis Breda 1616-1620*. The Hague: Instituut voor Geschiedenis, 1980-1995.

Rutgers, F. L. *Acta van de Nederlandsche Synoden der zestiende eeuw*. Utrecht: Kemink & Zoon, 1889.

Schicketanz, Peter, ed. *Der Briefwechsel Carl Hildebrand von Canstein mit August Hermann Francke*. Berlin: Walter de Gruyter, 1972.

Spener, Philipp Jacob. *Schriften*. Hildesheim: Olms, 1979-1988.

Stratemann, Wilhelm. *Vom Berliner Hofe zur Zeit Friedrich Wilhelms I; Berichte des braunschweiger Gesandten in Berlin*, *1728-1733*, edited by Richard Wolff. vols. 48 and 49 of *Schriften des Vereins für die Geschichte Berlins*. Berlin: Verlag des Vereins für die Geschichte Berlins, 1914.

Urkunden und Actenstücke zur Geschichte des Kurfürsten Friedrich Wilhelm von Brandenburg. Berlin: Georg Reimer Verlag, 1894.

Willekeuren, *Ende Ordinnantien*, *Aengaende het Eleemosyniers-Huys der Stadt Amstelredamme*. Amsterdam: Christina Bruynings, 1656.

Winckelmann, Otto. "Die Armenordnungen von Nuremberg (1522), Kitzingen (1523), Regensburg (1523) und Ypern (1525)." *Archiv für Reformationsgeschichte* 10(1913): 242-288.

Wotschke, Theodor. "August Hermann Franckes rheinische Freunde in ihren Briefen." *Monatshefte für rheinische Kirchengeschichte* 22 (1928-29): 81-373, 23: 23-90.

二手资料

Abray, Lorna Jane. *The People's Reformation. Magistrates*, *Clergy*, *and Commons in Strasbourg*, *1500-1598*. Ithaca: Cornell University Press, 1985.

Aland, Kurt. *Kirchengeschichtlicher Entwürf*. Gütersloh: Gerhard Mohn, 1960.

Alberts, Wybe Jappe. *De staten van Gelre en Zutphen tot 1459*. Groningen: J. B. Wolters, 1950-1956.

——. *Van standen tot staten*: *600 jaar Staten van Utrecht 1375-1975*. Utrecht: Stichting Stichtse Historische Reeks, 1975.

Albrecht, D. "Die Landstände." in *Handbuch der bayerischen Geschichte*, vol. 2: *Das alte Bayern*, edited by Max Spindler. Munich: C. H. Beck, 1966.

Allgemeine Deutsche Biographie. Leipzig: Duncker & Humblot, 1900.

Anderson, Perry. *Passages from Antiquity to Feudalism.* London: Verso, 1974.

——. *Lineages of the Absolutist State.* London: Verso, 1979.

Anter, Andreas. *Max Webers Theorie des modernen Staates. Herkunft, Struktur, Bedeutung.* Berlin: Duncker & Humblot, 1995.

Arrizabalaga, Jon. "Poor Relief in Counter-Reformation Castile: An Overview." pp. 151-176 in *Health Care and Poor Relief in Counter-Reformation Europe*, edited by Ole Peter Grell and Andrew Cunningham. London and New York: Routledge, 1999.

Asaert, Gustaaf, et al. *Maritieme geschiedenis der Nederlanden.* Bussum: De Boer, 1976-1978.

Asker, Björn. "Aristocracy and Autocracy in Seventeenth-Century Sweden: The Decline of the Aristocracy within the Civil Administration before 1680." *Scandinavian Journal of History* 15(1990): 89-95.

Aylmer, G. E. *The State's Servants: The Civil Service of the English Republic, 1649-1660.* London: Routledge & Kegan Paul, 1973.

——. *The King's Servants: The Civil Service of Charles I, 1625-1642.* London: Routledge & Kegan Paul, 1974.

Bainton, Roland. *The Age of the Reformation.* Princeton: Van Nostrand, 1956.

Barnes, Andrew. "The Wars of Religion and the Origins of Reformed Confraternities of Penitents: A Theoretical Approach." *Archives de Sciences Sociales des Religions* 64, no. 1(1987): 117-136.

Baroncelli, Flavio, and Giovanni Assereto. "Pauperismo e religione nell'età moderna." *Società e storia* 7(1980): 169-201.

Barrie-Curien, Vivianne. "The English Clergy, 1560-1620: Recruitment and Social Status." *History of European Ideas* 9(1988): 451-463.

Battenberg, J. Friedrich. "Obrigkeitliche Sozialpolitik und Gesetzgebung." *Zeitschrijt für historische Forschung* 18(1991): 33-70.

Baumgart, Peter. "Zur Geschichte der kurmärkischen Stände im 17. und 18. Jahrhundert." pp. 131-161 in *Ständische Vertretungen in Europa im 17. und 18.*

Jahrhundert, edited by Dietrich Gerhard. Göttingen: Vandenhoek & Ruprecht, 1969.

Beeskow, Hans-Joachim. "Paul Gerhardt." in *Berlinische Lebensbilder*, vol. 5: *Theologen*, edited by Gerd Heinrichs. Berlin: Colloquium, 1990.

Bennassar, Bartolomé. *L'Inquisition espagnole, XVe-XIXe siècle*. Paris: Hachette, 1979.

Bergendoff, Conrad J. I. *Olavus Petri and the Ecclesiastical Transformation in Sweden, 1521-1552: A Study in the Swedish Reformation*. New York: Macmillan, 1928.

Bethencourt, Francisco. *L'Inquisition à l'époque moderne: Espagne, Portugal, Italie XVe-XIXe siècle*. Paris: Fayard, 1995.

Beyreuther, Erich. *August Hermann Francke. Zeuge des lebendigen Gottes*. Marburg an der Lahn: Verlag der Francke-Buchhandlung, 1969.

Bientjes, Julia. *Holland und der Holländer im Urteil deutscher Reisender (1400-1800)*. Groningen: J. B. Wolters, 1967.

Bijl, M. van der. *Idee en interest: Voorgeschiedenis, verloop en achtergronden van de politieke twisten in Zeeland en vooral in Middelburg tussen 1702 en 1715*. Groningen: Wolters-Noordhoff, 1981.

Birke, Adolf M. "Zur Kontinuität des Ämterhandels in England." pp. 205-209 in *Ämterhandel im Spätmittelalter und im 16. Jahrhundert*, edited by Ilja Mieck. Berlin: Colloquium Verlag, 1984.

Black, Christopher F. *Italian Confraternities in the Sixteenth Century*. Cambridge: Cambridge University Press, 1989.

Blanchard, Anne et al. *Histoire militaire de la France*. Paris: Presses Universitaires de la France, 1992-1994.

Blaufuß, Dietrich. "Ph. J. Spener, J. Caspar Schade und sein Freundeskreis in der Auseinandersetzung urn die Einzelbeichte im Pietismus." *Jahrbuch für berlin-brandenburgische Kirchengeschichte* 48(1973): 19-53.

Bleckwenn, Hans. *Reglement vor die Königl: Preußische Infanterie von 1726*. Osnabrück: Biblio Verlag, 1968.

——. *Die Ökonomie-Reglements des altpreußischen Heeres*. Osnabrück: Biblio Verlag, 1973.

——, ed. *Kriegs-und Friedensbilder, 1725-1759, Altpreußischer Kommis*. Osnabrück: Biblio Verlag, 1971.

Blumenthal, Uta-Renate. *Papal Reform and Canon Law in the Eleventh and Twelfth Centuries*. Brookfield: Ashgate, 1998.

Boër, Joachim. "Ämterhandel in kastilischen Städten." pp. 145-157 in *Ämterhandel im Spätmittelalter und im 16. Jahrhundert*, edited by Ilja Mieck. Berlin: Colloquium Verlag, 1984.

Bónis, György. "Ungarische Juristen am Ausgang des Mittelalters." pp. 65-75 in *Die Rolle der Juristen bei der Entstehung des modernen Staates*, edited by Roman Schnur. Berlin: Duncker & Humblot, 1986.

Boom, H. ten. "De diaconie der Gereformeerde Kerk te Tiel van 1578 tot 1795." *Nederlands archief voor kerkgeschiedenis*, nieuwe serie, 55(1974-1975): 33-69.

Boris, György. "The Hungarian Feudal Diet Thirteenth-Eighteenth Centuries." in vol. 4 of *Gouvernés et gouvernants*. Brussels: Recueils de la société Jean Bodin pour l'histoire comparée, De Boeck University, 1965.

Bornhak, Conrad. *Geschichte des preußischen Verwaltungsrechts*. Berlin: Julius Springer, 1884-1886.

Böse, Kuno. "Die Ämterkäuflichkeit in Frankreich vom 14. bis zum 16. Jahrhundert." pp. 83-110 in *Ämterhandel im Spätmittelalter und im 16. Jahrhundert*, edited by Ilja Mieck. Berlin: Colloquium Verlag, 1984.

Bossaers, K. W. J. M. "*Van kintsbeen aan ten staatkunde opgewassen*": *Bestuur en beestuurders van het Noorderkwartier in de achttiende eeuw*. The Hague: Stichting Hollandse Historische Reeks, 1996.

Boutelet, Bernadette. "Étude par sondage de la criminalité dans le bailliage de Pont-de-l'Arche(XVII-XVIIIIe siècles): De la violence au vol, en marche vers l'escroquerie." *Annales de Normandie* 4 (1962): 235-262.

Bouwsma, William. *John Calvin: A Sixteenth-Century Portrait*. Oxford: Oxford University Press, 1988.

Braddick, Michael J. *State Formation in Early Modern England, c. 1550-1700*. Cambridge: Cambridge University Press, 2001.

Brady, Thomas A. *Ruling Class, Regime, and Reformation at Strasbourg, 1520-1555*. Leiden: E. J. Brill, 1978.

Brand, Paul. *The Origins of the English Legal Profession*. Oxford and Cambridge: Blackwell, 1992.

Braudel, Fernand. *Civilization and Capitalism, Fifteenth-Eighteenth Century*, vol. III: *The Perspective of the World*. New York: Harper & Row, 1986.

Brecht, Martin. *Kirchenordnung und Kirchenzucht in Baden-Württemberg vom 16. bis zum 18. Jahrhundert*. Stuttgart: Calwer Verlag, 1967.

——. "Lutherische Kirchenzucht bis in die Anfänge des 17. Jahrhunderts im Spannungsfeld von Pfarramt und Gesellschaft." in *Die lutherische Konfessionalisierung in Deutschland*, edited by Hans-Christoph Rublack. Gütersloh: Gerd Mohn, 1992.

Brecht, Martin, and Hermann Ehmer. *Südwestdeutsche Reformationsgeschichte*. Stuttgart: Calwer, 1984.

Brewer, John. *The Sinews of Power*. Cambridge: Harvard University Press, 1990.

Breysig, Kurt. "Die Organisation der brandenburgischen Kommissariate in der Zeit von 1660-1697." *Forschungen zur brandenburgischen und preußischen Geschichte* 5(1892): 135-156.

——. *Die Centralstellen der Kammerverwaltung und des Heeres*. Munich: Duncker & Humblot, 1915.

Brood, Paul. *Belastingheffing in Drenthe, 1600-1822*. Amsterdam: Boom Meppel, 1991.

Brown, Keith. "The Artist of the Leviathan Title-Page." *British Library Journal* 4(1978): 24-36.

Brückner, Jutta. *Staatswissenschaften, Kameralismus und Naturrecht*. Munich: C. H. Beck, 1977.

Bruijn, Jaap R. *De admiraliteit van Amsterdam in rustige jaren 1713-51. Regenten en financiën, schepen en zeevarende*. Amsterdam: Scheltema & Holkema, 1970.

——. *The Dutch Navy of the Seventeenth and Eighteenth Centuries*. Columbia: University of South Carolina Press, 1993.

Bruin, Grido de. *Geheimhouding en verraad: De geheimhouding van staatszaken ten tijde van de Republiek (1600-1750)*. The Hague: SDU, 1991.

Buchholz, Werner. *Staat und Ständegesellschaft in Schweden zur Zeit des Überganges vom Absolutismus zum Ständeparlamentarismus, 1718-1720*. Stockholm: Almqvist and Wiksell, 1979.

Büsch, Otto. *Militärsystem und So-*

zialleben im alten Preußen. Berlin: De Gruyter, 1962.

Büsch, Otto, and Wolfgang Neugebauer, eds. *Moderne preußische Geschichte 1648-1947. Eine Anthologie*. Berlin and New York: W. De Gruyter, 1981.

Buzzi, Franco, and Danilo Zardin, eds. *Carlo Borromeo e l'opera della "grande riforma": Cultura, religione e arti del governo nella Milano del pieno Cinquecento*. Milan: Silvana, 1997.

Calori, Giovannia. *Una iniziativa sociale nella Bologna del '500. L'Opera Mendicanti*. Bologna: Azzoguidi, 1972.

Calvin, John. *Selections from His Writings*. Missoula: Scholars Press, 1975.

Carruthers, Bruce. *City of Capital: Politics and Markets in the English Financial Revolution*. Princeton: Princeton University Press, 1996.

Carsten, Francis. *The Origins of Prussia*. Oxford: Clarendon, 1954.

——. *Princes and Parliaments in Germany from the Fifteenth to the Eighteenth Centuries*. Oxford: Clarendon, 1959.

Cavallo, Sandra. *Charity and Power in Early Modern Italy: Benefactors and Their Motives in Turin, 1541-1789*. Cambridge: Cambridge University Press, 1995.

Châttelier, Louis. *The Europe of the Devout: The Catholic Reformation and the Formation of a New Society*. Cambridge: Cambridge University Press, 1989.

Cockburn, J. S. "Early Modern Assize Records as Historical Evidence." *Journal of the Society of Archivists* 5 (1975): 215-232.

——. "The Nature and Incidence of Crime in England 1559-1625: A Preliminary Survey." pp. 49-71 in *Crime in England 1550-1800*, edited by J. S. Cockburn. Princeton: Princeton University Press, 1977.

——. "Patterns of Violence in English Society: Homicide in Kent, 1560-1985." *Past and Present* 130(1991): 70-106.

Cohen, Charles L. *God's Caress: The Psychology of Puritan Religious Experience*. New York and Oxford: Oxford University Press, 1986.

Collinson, Patrick. *The Religion of Protestants*. Oxford: Clarendon Press, 1982.

Contreras, James, and Gustav Henningsen. "Forty-Four Thousand Cases of the Spanish Inquisition (1540-1700): Analysis of a Historical Data Bank." in *The In-*

quisition in Early Modern Europe, edited by Gustav Henningsen and John Tedeschi. DeKalb: Northern Illinois University Press, 1986.

Corrao, Pietro. *Governare un Regno. Potere, società e istituzioni in Sicilia fra Trecento e Quattrocento*. Naples: Liguori Editore, 1991.

Corrigan, Philip, and Derek Sayer. *The Great Arch: English State Formation as Cultural Revolution*. New York: Blackwell, 1985.

Crew, Phyllis Mack. *Calvinist Preaching and Iconoclasm in the Netherlands, 1544-1569*. Cambridge: Cambridge University Press, 1973.

Crousaz, A. v. *Die Organisation des brandenburgischen und preußischen Heeres seit 1640*. Berlin: F. Niemschneider, 1873.

Dahlgren, Stellan. "Charles X and the Constitution." pp. 174-202 in *Sweden's Age of Greatness, 1632-1718*, edited by Michael Roberts. London: Macmillan, 1973.

Davis, C. S. L. "Peasant Revolt in France and England: A Comparison." *Agricultural History Review* 21(1973): 122-134.

Davis, Natalie Z. "Poor Relief, Humanism, and Heresy: The Case of Lyon." *Studies in Medieval and Renaissance History* 5(1968): 217-275.

——. *Society and Culture in Early Modern France*. Stanford: Stanford University Press, 1975.

Decavele, J., ed. *Het eind van een rebelse droom; Brugge in de geuzentijd*. Gent: Stadsbestuur, 1984.

Deetjen, Werner-Ulrich. *Studien zur württembergischen Kirchenordnung Herzog Ulrichs, 1534-1550*. Stuttgart: Calwer, 1981.

Dekker, R. M. *Holland in beroering. Oproeren in de 17e en 18e eeuw*. Baarn: Ambo, 1982.

——. "'Wij willen al den duyvel affhebben!' Protesten tegen belastingen in het verleden." pp. 33-44 in *Fiscaliteit in Nederland*, edited by J. Th. De Smit et al. Zutphen: De Walburg Pers, 1987.

Delbrück, Hans. *Geschichte der Kriegskunst im Rahmen der politischen Geschichte*. Berlin: G. Stilke, 1906-1937.

——. *The Dawn of Modern Warfare*. Lincoln: University of Nebraska Press, 1985.

Delius, Hans-Ulrich. "Die Reformation in Berlin." in *Beiträge zur berliner*

Kirchen Geschichte, edited by Günter Witth. Berlin: Union Verlag, 1987.

Delumeau, Jean. *Vie économique et sociale de Rome dans la seconde moitié du XVIe siècle*. Paris: E. Bocard, 1957-1959.

——. *L'Aveu et le pardon: Les Difficultés de la confession: XIII-XVIIIe siècles*. Paris: Fayard, 1990.

Dent, Julian. *Crisis in Finance: Crown, Financiers and Society in Seventeenth-Century France*. London: Newton Abbot, David & Charles, 1973.

Den Tex, Jan. Vo. l of *Oldenbarnevelt*. Haarlem: H. D. Tjeenk Willink & Zoon, 1960-1966.

Depauw, Jacques. "Amour illégitime et société à Nantes au XVIIIe siècle." *Annales ESC* 4(1972): 115-182.

Deppermann, Klaus. *Der hallesche Pietismus und der preußische Staat unter Friedrich III. (I.)*. Göttingen: Vandenhoeck & Ruprecht, 1961.

Despretz, André. "De Instauratie der Gentse Calvinistische Republiek (1577-79)." *Handelingen der maatschappij voor geschiedenis en oudheidskonde te Gent* 17 (1963): 119-229.

Deursen, A. Th. Van. "De Raad van State en de Generaliteit(1590-1606)." *Bladeren voor vaderlandsche geschiedenis en oudheidkunde* 19(1964): 1-48.

——. *Bavianen en slijkgeuzen: Kerk en kerkvolk ten tijde van Maurits en Oldenbarnevelt*. Franeker: Van Wijnen, 1991.

——. *Plain Lives in a Golden Age*. Cambridge: Cambridge University Press, 1991.

——. *Een dorp in de polder. Graft in de zeventiende eeuw*. Amsterdam: Uitgeverij Bert Bakker, 1995.

Deyon, Pierre. "Délinquance et répression dans Ie Nord de la France au XVIIIe siècle." *Bulletin de la Société d'Histoire Moderne*. 14th ser. 20(1972): 11-15.

Deyon, Solange. *Les "Casseurs" de l'été 1566: L'Iconoclasme dans le nord*. Paris: Hachette, 1981.

Diederiks, Herman. "Quality and Quantity in Historical Research in Criminality and Criminal Justice: The Case of Leiden in the Seventeenth and Eighteenth Centuries." *Historical Social Research* 56 (1990): 57-76.

——. *In een land van justitie. Criminaliteit van vrouwen, soldaten en ambtenaren in de achtiende-eeuwse Republiek*.

Hilversum：Verloren，1992.

Dierickx，Michiel. *L'Erection des nouveaux diocèses aux Pays-Bas，1559-1570*. Bruxelles：La Renaissance du livre，1967.

Directorium der Franckeschen Stiftungen. *Die Stiftungen August Herman Francke's in Halle*. Halle：Verlag der Buchhandlung des Waisenhauses，1863.

Dixon，C. Scott. *The Reformation and Rural Society：The Parishes of Brandenburg-Ansbach-Kulmbach，1528-1603*. Cambridge：Cambridge University Press，1996.

Doerfel，Marianne. "Pietistische Erziehung. Johann Christian Lerches Memorandum zu Reformbestrebungen am Pädagogium Regii in Halle(1716/22)." *Pietismus und Neuzeit* 20(1995)：90-106.

Donnelly，Johan Patrick，and Michael W. Maher，eds. *Confraternities and Catholic Reform in Italy，France，and Spain*. Kirksville：Thomas Jefferson University Press，1999.

Dormans，E. H. M. *Het tekort. Staatsschuld in de tijd der Republiek*. Amsterdam：NEHA，1991.

Dorwart，Reinhold A. *The Prussian Welfare State before 1740*. Cambridge：Harvard University Press，1971.

Downing，Brian M. *The Military Revolution and Political Change*. Princeton：Princeton University Press，1992.

Doyle，William. *Venality：The Sale of Offices in Eighteenth-Century France*. Oxford：Clarendon Press，1996.

Dreyfus，Hubert L.，and Paul Rabinow. *Michel Foucault：Beyond Structuralism and Hermeneutics*. Chicago：University of Chicago Press，1983.

Ehrle，Franz. "Die Armenordnungen von Nürnberg(1522)und Ypern(1525)." *Archiv für Reformationsgeschichte* 10 (1913)：34-72.

Eibach，Joachim. "Kriminalitätsgeschichte zwischen Sozialgeschichte und historischer Kulturforschung." *Historische Zeitschrift* 263(1996)：681-715.

Eisenbichler，Konrad. "Italian Scholarship on Pre-Modern Confraternities in Italy." *Renaissance Quarterly* 50，no. 2 (1997)：567-579.

Elias，Johan E. *De vroedschap van Amsterdam，1378-1795*. Amsterdam：N. Israel，1963.

Elias，Norbert. *Die höfische Gesellschaft. Untersuchungen zur Soziologie des Königtums und der höfischen Aristokratie*.

Neuwied: Luchterhand, 1969.

——. *The Civilizing Process*. Oxford: Blackwell, 1994[1939].

——. *Über den Prozess der Zivilisation*. Two vols. Frankfurt am Main: Suhrkamp, 1997.

Elliott, John Paul. "Protestantization in the Northern Netherlands: A Case Study—The Classis of Dordrecht, 1572-1640." Ph. D. diss.: Columbia University, 1990.

Engels, J. Th. *Kinderen van Amsterdam*. Zutphen: De Walburg Pers, 1989.

Enzensberger, Horst. "La Struttura del potere nel Regno: Corte, uffici, cancelleria." pp. 49-70 in *Potere, società e popolo nell'età Sveva (1210-1266)*. Bari: Dedalo, 1985.

Erbe, Michael. "Aspekte des Ämterhandels in den Niederlanden im späten Mittelalter und in der frühen Neuzeit." pp. 112-130 in *Ämterhandel im Spätmittelalter und im 16. Jahrhundert*, edited by Ilja Mieck. Berlin: Colloquium Verlag, 1984.

Ernst, Viktor. "Die Entstehung des württembergischen Kirchengutes." *Württembergische Jahrbücher für Statistik und Landeskunde* 1911: 377-424.

Ertman, Thomas. *Birth of the Leviathan: Building States and Regimes in Medieval and Early Modern Europe*. Cambridge: Cambridge University Press, 1997.

——. "Rethinking Political Development in Europe." in *Annual Meeting of the American Political Science Association*. New York, September 1994.

Escher, Felix. "Das Kurfurstentum Brandenburg im Zeitalter des Konfessionalismus." in *Brandenburgische Geschichte*, edited by Ingo Materna and Wolfgang Ribbe. Berlin: Akademie Verlag, 1991.

Esping-Andersen, Gøsta. *Three Worlds of Welfare Capitalism*. Cambridge: Polity Press, 1990.

Estèbe, J., and B. Vogler. "La Genèse d'une société protestante: Étude comparée de quelques registres consistoriaux langedociens et palatins." *Annales, Economies, Sociétés, Civilisations* 31 (1976): 362-388.

Evans, Peter B. *Embedded Autonomy: States and Industrial Transformation*. Princeton: Princeton University Press, 1995.

Evans, Peter B., Dietrich Rueschemeyer, and Theda Skocpol, eds. *Bringing the State Back In*. Cambridge: Cambridge University Press, 1985.

Fatica, Michel. "La reclusione dei poveri a Roma durante il pontificato di Innocenzo XII(1692-1700)."*Ricerche per la storia religiosa di Roma* 3(1979): 133-179.

Fauchier-Magnan, Adrien. *The Small German Courts in the Eighteenth Century*. London: Methuen, 1958.

Fehler, Timothy G. *Poor Relief and Protestantism: The Evolution of Social Welfare in Sixteenth-Century Emden*. Aldershot and Brookfield: Ashgate, 1999.

Fiedler, Siegfried. *Grundriß der Militär-und Kriegsgeschichte*. Munich: Schild Verlag, 1980.

——. "Militärgeschichte im Zeitalter des Absolutismus."in vol. 1 of *Grundzüge der deutschen Militärgeschichte*, edited by Karl-Völker Neugebauer. Freiburg: Rombach Verlag, 1993.

Flynn, Maureen. *Sacred Charity: Confraternities and Social Welfare in Spain, 1400-1700*. Ithaca: Cornell University Press, 1989.

Fockema Andreae, S. J. *De Nederlandse staat onder de Republiek*. Amsterdam: Noord-Hollandsche Uitg. Mij., 1961.

Fockema Andreae, S. J., and Herman Hardenberg, eds. *500 jaren Statengeneraal in de Nederlanden*. Assen: Van Gorcum, 1964.

Formsma, Wiebe J. *De wording van de Staten van Stad en lande tot 1536*. Assen: Van Gorcum, 1930.

Förster, Friedrich. *Friedrich Wilhelm I, König von Preußen*. Potsdam: Verlag von Ferdinand Riegel, 1834-1835.

Fosi, Irene Polverini. "Pauperismo ed assistenza a Siena durante il principato mediceo." pp. 157-184 in *Timore e caritá: I poveri nell'Italia moderna*, edited by Giorgio Polti, Mario Rosa and Franco della Peruta. Cremona: Biblioteca statale e libreria civica di Cremona, 1984.

Fosseyeux, Marcel. "Les Premiers Budgets municipaux d'assistance. La Taxe des pauvres au XVIe siècle." *Revue d'histoire de l'église de France* 20(1934): 407-432.

Foucault, Michel. *Surveiller et punir: Naissance de la prison*. Paris: Gallimard, 1975.

——. *Histore de la sexualité*. Paris: Gallmiard, 1976-1982.

——. *Language, Counter-Memory, Practice*. Ithaca: Cornell University Press, 1977.

——. *Power/Knowledge*. New York: Pantheon, 1981.

——. *The Tanner Lectures on Human Values*. Cambridge: Cambridge University Press, 1981.

——. "The Subject and Power." pp. 208-228 in *Michel Foucault: Beyond Structuralism and Hermeneutics*, edited by Hubert L. Dreyfus and Paul Rabinow. Chicago: University of Chicago Press, 1983.

——. *Politics, Philosophy, Culture: Interviews and Other Writings, 1977-1984*. London: Routledge, 1988.

——. "1977-78: Sécurité, territoire, et population." in *Resumé des cours, 1970-1982*. Paris: Julliard, 1989.

——. "Governmentality." in *The Foucault Effect: Studies in Governmentality*, edited by Graham Burchell, Colin Gordon, and Peter Miller. Chicago: University of Chicago Press, 1991.

Franz, Günther, ed. *Urkundliche Quellen zur hessischen Reformationsgeschichte*. Marburg: N. G. Elwert, 1951-1957.

——. *Die Kirchenleitung in Hohenlohe in den Jahrzenten nach der Reformation*. Stuttgart: Calwer Verlag, 1971.

Frauenholz, Eugen von. *Das Heerwesen in der Zeit des Absolutismus*. Munich: C. H. Beck, 1940.

Friedeburg, Robert von. "Reformation of Manners and the Social Composition of Offenders in an East Anglian Cloth Village: Earls Colne, Essex, 1531-1642." *Journal of British Studies* 29(1990): 347-385.

——. "Sozialdisziplinierung in England? Soziale Beziehungen auf dem Lande zwischen Reformation und 'Great Rebellion,' 1550-1642." *Zeitschrijt für historische Forschung* 17(1990): 385-418.

Friedländer, Ernst, ed. *Berliner Garnisons-Chronik*. Schriften des Vereins für die Geschichte Berlins, no. 9. Berlin: R. V. Decker, 1873.

Frifhoff, Willem. "Patterns." pp. 43-110 in *Universities in Early Modern Europe (1500-1800)*, vol. 2 of *A History of the University in Europe*, edited by Hilde de Ridder-Symoens. Cambridge: Cambridge University Press, 1996.

Fruin, Robert. *Geschiedenis der staatsinstellingen in Nederland tot den val der Republiek*. The Hague: Martinus Nijhoff, 1922.

Fulbrook, Mary. *Piety and Politics: Religion and the Rise of Absolutism in*

England, *Württemberg*, *and Prussia*. Cambridge: Cambridge University Press, 1983.

Gaastra, Femme S. *De geschiedenis van de VOC*. Zutphen: De Walburg Pers, 1991.

Gabriel, Martin. *Die reformierten Gemeinden in Mitteldeutschland: Geschichte und Verfassung einer Bekenntnisminderheit im 18. Jahrhundert und danach*. Witten: Luther Verlag, 1973.

Galasso, Giuseppe. *Alla periferia del'Impero. Il Regno di Napoli nel periodo spagnolo (secoli XVI-XVII)*. Turin: Einaudi, 1994.

Garnot, Benoit. "Pour une histoire nouvelle de la criminalité au XVIIIe siècle." *Revue historique* 288(1992): 289-303.

Gautier, Léon. *L'Hôpital Général de Genève de 1535 à 1545*. Geneva: Albert Kündig, 1914.

Gawthrop, Richard L. *Pietism and the Making of Eighteenth-Century Prussia*. Cambridge: Cambridge University Press, 1993.

Gellner, Ernest. *Nations and Nationalism*. Ithaca: Cornell University Press, 1981.

Gentilcore, David. "Cradle of Saints and Useful Institutions: Health Care and Poor Relief in the Kingdom of Naples." pp. 132-150 in *Health Care and Poor Relief in Counter-Reformation Europe*, edited by Ole Peter Grell and Andrew Cunningham. London and New York: Routledge, 1999.

Geremek, Bronislaw. *Poverty: A History*. Oxford: Blackwell, 1994.

Geyl, Pieter. *The Revolt of the Netherlands, 1555-1609*. London: Cassell, 1988[1932].

Gijswijt-Hofstra, Marijke. *Wijkplaatsen voor vervolgden: Asielverlening in Culemborg, Vianen, Buren, Leerdam en Ijsselstein van de 16de tot eind 18de eeuw*. Dieren: Bataafsche Leeuw, 1984.

Ginkel, Albertus van. *De ouderling*. Amsterdam: Uitgeverij ton Bolland, 1975.

Goertz, H. J. *Pfaffenhaß und groß Geschrei*. Munich: C. H. Beck, 1987.

Göhring, Martin. *Die Ämterkäuflichkeit im Ancien régime*. Vaduz: Kraus Reprint Ltd., 1965[1939].

Goldstone, Jack A. *Revolution and Rebellion in the Early Modern World*. Berkeley: University of California Press, 1991.

Gordon, Bruce. *Clerical Discipline and the Rural Reformation: The Synod in*

Zürich, 1532-1580. Bern and New York: Peter Lang, 1992.

Gorski, Philip S. "The Poverty of Deductivism: A Constructive-Realist Model of Sociological Explanation." Paper presented to the annual meeting of the American Sociological Association. Los Angeles, 1994.

——. "Review of Gawthrop, *Pietism and the Making of Eighteenth Century Prussia*." *German Politics and Society* 32 (1994): 171-176.

——. "The Protestant Ethic and the Spirit of Bureaucracy." *American Sociological Review* 60, no. 5(1995): 783-786.

——. "Historicizing the Secularization Debate: Church, State and Society in Late Medieval and Early Modern Europe." *American Sociological Review* 65, no. 1 (2000): 138-168.

——. "The Mosaic Moment: An Early Modernist Critique of the Modernist Theory of Nationalism." *American Journal of Sociology* 105(2000): 1428-1470.

——. "Calvinism and Revolution: The Walzer Thesis Reconsidered." in *Meaning and Modernity*, edited by Richard Madsen, William M. Sullivan, and Ann Swieller. Berkeley: University of California Press, 2001.

——. "Religion and the Political Unconscious of Historical Sociology." in *The Making and Unmaking of Modernity*, edited by Julia Adams, Elisabeth Clemens, and Ann Shola Orloff. Durham: Duke University Press, forthcoming.

Götze, Ruth. *Wie Luther Kirchenzucht übte*. Göttingen: Vandenhoeck & Ruprecht, 1958.

Grafton, Richard. *Chronicle or History of England*. London: Johnson, 1809 [1558].

Graham, Michael F. "Social Discipline in Scotland, 1560-1610." pp. 129-157 in *Sin and the Calvinists*, edited by Raymond A. Mentzer. Kirksville: Sixteenth Century Journal Publishers, 1994.

Grapperhaus, H. M. *Alva en de tiende pennig*. Deventer: Kluwer, 1982.

Grell, Ole Peter. *The Scandinavian Reformation: From Evangelical Movement to Institutionalisation of Reform*. Cambridge: Cambridge University Press, 1995.

——. "The Religious Duty of Care and the Social Need for Control in Early Modern Europe." *Historical Journal* 39 (1996): 257-263.

Grell, Ole Peter, and Andrew Cunningham. "The Reformation and Changes in Welfare Provision in Early Modern Northern Europe." pp. 1-42 in *Health Care and Poor Relief in Protestant Europe, 1500-1700*, edited by Ole Peter Grell and Andrew Cunningham. London and New York: Routledge, 1997.

Grendi, Eduardo. "Pauperismo e albergo dei poveri nella Genova del seicento." *Rivista storica italiana* 87 (1975): 621-654.

Grever, John H. "Committees and Deputations in the Assemblies of the Dutch Republic, 1660-1668." *Parliaments, Estates and Representation* 1(1981): 13-33.

——. "The Structure of Decision-Making in the States General of the Dutch Republic 1660-68." *Parliaments, Estates and Representation* 2(1982): 125-151.

Grimm, Harold J. "Luther's Contributions to Sixteenth-Century Organization of Poor Relief." *Archiv für Reformationsgeschichte* 60(1970): 222-234.

Groehler, Olaf. *Das Heerwesen in Brandenburg und Preußen von 1640 bis 1806*. Berlin: Brandenburgisches Verlagshaus, 1903.

Groenhuis, G. *De Predikanten: De sociale positie nan de Gereformeerde predikanten in de Republiek der Verenigde Nederlanden vóór ± 1700*. Groningen: Wolters-Noordhoff, 1977.

Groenveld, S. et al. *De tachtigjarige oorlog*. 3rd ed. Zutphen: De Walburg Pers, 1991.

Groenveld, S. *Evidente factiën in den staet: Sociaal-politieke verhoudingen in de 17e-eeuwse Republiek der Verenigde Nederlanden*. Hilversum: Verloren, 1990.

Grün, Willi. *Speners soziale Leistungen und Gedanken*. Würzburg: Konrad Tritsch, 1934.

Grünberg, Paul. *Philipp Jakob Spener*. Hildesheim and New York: Georg Olms Verlag, 1988.

Gutton, Jean-Pierre. *La Société et les pauvres: L'Exemple de la généralité de Lyon, 1534-1789*. Paris: Société d'Édition "Les belles lettres", 1970.

Hagen, William W. "Seventeenth-Century Crisis in Brandenburg: The Thirty Years' War, the Destabilization of Serfdom, and the Rise of Absolutism." *American Historical Review*. 94, no. 2 (1989): 302-335.

Hahlweg, Werner. *Die Heeresreform der Oranier; das Kriegsbuch des Grafen*

Johann von Nassau-Siegen. Wiesbaden: Historische Kommission für Nassau, 1973.

——. *Die Heeresreform der Oranier und die Antike*. Osnabrück: Biblio Verlag, 1987[1941].

Hahn, Peter-Michael. *Landesstaat und Ständetum im Kurfürstentum Brandenburg während des 16. und 17. Jahrhunderts*. Berlin: De Gruyter, 1983.

——. *Fürstliche Territorialhoheit und lokale Adelsgewalt: Die herrschaftliche Durchdringung des ländlichen Raumes zwischen Elbe und Aller (1300-1700)*. Berlin and New York: Walter de Gruyter, 1989.

Haliczer, Stephen. *Inquisition and Society in the Kingdom of Valencia, 1478-1834*. Berkeley: University of California Press, 1990.

Hallema, A. "Wie er in de 17e eeuw in het tuchthuis kwamen?" *Tijdschrift voor strafrecht* 38(1926): 222-245.

——. "Jan van Hout's rapporten en adviezen betreffende het Amsterdamsche Tuchthuis uit de Jaren 1597 en '98." *Bijdragen en mededelingen van het Historisch Genootschap* 48(1927): 69-98.

——. "Een pater en twee predikanten in en uit het Amsterdamsche Tuchthuis." in *Nieuw Rotterdamsche Courant*, March 24, 1929.

——. *In en om de gevangenis van vroeger dagen in Nederland en Nederlandsch-Indië*. The Hague: Gebr. Belinfante, 1936.

——. *Geschiedenis van het gevangeniswezen, hoofdzakelijk in Nederland*. The Hague: Staatsdrukkerij-en Uitgeverijsbedrijf, 1958.

Hallman, Barbara. *Italian Cardinals, Reform, and the Church as Property: 1492-1563*. Berkeley: University of California Press, 1985.

Hammerstein, Notker. "Universitäten—Territorialstaaten—Gelehrte Räte." pp. 697-735 in *Die Rolle der Juristen bei der Entstehung des modernen Staates*, edited by Roman Schnur. Berlin: Duncker & Humblot, 1986.

Happee, J., J. L. J. Meiners, and M. Mostert, eds. *De Lutheranen in Amsterdam, 1588-1988*. Hilversum: Verloren, 1988.

Harrington, Joel F. "Escape from the Great Confinement: The Genealogy of a German Workhouse." *Journal of Modern History* 71, no. 2(1999): 308-345.

Hart, Marjolein't. *The Making of a*

Bourgeois State: War, Politics, and Finance during the Dutch Revolt. Manchester: Manchester University Press, 1993.

Hartmann, Peter Claus. *Das Steuersystem der europäischen Staaten am Ende des Ancien Régime. Eine offizielle französische Enquête (1763-1768) (Beiheft Francia, 7)*. Munich: Artemis, 1979.

Heel, Caspar van, ed. *Vierhonderd jaar gedeputeerde staten van Overijssel*. Zwolle: Provincie Overijssel, 1993.

Heinrich, Gerd. "Der Adel in Brandenburg-Preußen." pp. 259-314 in *Deutscher Adel*, edited by Hellmut Rössler. Darmstadt: Wissenschaftliche Buchgesellschaft, 1965.

——. "Amtsträgerschaft und Geistlichkeit. Zur Problematik sekundärer Führungsschichten in Brandenburg-Preußen 1450-1786." pp. 179-238 in *Beamtentum und Pfarrerstand 1400-1800. Büdinger Vorträge 1967*, edited by Günther Franz. Limburg an der Lahn: C. A. Starke, 1972.

Hellmuth, Eckhart. *Naturrechtsphilosophie und bürokratischer Werthorizont: Studien zur preussischen Geistes-und Sozialgeschichte des 18. Jahrhunderts*. Göttingen: Vandenhoeck & Ruprecht, 1985.

Hemstra, M. J. Barnoes van. *Old Burger Weeshuis*. Leeuwarden: De Voogdij[van het Old Burger Weeshuis], 1959.

Henningsen, Gustav, and John Tedeschi, eds. *The Inquisition in Early Modern Europe: Studies on Sources and Methods*. Dekalb: Northern Illinois University Press, 1986.

Herzel, Ludwig, ed. *Albrecht Hallers Tagebücher seiner Reisen nach Deutschland, Holland und England 1723-1727*. Leipzig: S. Hirzel, 1883.

Hibben, C. C. *Gouda in Revolt. Particularism and Pacifism in the Revolt of the Netherlands 1572-1588*. Utrecht: HES Publishers, 1983.

Hill, Christopher. *Society and Puritanism in Pre-Revolutionary England*. New York: Schocken, 1967.

Hinrichs, Carl. "Der Regierungsantritt Friedrich Wilhelm I." pp. 91-137 in *Preußen als historisches Problem*, edited by Carl Hinrichs. Berlin: Walter de Gruyter, 1963.

——. *Friedrich Wilhelm I*. Darmstadt: Wissenschaftliche Buchgesellschaft, 1968.

——. *Preußentum und Pietismus: Der Pietismus in Brandeuburg-Preußen als religiös-soziale Reformbewegung*. Göttingen: Vandenhoeck & Ruprecht, 1971.

Hintze, Otto. *Die Behördenorganisation und die allgemeine Verwaltung in Preußen um 1740, Acta Borussica, Behördenorganisation.* Berlin: Paul Parey, 1901.

——. *Die Hohenzollern und Ihr Werk*. Berlin: Paul Parey, 1915.

——. *Geist und Epoche der preußischen Geschichte.* Leipzig: Koehler & Armelang, 1943.

Hippel, Robert von. "Beiträge zur Geschichte der Freiheitsstrafe." *Zeitschrift für die gesamte Strafrechtswissenschaft* 18 (1898): 419-497 and 608-666.

Hoeven, Anton van den. "Ten exempel en afschrik: Strafrechtspleging en criminaliteit in Haarlem, 1740-1795." Ph. D. diss.: University of Amsterdam, 1982.

Hoffman, W. von. *Forschungen zur Geschichte der Kurialen Behörden vom Schisma bis zur Reformation*. Rom: Preußisches historisches Institut, 1914.

Holl, Karl. *Gesammelte Auftätze zur Kirchengeschichte.* Tübingen: J. C. B. Mohr, 1948.

Holm, Johan. "'Skyldig plicht och trohet': Militärstaten och 1634 års regeringsform," *Historisk Tidskrift* 2 (1999): 161-195.

Holt, Mack P. *The French Wars of Religion, 1562-1629*. Cambridge: Cambridge University Press, 1995.

Holzem, Andreas. "Katholische Konfession und Kirchenzucht. Handlungsformen und Deliktfelder archidiakonaler Gerichtsbarkeit im 17. und 18. Jahrhundert." *Westfälische Forschungen* 45 (1995): 295-332.

Homer, Sidney. *A History of Interest Rates*. New Brunswick: Rutgers University Press, 1977.

Höpfl, Hajo. *The Christian Polity of John Calvin*. Cambridge: Cambridge University Press, 1982.

Hötzsch, Otto. *Stände und Verwaltung von Cleve und Mark in der Zeit von 1666 bis 1697*. Leipzig: Duncker & Humblot, 1908.

Hsia, R. Po-chia. *Social Discipline in the Reformation: Central Europe, 1550-1750*. New York: Routledge, 1989.

Ikegami, Eiko. *The Taming of the Samurai: Honorific Individualism and the Making of Modern Japan*. Cambridge: Harvard University Press, 1995.

Ingram, Martin. *Church Courts, Sex, and Marriage in England, 1570-*

1640. Cambridge: Cambridge University Press, 1987.

Innes, Joanna. "Prisons for the Poor: English Bridewells, 1555-1800." in *Labour, Law, and Crime*, edited by Francis Snyder and Douglas Hay. London: Travistock, 1987.

Israel, Jonathan I. *Dutch Primacy in World Trade*. Oxford and New York: Clarendon and Oxford University Press, 1989.

——. *The Dutch Republic: Its Rise, Greatness, and Fall, 1477-1806*. Oxford: Clarendon Press, 1995.

Jähns, Max. *Geschichte der Kriegswissenschaften, vornehmlich in Deutschland*. Munich and Leipzig: R. Oldenbourg, 1889.

Jahns, Sigrid. "Frankfurt am Main im Zeitalter der Reformation(um 1500-1555)." pp. 151-204 in *Frankfurt am Main. Die Geschichte der Stadt in neun Beiträgen*. Sigmaringen: Jan Thorbecke, 1991.

Jansen, E. A. M. E. *De opkomst van de vroedschap in enkele hollandsche steden*. Haarlem: Amicitia, 1927.

Janssen, H. Q. *De kerkhervorming in Vlaanderen*. Arnhem: J. W. & C. F. Swaan, 1866-1868.

Jany, Curt. "Die Kantonverfassung Friedrich Wilhelms I." *Forschungen zur brandenburgischen und preußischen Geschichte* 38(1926): 225-272.

Janzon, Kaj. "Överdåd på kredit: Ett rationellt Val? Några problem kring högadelns economiska verksamhet i Sverige under 1600-talets första hälft." *Historisk Tidskrift* 2(1999): 197-226.

Jones, D. W. *War and Economy in the Age of William III and Marlborough*. Oxford and New York: Blackwell, 1988.

Jong, Jacob Johannes de. *Metgoedfatsoen: De elite in een Hollandse stad, Gouda 1700-1780*. The Hague: Stichting Hollandse Historische Reeks, 1985.

Jütte, Robert. *Obrigkeitliche Armenfürsorge in deutschen Reichsstädten der frühen Neuzeit*. Cologne: W. Kohlhammer, 1984.

——. *Poverty and Deviance in Early Modern Europe*. Cambridge: Cambridge University Press, 1994.

Kalveen, C. A. van. *Het bestuur van bisschop en Staten in het Nedersticht, Oversticht, en Drenthe, 1483-1520*. Groningen: H. D. Tjeenk Willink, 1974.

Kamen, Henry. *Inquisition and Society in Spain*. London: Weidenfeld & Nicolson，1985.

Kaplan，Benjamin. *Calvinists and Libertines*：*Confession and Community in Utrecht*，*1578-1620*. New York：Oxford University Press，1995.

Kappelhoff，A. C. M. *De belastingheffing in de Meierij van Den Bosch gedurende de Generaliteitsperiode* （*1648-1730*）. Tilburg：Stichting Zuidelijk Historisch Contact，1986.

Karpik，Lucien. *French Lawyers*：*A Study in Collective Action*，*1274 to 1994*. Oxford：Clarendon Press，1999.

Kingdon，J. A. *Richard Grafton*，*Citizen and Grocer of London*. London：Privately printed by Rixon & Arnold，1901.

Kingdon，Robert M. "The Political Resistance of the Calvinists in France and the Low Countries." *Church History*，27，no. 3(1958)：220-233.

——. "Was the Protestant Reformation a Revolution? The Case of Geneva." pp. 203-222 in *Church*，*Society*，*and Politics*，edited by Derek Baker. Oxford：Blackwell，1975.

——. "The Control of Morals in Calvin's Geneva." pp. 3-16 in *The Social History of the Reformation*，edited by Lawrence P. Buch and Jonathan W. Zophy. Columbus：Ohio State University Press，1972.

——. "Social Welfare in Calvin's Geneva." *American Historical Review* 76 (1972)：50-69.

——. "Calvinist Discipline in the Old World and the New." pp. 521-532 in *The Reformation in Germany and Europe*，edited by Hans R. Guggisberg and Gottfried G. Krodel. Gütersloh：Gütersloher Verlagsanstalt，1993.

Kittelson，James M. "Successes and Failures in the German Reformation：The Report from Strasbourg." *Archiv für Reformationsgeschichte* 73(1982)：153-175.

Klein，Laurentius. *Evangelisch-lutherische Beichte. Lehre und Praxis*. Paderborn：Verlag Bonifacius，1961.

Kleinschmidt，Harald. "Zum preußischen Infanteriereglement von 1718." *ZeitschriJt für Heereskunde* 47(1983)：117-120.

Kloek，Els. "Criminality and Gender in Leiden's *Confessieboeken*，1678-1794." *Criminal Justice History* 11(1990)：1-29.

Klueting，Harm. *Das konfessionelle Zeitalter*. Stuttgart：Ulmer，1989.

Knippenberg，Hans. *De religieuze kaart van Nederland*：*Omvang en geografische spreiding van de godsdienstige gezindten vanaf de Reformatie tot heden*. Assen: Van Gorcum, 1992.

Knuttel, Willem Pieter Comelis. *De toestand der nederlandsche katholieken ten tijde der republiek*. The Hague: Martinus Nijhoff, 1892-1894.

Koenigsberger, Helmut G. "The Organization of Revolutionary Parties in France and the Netherlands during the Sixteenth Century." pp. 224-252 in Helmut G. Koenigsberger, *Estates and Revolutions*. Ithaca: Cornell University Press, 1971.

Kok, Jan. "The Moral Nation: Illegitimacy and Bridal Pregnancy in the Netherlands from 1600 to the Present." *Economy and Social History in the Netherlands* 2 (1990): 7-35.

Kok, J. A. de. *Nederland op de breuklijn Rome-Reformatie: Numerieke aspecten van protestantisering en katholieke herleving in de noordelijke Nederlanden, 1580-1880*. Assen: Van Gorcum, 1964.

Kooimans, L. *Onder regenten: De elite in een Hollandse stad: Hoorn 1700-1780*. The Hague: Stichting Hollandse Historische Reeks, 1985.

Koopmans, J. W. *De Staten van Holland en de Opstand. De ontwikkeling van hun functies en organisatie in de periode 1544-1588*. The Hague: Stichting Hollandse Historische Reeks, 1990.

Kopcynski, Michal. "Service or Benefice? Officeholders in Poland and Sweden of the Seventeenth Century." *European Review of History* 1, no. 1(1994): 19-28.

Kossmann, E. H., and A. F. Mellink, eds. *Texts Concerning the Revolt of the Netherlands*. London: Cambridge University Press, 1974.

Kötzschke, Rudolf, and Hellmut Kretzschmar. *Sächsische Geschichte*. Frankfurt am Main: Wolfgang Weidlich, 1965.

Krahn, Cornelis. *Dutch Anabaptism*. The Hague: M. Nijhoff, 1968.

Kramer, Gustav. *Beiträge zur Geschichte August Hermann Franckes*. Halle: Verlag der Buchhandlung des Waisenhauses, 1861.

——. *August Hermann Francke. Ein Lebensbild*. Halle: Verlag der Buchhandlung des Waisenhauses, 1880-1882.

Krause, Gerhard. "Armut VII. 16-20 Jahrhundert, Luther." pp. 98-105 in *Theologische Realenzyklopädie*, edited by Gerhard Krause and Gerhard Müller. Berlin: Walter De Gruyter, 1977.

Krauske, Otto. 1901. "Vom Hofe Friedrich Wilhelms I." *Hohenzollern Jahrbuch* 5(1977): 174.

Krug, Leopold. *Betrachtungen über den Nationalreichtum des preußischen Staates und über den Wohlstand seiner Bewohner*. Aalen: Scientia Verlag, 1970 [1805].

Küchler, Winfried. "Ämterkäulichkeit in den Ländern der Krone Aragons." pp. 1-26 in *Spanische Forschungen der Görresgesellschaft*, vol. 27: *Gesammelte Aufsätze zur Kulturgeschichte Spaniens*. Münster: Aschendorffsche Verlagsbuchhandlung, 1973.

Kühler, W. J. *Geschiedenis van de Doopsgezinden in Nederland*. Haarlem: H. D. Tjeenk Willink & Zoon, 1932-1950.

Lancon, Pierre. "Les Confrèries de rosaire en Rouergue aux XVIe et XVIIe siècles." *Annales du Midi* 96(1984): 121-133.

Lange, P. W. de. "De ontwikkeling van een oligarchische regeringsvorm in een Westfriese stad. Medemblik 1289-1699." *Hollandse Studiën* 3(1972): 119-146.

Laslett, Peter. "Introduction: Comparing Illegitimacy over Time and between Cultures." pp. 1-70 in *Bastardy and Its Comparative History*, edited by Peter Laslett, Karla Oosterveen and Richard M. Smith. London: Edward Arnold, 1980.

Lea, Charles Henry. *A History of Auricular Confession*. Philadelphia: Lea Brothers & Co., 1896.

——. *A History of the Inquisition in Spain*. New York: AMS Press, 1966 [1906-1907].

Lebigre, Arlette. *La Police: Une Histoire sous influence*. Paris: Gallimard, 1993.

Leenders, Jos. *Benauwde verdraagzaamheid, hachelijk fatsoen: Families, standen en kerken te Hoorn in het midden van de negentiende eeuw*. The Hague: Stichting Hollandse Historische Reeks, 1992.

Leeuwen, Marco H. D. van, and Nicole Lucas. "De diakonie van de Hervormde Kerk." Amsterdam: unpublished manuscript, 1981. A copy is deposited at the library of the Amsterdam Gemeentearchief.

Lehmann, Max. "Werbung, Wehrpflicht und Beurlaubung im Heere Friedrich Wilhelms I." *Historische Zeitschrift* 67 (1891): 254-289.

Lemmink, F. H. J. *Het ontstaan van de staten van Zeeland en hun geschiedenis tot het jaar 1555*. Roosendaal: n. p., 1951.

Leonard, E. M. *The Early History of English Poor Relief*. London: Frank Cass & Co., 1965.

Liechtenstern, Joseph Marx von. *Skizze einer statistischen Schilderung des österreichischen Staats*. Im Verlag des Kunst-und Industriekomptoirs, 1800.

Liehr, Reinhard. "Ämterkäuflichkeit und Ämterhandel im kolonialen Hispanoamerika." pp. 159-181 in *Ämterhandel im Spätmittelalter und im 16. Jahrhundert*, edited by Ilja Mieck. Berlin: Colloquium Verlag, 1984.

Lindberg, Carter. "'There Should Be No Beggars among Christians': Karlstadt, Luther, and the Origins of Protestant Poor Relief." *Church History* 46 (1977): 313-334.

——. *Beyond Charity: Reformation Initiatives for the Poor*. Minneapolis: Fortress, 1993.

Lis, Catharina, and Hugo Soly. *Poverty and Capitalism in Preindustrial Europe*. Sussex: Harvester Press, 1979.

Litchfield, R. Burr. *Emergence of a Bureaucracy: The Florentine Patricians, 1530-1790*. Princeton: Princeton University Press, 1986.

Little, David. *Religion, Order, and Law*. Chicago: University of Chicago Press, 1984.

Locke, John. *Travels in France, 1675-1679, as Related in His Journals, Correspondence and Other Papers*. Cambridge: Cambridge University Press, 1953.

Loeben, Monika v., and Paul v. Loeben. "Geschichte der Herren, Freiherren und Gräfen von Löben." Berlin-Dahlem: an unpublished manuscript deposited in the Heroldbibliothek, Geheimes Staatsarchiv-Preußischer Kulturbesitz, 1975.

Lombardi, Daniela. "Poveri a Firenze. Programmi e realizzazioni della politica assistenziale dei Medici tta Cinque e Seicento." pp. 165-184 in *Timore e caritá: I poveri nell'Italia moderna*, edited by Giorgio Polti, Mario Rosa and Franco della Peruta. Cremona: Biblioteca statale e libreria civica di Cremona, 1982.

Loosjes, Jakob. *Geschiedenis der Luthersche Kerk in de Nederlanden*. The Hague: M. Nijhoff, 1921.

Lough, John. *France Observed in the*

Seventeenth Century by British Travellers. Stocksfield: Oriel Press, 1985.

Ludolphy, Ingetraut. "Luther und die Diakonie." *Luther* 38(1967): 58-68.

Luria, Keith P. *Territories of Grace: Cultural Change in the Seventeenth-Century Diocese of Grenoble*. Berkeley: University of California Press, 1991.

Luther, Martin. *Works*. Philadelphia: Fortress, 1966.

Lynn, John A. "Tactical Evolution in the French Army, 1560-1660." *French Historical Studies* 14(1985): 176-191.

MacCaffrey, Wallace T. *Exeter, 1540-1640*. Cambridge: Harvard University Press, 1958.

Maczak, Antoni. "The Structure of Power in the Commonwealth of the Sixteenth and Seventeenth Centuries." pp. 109-134 in *A Republic of Nobles*, edited by J. Federowicz, Maria Bogucka and Henryk Samsonowicz. Cambridge: Cambridge University Press, 1982.

——. *Travel in Early Modern Europe*. Cambridge and Oxford: Blackwell, 1995.

Maher, Michael W. "How the Jesuits Used Their Congregations to Promote Frequent Communion." pp. 75-95 in *Confraternities and Catholic Reform in Italy, France, and Spain*, edited by Johan Patrick Donnelly and Michael W. Maher. Kirksville: Thomas Jefferson University Press, 1999.

Maier, Hans. *Die ältere deutsche Staats-und Verwaltungslehre*. Munich: C. H. Beck, 1980.

Manen, Charlotte Aleida van. *Armenpflege in Amsterdam in ihrer historischen Entwicklung*. Leiden: A. W. Sijthoff, 1913.

Mann, Thomas. *Gesammelte Werke*. Frankfurt am M.: Fischer, 1960-1975.

Mantelli, Roberto. *Il pubblico impiego nell'economia del Regno di Napoli: Retribuzioni, reclutamento e ricambio sociale nell'epoca spagnuola (sec. XVI-XVII)*. Naples: Istituto italiano per gli studi filosofici, 1986.

Martin, Jean-Marie. "L'Organisation administrative et rnilitaire du territoire." pp. 71-122 in *Potere, società e popolo nell'età sveva*, edited by Cosimo D. Fonseco et al. Bari: Dedalo, 1985.

Martines, Lauro. *Lawyers and Statecraft in Renaissance Florence*. Princeton: Princeton University Press, 1968.

Martinich, A. P. *The Two Gods of*

Leviathan: Thomas Hobbes on Religion and Politics. Cambridge: Cambridge University Press, 1992.

Martz, Linda. *Poverty and Welfare in Habsburg Spain: The Example of Toledo*. Cambridge and New York: Cambridge University Press, 1983.

Mathias, Peter, and Patrick O'Brien. "Taxation in Britain and France, 1715-1810: A Comparison of the Social and Economic Incidence of Taxes Collected for the Central Governments." *Journal of European Economic History* 5(1976): 601-650.

——. "The Social and Economic Burden of Tax Revenue Collected for Central Government." pp. 805-842 in *Prodotto lordo e jinanza pubblica secoli XIII-XIX*, edited by Annalisa Guarducci. Florence: Le Monnier, 1988.

Mazlish, Bruce. *The Revolutionary Ascetic: Evolution of a Political Type*. New York: Basic Books, 1976.

McCusker, John J. *Money and Exchange in Europe and America, 1600-1775: A Handbook*. Chapel Hill: University of North Carolina Press, 1977.

McKee, Elsie Anne. *John Calvin on the Diaconate and Liturgical Almsgiving*. Geneva: Librairie Droz, 1984.

Meier, Ernst von. *Hannoversche Verfassungs-und Verwaltungsgeschichte*. Leipzig: Duncker & Humblot, 1898-1899.

Meij, J. C. A., de. *De Watergeuzen in de Nederlanden, 1568-1572*. Amsterdam: Noord-Hollandsche Uitgevers Maatschappij, 1972.

Melton, Edgar. "The Prussian Junkers, 1600-1786." pp. 71-109 in *The European Nobilities in the Seventeenth and Eighteenth Centuries*, vol. II: *Northern, Central, and Eastern Europe*, edited by H. M. Scott. London and New York: Longman, 1995.

Miller, Richard W. *Fact and Method*. Princeton: Princeton University Press, 1997.

Mitchell, B. R., and Phyllis Deane. *Abstract of British Historical Statistics*. Cambridge: Cambridge University Press, 1962.

Modéer, Kjell A. "Die Rolle der Juristen in Schweden Im 17. Jahrhunderet. Eine rechtshistorische Skizze." pp. 123-137 in *Europe and Scandinavia: Aspects of the Process of Integration in the Seventeenth Century*, edited by Göran Rystad. Lund: Wallin & Dalholm Boktr, 1983.

Modelski, G., and W. R. Thompson.

Seapower in Global Politics, 1494-1993. Seattle: University of Washington Press, 1988.

Mogensen, N. W. "Crimes and Punishments in Eighteenth-Century France: The Example of the Pays d'Auge." *Histoire sociale* 20(1977): 337-352.

Möller, Horst. "Ämterkäuflichkeit in Brandenburg-Preussen im 17. und 18. Jahrhundert." pp. 156-177 in *Ämterkäuflichkeit: Aspekte sozialer Mobilität im europäischen Vergleich*, edited by Klaus Malettke. Berlin: Colloquium Verlag, 1980.

Monter, E. William. *Frontiers of Heresy: The Spanish Inquisition from the Basque Lands to Sicily*. New York: Cambridge University Press, 1990.

Monter, E. William, and John Tedeschi. "Toward a Statistical Profile of the Italian Inquisitions, Sixteenth to Eighteenth Centuries." in *The Inquisition in Early Modern Europe*, edited by Gustav Henningsen and John Tedeschi. DeKalb: Northern Illinois University Press, 1986.

Moore, Barrington. *Social Origins of Dictatorship and Democracy: Lord and Peasant in the Making of the Modern World*. Boston: Beacon, 1966.

Moraw, Peter. "Gelehrte Juristen im Dienst der deutschen Könige des späten Mittelalters (1273-1493)." pp. 77-147 in *Die Rolle der Juristen bei der Entstehung des modernen Staates*, edited by Roman Schnur. Berlin: Duncker & Humblot, 1986.

Morford, Mark. *Stoics and Neostoics: Rubens and the Circle of Lipsius*. Princeton: Princeton University Press, 1991.

Mousnier, Roland. "Le trafic des offices à Venise." *Revue historique du droit français et etranger* 30(1952): 552-565.

——. *La Venalité des offices, sous Henri IV et Louis XIII*. Paris: Presses Universitaires de France, 1971.

Mukerji, Chandra. *Territorial Ambitions and the Gardens of Versailles*. Cambridge: Cambridge University Press, 1997.

Müller, Karl. "Die Anfänge der Konsistorialverfassung im lutherischen Deutschland." pp. 175-190 in *Aus der akademischen Arbeit*, edited by Karl Müller. Tübingen: J. C. B. Mohr, 1930.

Murphy, Paul V. "Politics, Piety, and Reform: Lay Religiosity in Sixteenth-Century Mantua." in *Confraternities and Catholic Reform in Italy, France, and*

Spain, edited by Johan Patrick Donnelly and Michael W. Maher. Kirksville: Thomas Jefferson University Press, 1999.

Musi, A. "La venalità degli uffici in principato citra." *Rassegna storica salernitana* 5(1986): 71-91.

Nachama, Andreas. *Ersatzbürger und Staatsbildung: Zur Zerstörung des Bürgertums in Brandenburg-Preußen*. Frankfurt am Main: Peter Lang, 1984.

Nebe, August. "Aus Speners Berliner Briefen an eine Freundin in Frankfurt." *Jahrbuch für brandenburgische Kirchengeschichte* 30(1935): 115-155.

Neugebauer, Wolfgang. "Zur neueren Deutung der preußischen Verwaltung im 17. und 18. Jahrhundert. Eine Studie in vergleichender Sicht." *Jahrbuch für die Geschichte Mittel-und Ostdeutschlands* 26 (1977): 86-128.

——. "Die Stände in Magdeburg, Halberstadt und Minden im 17. und 18. Jahrhundert." pp. 170-207 in *Ständetum und Staatsbildung in Brandenburg-Preußen*, edited by Peter Baumgart. Berlin and New York: Walter de Gruyter, 1983.

——. *Absolutistischer Staat und Schulwirklichkeit in Brandenburg-Preußen*. Berlin and New York: Walter de Gruyter, 1985.

Nieuwenhuis, F. J. Domela. *Geschiedenis der Amsterdamsche Luthersche Gemeente*. Amsterdam: J. H. Gebhard & Co., 1856.

Nischan, Bodo. "Johann Peter Bergius." pp. 35-59 in *Berlinische Lebensbilder*, edited by G. Heinrich. Berlin: Colloquium, 1990.

——. *Prince, People, and Confession: The Second Reformation in Brandenburg*. Philadelphia: University of Pennsylvania Press, 1994.

Nolfe, Ernst. *La Réforme de la bienfaisance publique à Ypres au XVIe siècle*. Gent: E. Van Goethem & Cie, 1915.

Norberg, Kathryn. *Rich and Poor in Grenoble, 1600-1814*. Berkeley: University of California Press, 1985.

Oakley, Stewart. *A Short History of Sweden*. New York and Washington, D.C.: Praeger, 1966.

O'Day, Rosemary. *The English Clergy: The Emergence and Consolidation of a Profession, 1558-1642*. Leicester: Leicester University Press, 1979.

O'Donoghue, Edward Geoffrey. *Bridewell Hospital: Palace, Prison, Schools, from the Earliest Times to the*

End of the Reign of Elizabeth. London: Lane, 1923.

Oestreich, Gerhard. *Der brandenburg-preußische Geheime Rat*. Würzburg: Konrad Troltsch, 1936.

——. *Geist und Gestalt des frühmodernen Staates*. Berlin: Duncker & Humblot, 1969.

——. *Friedrich Wilhelm I*. Göttingen: Musterschmidt, 1977.

——. *Neostoicism and the Early Modern State*. Cambridge: Cambridge University Press, 1982.

——. *Antiker Geist und moderner Staat bei Justus Lipsius (1547-1606): Der Neustoizismus als politische Bewegung*. Göttingen: Vandenhoeck & Ruprecht, 1989.

Opgenoorth, Ernst. *Ausländer in Brandenburg-Preußen als leitende Beamte und Offiziere, 1604-1871*. Würzburg: Holzner Verlag, 1967.

——. *Friedrich Wilhelm, der Große Kurfürst von Brandenburg*. Göttingen: Musterschmidt, 1971.

——. "'Nervus rerum.' Die Auseinandersetzungen mit den Ständen um die Staatsfinanzierung." in *Ein sonderbares Licht in Teutschland. Beiträge zur Geschichte des Großen Kurfürsten von Brandenburg, 1640-1688*, edited by Gerd Heinrich. Berlin: Duncker & Humblot, 1989.

Oschlies, Wolf. *Die Arbeits-und Berufspädagogik August Hermann Francke's*. Witten: Luther Verlag, 1969.

Österberg, Eva. "Criminality, Social Control, and the Early Modern State: Evidence and Interpretations in Scandinavian Historiography." in *The Civilization of Crime*, edited by Eric A. Johnson and Eric H. Monkkonen. Urbana: University of Illinois Press, 1996.

Österberg, Eva, and Dag Lindström. *Crime and Social Control in Medieval and Early Modern Swedish Towns*. Stockholm: Almqvist & Wiksell, 1988.

Oosterhoff, F. G. *Leicester and the Netherlands, 1586-1587*. Utrecht: Hes Publishers, 1988.

Otruba, Gustav. "Staatshaushalt und Staatsschuld unter Maria Theresia und Joseph II." pp. 197-249 in *Österreich im Zeitalter der Aufklärung*. Vienna: Verlag der österreichischen Akademie der Wissenschaften, 1985.

Pallas, K, ed. "Die Wittenberger Beutelordnung vom Jahre 1521 und ihr Verhältnis zu der Einrichtung des Gemeinen

Kastens im Januar 1522. Aus dem Nachlasse des Professors Dr. Nic. Müller—Berlin. "*Zeitschrift des Vereins für Kirchengeschichte in der Provinz Sachsen* 12 (1915): 1-45 and 100-137.

Parker, Charles H. *The Reformation of Community: Social Welfare and Calvinist Charity in Holland, 1572-1620*. Cambridge: Cambridge University Press, 1998.

Parker, David. *The Making of French Absolutism*. London: Edward Arnold, 1983.

Parker, Geoffrey. *The Army of Flanders and the Spanish Road, 1567-1659*. Cambridge: Cambridge University Press, 1972.

——. "The 'Military Revolution,' 1550-1600—A Myth?" *Journal of Modern History* 48 (1976): 195-214.

——. "Some Recent Work on the Inquisition in Spain and Italy." *Journal of Modern History* 54, 3(1982): 519-532.

——. *The Dutch Revolt*. London: Peregrine, 1988.

——. *The Military Revolution: Military Innovation and the Rise of the West, 1500-1800*. Cambridge: Cambridge University Press, 1988.

——. "The 'Kirk By Law Established' and the Origins of 'The Taming of Scotland': Saint Andrews, 1559-1600." in *Sin and the Calvinists*, edited by Raymond A. Mentzer. Kirksville: Sixteenth Century Journal Press, 1994.

Partner, Peter. "Papal Financial Policy in the Renaissance and Counter-Reformation." *Past and Present* 88(1980): 17-62.

Pastore, Alessandro. "Strutture assistenziale fra chiesa e stati nell'Italia della controriforma." pp. 435-465 in *Storia d'Italia. Annali*, vol. 9: *La chiesa e il potere politico*, edited by Georgio Chittolini and Giovanni Miccoli. Turin: Einaudi, 1986.

Paulsen, Friedrich. *Geschichte des gelehrten Unterrichts*. Berlin: Walter de Gruyter, 1919-1920.

Paultre, Christian. *De la répression de la mendicité et du vagabondage en France sous l'ancien régime*. Geneva: Slatkine-Megariotis Reprints, 1975.

Pelorson, Jean-Marc. *Les Letrados. Juristes Castilians sous Philippe III*. Le Puy-en-velay: L'Éveil de la haute Loire, 1980.

Peters, Jan, ed. *Gutsherrschaft als soziales Modell: Vergleichende Betrachtun-*

gen zur Funktionsweise frühneuzeitlicher Agrargesellschaften. Munich: R. Oldenbourg, 1995.

Poggi, G. *The Development of the Modern State*. Stanford: Stanford University Press, 1979.

Pol, Lotte C. Van de. *Het Amsterdams hoerdom. Prostitutie in de zeventiende en achttiende eeuw*. Amsterdam: Wereldbibliotheek, 1996.

Polti, Giorgio, Mario Rosa and Franco della Peruta, eds. *Timore e caritá: I poveri nell'Italia moderna*. Cremona: Biblioteca statale e librerera civica di Cremona, 1982.

Pound, John F. *The Norwich Census of the Poor, 1570*. London: Cox and Wyman, 1971.

Prak, Maarten R. *Gezeten burgers: De elite in een Hollandse stad: Leiden, 1700-1780*. The Hague: Stichting Hollandse Historische Reeks, 1985.

Prosperi, Adriano. "Chierici e laici nell'opera di Carlo Borromeo." *Annali dell'Istituto Storico Italo-Germanico in Trento* 14(1988): 241-272.

——. "Missioni popolare e visite pastorali in Italia tra '500 e '600." *Mélanges de l'Ecole Française de Rome. Italie et Méditerranée* 109(1997): 767-783.

Pullan, Brian. *Rich and Poor in Renaissance Venice: The Social Institutions of a Catholic State*. Oxford: Blackwell, 1971.

——. "Catholics and the Poor in Early Modern Europe." *Transactions of the Royal Historical Society* 26(1976): 15-34.

——. "Support and Redeem: Charity and Poor Relief in Italian Cities from the Fourteenth to the Seventeenth Century." *Continuity and Change* 3(1988): 177-208.

Putnam, Robert. *Making Democracy Work: Civic Traditions in Modern Italy*. Princeton: Princeton University Press, 1993.

Raeff, Marc. *The Well-Ordered Police State: Social and Institutional Change through Law in the Germanies and Russia, 1600-1800*. New Haven: Yale University Press, 1983.

Ranke, Leopold von. *Deutsche Geschichte im Zeitalter der Reformation*. Berlin: Duncker & Humblot, 1852.

Ratzinger, Georg. *Geschichte der kirchlichen Armenpflege*. Freiburg irn Br.: Herder, 1884.

Rauscher, Julius. *Württembergische Reformationsgeschichte*. Stuttgart: Calwer Vereinsbuchhandlung，1934.

Reden，Friedrich von. *Allgemeine vergleichende Finanz-Statistik*. Darmstadt：Verlag der Hofbuchhandlung von G. Jonghaus，1856.

Reinhard，Wolfgang. “Gelenkter Kulturwandel irn siebzehnten Jahrhundert：Akkulturation in den Jesuitenmissionen als universalhistorisches Problem.” *Historische Zeitschrift* 223(1976)：529-590.

——. “Gegenreformation als Modernisierung? Prologomena zu einer Theorie des Konfessionellen Zeitalters.” *Archiv fur Reformationsgeschichte* 68 (1977)：226-252.

——. “Humanismus und Militarismus. Antike-Rezeption und Kriegshandwerk in der oranischen Heeresreform.” pp. 185-204 in *Krieg und Frieden im Horizont des Renaissancehumanismus*，edited by Franz Josef Worstbrock. Weinheim：Acta humaniora，1986.

——. “Konfession und Konfessionalisierung：‘Die Zeit der Konfessionnen (1530-1620/30)’ in einer neuen Gesamtdarstellung.” *Historisches Jahrbuch* 114 (1994)：107-124.

Reitsma，R. *Centrifugal and Centripetal Forces in the Early Dutch Republic：The States of Overijssel，1566-1600*. Amsterdam：Rodopi，1982.

Richter，Aemilius Ludwig，ed. *Die evangelischen Kirchenordnungen des sechszehnten Jahrhunderts*. Nieuwkoop：B. De Graaf，1967.

Ridley，Jasper Godwin. *Nicholas Ridley，a Biography*. London and New York：Longmans，Green，1957.

Riedel，Adolph F. *Der brandenburgisch-preußische Staatshaushalt in den beiden letzten Jahrhunderten*. Berlin：Ernst & Korn，1866.

Riedesel，Erich. *Pietismus und Orthodoxie in Ostpreußen*. Königsberg：Ost-Europa Verlag，1937.

Riley，James C. *The Seven Years' War and the Old Regime in France：The Economic and Financial Toll*. Princeton：Princeton University Press，1986.

Roberts，Michael. *Gustavus Adolphus：A History of Sweden，1611-1632*. London：Longmans，Green and Co.，1953.

——. *The Early Vasas：A History of Sweden，1523-1611*. Cambridge：Cambridge University Press，1968.

——. *Sweden as a Great Power，1611-1697*. London：Edward Arnold，

1968.

——. "The Swedish Church." pp. 132-173 in *Sweden's Age of Greatness, 1632-1718*, edited by Michael Roberts. London: Macmillan, 1973.

——. *The Military Revolution, 1560-1660: An Inaugural Lecture Delivered before the Queen's University of Belfast*. Belfast: M. Boyd, 1988 [1956].

——, ed. *Sweden's Age of Greatness, 1632-1718*. London: Macmillan, 1973.

Roodenburg, Hermann. *Onder censuur: De kerkelijke tucht in de gereformeerde gemeente van Amsterdam, 1578-1700*. Hilversum: Verloren, 1990.

Roorda, D. J. *Partij en factie. De oproeren van 1672 in de steden van Holland en Zeeland, een krachtmeting tussen partijen en facties*. Groningen: J. B. Wolters, 1961.

——. *Het rampjaar 1672*. Bussum: Fibula-Van Dishoeck, 1972.

Roos, Hans. "Ständewesen und parlamentarische Verfassung in Polen." pp. 310-367 in *Ständische Vertretungen in Europa im 17. und 18. Jahrhundert*, edited by Dietrich Gerhard. Göttingen: Vandenhoeck & Ruprecht, 1969.

Roper, Lyndal. *The Holy Household: Women and Morals in Reformation Augsburg*. Oxford: Clarendon, 1989.

Rosenberg, Hans. *Bureaucracy, Aristocracy, and Autocracy: The Prussian Experience, 1660-1815*. Cambridge: Harvard University Press, 1958.

Rumbelow, Donald. *I Spy Blue: The Police and Crime in the City of London from Elizabeth I to Victoria*. London and New York: Macmillan and St. Martin's, 1971.

Russo, Saverio. "Potere pubblico e caritá privata. L'assistenza ai poveri a Lucca tra XVI e XVII secolo." *Società e storia* 23(1984): 45-80.

Rystad, Göran. "The King, the Nobility, and the Growth of the Bureaucracy in Seventeenth-Century Sweden." pp. 59-70 in *Europe and Scandinavia: Aspects of the Process of Integration in the Seventeenth Century*, edited by Göran Rystad. Lund: Wallin & Dalholm Boktr, 1983.

Sabean, David Warren. *Power in the Blood: Popular Culture and Village Discourse in Early Modern Germany*. Cambridge and New York: Cambridge University Press, 1984.

Saint Cyr, Robert, and Duplessis

Saint Cyr. "Charité publique et autorité municipale au XVI siècle: L'Exemple de Lille." *Revue du nord* 59(1977): 193-219.

Salmon, J. H. M. *Society in Crisis: France in the Sixteenth Century*. London: Methuen, 1975.

Sauer, Paul. *Geschichte der Stadt Stuttgart*. Stuttgart: Kohlhammer, 1993.

Schama, Simon. *The Embarrassment of Riches*. Berkeley: University of California Press, 1988.

Schelven, A. A. van. *De nederduitsche vluchtelingskerken der XVI eeuw in Engeland en Duitschland*. The Hague: Martinus Nijhoff, 1909.

Schilling, Heinz. *Konfessionskonflikt und Staatsbildung*. Gütersloh: Gütersloher Verlagsanstalt, 1981.

——. "Die Konfessionalisierung im Reich: Religiöser und gesellschaftlicher Wandel in Deutschland zwischen 1555 und 1620." *Historische Zeitschrift* 246(1988): 1-45.

——. *Aufbruch und Krise: Deutschland, 1517-1648*. Berlin: Siecller, 1988.

——. "Luther, Loyola, Calvin und die europäische Neuzeit." in *Inaugural Lecture*. Humboldt University, 1991.

——. *Civic Calvinism in Northwestern Germany and the Netherlands: Sixteenth to Nineteenth Centuries*. Kirksville: Sixteenth Century Journal Publishers, 1991.

——. "Die Kirchenzucht im frühneuzeitlichen Europa in interkonfessionell vergleichender und interdisziplinärer Perspektive—eine Zwischenbilanz." pp. 11-40 in *Kirchenzucht und Sozialdisziplinierung im frühneuzeitlichen Europa*, edited by Heinz Schilling. Berlin: Duncker & Humblot, 1994.

Schimmelpfennig, Bernhard. "Der Ämterhandel an der Römischen Kurie von Pius II bis zum Sacco di Roma (1458-1527)." pp. 3-40 in *Ämterhandel im Spätmittelalter und im 16. Jahrhundert*, edited by Ilja Mieck. Berlin: Colloquium Verlag, 1984.

Schmelze, Hans. *Der Staatshaushalt des Herzogtums Bayern im 18. Jahrhundert*. Stuttgart: J. G. Cotta'sche Buchhandlung Nachfolger, 1900.

Schmidt, Eberhard. *Zuchthäuser und Gefängnisse*. Göttingen: Vandenhoek & Ruprecht, 1960.

Schmidt, Heinrich Richard. "Über das Verhältnis von ländlicher Gemeinde und christlicher Ethik: Graubünden und die Innerschweiz." *Historische Zeitschrift* Beiheft 19(1991): 455-487.

——. *Dorf und Religion: Reformierte Sittenzucht in berner Landgemeinden der frühen Neuzeit*. Stuttgart and New York: G. Fischer, 1995.

——. "Sozialdisziplinierung? Ein Plädoyer für das Ende des Etatismus in der Konfessionalisierungsforschung." *Historische Zeitschrift* 265(1997): 639-682.

Schneider, Franz. *Geschichte der formellen Staatswirtschaft von Brandenburg-Preußen*. Berlin: Duncker & Humblot, 1952.

Schnith, Karl. "Zum Problem des Ämterkaufs in England vom 12. bis zum 14. Jahrhundert." pp. 196-203 in *Ämterhandel im Spätmittelalter und im 16. Jahrhundert*, edited by Ilja Mieck. Berlin: Colloquium Verlag, 1984.

Schoenfeldt, Michael. *Bodies and Selves in Early Modern England: Physiology and Inwardness in Spenser, Shakespeare, Herbert, and Milton*. Cambridge: Cambridge University Press, 2000.

Schöffer, Iwo. *De Lage Landen, 1500-1780*. Amsterdam: Elsevier, 1983.

Scholten, Robert. *Zur Geschichte der Stadt Cleve*. Cleve: Fr. Boss, 1905.

Schorn-Schütte, Luise. *Evangelische Geistlichkeit in der Frühneuzeit: Deren Anteil an der Entfaltung frühmoderner Staatlichkeit und Gesellschaft*. Gütersloh: Gütersloher Verlagshaus, 1995.

Schrenk-Notzing, Niklas. "Das bayerische Beamtentum, 1430-1740." pp. 27-49 in *Beamtentum und Pfarrerstand, 1400-1800*, edited by Günther Franz. Limburg an der Lahn: C. A. Starke Verlag, 1972.

Schrötter, Robert Frhr. von. "Die Ergänzung des preußischen Heeres unter dem ersten Könige." *Forschungen zur brandenburgschen und preußischen Geschichte* 23(1910): 403-467.

Schulten, C. M., and J. W. M. Schulten. *Het leger in de zeventiende eeuw*. Bussum: Fibula van Dishoeck, 1969.

Schwarz, Brigide. *Die Organisation kurialer Schreiberkollegien von ihrer Entstehung bis zur Mitte des 15. Jahrhunderts*. Tübingen, M. Niemeyer, 1972.

——. "Die Entstehung der Ämterkäufklichkeit an der Römischen Kurie." pp. 61-67 in *Ämterhandel im Spätmittelalter und im 16. Jahrhundert*, edited by Ilja Mieck. Berlin: Colloquium Verlag, 1984.

Schwebel, Oskar. *Geschichte der Stadt Berlin*. Berlin: Brachvogel & Rankft, 1888.

Sehling, Emil. *Geschichte der protestantischen Kirchenverfassung*. Leipzig: Teubner, 1907.

Sellin, Thorsten. *Pioneering in Penology*. Philadelphia: University of Philadelphia Press, 1944.

Sharpe, James A. *Crime in Seventeenth-Century England: A County Study*. Cambridge: Cambridge University Press, 1983.

——. "Quantification and the History of Crime in Early Modern England: Problems and Results." *Historical Social Research* 56(1990): 17-32.

Simplicio, Oscar di. "La criminalità a Siena (1561-1808). Problemi di ricerca." *Quaderni storici* 17(1982): 242-264.

Skocpol, Theda. "Wallerstein's World Capitalist System: A Theoretical and Historical Critique." *American Journal of Sociology* 82(1977): 1075-1090.

——. *States and Social Revolutions: A Comparative Analysis of France, Russia, and China*. New York: Cambridge University Press, 1979.

Slack, Paul. "Poverty and Politics in Salisbury 1597-1666." pp. 164-203 in *Crisis and Order in English Towns, 1500-1700*, edited by Peter Clark and Paul Slack. London: Routledge & Kegan Paul, 1972.

——. *Poverty and Policy in Tudor and Stuart England*. New York: Longman, 1988.

——. *The English Poor Law, 1531-1782*. Cambridge: Cambridge University Press, 1995.

Smit, J. G. "De ambtenaren van de centrale overheidsorganen der Republiek in het begin van de zeventiende eeuw." *Tijdschrift voor Geschiedenis* 90(1977): 382-383.

Sójka-Zielinska, Katarzyna. "Le Rôle des juristes dans le mouvement de la codification du droit en Pologne à l'époque de la Renaissance." pp. 191-203 in *Die Rolle der Juristen bei der Entstehung des modernen Staates*, edited by Roman Schnur. Berlin: Duncker & Humblot, 1986.

Spaans, Joke. *Haarlem na de Reformatie*. The Hague: De Bataatsche Leeuw, 1989.

——. *Armenzorg in Friesland 1500-1800*. Hilversum: Verloren, 1997.

Spanninga, Hotso. *De blauwe wezen van Leeuwarden: Geschiednis van het*

Nieuwe Stadsweeshuis. Leeuwarden: Stichting het Nieuwe stads Weeshuis, 1988.

Spierenburg, Pieter. "Voorlopers van de Bijlmerbajes. Amsterdam als bakermat van de gevangenisstraf." *Ons Amsterdam* 34 (1982): 260-263.

——. "Long-Term Trends in Homicide: Theoretical Reflections and Dutch Evidence, Fifteenth to Twentieth Centuries." pp. 63-105 in *The Civilization of Crime*, edited by Eric A. Johnson and Eric H. Monkkonen. Urbana: University of Illinois Press, 1996.

——, ed. *The Emergence of Carceral Institutions: Prisons, Galleys, and Lunatic Asylums, 1550-1900*. Rotterdam: Erasmus Universiteit, 1984.

Spiertz, Mathieu G. "Die Ausübung der Zucht in der Ijsselstadt Deventer in den Jahren 1592-1619 im Vergleich zu den Untersuchungen im Languedoc und in der Kurpfalz." *Rheinische Vierteljahresblätter* 49 (1985): 139-172.

Spijker, W. van't. *De verzegeling met de Heilige Geest: Over verzegeling en zekerheid van het geloof*. Kampen: De Groot Goudriaan, 1991.

Spitz, Lewis W. *The Protestant Reformation, 1517-1559*. New York: Harper & Row, 1985.

——. "The Importance of the Reformation for Universities: Culture and Confession in the Critical Years." pp. 42-67 in *Rebirth, Reform, and Resilience: Universities in Transition 1300-1700*, edited by James E. Kittelson and Pamela Transue. Columbus: Ohio State University Press, 1984.

Stead, Philip John. *The Police of France*. New York: Macmillan, 1983.

Steckfuß, Adolf. *500 Jahre Berlin*. Berlin: B. Bigl, 1880.

Steinmetz, George. "The Local Welfare State: Two Strategies for Social Domination in Urban Imperial Germany, 1871-1914." *American Sociological Review* 55 (1990): 891-911.

——. *Regulating the Social: The Welfare State and Local Politics in Imperial Germany*. Princeton: Princeton University Press, 1993.

Stievermann, Dieter. "Die gelehrten Juristen der Herrschaft Württemberg im 15. Jahrhundert." pp. 229-272 in *Die Rolle der Juristen bei der Entstehung des modernen Staates*, edited by Roman Schnur. Berlin: Duncker & Humblot, 1986.

Stiller, Felix. "Das Berliner Armenwesen vor dem Jahre 1820." *Forschungen zur brandenburgischen und preußischen Geschichte* 21(1908): 175-197.

Stone, Lawrence. "The Educational Revolution in England, 1560-1640." *Past and Present* 28(1964): 41-81.

Storey, Robin L. "England: Ämterhandel im 15. und 16. Jahrhundert." pp. 196-203 in *Ämterhandel im Spätmittelalter und im 16. Jahrhundert*, edited by Ilja Mieck. Berlin: Colloquium Verlag, 1984.

Strauss, Gerald. *Manifestations of Discontent in Germany on the Eve of the Reformation*. Bloomington: Indiana University Press, 1971.

——. "Success and Failure in the German Reformation." *Past and Present* 67 (1975): 30-63.

——. *Luther's House of Learning*. Baltimore: The Johns Hopkins University Press, 1978.

Strien, Kees van. *Touring the Low Countries: Accounts of British Travellers, 1660-1720*. Amsterdam: Amsterdam University Press, 1998.

Strien-Chardonneau, Madeleine van. *Le Voyage de Hollande: Récits de voyageurs français dans les Provinces-Unies, 1748-1795*. Oxford: Voltaire Foundation at the Taylor Institution, 1994.

Sur, Bernard. *Histoire des avocats en France des origines à nos jours*. Paris: Dalloz, 1998.

Swanson, Guy E. *Religion and Regime: A Sociological Account of the Reformation*. Ann Arbor: University of Michigan Press, 1967.

Swart, K. W. *The Sale of Offices in the Seventeenth Century*. The Hague: M. Nijhoff, 1949.

Takayama, Hiroshi. *The Administration of the Norman Kingdom of Sicily*. Leiden: E. J. Brill, 1993.

Te Brake, Wayne. *Shaping History: Ordinary People in European Politics, 1500-1700*. Berkeley and Los Angeles: University of California Press, 1998.

Ten Raa, F. J. G., and F. de Bas. *Het Staatsche leger, 1568-1795*. Breda: De Koninklijke Militaire Academie, 1911.

Tender, Thomas N. *Sin and Confession on the Eve of the Reformation*. Princeton: Princeton University Press, 1977.

Terpstra, Nicholas. *Lay Confraternities and Civic Religion in Renaissance Bologna*. Cambridge: Cambridge University

Press, 1995.

Terveen, Fritz. *Gesamtstaat und Retablissement: Der Wiederaujbau des nordlichen Ostpreußen unter Friedrich Wilhelm I.* Göttingen: Musterschmidt, 1954.

Tex, Jan den. *Oldenbarnevelt.* Cambridge: Cambridge University Press, 1973.

Thurkow, C. T. F. *De Westfriese admiraliteit.* Enkhuizen: Fas Frisiae, 1946.

Tierney, Brian. *Medieval Poor Law: A Sketch of Canonical Theory and Its Application in England.* Berkeley: University of California Press, 1959.

Tilly, Charles, ed. *The Formation of National-States in Western Europe.* Princeton: Princeton University Press, 1974.

——. *The Contentious French.* Cambridge: Belknap, 1986.

——. *Coercion, Capital, and European States, A. D. 990-1990.* Oxford: Blackwell, 1990.

——. *European Revolutions, 1492-1992.* Oxford: Blackwell, 1993.

Tocqueville, Alexis de. *De la démocratie en Amérique.* Paris: Gallimard, 1961.

Tolley, Bruce. *Pastors and Parishioners in Württemberg during the Late Reformation, 1581-1621.* Stanford: Stanford University Press, 1995.

Tomás y Valiente, Francisco. "Les Ventes des offices publics en Castille aux XVIIe et XVIIIe siecles." pp. 89-113 in *Ämterkäujlichkeit: Aspekte sozialer Mobilität im europäischen Vergleich*, edited by Klaus Malettke. Berlin: Colloquium Verlag, 1980.

Torpey, John. *The Invention of the Passport: Surveillance, Citizenship, and the State.* Cambridge: Cambridge University Press, 1999.

Tracy, James D. *A Financial Revolution in the Habsburg Netherlands: Renten and Renteniers in the County of Holland, 1515-1565.* Berkeley: University of California Press, 1985.

——. *Holland under Habsburg Rule, 1506-1566: The Formation of a Body Politic.* Berkeley: University of California Press, 1990.

Tukker, C. A. *De classis Dordrecht van 1573 tot 1609. Bijdrage tot de kennis van in en extern leven van de gereformeerde kerk in de periode van haar organisering.* Leiden: Universitaire Pers, 1965.

Uderstädt, Eduard Rudolf. *Die ostpreußische Kammerverwaltung, ihre Unterbehörden und Lokalorgane unter Friedrich Wilhelm I. und Friedrich II. bis zur Russenokkupation (1713-1756).* Königsberg in Pr: Buch-und Steindruckerei von Otto Kümmel, 1911.

Uhlhorn, G. *Die christliche Liebesthätigkeit seit der Reformation.* Stuttgart: Gundert, 1890.

Ullmann, Walter. *Principles of Government and Politics in the Middle Ages.* London: Methuen, 1966.

Upton, A. F. *Charles XI and Swedish Absolutism.* Cambridge: Cambridge University Press, 1998.

Van Gelder, H. A. Enno. *Revolutionnaire reformatie.* Amsterdam: P. N. van Kampen & Zoon, 1943.

Van Kley, Dale K. *The Religious Origins of the French Revolution: From Calvin to the Civil Constitution, 1560-1791.* New Haven: Yale University Press, 1996.

Van Strien, Charlotte. *Touring the Low Countries: Accounts of British Travellers, 1660-1720.* Amsterdam: Amsterdam University Press, 1998.

Venard, Marc. "Les Formes de la piéré des confrèries dévotes de Rouen à l'époque moderne." *Histoire, Économie et Société* 10, 3(1991): 283-297.

Verheyden, A. L. E. *Le Conseil des troubles.* Flavion-Florennes: Editions Ie Phare, 1981.

Viollet, Paul. *Droit public. Histoire des institutions politiques et administratives de la France.* Paris: L. Larose et Forcel, 1890-1903.

Vogler, Bernard. *Le Clergé protestant rhénan au siècle de la Réforme, 1555-1619.* Paris: Ophrys, 1976.

——. "Rekrutierung, Ausbildung und soziale Verflechtung. Karrieremuster evangelischer Geistlichkeit." *Archiv für Reformationsgeschichte* 85 (1994): 225-233.

Vogler, Günter. "Absolutistisches Regiment und ständische Verfassung in Brandenburg-Preußen im 17. und 18. Jahrhundert." pp. 209-232 in *Die Bildung des frühmodernen Staates—Stände und Konfession*, edited by Heiner Timmerman. Saarbrücken: Dader, 1989.

Von Thadden, Rudolf. *Die brandenburgisch-preussischen Hofprediger im 17. und 18. Jahrhundert: ein Beitrag zur Geschichte der absolutistischen Staatsgesellschaft in Brandenburg-Preussen.* Berlin: